文化和旅游发展统计分析报告

2023

2023 Statistical Analysis Report on Cultural and Tourism Development

中华人民共和国文化和旅游部财务司　编

首都经济贸易大学出版社

Capital University of Economics and Business Press

·北　京·

图书在版编目（CIP）数据

2023 文化和旅游发展统计分析报告 / 中华人民共和国文化和旅游部财务司编 .-- 北京：首都经济贸易大学出版社，2023.12

ISBN 978-7-5638-3629-1

Ⅰ . ① 2… Ⅱ . ①中… Ⅲ . ①文化发展—统计分析—研究报告—中国— 2023 ②旅游业发展—统计分析—研究报告—中国— 2023 Ⅳ . ① G12 ② F592

中国国家版本馆 CIP 数据核字（2023）第 246074 号

2023 文化和旅游发展统计分析报告
2023 WENHUA HE LÜYOU FAZHAN TONGJI FENXI BAOGAO

中华人民共和国文化和旅游部财务司　编

责任编辑　群　力

封面设计　砚祥志远·激光照排　TEL: 010-65976003

出版发行　首都经济贸易大学出版社

地　　址　北京市朝阳区红庙（邮编 100026）

电　　话　（010）65976483　65065761　65071505（传真）

网　　址　http://www.sjmcb.com

E－mail　publish@cueb.edu.cn

经　　销　全国新华书店

照　　排　北京砚祥志远激光照排技术有限公司

印　　刷　北京九州迅驰传媒文化有限公司

成品尺寸　210 毫米 ×297 毫米　1/16

字　　数　735 千字

印　　张　26.5

版　　次　2023 年 12 月第 1 版　2023 年 12 月第 1 次印刷

书　　号　ISBN 978-7-5638-3629-1

定　　价　160.00 元

2023 文化和旅游发展统计分析报告

编 委 会

主　任：马秦临
副主任：魏　冀　赵永涛
成　员：（按姓氏笔画排序）

于爱国　王朝晖　亢　博　付　言　向飞丹晴
李　翔　张玉伟　范博琛　周玉婷　胡一爽
贺　怡　郭晨明

撰稿人员

（按姓氏笔画排序）

王明丽	王荣飞	付　佳	冯忠禄	吕染秋
庄　瑜	刘继龙	闫单单	汤筱蕾	孙晓伟
孙晶玮	杜　析	杨鑫建	李　玫	李昌林
李海宁	李鹏亮	汪诗玮	沈　灿	张炜嘉
张　娴	张婧文	陈文科	陈　剑	陈　歆
罗　恒	周子渊	孟远辉	孟晓颖	赵艳芳
赵晓云	郝　嘉	荣佩佩	施融宁	姜　巍
姚风华	高玉红	郭　懿	唐寸晖	唐　迪
陶国英	黄翔宇	曹　斌	崔一凡	梁瑞兴
解秀海	檀鹏辉	魏小军	魏　锋	

理论支持：中央财经大学文化和旅游研究基地

前　言

　　2022 年，在以习近平同志为核心的党中央坚强领导下，全国文化和旅游系统以习近平新时代中国特色社会主义思想为指导，深入学习贯彻习近平总书记关于文化和旅游工作重要论述精神，坚决贯彻落实党中央、国务院决策部署，坚持稳中求进、守正创新，以迎接宣传贯彻党的二十大为主线，以社会主义核心价值观为引领，以满足人民文化需求、增强人民精神力量为着力点，推动文化和旅游工作取得积极进展。

　　随着文化和旅游的快速发展，社会各界对文化和旅游统计信息服务提出了更高要求。目前，文化和旅游部财务司已连续十余年组织各地文化和旅游部门开展了统计分析研究工作，并按年度编辑出版《文化和旅游发展统计分析报告》，取得较好的社会反响。这些报告运用翔实的统计数据、科学的统计方法、准确的统计图表，直观展现了我国文化和旅游发展改革现状和趋势，深入剖析了文化和旅游发展中存在的问题并提出了相应建议，为助力文化建设和旅游发展提供了重要的决策参考。

　　本书的编辑出版得到国家发展改革委、财政部、国家统计局等部门和中央财经大学等单位的大力支持，在此表示衷心感谢。受分析、研究和编审水平所限，书中难免有不足之处，希望得到大家的谅解，并给予批评指正。我们将本着严谨细致、精益求精的态度，不断提升报告质量与含金量，为推动文化和旅游高质量发展贡献力量。

编者

2023 年 12 月

目 录
CONTENTS

附 录

Statistical Analysis Report
on Cultural and Tourism Development

文化和旅游发展统计分析报告

综合篇

2022 年文化和旅游发展基本情况

2022 年，在以习近平同志为核心的党中央坚强领导下，全国文化和旅游系统深入学习贯彻习近平新时代中国特色社会主义思想，坚决贯彻落实党中央、国务院决策部署，学习宣传贯彻党的二十大精神，坚持稳中求进、守正创新，围绕推进文化自信自强、建设社会主义文化强国，以满足人民精神文化需求和增强人民精神力量为着力点，推动文化和旅游各领域工作取得积极进展。出台《文化和旅游部关于建立健全"十四五"规划实施机制的意见》，制定"十四五"规划年度执行计划，推进年度重点任务和重大工程项目。统筹推进疫情防控和行业恢复发展，在更广范围、更深层次、更高水平上推动文化和旅游深度融合发展，激发新动能、形成新优势。坚持文化铸魂、文化赋能，以社会主义核心价值观为引领，推出一批优秀文艺作品，努力为人民群众提供更加丰富、更高质量的文化和旅游产品。推进实施国家文化数字化战略，推动文化和旅游数字化发展，促进文化和旅游新型业态与消费模式加快发展。加强文物和非物质文化遗产保护利用，中华文明探源工程取得突破，革命文物保护利用工程（2018—2022 年）圆满收官，非遗系统性保护水平不断提升，非遗在全社会的影响进一步扩大。协调推动长江、长城、长征、黄河、大运河国家文化公园建设。积极助力北京冬奥会、冬残奥会成功举行，深度拓展对外和对港澳台工作，不断提高国家文化软实力，增强中华文化影响力。

一、机构和人员

2022 年末，纳入统计范围的全国各类文化和旅游单位 31.40 万个，比上年末增加 0.19 万个。其中，各级文化和旅游部门所属单位 6.81 万个，增加 0.28 万个；从业人员 72.49 万人，增加 1.45 万人。

二、艺术创作演出

2022 年，文化和旅游系统成功举办第十三届中国艺术节，81 台优秀剧目完成 158 场线上线下精彩演出，展出美术、书法篆刻、摄影作品 1000 余件，超过 3.5 亿人次在线参与。组织实施新时代系列艺术创作工程，新时代现实题材创作工程、历史题材创作工程、全国舞台艺术优秀节目创作扶持计划、国家主题性美术创作项目等创作工程顺利推进实施，推出一批艺术精品。精心搭建展演展示平台，举办首届黄河流域戏曲演出季、2022 年戏曲百戏（昆山）盛典等多项展演展示活动。坚持线上线下融合、演出演播并举，一批优秀剧目演播取得良好反响。持续推进文艺院团改革发展，推进美术馆、画院专业化建设，实施领军人才培养计划、京剧艺术表演人才提升计划、全国美术馆青年策展人扶持计划等。

2022 年末，全国共有艺术表演团体 19739 个，比上年末增加 1369 个；从业人员 41.52 万人，比上年末减少 3.81 万人。其中，各级文化和旅游部门所属艺术表演团体 1934 个，占 9.8%；从业人员

10.71 万人，占 25.8%。

全年全国艺术表演团体共演出 166.07 万场，比上年下降 28.6%；国内观众 7.40 亿人次，下降 6.6%；演出收入 80.95 亿元，下降 28.4%。疫情防控期间，大力发展线上演出和展播，全年全国艺术表演团体开展线上演出和展播 7.63 万场次。如表 1 所示。

表 1 2012—2022 年全国艺术表演团体基本情况

年份	机构数（个）	从业人员（万人）	演出场次（万场）	国内演出观众人次（亿人次）	演出收入（亿元）
2012	7321	24.20	135.02	8.28	64.15
2013	8180	26.09	165.11	9.01	82.07
2014	8769	26.29	173.91	9.10	75.70
2015	10787	30.18	210.78	9.58	93.93
2016	12301	33.29	230.60	11.81	120.86
2017	15742	40.30	293.57	12.47	147.68
2018	17123	41.64	312.46	11.76	152.27
2019	17795	41.25	296.80	12.30	126.78
2020	17581	43.69	225.61	8.93	86.63
2021	18370	45.33	232.53	7.92	112.99
2022	19739	41.52	166.07	7.40	80.95

2022 年末，全国共有艺术表演场馆 3199 个，比上年末增加 106 个；观众座席数 246.83 万个，减少 2.6%。其中，文化和旅游部门所属艺术表演场馆 1052 个，比上年末减少 23 个；全年共开展艺术演出 4.35 万场次，比上年下降 13.5%；艺术演出观众 1424.16 万人次，下降 8.8%。

2022 年末，全国共有美术馆 718 个，比上年末增加 36 个；从业人员 6415 人，增加 166 人。全年共举办展览 7544 次，比上年增长 0.2%；参观 3588.92 万人次，增长 2.1%。

三、公共服务

2022 年，文化和旅游系统围绕《国家基本公共服务标准（2021 年版）》，推动公共服务效能有效提升。开展第七次全国县级以上公共图书馆评估定级，推广文化馆图书馆总分馆制建设模式，探索城乡新型公共文化空间建设。举办 2022 全国公共文化产品云上采购大会和区域性"文采会"。完成第一、二批 63 个国家公共文化服务体系示范区创新发展复核。推出 91 个具有区域影响力的"中国民间文化艺术之乡"典型范例。深入推进"春雨工程""文化悦老""文化筑梦""文化助残"等志愿服务行动。创新开展群众文化活动，成功举办第十九届群星奖评奖活动，评出群星奖 30 个获奖作品，举办展演活动 1.8 万场；举办全国"村晚"示范展示活动 1.2 万场，参与群众达 1.18 亿人次。推动旅游公共服务稳步发展，推进旅游厕所建设和旅游厕所电子地图上线，旅游厕所电子地图手机 App 标注率达 96%。修订《旅游厕所质量要求与评定》国家标准。

（一）公共图书馆

2022年末，全国共有公共图书馆3303个，比上年末增加88个。年末共有从业人员60740人，比上年末增加1439人。其中：具有高级职称人员7850人，占12.9%；具有中级职称人员19103人，占31.5%。

2022年末，全国公共图书馆实际使用房屋建筑面积2098万平方米，比上年末增长9.6%；图书总藏量135959万册，比上年末增长7.8%；阅览室座席数155万个，增长15.4%。

2022年末，全国平均每万人公共图书馆建筑面积148.61平方米，比上年末增加13.10平方米；全国人均图书藏量0.96册，增加0.07册；全国人均购书费1.67元，增加0.1元。如图1所示。

图1　2012—2022年全国公共图书馆人均资源情况

2022年末，全国公共图书馆累计发放借书证12229万个；总流通人次78970万，比上年增长5.8%；书刊文献外借60719万册次，增长3.4%（如图2所示）；外借人次24894万，增长4.6%。全年共为读者举办各种活动21.23万次，比上年增长4.8%；参加人次13495万，增长13.5%。推动全国智慧图书馆体系建设，采取线上线下相结合的方式，为读者提供优质服务。

（二）群众文化机构

2022年末，全国共有群众文化机构45623个，比上年末增加2092个。其中乡镇综合文化站33932个，增加1408个。年末全国群众文化机构从业人员195826人，比上年末增加5819人。其中：具有高级职称的人员7868人，占4.0%；具有中级职称人员18262人，占9.3%。

2022年末，全国群众文化机构实际使用房屋建筑面积5298万平方米，比上年末增长6.5%；业务用房面积3668万平方米，增长3.7%。年末全国平均每万人群众文化设施建筑面积375.25平方米，增长6.6%。如图3所示。

图2 2012—2022年全国公共图书馆总流通人次及书刊外借册次

图3 2012—2022年全国平均每万人群众文化设施建筑面积

全年全国群众文化机构共组织开展各类文化活动约270.73万场次，比上年增长7.4%；服务人次95922万人次，增长15.2%。全年全国群众文化机构组织开展线上群众文化活动280.96万次。如表2所示。

2022年末，全国群众文化机构共有馆办文艺团体9322个，演出10.32万场，观众5442万人次。由文化馆（站）指导的群众业余文艺团体46.36万个。

表2 2022年全国群众文化机构活动开展情况

项目	总量		比上年增长（%）	
	活动次数（次）	服务人次（万人次）	活动次数	服务人次
各项活动总计	2707286	95922	7.4	15.2
其中：文艺活动	1607329	68474	15.5	10.2
训练班	879961	6811	−4.4	11.3
展览	177506	19872	6.0	39.4
公益性讲座	42490	762	1.3	−0.8

四、市场管理和综合执法

2022年，文化和旅游系统科学精准做好行业疫情防控工作。结合疫情形势变化，不断优化跨省旅游管理政策，根据"二十条优化措施""新十条优化措施"，及时调整活动、场所、人员等管理措施，及时对公共图书馆和文化馆（站）、旅游景区、旅行社、互联网上网服务营业场所、娱乐场所、剧院等演出场所、剧本娱乐经营场所、社会艺术水平考级现场考级活动等8项行业防控指南进行修订。联合有关部门，从减税降费、稳岗拓岗、社保缓缴、金融支持、房租减免等方面推出一系列针对性举措，支持文化和旅游行业恢复发展。将旅游服务质量保证金暂退比例提高至100%，暂退、缓交保证金96亿元，批复同意海南等14个省（区、市）开展旅游服务质量保证金改革试点工作。举办文化和旅游企业服务月活动，组织各地集中推出800余项服务活动和惠企举措。

文化和旅游部持续优化市场营商环境，全面实行行政许可事项清单管理，持续推进"一网通办"，开展"延期办"工作，推进"好差评"制度落实，建成文化和旅游市场电子证照管理系统。修订部门规章2部、行政规范性文件30个，不断规范演出经纪人员、营业性演出、娱乐场所、乡村民宿、剧本娱乐活动等管理。发布导游专业素养研培要点、旅游景区文明引导工作指南，印发星级饭店从业人员三年培训计划，完成全国特级导游考评工作。规范网络直播、明星广告代言，规范网络主播行为。做好元旦、春节、五一、国庆等假日市场以及汛期、暑期旅游安全工作。

2022年末，全国通过统计直报系统报送的各类文化市场经营单位共计20.28万家，从业人员134.00万人，营业收入14106.44亿元，营业利润2349.97亿元。

2022年末，全国共有旅行社42423家，其中32603家的经营数据通过省级文化和旅游部门审核。旅行社填报数据显示，全年全国旅行社营业收入1601.56亿元，营业利润亏损68.87亿元。

2022年末，全国共有星级饭店8365家，其中7337家的经营数据通过省级文化和旅游部门审核。根据填报数据显示，全年全国星级饭店营业收入1177.68亿元，平均房价318.48元，平均出租率38.35%。

2022年，文化市场综合执法体制机制进一步完善，推动3万余名执法人员统一配发制式服装和标志，完善执法人员资格证件管理，29个省（区、市）印发执法事项指导目录、20个省（区、市）编制行政处罚裁量基准。扎实开展迎接党的二十大文化和旅游市场执法保障行动，做好北京冬奥会期间执法监管。加强文娱领域综合治理，清理涉劣迹艺人文化产品，开展净化艺术品市场环境专项行动。持续推进打击治理跨境赌博旅游管控工作，深入推进未经许可经营旅行社业务、"不合理低价游"等专项整治行动。组织3轮暗访评估，访查29个省（区、市）1200余家经营单位。常态化开展网络监测，清查问题线索5.4万条。全面完成电话热线整合任务，高效处置文化和旅游市场举报投诉信息

3.1 万条。全年共出动执法人员 931 万人次，检查各类场所 333 万家次，办结案件 3.6 万件。举办以案施训、师资培训等线上线下培训，覆盖执法人员 1.3 万人次。

五、资源开发和利用

2022 年，文化和旅游部加强规划和制度引领，制定长江国家文化公园建设实施方案和保护规划，编制实施京张体育文化旅游带、巴蜀文化旅游走廊、杭黄自然生态和文化旅游廊道等规划，完善世界级旅游景区度假区建设方案，发布新版《旅游度假区等级划分》国家标准，印发《国民旅游休闲发展纲要（2022—2030 年）》，出台 14 部门关于露营旅游休闲的指导意见。不断丰富优质旅游产品供给，23 个省（区、市）开展旅游资源普查，新评定 12 家国家 5A 级旅游景区、15 家国家级旅游度假区、54 家国家级旅游休闲街区，推出首批 53 家国家工业旅游示范基地、12 家国家级滑雪旅游度假基地、14 家体育旅游示范基地。提升乡村旅游发展品质，推出第四批 298 个全国乡村旅游重点村镇，发布"乡村四时好风光"系列主题线路 369 条。广西大寨村和重庆荆竹村成功入选联合国世界旅游组织"最佳旅游乡村"名单。推出 8 条长城主题国家级旅游线路。创新旅游宣传推广，推出《山水间的家》《正大综艺——不看不知道，山河真美妙》节目。开展"美丽中国 美好生活"国内旅游推广活动，实施"跟着季节游中国""城市巡游记"专项推广，开展第二届全国旅游公益广告作品遴选展播。发布《智慧旅游场景应用指南（试行）》，开展智慧旅游"上云用数赋智"行动。开展红色旅游融合发展试点建设工作，举办全国大学生红色旅游创意策划大赛、红色讲解员进校园活动达 1.1 万余场次，覆盖大中小学生 4700 万人次。

2022 年末，全国共有 A 级景区 14917 个，直接从业人员 147 万人，全年共接待 26.3 亿人次，实现旅游收入 1818.5 亿元。

2022 年末，国内旅游总计 25.30 亿人次，同比下降 22.1%。国内旅游收入（旅游总消费）约 2.04 万亿元，同比下降 30.0%。如图 4 所示。

图 4　2012—2022 年国内旅游发展情况

六、产业与科技

2022 年,文化和旅游部印发《关于推动文化产业赋能乡村振兴的意见》,启动文化产业赋能乡村振兴试点工作。实施"文化产业园区携行计划",推动区域文化产业协同发展。公布第二批 123 个国家级夜间文化和旅游消费集聚区名单,实施"百城百区"文化和旅游消费助企惠民行动计划。推进数字文化产业快速发展,推动 5G、超高清等技术广泛应用,推动国有文艺院团开发《抗战中的文艺》线上演播、《只此青绿》数字艺术品等项目。联合印发《虚拟现实与行业应用融合发展行动计划》,培育线上演播、沉浸式体验等新型业态。联合商务部印发《关于开展新一批国家对外文化贸易基地申报工作的通知》,部署开展新一批国家对外文化贸易基地申报工作。在江西景德镇组织举办"多彩中国佳节好物"文化和旅游贸易促进活动(陶瓷文创专题)。联合日本经济产业省、韩国文化体育观光部举办第 15 届中日韩文化产业论坛,支持举办东亚电竞交流活动。联合印发《关于推进对外文化贸易高质量发展的意见》,修订文化产品和服务进出口统计目录、鼓励外商投资产业目录等,举办第十八届中国(深圳)国际文化产业博览交易会。建立产业项目协调推进机制,会同中国人民银行推出文化和旅游企业"白名单"等政策措施,争取基础设施政策性、开发性贷款支持,推送 30 余家文化和旅游骨干企业、171 个重点项目。推动文化和旅游领域纳入设备购置和更新改造新增贷款贴息政策支持范围,1237 个项目纳入备选名单,项目总投资 2461 亿元。完成 2021 年度文化产业和旅游产业工作拟激励地市推荐工作,由文化和旅游部推荐的 10 个地市纳入国务院办公厅激励地市名单。

根据国家统计局统计,2022 年全国规模以上文化及相关产业企业实现营业收入 121805 亿元,比上年增长 0.9%。其中,文化新业态特征较为明显的 16 个行业小类实现营业收入 43860 亿元,比上年增长 5.3%。

2022 年,文化和旅游部推进实施国家文化数字化战略,认定 12 个国家旅游科技示范园区,资助 14 个文化和旅游部重点实验室研究项目,推进实施文化和旅游领域国家重点研发计划,评定发布"长安十二时辰 + 大唐不夜城"唐文化全景展示创新实践、"建筑可阅读"——上海文旅融合创新实践、舞蹈诗剧《只此青绿》的创新实践等三项文化和旅游最佳创新成果。联合印发《关于促进团体标准规范优质发展的意见》。推动出台舞台装备、旅游厕所、旅游度假区、旅游民宿等国家标准 4 项,立项 1 项;发布演出安全、出境旅游领队服务规范等行业标准 7 项,立项 30 项。国家社科基金艺术学项目重大项目立项 18 个、年度项目立项 219 个,部级社科研究项目立项 51 项。实施"2022 年度文化和旅游系统青年科研人才扶持计划"项目 36 个;推进文化和旅游行业智库体系建设;加强高校共建工作。印发《关于促进新时代文化艺术职业教育高质量发展的指导意见》,实施全国文化艺术职业教育和旅游职业教育"提质培优"行动计划,入选 115 个项目。举办第七届中国京剧优秀青年演员研究生班,招生 54 人;实施西藏、新疆基层文化人才共建培养项目,招生 24 人(本科)。

七、文化遗产保护利用

2022 年,推动完善顶层设计,高规格召开全国文物工作会议,确定"保护第一、加强管理、挖掘价值、有效利用、让文物活起来"的新时代文物工作方针。推动出台《关于让文物活起来 扩大中华文化国际影响力的意见》,修订实施《水下文物保护管理条例》。出台《"十四五"考古工作专项规划》,中华文明探源工程取得新突破。推进夏文化、高句丽等 18 项"考古中国"重大项目,发布旧石器考古与人类起源研究、殷墟考古与甲骨文研究等 17 项重要成果。加强基本建设考古勘探管理，23 个省市落实 "先考古、后出让"。组织建设国家重点区域考古标本库房。实施 "全国考古人才振兴计划"。评定第四批国家考古遗址公园。推动不可移动文物保护管理纳入全国国土空间规划纲要。推动流失文物追索返还工作常态化，29 件流失文物艺术品回归祖国，启动流失海外文物数字复原工程。革命文物保护利用工程（2018—2022 年）圆满收官，16 个省（区、市）完成第二批革命文物名录核定公布。推动文物活化利用。举办 2022 年文化和自然遗产日文物保护主题宣传活动、"5·18 国际博物馆日"中国主会场活动，出台《关于鼓励和支持社会力量参与文物建筑保护利用的意见》，《中国考古大会》《中国国宝大会》等节目反响良好。

2022 年末，全国共有各类文物机构 11340 个，比上年末增加 795 个。其中，文物保护管理机构 2663 个，占 23.5%；文物系统管理的国有博物馆 3782 个，占 33.4%。年末全国文物机构从业人员约 19.03 万人，比上年末增加约 0.88 万人。其中：高级职称 12757 人，占 6.7%；中级职称 24129 人，占 12.7%。如图 5 所示。

图 5　2012—2022 年全国文物机构及从业人员情况

2022 年末，全国文物机构藏品 5630.43 万件，其中，博物馆文物藏品 4691.61 万件 / 套，占文物藏品总量的 83.3%。

2022 年，全国各类文物机构共举办陈列展览 32357 个，比上年减少 848 个。其中，基本陈列 17399 个，减少 198 个；临时展览 14958 个，减少 650 个。接待观众 63973 万人次，比上年减少 24.4%，其中，未成年人 16004 万人次，减少 19.6%，占参观总人数的 25.0%。文物系统管理的国有博物馆接待观众 45647 万人次，比上年减少 22.8%。如图 6 所示。

2022 年，文化和旅游部修订《国家非物质文化遗产保护资金管理办法》，印发《关于推动传统工艺高质量传承发展的通知》，研究制定国家级非遗代表性项目管理办法、非遗与旅游融合发展的通知等文件。提升非遗系统性保护水平，推动 "中国传统制茶技艺及其相关习俗" 成功列入联合国教科文组织人类非遗代表作名录。开展国家级非遗代表性传承人评估和国家级文化生态保护实验区验收工作。持续推进"非遗在社区"试点工作。深入实施中国非遗传承人研修培训计划、中国传统工艺振兴计划、曲艺传承发展计划。启动国家级非遗生产性保护示范基地推荐。推进非遗学科专业建设。大力开展非遗宣传展示，组织2022年"文化和自然遗产日"非遗宣传展示活动，举办"云游非遗·影像展""非遗购物节"等，全国共开展非遗活动达6200多项。举办第七届中国非遗博览会、"新疆是个好地方"对口援疆19省市非遗展、"文化进万家——视频直播家乡年"、"茶和天下 共享非遗"等主题活动。与中央广播电视总台联合摄制《非遗里的中国》。各地累计建设非遗工坊2500余家，覆盖450余个脱贫县和85个国家乡村振兴重点帮扶县。

图6 2012—2022年全国文物机构接待观众人次及未成年人观众人次

2022年末，全国国家级非遗代表性项目1557项，共有在世国家级非遗代表性传承人2433名。列入联合国教科文组织人类非物质文化遗产代表作名录（名册）项目43个，位居世界第一。

2022年末，全国共有非物质文化遗产保护机构2425个，从业人员17716人。全年全国各类非物质文化遗产保护机构举办演出57762场，比上年下降3.3%；举办民俗活动13664次，增长4.2%；举办展览18107场，与上年基本持平。

八、文化和旅游对外及对港澳台交流

2022年，文化和旅游部坚持围绕中心、服务大局，积极助力北京冬奥会、冬残奥会成功举办，举办欢迎北京冬奥会国际贵宾文艺演出、"欢乐春节"庙会、"相约北京"奥林匹克文化节暨"相约北京"国际艺术节、"欢乐冰雪旅游季"品牌推广等活动，公布"筑梦冰雪 相伴冬奥"全国冰雪旅游精品线路、国家级滑雪旅游度假地等，精心组织主题文化宣传。

实施共建"文化丝路"三年行动计划。推动世界旅游联盟总部落户杭州，举办中国国际旅游交易会以及"发现中国之旅""东亚文化之都"等活动。联动开展"中国影像节"全球展映活动、"海外中国旅游文化周"和"非遗减贫展"。组织举办2022年"欢乐春节"系列活动，策划"经典文化""魅力冰雪""乐享生活"三个板块14个文化和旅游精品线上项目，境外浏览量超过6261万人次。

召开中俄文化和旅游部长级会议，举办中俄文化大集等活动。参与爱丁堡国际文化峰会、第59届威尼斯国际艺术双年展。组织参加东盟－中日韩、中国－东盟、中日韩等合作机制，召开文化和旅游部长会。实施亚洲旅游促进计划。与阿根廷等12个亚非拉国家举办建交庆祝活动，参与第14届达喀尔非洲当代艺术双年展、第14届哈瓦那双年展，办好非洲国家人力资源培训班。举办金砖国家文化部长会议和旅游部长会议。参加联合国教科文组织世界文化政策与可持续发展大会、联合国世界旅游组织2022世界旅游合作与发展大会。

文化和旅游部坚持培根铸魂，深化对港澳台工作。举办香港故宫文化博物馆开幕典礼，支持香港举办"亚洲文化合作论坛"。开展庆祝香港回归25周年文化遗产系列活动。支持澳门举办中国（澳门）创意产业大会、澳门旅游博览会。推动港澳18个项目获得国家艺术基金资助。举办"情系三江源·大美青海情"联谊活动、两岸非物质文化遗产月等活动。参加台北夏季旅展、高雄旅展。举办"港澳大学生文化实践""港澳青少年内地云游学""情系青春"等活动。

截至2022年末，在全球设有45家海外中国文化中心，20家驻外旅游办事处。此外，在香港设有亚洲旅游交流中心，在台湾设有海峡两岸旅游交流协会台北办事处、高雄办事分处。

九、资金投入

2022年，稳步推进重大文化工程项目建设，中国工艺美术馆（中国非物质文化遗产馆）、中央歌剧院剧场工程竣工运营，故宫博物院北院区、中央芭蕾舞团业务用房项目启动施工，"十四五"文化保护传承利用工程顺利推进。

2022年，全国文化和旅游事业费1202.89亿元，比上年增加70.01亿元，增长6.2%；全国人均文化和旅游事业费85.20元，比上年增加5元，增长6.2%（见图7）。文化和旅游事业费占财政总支出的比重为0.46%，与去年基本持平。

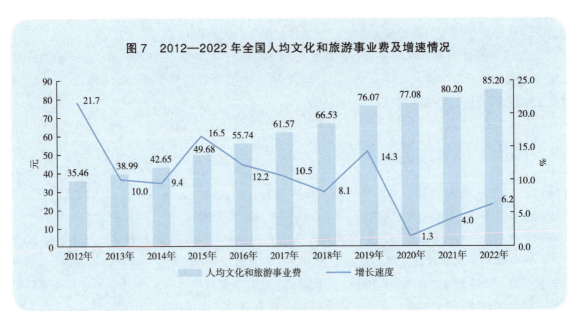

图7　2012—2022年全国人均文化和旅游事业费及增速情况

2022年，全国文化和旅游事业费中，县以上文化和旅游事业费544.3亿元，占45.2%，比重比上年提高0.5个百分点；县及县以下文化和旅游事业费658.6亿元，占54.8%，比重下降了0.5个百分点。东部地区文化和旅游事业费542.5亿元，占45.1%，比重下降了1.4个百分点。中部地区文化和旅游事业费302.6亿元，占25.2%，比重提高了0.2个百分点。西部地区文化和旅游事业费328.1亿元，占27.3%，比重提高了1.5个百分点。如表3所示。

表3 全国文化和旅游事业费按城乡和区域分布情况

项目		1995年	2000年	2005年	2010年	2015年	2020年	2021年	2022年
总量（亿元）	全国	33.4	63.2	133.8	323.1	686.0	1088.3	1132.9	1202.9
	#县以上	24.4	46.3	98.1	206.7	352.8	501.0	506.4	544.3
	县及县以下	9.0	16.9	35.7	116.4	330.1	587.3	626.5	658.6
	#东部地区	13.4	28.9	64.4	143.4	287.9	491.6	526.4	542.5
	中部地区	9.5	15.1	30.6	78.7	164.3	269.8	283.4	302.6
	西部地区	8.3	13.7	27.6	85.8	193.9	301.6	292.6	328.1
所占比重（%）	全国	100.0	100.0	100.0	100.0	100.0	100.0	100.0	100.0
	#县以上	73.2	73.4	73.3	64.0	51.7	46.0	44.7	45.2
	县及县以下	26.8	26.7	26.7	36.0	48.3	54.0	55.3	54.8
	#东部地区	40.2	45.7	48.1	44.4	42.1	45.1	46.5	45.1
	中部地区	28.6	23.8	22.9	24.3	24.1	24.8	25.0	25.2
	西部地区	24.9	21.7	20.6	26.6	28.4	27.7	25.8	27.3

（文化和旅游部财务司）

Statistical Analysis Report
on Cultural and Tourism Development

文化和旅游发展统计分析报告

地区篇

北京市 2022 年文化和旅游发展情况分析

2022 年北京市文化和旅游系统以习近平新时代中国特色社会主义思想为指引，坚持稳中求进、守正创新，坚持以文塑旅、以旅彰文，奋力推动首都文旅高质量发展、融合发展，行业总体韧性前行。

一、重点监测单位情况

（一）机构数量和从业人员情况

2022 年，北京市纳入统计的文化、文物和旅游经营主体机构数量为 5896 个，同比减少 555 个；从业人员约 24.9 万人，减少 17.5%（如表 1 所示）。主要是文化市场经营机构（不包括院团和场馆）受疫情影响，停业现象较严重。

表 1　2022 年纳入统计经营主体机构数量和从业人员

	机构数量（个）	上年同期（个）	增减（个）	从业人员（人）	上年同期（人）	增长（%）
总　　计	5896	6451	−555	248516	301269	−17.5
一、文化和旅游合计	5698	6234	−536	241037	293670	−17.9
艺术表演团体	456	495	−39	13189	14737	−10.5
艺术表演场馆	59	64	−5	1400	2068	−32.3
公共图书馆	20	20	0	1306	1224	6.7
文化馆	18	19	−1	982	843	16.5
文化站	339	337	2	3291	3390	−2.9
艺术展览创作机构	1	1	0	73	72	1.4
文化和旅游教育机构	2	2	0	490	496	−1.2
文化市场经营机构（不包括艺术院团和场馆）	2088	2575	−487	61493	74968	−18.0
重点旅行社	1225	1239	−14	13852	17612	−21.3
重点住宿业	1177	1163	14	92399	102690	−10.0
重点景区	254	260	−6	49444	72910	−32.2
文化和旅游行政部门	18	18	0	1676	1468	14.2

续表

	机构数量（个）	上年同期（个）	增减（个）	从业人员（人）	上年同期（人）	增长（%）
其他文化和旅游机构	41	41	0	1442	1192	21.0
二、文物合计	198	217	−19	7479	7599	−1.6
博物馆	82	79	3	4809	4657	3.3
文物保护管理机构	20	27	−7	818	968	−15.5
文物科研机构	1	2	−1	152	131	16.0
文物行政部门	17	17	0	144	144	0.0
其他文物机构	78	92	−14	1556	1699	−8.4

（二）财政资金投入情况[①]

2022 年，北京市文化和旅游、文物部门所属机构的文化事业费合计为 66.7 亿元，增长 2.3%。其中，文化和旅游部门 44.9 亿元，文物部门 21.8 亿元。人均文化旅游事业费达到 305.2 元，增加 7.3 元，其中，文化和旅游部门 205.4 元，文物部门 99.8 元（见表 2）。

表 2　2018 年—2022 年文化和旅游事业费

年份	文化和旅游事业费[②]（亿元）			人均文化和旅游事业费（元）		
	合计	文化和旅游部门	文物部门	合计	文化和旅游部门	文物部门
2018	60.8	34.8	26.0	277.3	158.7	118.6
2019	73.8	47.5	26.3	336.7	216.8	119.9
2020	66.8	46.3	20.5	305.2	211.5	93.7
2021	65.2	44.0	21.2	298.0	201.0	97.0
2022	66.7	44.9	21.8	305.2	205.4	99.8

2018—2021 年，北京市文化旅游体育与传媒支出均保持在 220 亿元以上，占一般公共预算支出的 3.1% 以上[③]。2022 年，持续加强对文化旅游体育与传媒的支持力度，财政资金主要用于推进全国文化中心建设，支持繁荣发展社会主义先进文化。做好冬奥会、冬残奥会赛事服务保障。支持围绕"喜迎二十大"主题，开展"歌唱北京"等系列文化宣传活动。助力打造"博物馆之城""书香京城"，加强"一城三带"重点文物保护利用，传承利用好北大红楼、香山革命纪念地等红色资源。加大对中轴线文化遗产保护支持力度。鼓励扶持演艺新空间、文艺院团发展，不断为群众扩大优质文化供给。

---

① 此处财政资金投入内容仅包括对市属单位投入情况，不包括在京中央单位数据。
② 人均文化和旅游事业费 =（文化和旅游企事业单位财政拨款预算收入 − 基建拨款）/ 常住人口数量。
③ 数据来源于北京市财政局。

 地区篇

二、以全国文化中心建设为引领，文艺舞台持续繁荣

（一）艺术创作硕果累累

2022 年，北京市联合津冀成功举办第十三届中国艺术节，北京市承办的开幕式等多项活动精彩纷呈。舞剧《五星出东方》荣获第十六届精神文明建设"五个一工程"，并荣获第十七届文华大奖，北京市实现文华大奖"四连冠"。在第十三届中国艺术节上，北京市 3 项作品摘得群星奖，取得连续十九届获奖、本届全国第一的好成绩。北京文化艺术基金资助的舞蹈诗剧《只此青绿》成为现象级文艺佳作，获评第十七届文华大奖；话剧《活动变人形》导演李伯男荣获第十七届文华导演奖。话剧《香山之夜》、京剧《李大钊》、舞剧《天路》、音乐剧《在远方》、话剧《喜相逢》亮相第十三届中国艺术节。积极参加国家级工程项目展示首都文艺硕果，话剧《喜相逢》入选"新时代现实题材创作工程"；京剧《嬴驷与商鞅》、话剧《张居正》入选"历史题材创作工程"；大型交响乐《炎黄风情》、《祖国颂》和民族管弦乐《大运河》等入选"时代交响"创作扶持计划；歌剧《山海情》入选"中国民族歌剧传承发展工程"重点扶持剧目；评剧《蒲柳人家》入选 2022 年度剧本扶持工程。

（二）演出市场保持活力

2022 年，北京市 201 家场所共举办演出 20315 场，基本维持 2021 年的相同水平，恢复至 2019 年的 89.0%；观众人数 374.3 万人次，同比减少 27.1%，为 2019 年的 36.0%；票房收入 6.3 亿元，减少 19.6%，为 2019 年的 36.1%。曲艺、脱口秀两类演出表现强劲，合计演出 10908 场，占 2022 年总体演出场次的 53.7%。此外，北京市曲剧团沉浸式曲剧《茶馆》、繁星戏剧村浸没式戏剧《画皮2677》等沉浸式戏剧场次同比增长 55.7%，展现出北京演出市场创新动力。各演出类型中，脱口秀、曲艺、话剧最为活跃，场次占比分别为 34.3%、19.4%、13.7%；话剧、音乐会和儿童剧占据票房前三，分别为 32.8%、15.8% 和 11.3%。

2022 年，共有 807 个演出团体及个人在北京开展营业性演出。其中，北京本地演出团体最多，共有 594 个，占比为 73.6%；北京本地团体共演出 19041 场，收获票房 5.64 亿元，票房占比为 89.5%，其中开心麻花、北京人民艺术剧院、国家大剧院等三家表演团体票房收入最高。

（三）市属院团新创频出

2022 年，北京市 13 家市属院团线下共演出场次 4505 场，比上年减少 9.9%。国内演出观众 124 万人次，减少 28.7%。演出收入约 1.6 亿元，减少 13.7%（见表 3）。2022 年市属院团全年线上演出 1120 场次，增长 58.0%，线上演出观众人次约 1.4 亿人次，减少 21.7%。

表 3　市属文艺院团经营情况

指标名称	单位	2022 年	2021 年	增长（%）
机构数	个	13	13	—
线下演出场次	场次	4505	4998	−9.9

续表

指标名称	单位	2022 年	2021 年	增长（%）
国内演出观众	万人次	124	174	−28.7
演出收入	万元	16298	18879	−13.7
线上演出场次	场次	1120	709	58.0
线上演出观众	万人次	14368	18344	−21.7

市属文艺院团及国家大剧院推出新创剧目 24 台、复排剧目 57 台。推出民族歌剧《山海情》、舞剧《杨家岭的春天》、话剧《长椅》、京剧《石评梅》、昆剧《曹雪芹》、音乐剧《亦梦亦真》、评剧《蒲柳人家》、儿童剧《花猫三丫上房了》、木偶剧《大象来了》、北京曲剧《我这一辈子》等作品，生动演绎古都文化、红色文化、京味文化和创新文化。

三、完善法律保障，公共服务效能不断提升

（一）公共服务立法成效显著

《北京市公共文化服务保障条例》（以下简称《条例》）于 2022 年 9 月 23 日经北京市第十五届人大常委会第四十三次会议审议通过，并于 2023 年 1 月 1 日起开始施行。《条例》共八章 67 条，分为总则、设施建设与管理、服务提供、融合发展、社会参与、保障措施、法律责任和附则。《条例》坚持首善标准，突出北京特色，聚焦全国文化中心建设，构建完善的现代公共文化服务体系，保障人民群众的基本文化权益，促进人民精神生活共同富裕；明确各级政府和相关部门在保障公共文化服务方面的主体作用；激发社会力量参与的热情，鼓励提供多样化的优质的公共文化服务和产品，丰富文化供给。

副中心图书馆二次结构基本完成，北京市文化中心大楼交付市文化馆代为管理，北昆国际文化艺术中心项目有序推进，北京交响乐团落户台湖进展顺利。北京市文化馆获评全国最佳志愿服务组织。

（二）公共图书馆线上线下齐发力

截至 2022 年底，北京市共有 21 个公共图书馆（包括国家图书馆），总藏量 7818.7 万册，比上年增长 3.5%。总流通人次（线下）854.2 万人次，减少 3.8%。阅览室面积 11.3 万平方米，阅览室座席数 2.3 万多个。为方便市民线上读书借阅，2022 年图书馆拥有电子文本、图片文献资源 4411.9TB，比上年增长 9.5%。线上服务 62894.3 万人次，增长 119.6%。如表 4 所示。

表 4　北京市公共图书馆主要指标对比情况

指标名称	单位	2022 年	2021 年	增长（%）
机构数	个	21	21	0

指标名称	单位	2022 年	2021 年	增长（%）
总藏量	万册	7818.7	7547.2	3.5
线下总流通人次	万人次	854.2	887.7	−3.8
阅览室面积	万平方米	11.3	11.3	0
阅览室座席	个	23359	23417	−0.2
电子文本、图片文献资源	TB	4411.9	4028.9	9.5
线上服务人次	万人次	62894.3	28635.8	119.6
人均拥有藏书	册	3.6	3.4	5.9
人均购书经费	元	5.9	7.8	−24.4

（三）群众文化活动丰富多彩

截至 2022 年底，北京市共有文化馆 1 个，区级文化馆 17 个，街道（乡镇）综合文化中心 339 个。提供线下文化服务次数 6.7 万次，惠及 738.9 万人次，其中，组织文艺活动近 3.1 万次，473.2 万人次参加，举办训练班 3.4 万多次，培训 139.1 万人次，举办展览 1224 个，组织公益性讲座 673 次。举办线上群众文化活动 1438 次，4521 万人次参加。如表 5 所示。

表 5　2022 年群众文化机构及活动情况

指标名称	单位	合计	市级文化馆	区级文化馆	文化中心
机构数	个	357	1	17	339
从业人员	人	4273	62	920	3291
组织文艺活动次数	次	30971	22	1752	29197
组织文艺活动参加人次	万人次	473.2	0.7	74.67	397.8
举办训练班次数	次	34411	4	12933	21474
训练班培训人次	万人次	139.1	0.04	28.2	110.8
举办展览个数	个	1224	3	178	1043
组织公益性讲座次数	次	673	—	673	—
线上群众文化活动次数	次	1438	76	1362	—
线上群众文化活动人次	万人次	4521	992.8	3528.3	—
公用房屋建筑面积	万平方米	99.3	0.18	15.3	83.8

依托"歌唱北京""舞动北京""戏聚北京""艺韵北京""影像北京""阅读北京"六大板块，开展首都市民系列文化活动 1.66 万场。建设 16 个冬奥文化广场和 91 个冬奥示范设施建设，开展"相约北京"奥林匹克文化节等冬奥会、冬残奥会城市文化活动 2.31 万场，6067 万人次参与。设立 49 个

城市文化志愿服务站点，招募 4485 名文化志愿者，出色完成城市志愿服务工作。

四、文化遗产保护利用再上新台阶

（一）中轴线申遗、文物保护、考古等工作"驶入快车道"

2022 年，北京市围绕"一轴一城、两园三带、一区一中心"文博中心工作，加强文物保护利用和价值阐释，用心用情用力保护好、管理好、运用好首都文博资源，积极弘扬中华优秀传统文化和社会主义核心价值观，扎实推进各项年度重点任务落实，首都文博事业取得新成效、新进步。截至 2022 年底，北京地区登记公布不可移动文物 3840 处。其中全国重点文物保护单位 135 处，北京市级文物保护单位 255 处，市县级文物保护单位 753 处。市县级文物保护单位比 2022 年增加 1 处。

"北京中轴线"作为我国 2024 年世界文化遗产申报项目，筹备工作稳步推进。北京中轴线申遗保护工作分别入选 2021 年度北京历史文化名城保护十大看点、全国文化中心建设 2021 年度十件大事，北京中轴线亮相"奋进新时代"主题成就展。进一步深化中轴线申遗文本，优化保护管理规划，相关文件已正式报送国家文物局。作为首部为保护特定文化遗产而制定的条例，《北京中轴线文化遗产保护条例》已于 2022 年 10 月 1 日实施。持续推进北京中轴线档案中心、监测中心建设，完善日常监管体系。持续修缮文物，中轴线沿线各点位文物修缮有序进行，万宁桥修缮方案经多方论证即将启动，景山绮望楼、天坛外坛墙和神乐署等文物修缮基本完成，正阳门城楼、太庙戟门、先农坛太岁殿东配殿和先农坛神仓院落等修缮工程持续推进。加强社会传播，举办第二届北京中轴线文化遗产传承与创新大赛，征集作品 7.6 万余件。推动"数字中轴"建设，开播《最美中轴线》第二季等文艺作品。

配合基本建设工程的考古发掘项目 76 项，发掘面积 9.9 万平方米。中轴线考古工作取得突出进展，正阳桥遗址考古发掘清理出镇水兽下石条，为正阳桥遗址空间地理位置提供了精准坐标，南中轴路段考古勘探发现了明清时代中轴道路及其附属遗存。加快琉璃河国家考古遗址公园建设，琉璃河遗址考古入选 2022 年北京文化论坛全国文化中心建设十件大事，公众考古工作取得良好社会反响，《北京琉璃河遗址》纪录片在央视黄金时段连续播出，持续输出首都北京的悠久历史和文化底蕴。

高标准完成北京 7 处世界文化遗产 2021 年度监测报告审核上报工作，首次补入大运河世界遗产段水环境监测数据。《八达岭长城保护规划》已正式公布，天坛、颐和园保护规划已报国家文物局审核，完成十三陵世界遗产保护规划编制。《中国长城博物馆改造提升项目遗产影响评估报告》已向世界遗产组织报备。持续摸清各级各类不可移动文物资源底数，补充、核对北京市文物保护单位名录基础信息，指导推进全国第三次文物普查信息复核。第十批北京市文物保护单位保护范围及建设控制地带向社会正式公布。推进全国名碑名刻文物遴选（一期）推荐及碑刻石刻文物资源摸底调研。稳步推进文物保护工程，完成 2022 年度全国重点文物保护单位修缮工程项目计划实施进展数据填报 200 余项。完成国立蒙藏学校旧址、八里桥等重点文物保护项目。初步摸清首都功能核心区 725 项 755 处不可移动文物的基本情况，校核了 222 处中央单位（含军队）文物的管理使用状况，为下一步制定核心区文物腾退实施方案奠定工作基础。研究创新文物活化利用机制和方式，与北京产权交易所合作开展社会力量参与国有不可移动文物保护与利用的模式研究。

（二）"博物馆之城"建设呈现新气象

截至 2022 年底，北京市行政区域内备案博物馆 215 家，与 2021 年相比增加 11 家，按行政隶属关系划分，央属 66 家，市属 51 家，区属 47 家，非国有 51 家。

全市纳入统计的文物机构拥有文物藏品 103.4 万件／套，其中博物馆文物藏品数共 98.9 万件／套，占文物藏品总量的 95.7%；文物保护管理机构文物藏品有 1.43 万件／套，占 1.4%。文物藏品中，一级文物 3787 件／套，二级文物 13901 件／套，三级文物 406850 件／套。

全市文物机构共举办陈列展览 483 个，比上年增加 35 个，其中，举办基本陈列 287 个，增加 52 个；临时展览 196 个，减少 17 个；接待观众 1102.5 万人次，比上年减少 34.0%，其中，未成年人 224.4 万人次，减少 5.8%，占参观总人数的 20.4%。博物馆接待观众 917.2 万人次，比上年减少 17.1%，占文物机构接待观众 83.2%。

印发《北京市社会力量兴办博物馆扶持资金管理办法（暂行）》。《北京博物馆之城建设发展规划（2022—2035 年）》完成征求意见稿编制。开展"类博物馆"调研和培育工作，制定方案，推进挂牌开放。扩大博物馆免费开放，提高博物馆无障碍设施和适老化服务水平，上线"北京博物馆云"微信小程序，做好"北京文博"公众号推介。与北京广播电视台共同推出原创节目《博物馆之城》，在北京卫视播出后引起广泛关注；共同推进"北京之声·博物馆"项目，已入驻 50 家博物馆。鼓励博物馆围绕传统节日及重要时间节点举办展览及文化活动，提供延时开放服务，其中"白塔之夜"已成为品牌项目。推进"大思政课"建设，面向中小学生开展"七个一"活动；面向全市博物馆征集助推"双减"资源，共征集到专家资源清单 82 项，课程资源清单 91 项，活动资源清单 84 项。圆满完成 5·18 国际博物馆日北京主会场活动"云启动式"等各项宣传活动。推进京津冀博物馆协同发展，举办"第四届京津冀博物馆优秀志愿讲解员邀请赛"，推进京津冀"博物馆进校园示范项目"。

（三）文物艺术品交易中心形成新动能

2022 年，北京举办文物艺术品拍卖会共 3387 场，上拍文物件数 183432 件／套，成交总额达 92.53 亿元（见表 6）。

与 2021 年同类数据相比，拍卖会场次增加了 55.15%，拍卖标的数和成交金额分别减少 18.56% 和 57.52%，受当年疫情影响，线上拍卖会成为主要形式，场次增幅明显，成为业态新兴模式，但标的和成交金额下降幅度较大。

北京地区文物艺术品拍卖市场整体活跃度再创新高，扎实推进"北京指数"（北京文物艺术品交易指数）更新，文物艺术品交易在全球处于核心地位。北京文博衍生品创新孵化中心平台为推进文博单位文创产品开发提供强有力支撑。"文创板·2022 北京文博创意设计大赛"在延续"文博文创衍生品设计主题"和"二十四节气文化创意设计主题"两个经典赛道的同时，特别增设"博物馆数字衍生品设计主题"和"革命文物文创设计主题"两个创新赛道。大赛官网共新增注册 3000 余人，参赛企业机构和团体 200 余家，参赛博物馆 60 余家，作品征集总量超 1.5 万件／套，社会参与积极踊跃。第十届北京惠民文化消费季"2022 金秋文物艺术品拍卖月"吸引和汇集了众多优秀拍卖企业和收藏爱好者参与其中，活动期间共举办线上线下拍卖会 22 场，线上参与活动 3000 余人次，浏览量 20000 余人次，成交总额近 2.9 亿元，成为引领文化消费理念、促进文化创新发展的重要平台和品牌活动。

表 6　2018—2022 年北京市文物拍卖标的及成交额情况

年份	拍卖场次（场）	拍卖标的（万件/套）	拍卖成交额（亿元）
2019	815	17.69	177.02
2020	1248	11.05	178.60
2021	2183	22.52	217.83
2022	3387	18.34	92.53

（四）非物质文化遗产创新传承水平不断提升

2022 年，北京地区共有国家级非遗代表性传承人 90 人，北京市级非遗代表性传承人 239 人。国家级非遗代表性项目 144 个，市级非遗代表性项目 303 个。北京市率先研究制定《北京市急需保护的非物质文化遗产项目认定与保护办法》，首次发布《北京市传统工艺振兴目录》。北京市非遗项目参与的"中国传统制茶技艺及其相关习俗"列入联合国教科文组织人类非物质文化遗产代表作名录。

开展 10 位国家级非遗代表性传承人记录工作，形成视频资料 170 余小时，收集资料 5000 余份，口述文字稿 70 余万字。开展《北京非物质文化遗产传承人口述史》编辑工作。组织 12 位非遗传承人参加中央广播电视总台 2022 年元宵晚会，节目新媒体平台相关话题全网阅读量达 22.9 亿。组织开展北京市非遗保护工作人员培训班、北京市非遗传承人研修班，74 名学员圆满完成培训班各项学习任务，顺利结业。推动"一城三带"主题作品创作，组织编辑出版《千年运河润京城》，全书共 8 章 77 节，约 54 万字，图片 420 余张。启动市级非遗传承体验设施建设，选址东城区沙井胡同 15 号合园，筹备建设北京非遗体验馆，让非遗为文旅赋能，培育传统文化爱好者的"网红打卡地"。"文化和自然遗产日"期间，联合京东、抖音、北京时间等互联网平台，组织全聚德、荣宝斋、同仁堂、内联升等 18 家非遗老字号开展第三届"北京非遗购物节"，人民网、学习强国、首都之窗、北京日报等 20 余家媒体发布宣传报道百余篇，抖音、北京时间、微博等平台相关话题阅读访问量近 3000 万次，非遗老字号京东店铺订单量突破 11 万件，销售额近 3000 万元，实现了北京非遗老字号品牌流量及销量的双"爆发"。

五、文化产业规模持续扩大

（一）文化产业快速增长

2022 年，北京市规模以上文化企业收入合计 17997.1 亿元，与上年持平；利润总额 1846.6 亿元，增长 26.1%；吸纳从业人员 61.3 万人，减少 7.8%（见表 7）。2022 年文化产业增加值达到 4509.2 亿元，增长 19.6%；文化产业增加值占全市 GDP 比重达到 11.0%，提升 0.5 个百分点。

表 7 2022 年规模以上文化产业情况①

项目	收入合计（亿元）		利润总额（亿元）		从业人员（万人）	
	2022 年	增长（%）	2022 年	增长（%）	2022 年	增长（%）
合 计	17997.1	0	1846.6	26.1	61.3	−7.8
文化核心领域	16339.4	0.6	1781.4	29.1	52.5	−8
新闻信息服务	5243.4	4.3	144.6	262.1	13.4	−10.2
内容创作生产	4801.2	17.2	1506.1	30.4	18	−2.1
创意设计服务	3465.5	−15.1	78.3	−19.4	10.3	−9.5
文化传播渠道	2657.5	−7	86.2	−23.8	7.5	−13.3
文化投资运营	48.9	−12.4	24.7	54.6	0.3	−7
文化娱乐休闲服务	122.9	8.1	−58.6	−	3	−11.2
文化相关领域	1657.8	−6	65.2	−23.2	8.8	−6.3
文化辅助生产和中介服务	695.4	−13.3	32	−10.6	7.3	−6.5
文化装备生产	90.4	−23.6	3	−33.4	0.6	−8.5
文化消费终端生产	871.9	3.4	30.3	−32.3	1	−3.3

（二）积极推动文旅领域"两区"建设和营商环境改革

将港澳投资旅行社审批权下放至自贸试验区所涉辖区；推进区级旅行社设立分社备案事项实行告知承诺办理。推进核心区旅游降密工作，完成北京旅游集散中心搬迁。完善营利性文化艺术类校外培训机构监管，加强剧本娱乐经营场所管理，制定《北京市剧本娱乐经营场所联合管理工作方案》，积极推动成立市级剧本娱乐行业协会。加快推进文化和旅游行业事中监管改革，构建"6+4"一体化综合监管体系。加大执法检查力度，市区两级文化执法部门全年完成执法量 15 万余件。

（三）文化市场经营机构繁荣发展

2022 年，文化市场经营机构营收规模扩大。其中，经营性互联网文化单位实现营业收入 4354.6 亿元，增长 4.4%；演出经济机构实现营业收入 3010.2 亿元，增长 86.8%（见表 8）。北京微播视界科技有限公司、北京快手科技有限公司两家企业②拉动作用显著。娱乐场所经营单位、互联网上网服务、文艺表演团体、演出场所经营单位受疫情影响严重，亏损、闭店、停业现象普遍存在，从业人员和营业收入均大幅下降。

---

① 表中数据来源于北京市统计局。
② 北京微播视界科技有限公司、北京快手科技有限公司两家企业为一企多证，即同时拥有经营性互联网文化单位许可证和演出经纪机构许可证。

表 8　2022 年文化市场经营机构主要指标

年报类型	单位数（个）	从业人员（人）		营业收入（亿元）		营业利润（亿元）	
		2022 年	增长（%）	2022 年	增长（%）	2022 年	增长（%）
娱乐场所经营单位	406	4057	−19.1	3.2	−59.6	−1.5	—
互联网上网服务	230	885	−27.9	0.4	−48.3	−0.5	—
文艺表演团体	440	10640	−11.2	4.4	−28.5	−1.0	—
演出场所经营单位	46	1219	−19.4	4.9	−26.6	−0.4	—
经营性互联网文化单位	985	41688	−31.4	4354.6	4.4	977.3	87.2
艺术品经营单位	235	6328	270.7	282.5	1917.8	0.2	—
演出经纪机构	161	10199	62.9	3010.2	86.8	448.6	124.1

六、旅游市场和主要行业发展情况

2022 年，北京市接待游客总量 1.82 亿人次，较上年减少 28.5%，恢复至 2019 年的 56.6%，恢复程度高于全国水平 14.4 个百分点；旅游收入 2520.3 亿元，较上年减少 39.5%，恢复至 2019 年的 40.5%，恢复程度好于全国水平 4.9 个百分点（见图 1）；人均消费 1382.4 元 / 人次，减少 15.3%，恢复至 2019 年的 71.5%。旅游业从业人员为 98.3 万人次，占全市从业人员总量的 7.8%，减少 4.6%。

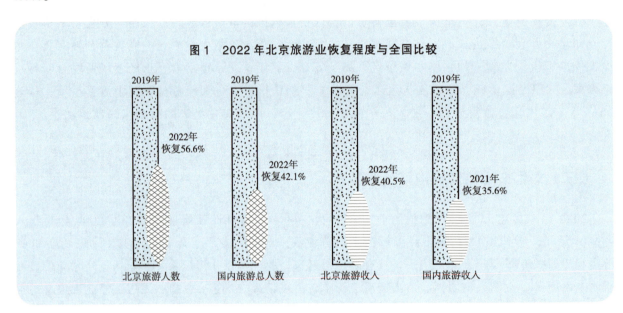

图 1　2022 年北京旅游业恢复程度与全国比较

（一）国内旅游市场情况

1. 外省来京游客大幅下降

2022 年北京接待外省（不包括港澳台地区，后同）来京游客人数 8295.0 万人次，较上年减少

35.6%，恢复至 2019 年的 43.1%；旅游收入 2120.4 亿元，较上年减少 42.0，恢复至 2019 年的 40%，外省来京游客消费占旅游总收入的 84.1%；人均消费 2556.3 元 / 人次，减少 10.0%，恢复至 2019 年的 92.8%。

从游客来源地看，河北、山东、河南排名前三，分别占外省入京游客的 29.4%、8.0%、7.0%。分区域看：华北地区游客占 42.3%；华东地区游客占 20.9%；东北地区游客占 12.1%；华中地区游客占 11.4%；西南地区游客占 4.8%；华南地区游客占 4.3%；西北地区游客占 4.1%。

从外省来京游客的消费构成来看，购物占比最高，达 23.6%，餐饮、住宿和长途交通占比依次为 19.7%、17.4% 和 16.1%，景区游览占 13.2%，文化娱乐占 6.2%（见图 2）。

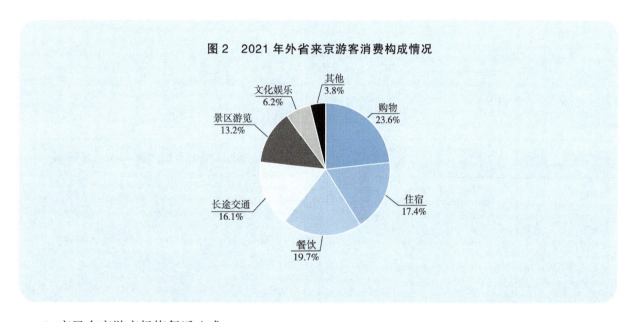

图 2　2021 年外省来京游客消费构成情况

2. 市民在京游市场恢复近八成

2022 年北京接待市民在京游人数 9911.7 万人次，较上年减少 21.4%，恢复至 2019 年的 78.9%，其中，市民郊区游比重为 60%；旅游收入 370.5 亿元，较上年减少 22.9%，恢复至 2019 年同期的 66.26%；人均消费 373.8 元 / 人次，较上年减少 2.0%，恢复至 2019 年的 84.0%。

从市民出游选择来看，市民郊区游比重从 2019 年的 53.6%、2020 年的 55.2% 上升到 2021 年的 66.8%，2022 年比重为 59.9%，略有下降。

从消费构成来看，购物和餐饮居前，分别占 33.4% 和 26.9%，景区游览和市内交通位列第三、第四名，分别占 15.8% 和 11.3%，文化娱乐与住宿占比持平，为 5.6%（见图 3）。

（二）入境旅游市场情况

2022 年北京接待入境游客 24.1 万人次（见表 9），较上年减少 1.6%，较 2019 年减少 93.61%；国际旅游收入 4.4 亿美元，较上年增长 2.4%，较 2019 年减少 91.52%；人均消费 1829.8 美元 / 人次，较上年增长 4.0%，较 2019 年增长 32.8%。

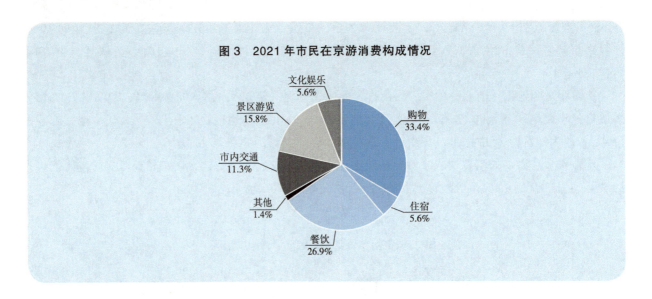

图 3　2021 年市民在京游消费构成情况

表 9　2022 年北京市入境游客情况

主要客源国（地区）	2022 年（万人次）	增长（%）	主要客源国（地区）	2022 年（万人次）	增长（%）
合计	24.1	−1.6	欧洲小计	5.63	8.2
中国台湾	1.73	−26.5	英国	0.95	27.0
中国澳门	0.18	−41.4	法国	0.41	−9.8
中国香港	3.24	−25.9	德国	1.25	4.4
外国人	18.94	8.6	意大利	0.43	7.9
亚洲小计	7.81	25.0	瑞士	0.28	72.6
日本	3.20	117.9	瑞典	0.10	−52.2
韩国	1.58	−30.3	俄罗斯	0.63	−12.5
蒙古	0.04	225.9	西班牙	0.23	90.4
印度尼西亚	0.10	159.7	欧洲其他	1.36	13.9
马来西亚	0.22	−36.5	美洲小计	3.68	−16.5
菲律宾	0.04	−52.8	美国	2.99	−12.2
新加坡	0.48	−24.9	加拿大	0.68	−31.0
泰国	0.67	106.3	美洲其他	0.01	−34.4
印度	0.18	4.0	大洋洲小计	0.52	−14.1
越南	0.01	−16.5	澳大利亚	0.42	−13.6
缅甸	0.00	−62.6	新西兰	0.09	−4.1
朝鲜	0.03	−27.2	大洋洲其他	0.02	−50.8
巴基斯坦	0.23	91.5	非洲小计	0.86	52.8
亚洲其他	1.01	45.0	其他小计	0.44	3.8

（三）"春节"和"十一"假期文旅市场恢复向好

从重点测算的"春节"、"五一"和"十一"三个假期来看："春节"和"十一"假期，旅游市场恢复较好。其中"春节"假期旅游接待人数、旅游收入及人均消费三项核心指标均较上年同期实现正增长；"春节"和"十一"两节上述三项核心指标均恢复至2019年同期的七成左右。"五一"假期则受疫情防控措施制约严重，上述三项核心指标均较上年同期大幅下挫，较2019年的恢复程度在其四成左右。

（四）旅游主要业态经营情况

1.旅行社

印发《关于促进文化和旅游业恢复发展的若干措施》，推出12方面措施助企纾困。为2614家旅行社暂退旅游服务质量保证金约13.12亿元。

新冠肺炎疫情暴发以来，北京市于2020年1月至2022年底暂停出入境团队业务；2022年全年跨省团队游也基本处于停滞状态；旅行社仅能开展市民在京游业务。由于出入境旅游和跨省旅游占到旅行社收入的80%以上，因业务开展严重受阻，所以旅行社是受疫情影响最严重的行业之一。对1225家重点旅行社企业调查显示，旅行社资产总计为416.0亿元，同比减少1.23%，比2019年减少17.55%。实现营业收入201.0亿元，减少0.1%，仅占2019年的19.3%。利润总额亏损11.7亿元，亏损幅度较2021年增长2.3亿元，比2019年扩大14.6亿元。从业人员1.4万人次，呈持续下降趋势，同比减少21.3%，仅为2019年的34.8%。

2022年，旅行社组织游客177.9万人次，减少40.7%；接待游客31.8万人次，减少79.2%。

2.住宿业

住宿业经营情况与外省市进京游客量高度相关。2022年3月份，疫情日趋严重，进入三季度形势略有放松；但进入二季度以后，酒店的经营情况急转直下，当月增速一度低于2021年同期，只在8月份时略有回升，累计增速持续下降。

2022年，北京市1177家重点住宿业单位资产合计1263.5亿元，同比减少7.5%。实现营业收入268.4亿元，减少19.8%，恢复到2019年的61.6%。利润总额亏损65.5亿元，延续2021年的亏损态势，且降幅扩大了1.7个亿，2019年的利润为21.5亿元，2022年与2019年相比扩大87亿元。从业人员9.2万人，减少10%。

2022年住宿业接待住宿者1833万人次，减少31.3%，恢复到2019年的41.5%。平均客房出租率为38.7%，减少2.3个百分点。房价平均为442元/（间·夜），减少2.3%，其中高星级住宿业下降较为明显；以五星级酒店为例，2022年平均房价712元/（间·夜），同比减少6.5%，比2019年减少21.8%。非星级住宿业市场占有率有提高趋势，收入占到50%左右，接待量占到71%左右。

3.景区、观光园

2022年，北京市重点监测的254家景区（以下数据不包括环球影城）共接待游客1.91亿人次，同比减少21.1%，恢复到2019年的60%，其中免票人数1.36亿人次，减少17.1%。76家事业单位收入合计83.4亿元，减少4.9%；178家企业单位营业收入合计64亿元，减少9.5%。

乡村民俗旅游受疫情多发影响，接待量有所下降。2022年全市1027家观光园接待游客707万人次，减少38.8%；总收入18.4亿元，与上年持平。7105个民俗民宿等经营乡村旅游单位（农户）接待游客1080.9万人次，减少20.9%；实现收入13.7亿元，减少3%.

（五）旅游业提质增效

出台《北京市扩大文化和旅游新消费奖励办法》和《关于振兴文旅促进消费的行动方案》。持续打造"漫步北京"品牌，推出100个新晋北京网红打卡地和100个提名推荐打卡地，发布21条文旅骑行线路，推出虎年春节潮玩北京等86条主题游线路。持续推进三条文化带建设，北运河（京冀段）全线62公里实现游船通航；在全国率先推出400公里"京畿长城"国家风景道主线。实施品读建筑发现北京之美——文旅资源开发计划。制定《北京市关于进一步推动文化文物单位文化创意产品开发的实施意见》，研究制定《关于规范引导帐篷露营地发展的意见（试行）》。2022年，王府井等5家单位获评第二批国家级夜间文化和旅游消费集聚区；前门大街、三里屯太古里入选国家级旅游休闲街区；751园区入选国家工业旅游示范基地；9个村镇入选第四批全国乡村旅游重点村镇。播出《我的桃花源》第二季。举办稻花香里逛京郊推广活动，推出北京15个不可不去的村庄。印发《北京市红色旅游景区（点）评定管理办法》，评定和复核全市102家红色旅游景区（点）。推动京张体育文化旅游带建设，延庆海陀滑雪旅游度假地获评国家级滑雪旅游度假地。

从2022年7月10日开始至9月30日，通过去哪儿旅行平台，先后分三批向社会累计发放京郊住宿消费券，总计发放2945.3万元住宿消费券，带动京郊旅游消费3.6亿元，9150家住宿企业平均每家增收3.9万元，撬动杠杆约1∶12.2。据测算，京郊住宿消费券拉动相关产业增加收入15.48亿元，带来5600~8000人的间接就业机会。

七、对外交流持续深化，重要服务保障圆满完成

成功举办首届北京文化论坛——文化交流与合作分论坛、2022年芬兰等5国线上欢乐春节和2022年服贸会文旅专题旅游服务展。成功举办2022世界旅游合作与发展大会，发布《世界旅游经济趋势报告（2022）》。积极推进雅典中国文化中心筹建工作。在"2022发现中国之旅"启动仪式上，通过来自40个国家的58位文化和旅游外交官的视角，向世界推介北京的历史之美、山河之美、文化之美。

聚焦北京冬奥会、冬残奥会，全力以赴完成冬奥村运行、赛事综合服务、开闭幕式组织、外国政要接待等各项服务保障工作。市文化和旅游局印发《北京2022年冬奥会和冬残奥会运行保障指挥部赛事综合保障组涉奥住宿领域应急预案》等6个预案、指引、方案类文件；督导完成60家签约饭店370个无障碍元素、57间无障碍客房的提升改造任务；组织5000多人次参加涉奥酒店场馆住宿餐饮培训；为10万余名涉冬奥人员提供优质住宿保障；建成16个冬奥文化广场，开展冬奥城市文化活动2.31万场；编创推广冬奥广场舞《一起向未来》；组织冬奥城市志愿服务1.8万人次。

八、2023年北京市文化和旅游工作思路

2023年是全面贯彻落实党的二十大精神的开局之年，是实施"十四五"规划承上启下关键的一

年。北京市文化和旅游系统将坚持以习近平新时代中国特色社会主义思想为指导，坚持稳中求进工作总基调，加强全国文化中心建设，打造国际一流旅游城市，促进首都文化和旅游繁荣发展，提升大国首都文化软实力和国际影响力。

（北京市文化和旅游局 北京市文物局）

北京：加强全国文化中心建设

2022 年北京市文化和旅游系统以习近平新时代中国特色社会主义思想为指引，坚持稳中求进、守正创新，坚持以文塑旅、以旅彰文，坚持"一手抓疫情防控、一手抓经济发展"，奋力推动首都文旅高质量发展、融合发展，行业总体韧性前行。

成功举办首届北京文化论坛——文化交流与合作分论坛、2022 年芬兰等 5 国线上欢乐春节和 2022 年服贸会文旅专题旅游服务展。聚焦北京冬奥会、冬残奥会，全力以赴完成冬奥村运行、赛事综合服务、开闭幕式组织、外国政要接待等各项服务保障工作。联合津冀成功举办第十三届中国艺术节，北京市承办的开幕式等多项活动精彩纷呈。舞剧《五星出东方》荣获第十六届精神文明建设"五个一工程"，并荣获第十七届文华大奖，北京市实现文华大奖"四连冠"。在第十三届中国艺术节上，北京市 3 项作品摘得群星奖。

2023 年，北京市文旅工作将坚持以习近平新时代中国特色社会主义思想为指导，坚持稳中求进工作总基调，加强全国文化中心建设，打造国际一流旅游城市，促进首都文化和旅游繁荣发展，提升大国首都文化软实力和国际影响力。

天津市 2022 年文化和旅游发展情况分析

2022年，天津市文化和旅游系统坚持以习近平新时代中国特色社会主义思想为指导，认真贯彻党的二十大精神，按照市委、市政府、文化和旅游部、国家文物局部署要求，坚持稳中求进、守正创新，以迎庆宣传学习贯彻党的二十大为主题主线，以社会主义核心价值观为引领，以满足人民文化需求和增强人民精神力量为着力点，按照"123456"的工作架构和"打好海河牌，用好洋楼景，念好山海经，做好融合事"的工作思路，努力创作优秀文艺作品，提供优秀文化产品和优质旅游产品，奋力谱写文化和旅游繁荣发展新篇章。

一、文化和旅游单位机构和人员

2022年末，纳入统计范围的天津市各类文化文物和部分旅游单位2815个，比上年末增加196个，主要原因是2022年文化市场经营机构增加196个。从业人员31848人，减少6145人。其中，各级文化文物部门所属单位450个，比上年末减少33个；从业人员7372人，同比减少842人。

二、艺术创作演出

（一）天津市艺术表演团体和场馆基本情况

2022年末，天津市共有艺术表演团体111个，比上年末减少1个；从业人员4199人，增加372人。全年天津市艺术表演团体共演出0.52万场，比上年降低48.0%；国内观众150.20万人次，降低35.7%；演出收入9542.1万元，降低14.6%。其主要原因是2022年疫情多次反复，院团演出受到影响。

2022年末，天津市共有艺术表演场馆118个，比上年增加4个；观众座席数69726个，增加2359个。全年共举行艺术演出2.48万场次，艺术演出观众人次129.45万人次。

2022年末，天津市共有美术馆4个，与上年持平；从业人员46人，减少1人。同样是受疫情影响所致，全年共举办展览33次，降低35.3%；参观人次12.14万人次，降低76.5%。

（二）强化文艺精品打磨，新时代文艺创造活力持续迸发

1.顶级艺术赛事不断出彩

圆满完成由文化和旅游部、京津冀三地人民政府共同主办的国家顶级艺术盛会——第十三届中国艺术节各项任务，成功举办了"文华奖"（戏曲类）评奖、"群星奖"（戏剧、曲艺）评奖和全国优秀书法篆刻作品展，得到各级领导和社会各界的高度评价。天津评剧院大型现代评剧《革命家庭》，以戏曲类榜首的成绩摘取文华大奖；由市文化和旅游局报送、滨海新区文化馆创演的小品《疫"懂"的

心》荣获群星奖。

2.精品力作创排不断加强

指导全市国有艺术院团创作推出了《在希望的田野上》施光南作品音乐会、津味儿话剧《俗世奇人》、儿童剧《蓝猫淘气探险队》、评剧《宝龙山》等一批精品力作，复排、加工提高了京剧《楝树花》、现代京剧《杜鹃山》（青春版）、古典芭蕾舞剧《葛培莉亚》等剧目。

3.艺术演出形式不断创新

继续开展"邂逅·天津"创意城市发展计划，把艺术融入历史人文场景，将艺术与天津网红打卡地相结合，打造新的文化艺术场景。先后举办了"邂逅·天津除夕"活动、"漫步《图画展览会》"交响乐直播等线上、线下活动48次，各平台视频播放量共计525.6万次。特别是于第十三届中国艺术节期间在天津美术馆推出《戏剧盲盒》活动，烘托了节庆氛围，受到观众喜爱。

三、公共文化服务效能全面提升

（一）公共图书馆

2022年，天津市立足高质量发展，持续推动公共服务均等化

1.提升公共文化服务标准化水平

按照《中华人民共和国公共文化服务保障法》、文化和旅游部《"十四五"公共文化服务体系建设规划》等法律法规文件要求，建立基本公共文化服务标准动态调整机制。

2.推进公共文化服务均等化进程

组织全市各级公共图书馆参加第七次全国公共图书馆评估定级，以评促建提升全市公共图书馆发展水平，已完成评估数据汇总上报工作，提升各区公共文化服务标准化、均等化建设水平。

3.推动公共文化服务示范发展，加强长效监管

指导有关区做好全国公共文化服务体系示范区复核工作，顺利通过文旅部和财政部复核验收。完成国家公共文化服务高质量发展案例和民间文化艺术之乡优秀案例申报工作，市局推荐申报的天津市西青区精武镇付村综合文化中心等6家单位被评为全国第九届服务农民、服务基层文化建设先进集体。对通过达标验收的基层文化设施加强长效监管，通过抽查、督查等方式促进基层综合性文化服务中心做好日常管理服务，不断提升服务效能。

2022年末，天津市共有公共图书馆20个，与上年持平；从业人员1041人，比去年减少49人。实际使用房屋建筑面积45.77万平方米，比上年末增长4.9%；全市图书总藏量2390.64万册，比上年末增加4.8%；阅览室座席数22107个，增长2.1%；总流通人次661万，同比减少23.2%；书刊文献外借571万册次，同比减少23.0%（见图1）；外借197.06万人次，减少7.1%；全年共为读者举办各种活动1702次，比上年减少34.7%；参加120.66人次，增长8.8%。

从人均数据看，2022年天津市平均每万人公共图书馆建筑面积335.8平方米，比上年末增加18.1平方米；全市人均图书藏量1.75册，比上年增加0.09册；全年全市人均购书费3.34元，减少1.2元。其主要原因为部分图书馆购书经费没执行完，转入下一年度使用。2022年末，全市共16个区建成图书馆总分馆制。

图1　2012—2022年天津市公共图书馆总流通人次及书刊外借册次

总流通人次（万人次）　　书刊文献外借册次（万册次）

（二）群众文化机构

1.宣传贯彻落实党的二十大精神，创新推出天津市"千村百站"优秀社团群众文化节目展演活动

结合已经建成的覆盖城乡四级公共文化服务体系网络和文化馆总分馆制建设，组织发动全市各街镇、村居的群众文化社团广泛参与，由每个街镇推荐优秀社团的群众文化节目视频，节目围绕"学习宣传贯彻落实党的二十大精神"，以"新时代 新征程 新风采"为主题，囊括音乐、舞蹈、朗诵和民间艺术表演等多种艺术形式。在此基础上，后续将评选出优秀节目，通过国家公共文化云天津频道等平台进行展示和推广，进一步活跃百姓群众精神文化生活，弘扬社会主义核心价值观。

2.贯彻落实京津冀协同发展国家战略，承办好第十三届中国艺术节第十九届群星奖活动

以"喜迎二十大 奋进新征程"为主题的群星奖活动圆满成功，2022年8月30日至31日，天津市共举办3场戏剧作品现场决赛，来自全国各地的共28个戏剧类节目参与了群星奖戏剧类决赛的角逐，300余人线下参赛，线上观看近200万人次，广大群众共同欢庆这场艺术的盛会、人民的节日。天津市滨海新区的小品《疫"懂"的心》时隔九年再次为天津摘得群星奖。

3.落实市政府二十项民心工程任务，举办天津市第七届市民文化艺术节

突出"群众编、群众演、群众看"的特色，陆续推出喜迎二十大、文化惠民生、书香润津城、美丽乡村行四大板块48项有质量、有创意、有特色的线上线下活动。其中"奋进新征程 礼赞新时代"天津市第七届市民文化艺术节开幕式直播在线观看达49.757万人次。

4.东西部协作和支援合作特色突出

组织天津交响乐团、天津美术馆文化志愿者赴和田地区开展"我们的中国梦·中华文化耀和田"和"行走的美术馆"交流活动，为和田地区7县1市奉献了9场特色音乐演出，开展了8场书画笔会，活动得到了市领导的充分肯定。与市相关部门共同主办"东西携手圆满小康 山海情深共促振

兴"——2022天津市东西部协作和支援合作图片展暨甘肃摄影采访团系列活动，受到广泛好评。协助新疆和田地区在津举办津和号旅游线路与和田特色旅游产品推介会，很好地展示了和田地区美景美食。天津市局东西部协作工作连续四年被评为"好"的档次。

5. 立足弘扬中华优秀传统文化，加强古籍保护工作

为配合国家版本馆顺利开馆，圆满完成国家版本馆古籍调拨工作。在市委宣传部指导下，共同制定并印发天津市《关于贯彻落实中共中央办公厅、国务院办公厅〈关于推进新时代古籍工作的意见〉工作方案》，推动国家古籍保护单位复核，开展古籍数字化建设，推进古籍文物定级工作、古籍保护工作迈上新台阶。

2022年末，全市共有群众文化机构274个，比上年末增加2个，其中，乡镇综合文化站128个，与上年一致。年末全市群众文化机构从业人员1732人，比上年末减少1人。全市群众文化机构实际使用房屋建筑面积637000平方米，比上年末增长5.6%；业务用房面积498400平方米，增长7.3%。全年全市群众文化机构共组织开展各类文化活动29234场次，比上年下降8.3%；服务550.91万人次，增长27.1%。如表1所示。

从人均数据上看，2022年全市平均每万人群众文化设施建筑面积467.35平方米，增长6.3%。2022年末，全市共16个区建成文化馆总分馆制。

表1 2021—2022年天津市群众文化机构活动开展情况

项目	2022年		2021年	
	活动次数	服务人次（万人次）	活动次数	服务人次（万人次）
各项活动总计	29234	550.91	31887	433.33
其中：文艺活动	17984	409.48	16055	286.34
训练班	9756	76.94	13935	81.70
展览	1150	62.48	1239	59.49
公益性讲座	344	2.01	658	5.77

数据波动较大分析：之所以2022年天津市公共图书馆总流通人次指标、书刊文献外借册数、外借人次、全年共为读者举办各种活动、参加人次同比都有减少，主要是疫情原因。疫情防控期间，按照规定和要求，全市公共文化场馆及时闭馆，对公共图书馆流通人次、文化馆（站）服务人次有一定影响。

受疫情影响，2022年群众文化开展活动次数整体比上年下降8.3%。但是服务人次同比有增长，增长27.1%。主要原因为：2022年为学习宣传贯彻落实党的二十大精神，创新推出了天津市"千村百站"优秀社团群众文化节目展演活动，结合已经建成的覆盖城乡四级公共文化服务体系网络和文化馆总分馆制建设，以各街镇综合文化服务中心为单位，组织发动全市各街镇、村居的群众文化社团广泛参与，共报送近600个节目，活动群众参与度非常高，所以服务人次同比增长。

（三）基础设施建设稳步推进

完成李叔同（故居）纪念馆提升改造并对外开放。积极推动天津歌舞剧院、交响乐团迁址扩建项

目的前期工作，协调市相关部门加快拨付土地收储拆迁补偿费。完成天津革命军事馆建设方案、展陈大纲编制和建设项目立项。完成天津大运河文化博物馆概念方案和选址专家论证。

四、文化市场管理

2022 年，根据文化和旅游部统计工作相关规定，天津市文化市场统计主要涵盖了互联网上网服务营业场所、经营性互联网文化单位、演出经纪机构、非公有制艺术表演团体、非公有制艺术表演场馆、艺术品经营机构、娱乐场所等，共 1922 家。其中，互联网上网服务营业场所 726 家、经营性互联网文化单位 177 家、非公有制艺术表演团体 98 家、演出经纪机构 212 家、非公有制艺术表演场馆 106 家、艺术品经营机构 43 家、娱乐场所 560 家，总计比 2021 年增加 200 家。从业人员 16280 人，比 2021 年减少 2235 人。创造营业总收入 344.84 亿元，比 2021 年增加 28.28 亿元。实现营业利润约 27.75 亿元，比 2021 年减少 0.56 亿元。

（一）网络文化市场分析

1.上网服务场所数据分析

2022 年，天津市统计 726 家取得《网络文化经营许可证》的场所，比 2021 年减少 49 家，从业人员 1234 人，比上年减少 491 人，有 34364 台终端设备，比上年减少 7437 台。营业收入 0.54 亿元，比 2021 年减少 0.98 亿元。疫情防控期间，网吧等封闭场所的经营受限，同时由于个人电脑和智能手机的普及，传统以上网和游戏为主的上网服务场所经营逐渐萎缩。需要通过转型升级将传统上网服务场所打造成为连锁化、产业化和规模化的网络生活场所，通过引入休闲、娱乐、竞技和虚拟现实等服务将网吧行业引导向积极、健康的方向发展，将网吧行业定位为服务业与文化业的综合体产业。

2.经营性互联网文化单位数据分析

2022 年，天津市统计经营性互联网文化单位 177 家，比 2021 年增加 40 家，从业人员 5077 人。营业收入 150.89 亿元，比 2021 年减少 47.19 亿元。营业利润 19.32 亿元，比 2021 年减少 2.57 亿元。经营性互联网文化单位的营业收入、营业利润分别占全市文化市场营业收入、营业利润的 43.76%、69.61%。从上述数据可以看出，虽然互联网文化单位数量较上年同期有所增加，但受疫情等多因素影响，互联网文化行业的经营普遍下滑，营业收入和营业利润均有较大幅度下降。随着移动互联网的普及和网络直播等行业的兴起，以网络表演经纪机构（MCN 机构）为代表的大量经营性互联网文化单位纷纷涌入，促进了市场的繁荣，但在行业竞争逐渐激烈的情况下，如何发挥自身优势，创新经营理念，提高自身的盈利能力和水平，成为各从业企业面临的现实问题。

（二）演出、艺术品市场分析

2022 年，天津市统计 98 家非公有制艺术表演团体，比 2021 年减少 1 家；从业人员 2521 人；营业总收入 1.39 亿元，比 2021 年增加 0.47 亿元；举办演出 0.40 万场次，其中农村演出 0.05 万场次。统计非公有制艺术表演场馆 106 家，比 2021 年增加 5 家；从业人员 1675 人，观众人次 180.60 万；营业收入 5.87 亿元，比 2021 年减少 0.30 亿元。统计演出经纪机构 212 家，比 2021 年增加 20 家；

从业人员 2064 人，演出项目 798 个；营业利润 12.66 亿元，比 2021 年增加 0.46 亿元。通过以上数据可以看出过去一年全市演出市场整体运行平稳，其中非公有制艺术表演场馆的数量和营业利润有小幅增长。随着疫情影响逐渐消除，未来演出市场中大型演出活动将呈爆发性增长态势，沉浸式、互动式演出新业态保持持续增长，市场需求将吸引更多专业创作机构进入沉浸式、互动式演艺新赛道。

2022 年，天津市统计艺术品经营机构 43 家，比 2021 年增加 9 家，营业收入 10078.5 万元。其中，拍卖方面交易量为 2682 件，交易金额为 5397.9 万元。

（三）娱乐市场分析

2022 年，天津市统计 560 家娱乐场所，比 2021 年增加 176 家，其中歌舞娱乐场所 493 家，游艺娱乐场所 67 家；从业人员总数 3493 人；营业收入 2.21 亿元，比 2021 年减少 1.73 亿元。通过以上数据可以看出，虽然 2022 年疫情影响仍在持续，但娱乐行业从业者对未来发展持乐观态度，大量新企业涌入市场。随着居民可支配收入及生活水平不断提高，民众对于优质娱乐活动的需求逐渐增强，在多元化娱乐产品需求持续增长的推动下，娱乐市场必将面临新的发展机遇。

五、2022 年天津市旅游情况

（一）旅游市场总体情况

2022 年，天津市共接待国内游客 1.12 亿人次，比上年同期减少 0.67 亿人次，同比下降 37.40%；实现旅游接待收入 773.06 亿元，比上年同期减少 1195.74 亿元，同比下降 60.70%；人均消费 689.52 元，比上年同期减少 410.72 元，同比下降 37.30%（如图 2 所示）。

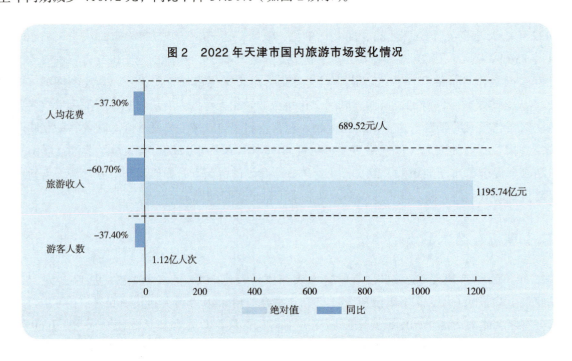

地区篇

（二）疫情防控期间，天津国内旅游市场受到重创

1. 接待外省游客人数出现较大回落

2022年天津市共接待外埠游客1874.42万人次，同比下降70.6%，占旅游接待总人次的比重为16.7%；实现旅游收入263.68亿元，同比下降74.2%，占旅游接待总收入的比重为34.1%。

从接待外省游客的客源地看，虽然受疫情影响河北省和北京市游客人数下降明显，但依然在全部外省游客中占据重要地位，占比分别达到34.3%和15.1%。对本市外省游客贡献度排在前十名的其他省市分别是山东、黑龙江、河南、辽宁、内蒙古、山西、湖北和江西，合计占比达38.1%（如图3所示）。

图3　外省游客客源地构成

外埠来津游客消费构成中，购物费占比最高，达到34.6%；交通费、餐饮费和住宿费紧排其后，占据了消费的重要部分，占比分别为20.2%、17.6%和11.4%；除此之外，游览费占10.1%，娱乐费占3.5%，休闲费占0.2%（如图4所示）。

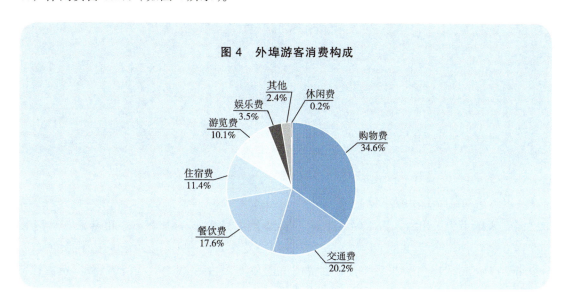

图4　外埠游客消费构成

2. 天津本市游客成为旅游市场主力军

2022 年，天津市共接待本市游客 9337.25 万人次，同比下降 19.0%，占旅游接待总人次的比重为 83.3%；实现旅游收入 509.38 亿元，同比下降 46.2%，占旅游接待总收入的比重为 65.9%。

全市接待的全部游客中，一日游游客 8466.69 万人次，占比 90.7%，经营性住宿设施接待过夜游客 682.16 万人次，占比 7.3%，家庭接待过夜游客 188.39 万人次，占比为 2.0%（如图 5 所示）。

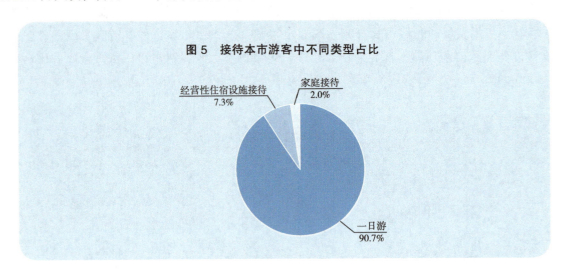

图 5　接待本市游客中不同类型占比

全市游客消费构成中，排名前三的分别是购物费（42.5%）、餐饮费（18.3%）和游览费（12.3%），其次是交通费（9.6%）、住宿费（9.3%）、娱乐费（4.7%）和休闲费（0.9%）。如图 6 所示。

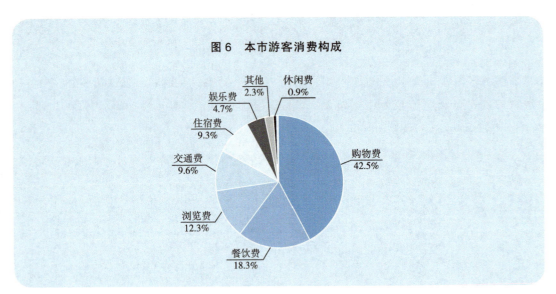

图 6　本市游客消费构成

3. 居民出游活动减少，出游花费下降

2022 年，天津市居民出游人数 1.04 亿人次，同比下降 31.0%；其中出游本市的游客 0.93 亿人次，同比下降 19.0%，占出游总人数的 89.4%。本市居民出游花费共计 605.47 亿元，同比下降 56.2%。

2022 年，天津市居民出游花费中，购物费用占比最高，达到 32.5%，其次是餐饮费占比 20.3%，交通费占比 19.9%（如图 7 所示）。

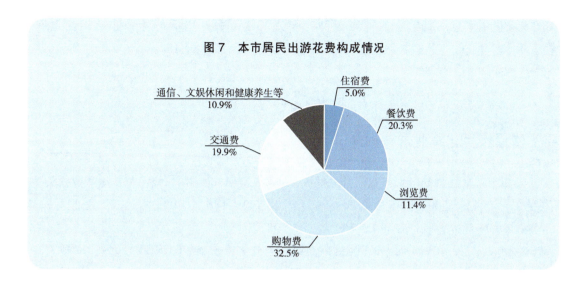

图 7　本市居民出游花费构成情况

（三）假日旅游市场受疫情影响波动明显

元旦、清明、五一、端午和中秋小长假期间，天津市重点监测的旅游吸引物共计接待 1029.84 万人次，实现旅游收入 52.89 亿元（如图 8 所示）。

图 8　小长假重点监测的旅游吸引物接待情况

2022 年，"春节"黄金周全市累计接待游客 220.13 万人次，同比下降 41.1%；实现旅游收入 9.22 亿元，同比下降 43.5%。

2022 年，"十一"黄金周全市累计接待游客 386.77 万人次，同比下降 47.1%；实现旅游收入 18.38 亿元，同比下降 64.8%。

（四）星级饭店规模和经营

截至 2022 年 12 月，纳入天津市旅游统计管理系统的星级酒店共 54 家，其中五星级酒店 12 家、四星级酒店 23 家、三星级酒店 18 家、二星级酒店 1 家。根据星级饭店统计数据显示：

全市 54 家星级酒店，拥有客房 1.06 万间，床位 1.63 万张，从业人数 5750 人，固定资产原值 47.18 亿元，实现营业收入总额 9.82 亿元，全年平均客房出租率为 32.1%。

六、国家级文化产业示范基地和动漫企业

（一）国家级文化产业示范基地

目前，天津市正常经营的国家级示范基地共 6 家。2022 年，全市国家级示范基地从业人员 1749 人。全市国家级文化产业示范基地资产总额 40.43 亿元，比 2021 年增加 20.83 亿元；营业收入 5.24 亿元，比 2021 年减少 0.73 亿元；利润总额 0.39 亿元，比 2021 年增加 0.19 亿元；应交税金总额 0.45 亿元，比 2021 年增加 0.11 亿元。各国家级示范基地共获得国家级奖项 5 个、知识产权数量 496 项。

天津市国家级文化产业示范基地特点分析：一是经营困难。从数据看，2022 年，继续受新冠疫情影响，国家级示范基地营收总额下降，利润总额小幅增加，经营仍存在较大困难。二是景区景点类示范基地受疫情影响巨大。旅游及人员往来受疫情防控的影响很大，造成景区景点游客断崖式下降，企业亏损严重。三是研发投入不断增加。各企业在经营极为困难的情况下，研发经费总额超过 2021 年，知识产权数量也超过 2021 年，研发投入持续增加。四是龙头带动作用不断增强。兆讯传媒广告股份有限公司于 2022 年 3 月在创业板上市，资产总额较 2021 年增加 20.76 亿元，资本市场对企业发展促进作用显著。

（二）国家认定动漫企业情况

2022 年，天津市经过国家认定的动漫企业 11 家。这 11 家企业共有从业人员 301 人；资产总额 3.22 亿元，较 2021 年减少 2.40 亿元；营业总收入约 2.30 亿元，较 2021 年减少约 0.02 亿元，下降 0.9%；利润总额约 0.04 亿元，较 2021 年增加约 0.09 亿元；年生产原创漫画 109 部，作品数量较 2021 年减少 58 部，降幅达到 35%；原创动画作品 20 部，相比上年作品数量减少 5 部；拥有自主知识产权数量 803 个；网络动漫（含手机动漫）下载次数约 766.87 亿次，主要原因为作品数量下降，爆款作品降温，发行渠道变化等（如表 2 所示）。与 2021 年相比，营业收入小幅减少，利润总额由负转正，企业实现盈利，但下载次数较去年明显减少，原创漫画数量减少。一方面说明企业盈利能力和盈利水平有所提高；另一方面说明企业的动漫、动画创新力不足，经营状况仍需改善。

表 2　2017—2022 年天津市动漫企业情况对比表

年份	数量	从业人数	资产总额（亿元）	总收入（万元）	利润总额（万元）	原创漫画（部）	原创动画（部）	网络动漫下载次数（万次）
2017	11	315	3.79	128902.2	1730.5	202	36	367767
2018	13	373	4.1	11014.3	2677.2	111	21	526928
2019	12	311	4.8	7713.2	−3368.3	105	21	4915700
2020	13	317	5.8	12295.8	−2286.9	82	59	1489780
2021	13	333	5.62	23242.5	−460.9	167	25	33646500
2022	11	301	3.22	22963.9	416.6	109	20	7668743

天津市动漫产业发展的主要特点：从数据中可以看到，2022年全市动漫产业盈利能力和盈利水平得到提升。各动漫认定企业克服疫情影响，在作品数量减少的情况下，利润有所增加，盈利能力和盈利水平得到改善提升，说明企业控制成本的能力有所提高。

七、文化遗产保护利用守正创新

2022年，天津市列入"全国文化文物统计报表制度"范围并上报文物统计年报表的文物业机构121个，与上年相比增加7个。其中文物保护管理机构6个，占5.0%，博物馆72个，占59.5%。年末天津市文物机构从业人员1781人，比上年末减少142人。另外，天津市还有其他文物机构25个，从业人员203人。

年末天津市文物机构拥有藏品1118707件，比上年末增加12474件，增长1.1%。全年天津市文物机构共举办基本陈列219个，临时展览185个；接待观众338万人次，比上年降低70.1%（如表3所示）。其中未成年人102.58万人次，降低51.7%，占参观总人数的30.4%。

表3　2012—2021年天津市文物机构藏品及参观情况

年份	2012	2013	2014	2015	2016	2017	2018	2019	2020	2021	2022
参观人次（万人次）	535	561	949	1024	1037	1292	1400	1487	521	1130	338
文物藏品（万件）	106	106	103	103	99	106	105	106	111	111	112

（一）博物馆事业开创新局面

1. 天津市文博场馆受疫情影响参观人次有所下降

2022年，天津市共有博物馆72个，从业人员1465人；拍卖企业23个，从业人员146人。2022年博物馆藏品数为775685件，占总量的69.3%；全年博物馆共接待观众337.85万人次，比上年降低70.1%，占文物机构接待观众100%。其中未成年人参观人次102.58万人次，降低51.7%，占参观总人数的30.4%。2022年天津全市博物馆参观人次较2021年有大幅度下降，主要由于天津市疫情出现多次反复，全市很多博物馆因疫情防控工作需要长时间处于闭馆状态。

2. 多措并举"让文物活起来"

为深入贯彻落实习近平总书记关于文物工作重要论述，认真贯彻全国文物工作会议精神，进一步促进天津文物保护传承和活化利用，与文物保护处、革命文物处联合制定《天津市关于让文物活起来实施方案》，成立了天津市博物馆青少年教育联盟，精心组织推进"革命文物进校园"工作，设计、研发可供课上课下灵活使用的革命文物数字资源包等博物馆教育资源。

3. 做好大运河文化博物馆展陈大纲编写工作

组织相关部门与天津博物馆赴扬州中国大运河博物馆、苏州博物馆西馆，就博物馆展陈工作进行调研。完成天津市大运河文化博物馆"运河·城市·人家——天津运河文化展""河川赴海 人居兴业""运象万千——天津运河街镇印象""运河探秘"等7个展览的大纲初稿。

4.编制《天津市关于推进博物馆改革发展的实施方案》

为深化博物馆改革，持续推进全市博物馆事业高质量发展，市里结合实际推出《天津市关于推进博物馆改革发展的实施方案》，整合不同层级博物馆发展，协调不同属性博物馆发展，促进不同类型博物馆发展。

5.推进智慧博物馆建设

天津博物馆和津云新媒体联合推出的重磅新媒体产品"VR天博"于10月1日正式上线。天津博物馆线上VR共有五个主题场馆、468个VR场景，其中两个基础场馆中的2342个展图及1123个文物均可以点开放大浏览，场景丰富，让更多津城文物活在云端。

6.社会文物管理扎实推进

委托市文化遗产保护中心开展全市文物拍卖标的鉴定8次，共鉴定各类标的2670件，包括书画类1376件、陶瓷类838件、玉器类158件、杂项类297件、古籍善本1件，其中属于文物拍卖标的审核范围的2299件，撤拍5件。

（二）文物保护工作成效显著

截至2022年末，天津市共有全国重点文物保护单位34处，省级文物保护单位220处，市县级文物保护单位145处，文物点2082处。

2022年，天津市扎实做好世界文化遗产大运河、长城相关保护工作，推动实施天津文庙、静海独流木桥等大运河沿线文物保护修缮工程；推动开展黄崖关长城保护工程，组织完成黄崖关长城21、20、12段墙体维修工程，加快实施黄崖关龙凤岭段前期研究和考古勘探工作。推动实施梁启超旧居、千像寺造像等文物维修保护工程，不可移动文物保护状况进一步改善。由市文旅局联合各相关单位编制印发了《天津市落实"十四五"文物保护和科技创新规划实施方案》，该实施方案是天津市首次印发文物保护方面的五年规划方案，为天津市文物保护管理利用提供了制度保障。积极推进运河沿线考古，溯源运河历史，以大运河国家文化公园建设为契机，重点实施十四仓遗址前期调查和综合研究项目和西青区大运河国家文化公园文化小镇考古发掘（二期）项目。编制印发《天津市关于让文物活起来实施方案》，研究制定"让文物活起来"重点项目清单，启动"旺达杯"发现文物之美影像作品征集活动。

（三）非遗保护传承取得新进展

2022年末，全市共有非物质文化遗产保护机构30个，从业人员411人。全年共举办展览196次，参观人数9.80万人；举办演出353场次，观众人次5.15万人；共举办民俗活动23次，参与人次2.13万人。

1.完善非遗项目名录体系

一是完成了第五批市级非遗代表性项目认定的后续工作。经专家评审委员会审议、公示，局长办公会审议通过，向市政府提交了请示文件。2022年6月，市政府正式公布名单。目前，天津市市级非遗代表性项目达到357项。二是审核、认定了第五批市级非遗代表性项目的保护单位，共117家，向社会公布，督导保护单位认真履职尽责。三是开展了国家级非遗代表性项目保护单位履职尽责情况评估和调整工作。四是为天津市非遗项目申请国家非遗专项资金。

2. 加强非遗代表性传承人管理，培养传承人才

一是开展了第六批国家级非遗代表性传承人的推荐申报工作，经过各区文旅主管部门推荐，专家评审，共确定了 17 名推荐人选上报非遗司。二是实施国家级代表性传承人记录工程。三是开展国家级、市级代表性传承人评估工作。四是实施非遗传承人研培计划。指导天津大学、天津艺术职业学院等完成了四期培训班，共培训学员百余人。同时启动了天津市 2021—2022 年度研培计划培训班的绩效考核工作。五是组织两期全市非遗管理人员和非遗代表性传承人的线上业务培训。六是配合文旅部非遗司要求，推荐非遗工作人员和传承人代表参加光明网组织的"2022 年非遗年度人物评选"。

3. 策划非遗特色活动

一是坚持开展下基层调研，实地考察项目情况，通过观摩、座谈，摸清底数，挖掘非遗特色活动资源，实地解决基层提出的问题。二是策划了"非遗薪传 连接生活——2022 年文化和自然遗产日天津主场活动"。三是举办"2022 天津非遗购物节"，搭建传统工艺项目的宣传展示平台。四是开展非遗特色旅游线路评选工作，促进文化和旅游高质量融合发展。

4. 实施传统工艺振兴计划

根据《中国传统工艺振兴计划》和《天津市传统工艺振兴实施意见》，完成天津市第一批市级传统工艺振兴目录的评审论证、公示工作，与市工业和信息化局联合发布首批市级传统工艺振兴目录（30 个项目）。已列入首批国家传统工艺振兴目录的项目整体列入天津市第一批目录。

5. 对接国家重大战略部署，组织天津非遗参加全国重要展览展示活动

一是促进大运河沿线非遗项目的交流互鉴，组织天津非遗项目参加山东举办的中国非遗博览会中的"欣欣向荣"大运河沿线非遗展。二是推进东西部协作。作为对口援疆省市之一，派出最具特色的非遗项目和传承人团队参加"新疆是个好地方"对口援疆 19 省市非物质文化遗产展。

6. 加大传播力度，推动非遗分类保护

利用传统媒体和微博、微信、短视频等新媒体，做好非遗宣传工作；落实《天津市曲艺传承发展计划》，考核 2021 年挂牌的名流茶馆等四家"非遗曲艺书场"的工作情况，总结经验，找出不足，指导各书场开展曲艺传承工作，更好地发挥天津"北方曲艺之乡"的文化特色。

7. 加强非遗理论研究

开展了非遗研究基地的建设工作，经各院校报名、专家评审等，命名了天津大学亚洲非物质文化遗产理论研究中心、南开大学非遗研究基地等 10 个非遗研究基地。吸纳高校科研力量，加强非遗理论研究。2022 年末，天津市已公布 5 批 357 个市级非遗代表性项目，其中国家级非遗代表性项目 49 个；已认定 4 批 282 名市级非遗代表性传承人，其中国家级非遗代表性传承人 42 名。

八、对外和对港澳台文旅交流合作更加深入

组织开展"欢乐春节"文化交流品牌活动，选推经典京剧折子戏参加葡萄牙"2022 欢乐春节"线上开幕式文艺汇演，直播观看量达 75158 人次，宣传覆盖约 59 万葡萄牙当地网络用户；与以色列特拉维夫中国文化中心共同策划组织《风雅颂》民族音乐会、《犹太人在中国》图片展——天津篇、杨柳青年画进校园线下工作坊和首届"双城故事"摄影展，共庆中以建交 30 周年。我驻葡萄牙大使馆和驻以色列大使馆分别发来信函表示感谢。与驻韩国首尔旅游办事处共同策划冬季冰雪主题图片展，共庆北京冬奥会盛况。精选天津市运河文化资源参加"中国大运河全球推广季"，通过文旅部海

外云平台发布《一分钟大美中国·天津》英文短视频，进一步扩大了中华优秀传统文化国际影响力。梳理天津文旅特色资源，借助第十届澳门旅游产业博览会云推广平台举办"云游天津"主题推介会。成功推荐周恩来邓颖超纪念馆研学项目入选文旅部 2022 年度"港澳青少年内地游学潜力产品"。组织在津香港及台湾大学生利用暑期走进天津博物馆、天津美术馆以及天津图书馆开展文化实践活动，进一步增强中华优秀传统文化的凝聚力与归属感。

九、资金投入情况

2022 年天津市文化和旅游事业费 12.3 亿元，比上年减少 1.21 亿元，降低 8.9%；天津市人均文化和旅游事业费 90.25 元，比上年减少 8.15 元，降低 8.28%（如图 9 所示）。天津市人均文化和旅游事业费仍比全国人均文化和旅游事业费（85.20 元）高 5.05 元。天津市文物事业费 3.50 亿元，比上年减少 1.48 亿元，降低 29.7%。2022 年受疫情影响，天津市文化和旅游事业费、文物事业费比上年同期均略有下降。

图 9　2012—2022 年天津市人均文化和旅游事业费及增速情况
注：2018 年以前不含旅游事业费

（天津市文化和旅游局）

天津：艺术盛会展风采 人民节日享盛宴

2022年9月15日，第十三届中国艺术节（以下简称"十三艺节"）圆满落幕。天津市作为主办方之一，在市委、市政府的坚强领导下，成功举办了文华奖（戏曲类）评比展演、群星奖（戏剧类）决赛、全国优秀书法篆刻作品展览等主体活动，实现了"艺术的盛会 人民的节日"的办节宗旨，彰显了天津新时代文艺事业蓬勃发展的新气象新风貌，展示了天津现代化大都市繁荣发展的丰硕成果。

组织领导坚强有力，工作部署周密细致。市委、市政府领导对办好十三艺节高度重视，多次听取专题汇报，召开协调会解决重难点问题，确保工作有序开展。市文旅局与各区、各委办局共同构建紧密配合的工作格局，为十三艺节成功举办奠定了坚实基础。

重点活动精彩纷呈，文化惠民欢乐共享。十三艺节期间来自全国21台优秀新编剧目在津角逐文华奖，涵盖京剧、地方戏等16个剧种；28个节目参与群星奖戏剧类决赛；336幅优秀书法篆刻作品在天津美术馆展出。同期还举办了市民文化艺术节等近500场文化活动，切实增强了人民群众的文化参与感、获得感、幸福感。

津腔津韵讴歌时代，津产力作喜获大奖。开幕式上，天津市多位优秀文艺工作者精彩亮相，奉上了富于天津韵味的表演。评剧《革命家庭》、京剧《楝树花》等优秀作品，讴歌时代、礼赞英雄，唱响家国情怀；扎根群众、关注现实，倾吐人民心声。经过激烈角逐，天津评剧院大型现代评剧《革命家庭》，以戏曲类榜首的成绩时隔六年再度代表天津摘取文华大奖；滨海新区文化馆创演的小品《疫"懂"的心》实现了九年来零的突破，荣获群星奖。文华大奖、群星奖双丰收，是天津市自2016年中国艺术节评奖制度改革，奖项大幅缩减以来取得的最佳成绩。

传播方式出新出彩，云上云下相得益彰。组建由中央驻津新闻单位等组成的宣传矩阵，并适应需要，建设"云剧场"、开展"云展播"等。十三艺节举办期间，各媒体发布新闻信息3.1万条，全网累计阅读量近8000万次。天津地区文华奖、群星奖参评剧目展线上演播点击量约1.3亿人次。"相约云上"的方式延展了艺术舞台，扩大了惠及人群，提升了十三艺节的关注度和美誉度。

疫情防控严谨有序，安全保障有力有效。执委会制定了疫情防控总体方案和具体周密的管控措施，建立了市、区两级疫情动态研判机制。做到线下活动严谨有序、线上活动精彩纷呈，实现"零感染、零传播"，疫情防控与艺术盛会双赢。

十三艺节在津成功举办，得益于市委、市政府的坚强领导和全市各界的倾力支持。天津市取得的骄人成绩，源于天津深厚优秀的文化传统和积淀，更集中展现了文艺战线紧跟时代步伐，深耕艺术精品创作，厚积薄发的精神面貌和担当作为。

河北省 2022 年文化和旅游发展情况分析

2022 年，全省文化和旅游系统坚持以习近平新时代中国特色社会主义思想为指导，全面贯彻落实党中央、国务院和省委、省政府决策部署，坚持稳中求进工作总基调，贯彻落实"疫情要防住、经济要稳住、发展要安全"总要求，以宣传贯彻党的二十大为主线，以推动高质量发展为主题，统筹推进疫情防控和行业恢复振兴，解放思想、奋发进取，着力推进艺术创作、公共服务、助企纾困、项目建设、遗产保护等重点工作，推动文旅行业稳中有进、稳中向好，多项文旅工作实现创新突破。

一、机构和人员

2022 年末，纳入统计范围的全省各类文化和旅游单位共约 1.37 万个，比上年末增长 8.2%；共有从业人员约 16.97 万人，比上年末下降 3.4%。如表 1 所示。

表 1　近两年河北省文旅系统机构数量和从业人员情况

	机构数（个）			从业人员数（人）		
	2022 年	2021 年	同比（%）	2022 年	2021 年	同比（%）
总计	13737	12698	8.2	169708	175726	-3.4
一、文化和旅游合计	13200	12175	8.4	160521	167034	-3.9
艺术表演团体	921	874	5.4	14686	16368	-10.3
艺术表演场馆	130	128	1.6	2314	1943	19.1
公共图书馆	180	177	1.7	2250	2149	4.7
文化馆	181	180	0.6	2237	2207	1.4
文化站	2286	2280	0.3	6047	5336	13.3
美术馆	31	28	10.7	220	200	10.0
文化市场经营机构（不包括非公有制院团和场馆）	6733	5809	15.9	14134	14017	0.8
旅行社	1594	1552	2.7	4739	5541	-14.5
星级饭店	355	358	-0.8	63031	65023	-3.1
A 级旅游景区	490	486	0.8	41467	44586	-7.0
二、文物合计	537	523	2.7	9187	8692	5.7
博物馆	185	172	7.6	4686	4469	4.9
文物保护管理机构	157	155	1.3	3700	3493	5.9

二、艺术创作演出

2022年，全省文艺精品创作再攀高峰。组织开展交响组歌《岁月征程》等新作品创作，话剧《多瑙河之波》入选文化和旅游部新时代现实题材创作工程，话剧《青松岭的好日子》荣获中宣部第十六届"五个一工程"奖。联合京津承办第十三届中国艺术节，组织37部文华奖参评剧目线上线下演出，从全国精心遴选了近300件摄影作品进行展览，举办100多场文化活动，低票价惠民演出惠及近2万人次，发动百余家网络平台对31部剧目进行线上直播。话剧《塞罕长歌》荣获第十七届文华大奖，舞蹈《人民英雄纪念碑》荣获第十九届群星奖。组织开展了"建功新时代 奋进新征程"省属文艺院团（场馆）文化惠民展演季、优秀基层文艺院团文化惠民演出活动等，繁荣省内文化消费市场。

2022年末，全省共有艺术表演团体921个，比上年增加47个；全年共演出4.23万场次，与上年基本持平，其中农村演出2.38万场次，占比56.3%；国内演出观众人次2156.59万，比上年增长12.1%（如图1所示）。全省共有艺术表演场馆130个，比上年增加2个；观众座席数6.74万个，比上年增长11.4%；全年艺术演出0.71万场次、观众118.06万人次，分别比上年增长121.9%、22.9%。

图1 2013—2022年河北省艺术表演团体演出情况

2022年末，全省共有美术馆31个，比上年增加3个；拥有藏品7853件/套，比上年增长37.6%。全年共举办展览262个，参观人次69.70万，分别比上年增长37.9%、78.9%。

三、公共服务

2022年，全省文化和旅游公共服务水平不断提升。在全省部署实施公共文化服务达标提质行动，全省乡镇（街道）综合文化站和村（社区）综合文化服务中心"五个一"标准达标率提升至80%以上。推动国家公共文化服务体系示范区创新发展，秦皇岛市、廊坊市在第一、第二批国家公共文化服务体系示范区创新发展复核工作中获评"优秀"等次。廊坊市安次区获评中央宣传部、文化和旅游部、国家发展改革委基层公共文化服务高质量发展典型案例。持续开展河北省公共文化服务体系示范区创建工作，定州市、石家庄市正定县等10个县（市、区）获评第二批河北省公共文化服务体系示范区。群舞《人民英雄纪念碑》荣获第十九届群星奖。面向全省城乡居民共发放文化惠民卡 32 万张、文化惠民券 360 万张，开展文化惠民活动 1 万余场，惠及群众超过 1000 万人次。全省共建设提升风景道 752.98 公里，新建旅游标识牌近 400 块。建设提升 13 个旅游集散（游客服务）中心，创新推进 11 个重点高速服务区旅游功能化改造。承德雁鸣湖自驾车度假营地成功创建国家 4C 级自驾车旅居车营地。

（一）公共图书馆

2022 年末，河北省共有公共图书馆 180 个，比上年增加 3 个；阅览室座席数 7.79 万个，比上年增长 37.1%；书架单层总长度 49.34 万米，比上年增长 8.0%；计算机 8551 台，其中供读者使用的电子阅览室终端数 5951 台，比上年增长 4.3%；每万人拥有公共图书馆面积 127.28 平方米，比上年增长 31.2%；人均拥有公共图书馆藏书 0.63 册，比上年增长 18.9%；。

全年公共图书馆实际持证读者 244.08 万个，比上年增长 7.0%。总流通人次 2936.77 万，比上年增长 36.1%。书刊文献外借 1222.52 万人次，外借册次 2410.86 万，分别比上年增长 30.6%、29.2%（如图 2 所示）。全年共为读者举办讲座、展览、培训班等各种活动 11031 次，参加人次 511.98 万，分别比上年增长 14.7%、39.7%。

图 2　2013—2022 年河北省公共图书馆总流通人次及书刊外借册次

全省各地公共图书馆人均资源拥有量发展不均衡。11 个地级市中，每万人拥有公共图书馆面积指标，沧州市居全省最高，为 158.99 平方米；其次是张家口市和衡水市，分别为 153.39 平方米和 144.25 平方米；最低的是承德市，为 87.02 平方米；全省最高值是最低值的 1.83 倍。人均拥有公共图书馆藏书指标，唐山市居全省最高，为 1.37 册；其次是秦皇岛市和沧州市，分别为 0.86 册和 0.83 册；最低的是邯郸市，为 0.31 册；全省最高值是最低值的 4.42 倍。如图 3 所示。

（二）群众文化机构

2022 年末，全省共有群众文化机构 2467 个，其中文化馆 181 个，文化站 2286 个，分别比上年增加 1 个、6 个。每万人拥有群众文化设施面积 250.86 平方米，比上年增长 18.7%。由文化馆（站）

指导的馆办文艺团体 560 个，比上年增长 22.0%；馆办老年大学 30 个，比上年减少 11.8%；群众业余文艺团队 2.60 万个，比上年下降 11.7%。全年人均群众文化业务活动专项经费 2.10 元，比上年增长 4.5%。

图 3　2022 年河北省及各地级市公共图书馆人均资源情况

全年全省文化馆（站）组织开展文艺活动、训练班、展览、公益性讲座共计 12.57 万场次，服务惠及 5076.95 万人次，比上年增长 19.4%（如图 4 所示）。文化站接受戏曲进乡村服务 1.18 万次、惠及 487.85 万人次，比上年分别增长 18.5%、72.4%。

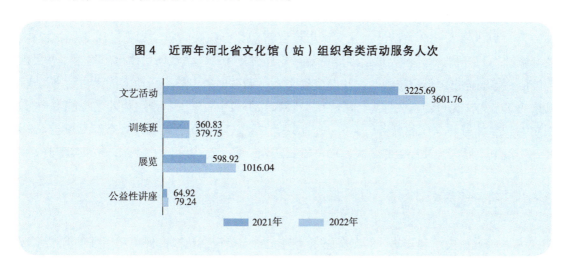

图 4　近两年河北省文化馆（站）组织各类活动服务人次

2022 年末，全省共有 5.20 万个村（社区）综合文化服务中心，比上年增加 917 个，其中社区综合文化服务中心 4294 个，村综合文化服务中心 4.77 万个。

四、市场管理和综合执法

2022 年，河北省文化和旅游厅千方百计做好助企纾困。制定《关于促进文化产业和旅游业恢复发展的八条政策措施》《关于金融支持河北省文化产业和旅游产业高质量发展的若干措施》等纾困政策，汇编形成国家和省关于文旅行业助企纾困政策包，助力旅游企业用足用好帮扶政策。安排 5000 万元纾困资金，帮助全省重点文旅企业渡过难关。积极争取并开展使用保险交纳旅游服务质量保证金国家改革试点工作，累计为 1322 家旅行社退还质保金 2.55 亿元。

2022 年末，全省共有文化市场经营机构 7605 个，比上年增长 14.8%。共有从业人员约 2.60 万人，比上年下降 3.2%。全年营业收入约 10.41 亿元，比上年下降 35.7%。如表 2 所示。

表 2　2022 年河北省文化市场经营机构情况

	机构数（个）	同比（%）	从业人员（人）	同比（%）	营业收入（千元）	同比（%）
总计	7605	14.8	26032	−3.2	1041203	−35.7
非公有制艺术表演团体	806	6.6	10581	−12.3	130006	−22.3
非公有制艺术表演场馆	66	8.2	1317	59.4	98429	−16.3
演出经纪机构	90	60.7	378	13.2	−24573	−115.1
娱乐场所	2374	59.3	8845	7.4	534557	−33.9
经营性互联网文化单位	26	73.3	178	169.7	36442	175.7
互联网上网服务营业场所（网吧）	4191	−0.2	4538	−13.4	251808	−25.4
艺术品经营机构	52	8.3	195	41.3	14534	12.0

2022 年末，全省共有星级饭店 355 个，从业人员 6.30 万人，全年营业收入 40.13 亿元，比上年下降 2.2%。共有旅行社 1594 个，从业人员 4739 人，全年营业收入 6.13 亿元，比上年下降 39.5%。

2022 年，河北省文化和旅游厅加强文旅市场监管和综合执法。印发实施《河北省旅行社信用评价管理实施细则》《河北省导游人员信用评价管理实施细则》，建立市场主体信用档案，开展旅行社、导游人员信用等级评定工作。持续组织开展全省文旅市场秩序集中整治行动，确保市场平稳有序。圆满完成党的二十大文化市场执法保障行动、冬奥版权保护集中行动、打击整治养老诈骗专项行动、有害出版物专项整治等重大工作任务。全省共出动执法检查 18.6 万余人次，检查经营单位 5.6 万余家次，责令改正 137 家次，警告 269 家次，责令停业整顿 7 家，有力维护了全省文化市场秩序。

五、资源开发和利用

2022 年，河北省文化和旅游厅颁布实施了《河北省大运河文化遗产保护利用条例》，制定了《大运河文化遗产保护方案》，长城国家文化公园（河北段）建设入选全国文化和旅游领域改革创新优秀案例，印发了《长城国家文化公园（河北段）文化和旅游融合发展专项规划》。制发《河北省旅游工作领导小组 2022 年工作要点》《关于推动全省旅游产业振兴发展实施方案》《河北省旅游景区提升发展指引》《关于全省重点旅游品牌建设指引及措施》《关于推动红色旅游高质量发展的实施方案》等政策文件。指导雄安新区编制完成《雄安新区"十四五"旅游业高质量发展规划》，进一步优化雄安新区旅游发展环境。协助文化和旅游部印发实施《京张体育文化旅游带建设协调推进工作机制》，合力推进京张体育文化旅游带高质量建设。张家口市崇礼滑雪旅游度假地、保定市涞源滑雪旅游度假地成功创建成为国家级滑雪旅游度假地。石家庄君乐宝乳业工业旅游区、承德山庄老酒文化产业园成功创建国家工业旅游示范基地。10 家单位被认定为第三批河北省全域旅游示范区。加强乡村旅游重点村镇建设，创建 7 个国家级乡村旅游重点村和 3 个乡村旅游重点镇，评定 30 个省级乡村旅游重点村，8 个重点镇。开展精品民宿创建工作，全省重点培育扶持 100 家民宿全方位提升。开展"大美燕赵·冀忆乡情"乡村旅游系列推广活动，发布推广 5 大主题 100 个乡村旅游目的地。举办"赓续红色血脉培育时代新人"红色讲解员进校园活动 30 余场，组织开展红色五好讲解员培训班、第二届红色故事讲解员大赛，推动红色旅游高质量发展。

2022 年末，全省共有 A 级旅游景区 490 家，其中 5A 级旅游景区 11 家，4A 级景区达到 151 家（新评定 11 家）；全年总收入 57.89 亿元，比上年下降 28.2%；接待游客 5561.07 万人次，比上年下降 33.3%。共有旅游度假区 14 个，其中国家级旅游度假区 1 个，省级旅游度假区 13 个（新评定 4 个）；旅游度假区全年旅游总收入 29.72 亿元，比上年下降 43.6%；接待游客 575.08 万人次，比上年下降 36.0%。

2022 年，全省共接待游客 3.32 亿人次，实现旅游收入 3008.88 亿元，同比分别下降 22.4% 和 31.99%（如图 5 所示）。从客源构成上看，京津冀三地游客占河北省游客总量的八成以上，是全省游客的主力军；从游客类型上看，全省接待一日游游客 2.28 亿人次，占总接待人数的 68.6%，过夜游客占总接待人数的 31.4%；从游客游览方式来看，个人、家庭或亲朋结伴出游占比 84.2%，单位或旅行社组织仅占 15.8%；从年龄结构来看，23~45 岁游客占游客总量的五成以上，80 后、90 后成旅游消费主力；从消费结构来看，旅游六要素"吃住行游购娱"的消费结构不断优化，购物消费占比 23.1%，较去年增长近 2 个百分点，已成为旅游消费中占比最高的要素；从地域分布上看，全省中南部的石家庄、保定、邯郸等地区旅游接待人数体量最大，三市接待游客总量 1.51 亿人次，占全省接待总量的 45.6%；北部张家口旅游发展恢复明显，旅游人次居全省前列。

图 5　2016—2022 年河北省旅游接待总体情况

六、产业发展与科技教育

2022 年，河北省文化和旅游厅建立"实""考""保""包""促""评"机制，开发建设文旅项目管理平台，落实省市县三级项目包联责任制，定期督导调度。全省 651 个文旅项目总投资 5642.2 亿元，年度实际完成投资 545.7 亿元。全省文旅系统共组织参加各类招商引资活动 347 批次，接待或拜访企业 772 家，签约项目 94 个、协议引资 383.23 亿元。组织举办第四届河北省文创和旅游商品创意设计大赛。联合河北银联开展"百城百区"文化和旅游消费助企惠民行动计划，指导秦皇岛市阿那亚街区、张家口崇礼富龙四季街区 2 个项目入选第二批国家级夜间文化和旅游消费集聚区。制定《关于推动文化产业赋能乡村振兴的实施方案》评选认定衡水武强、沧州吴桥等 16 个省级文化产业赋能乡村振兴试点县，评定辛集王下村、雄县张岗乡等 35 个文化产业赋能乡村振兴特色村镇，评定示范单位 20 个、重点项目 16 个、实践基地 23 个、典型案例 22 个。

2022 年末，全省共有国家级文化产业示范园区 1 家：承德"21 世纪避暑山庄"文化旅游产业园区；国家级文化产业示范园区创建单位 1 家：曲阳雕塑国家文化产业试验园区；国家级文化产业示范基地 12 家。共有省级文化产业示范园区 34 家，省级文化产业示范园区创建单位 5 家，省级文化产业示范基地 167 个。经文化和旅游部、财政部、国家税务总局三部委认定的动漫企业共有 15 家。

根据河北省统计局统计，2022 年末，全省共有规模以上文化及相关产业企业 1339 家，比上年增加 15 家。全年营业收入 928.3 亿元，比上年下降 5.6%。

2022 年，全省文化和旅游管理服务智慧化水平显著提升。建设河北公共文化云服务平台管理平台，推动公共文化管理和服务在线化、智慧化。持续完善一部手机游河北功能，注册用户超 350 万。公布唐山南湖·开滦旅游景区等 12 家景区为智慧景区示范点，发布 25 个全省文化和旅游智慧化发展优秀案例。"乐游冀"获得全国第五届"绽放杯"5G 应用征集大赛行业三等奖；张家口富龙四季小镇度假区智慧雪场服务入选文化和旅游部智慧旅游场景应用典型案例；《无界·幻境》国际光影主题公园入选 2022 智慧旅游创新项目。曹妃甸多玛乐园景区被评为 2022 年度国家旅游科技示范园区。

2022 年，河北省文化和旅游厅发布实施《旅游产业发展大会总体规划编制规范》《旅游节庆活动服务规范》等 2 项省级地方标准。完成第二批标准化试点示范认定与检查工作，推出正定县 1 个标准化示范地区，省图书馆等 12 家示范单位。《扈家庄》等 4 项作品入选第四届"梨花杯"全国青少年戏曲教育教学成果展示活动。河北博物院获评"2021—2025 年全国科普教育基地"。"河北泥河湾旧石器公众考古月"列为省科普重点活动项目。《中国设计语义学体系形成、演进与现代转绎研究》《大运河国家文化公园建设法律保障机制研究》等 2 个项目立项国家社科基金艺术学项目。《新一代信息技术赋能文化和旅游融合发展的路径及机制研究》立项 2022 年文化和旅游部部级社科研究项目。《濒危地方戏曲剧种资料的数字化传承与创新应用》等 2 个项目入选 2022 年文化和旅游系统青年科研人才扶持计划。河北旅游职业学院、河北艺术职业学院两个"双师型"师资培养扶持项目入选文旅部项目。

七、文化遗产保护利用

2022 年，全省文化遗产保护利用持续加强。一是做好重点考古及大遗址研究保护。全力推进"考古中国"等重大课题研究。实施南阳遗址、古州城遗址等考古项目。推进大遗址保护，大力推进赵王城遗址、邺城遗址、泥河湾遗址群等考古遗址公园建设，并做好保护利用工程的实施。二是加强革命和历史文物保护修缮。晋察冀、冀热辽等两个片区规划取得阶段性进展。加快实施正定古城、清代皇家建筑等重点文物保护维修工程。启动建立"十四五"文物利用项目库。

2022 年末，全省共有各类文物机构 537 个，比上年增加 14 个，其中文物科研机构 8 个，文物保护管理机构 157 个，博物馆（纪念馆）185 个，文物行政部门 181 个。各类文物机构共有从业人员

9187 人，比上年增长 5.7%（见图 6）。全省文物机构共有藏品 61.59 万件 / 套，比上年增长 2.8%。其中，一级品 1499 件 / 套，二级品 1.38 万件 / 套，三级品 4.69 万件 / 套，合计占藏品总量的 10.1%；博物馆拥有藏品 44.79 万件 / 套，占藏品总量的 72.7%。

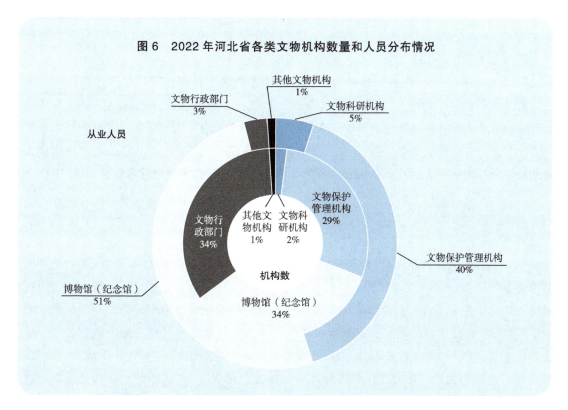

图 6　2022 年河北省各类文物机构数量和人员分布情况

2022 年，各类文物机构共举办基本陈列 489 个，临时展览 474 个；共接待观众 1769.09 万人次，比上年下降 19.9%；其中未成年人 458.10 万人次，占观众总数的 25.9%，占比比上年提高 1.1 个百分点（如图 7 所示）。博物馆接待观众 1513.12 万人次，占各类文物机构的 85.5%，占比比上年提高 7.3 个百分点。

图 7　2013—2022 年河北省文物机构参观人次及未成年人参观人次

2022 年末，全省共有不可移动文物 33943 处，其中全国重点文物保护单位 291 处，居全国第三位，省级以上文物保护单位 963 处，居全国第五位。按不可移动文物种类分，古遗址 17041 处，古墓葬 3941 处，古建筑 8637 处，石窟寺及石刻 807 处，近现代重要史迹及代表性建筑 3439 处，其他 78 处。全省共有不可移动革命文物 1800 余处（含参照革命文物管理的遗存遗迹），其中全国重点文保单位 15 处、省市县三级文保单位 585 处。中宣部、国家文物局等 4 部门公布的 37 个革命文物保护利用片区中，全省共有 5 个片区 102 个县（市、区）列入。

2022 年，河北省文化和旅游厅制定出台《河北省省级非遗代表性项目管理办法》和《关于支持吴桥杂技繁荣发展的若干措施》。持续推动非遗工坊建设，会同相关部门认定备案非遗工坊 572 家、非遗工坊产品 651 件，助力乡村振兴。举办非遗会客厅、非遗过大年、非遗购物节等传承活动，推动非遗传播，促进文旅消费。截至 2022 年底，全省共有国家级非遗代表性项目共 163 项，居全国第五位，省级非遗代表性项目共 990 项；国家级非遗代表性传承人 149 人，省级非遗代表性传承人 1047 人。

八、宣传推广与对外交流

2022 年，河北省文化和旅游厅全面打响"这么近、那么美，周末到河北"品牌，在央视和京津主流媒体黄金时段推出品牌宣传。创新开展新媒体互动宣传，"周末到河北"抖音话题的短视频总浏览量超过 8 亿次。在省委宣传部统计的中央媒体宣传河北综合统计评分中，河北省文化和旅游厅连续 6 年位居省直单位分类组第一名。文旅部新媒体传播力指数评价中，河北文旅 5 项排名均位居全国前十。研究制定《"吸引北京游客来河北"20 条举措》及系列配套措施。参与主办冰雪产业发展大会，发出河北冰雪旅游邀约和"冰雪之弧"国际冰雪旅游推广倡议。"河北邀约"系列宣传推广活动荣获全国国内旅游宣传推广优秀案例。用好对外"云交流"模式，开展 2022"欢乐春节 美丽河北"海外推广活动，运用脸书、推特等境外社交媒体官方账号，传播河北好声音。与巴基斯坦中国文化中心共同举办 2022 中巴民族音乐会，奏响中巴文化交流新乐章。

九、资金投入

2022 年，河北省文化和旅游厅共争取中央文化类专项资金 2.12 亿元，其中，争取中央文化惠民项目资金 1.53 亿元。省级文化类专项资金共 2.56 亿元。中央补助全省文物类专项资金 3.65 亿元。省级文物类专项资金共计 1.46 亿元。省级旅游发展专项资金 3.2 亿元。

2022 年，全省文化和旅游事业费 39.38 亿元，比上年增长 9.4%；人均文化和旅游事业费 53.08 元，比上年增长 9.8%（如图 8 所示）。县以上文化和旅游事业费 18.86 亿元，占比为 47.9%；县级及以下文化和旅游事业费 20.52 亿元，占比为 52.1%。

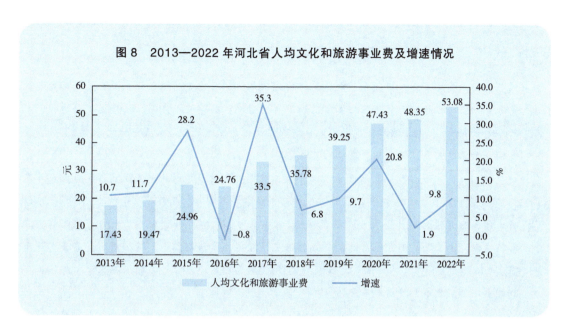

图 8　2013—2022 年河北省人均文化和旅游事业费及增速情况

（河北省文化和旅游厅）

河北："这么近，那么美，周末到河北"

为深入落实河北省委、省政府关于"打造京津游客周末休闲首选目的地，让'这么近，那么美，周末到河北'成为新时尚"的部署要求，河北省文化和旅游厅通过打品牌、推产品、拓渠道、合力推，不断加大对京津市场的开拓力度，激发京津居民到河北旅游的热情，为京津冀协同发展贡献文旅力量。

一、全面打响"这么近，那么美，周末到河北"品牌

在央视《朝闻天下》等栏目和北京卫视、北京交通广播黄金时段推出品牌主题宣传。加大在北京电台京津冀之声、"北京时间"客户端、津云新媒体客户端等京津媒体宣传。在抖音、小红书、B站等京津年轻人喜爱的新媒体平台开设话题，实现"流量变销量"。在微信、微博、抖音等7大平台河北文旅官方账号上，每天强势推出"这么近，那么美，周末到河北"主题宣传。设计制作了"这么近，那么美，周末到河北"宣传册、线路册和宣传片，推出了《这么近那么美》《约山约水约河北》两首旅游歌曲。

二、精准分析市场需求，推出拳头产品

举办"北京游客市场调查"活动，活动资讯的全网浏览量达超过3000万人次，参与网络调查达到13.6万人。先后走访了中国旅游报、北京广播电视台、抖音、中青旅等重点媒体、企业，举办北京旅游市场拓展恳谈会，达成了营销宣传、送客入冀等诸多合作事项。

三、拓展营销渠道，促进落地销售

加强与抖音、小红书等网络平台合作。邀请网红达人实地打卡河北、体验新玩法，进行互联网"种草"，单条视频播放量最高达5300多万次。联合抖音集团在承德启动了"在抖音遇见河北"活动，视频播放量超过8亿次。在北京西站和北京站、北京南站等进行重点宣传。在北京地铁、公交、重点区域楼宇电梯等各类场景进行集中宣传，打造北京人身边的河北旅游。与河北航空合作，打造旅游主题飞机，在机舱开展立体宣传；与中石油合作，推出"这么近，那么美，周末到河北"联名加油卡和专属优惠券。

四、强化协同联动，形成营销推广合力

联合省直宣传系统11家单位，建立了文旅宣传推广协同机制。与省交通厅合作，推出延崇高速、京雄高速河北段差异化优惠政策；与体育局、贸促会合作，推出更多冰雪旅游、体育旅游产品。加强与市、县、重点景区合作，整合各地优势资源，举办了"微游河北""夜游河北"等活动。联合省贸促会等7部门举办了中国（河北）国际冰雪产业发展大会，争取到文旅部资源司支持，与全国"欢乐冰雪旅游季"启动仪式放在一起举办，活动中发布了"这么近，那么美，周末到河北——冬季旅游产品包"。

山西省 2022 年文化和旅游发展情况分析

2022 年，山西省文旅工作围绕建设新时代文化强省、建成国际知名文化旅游目的地，以增强文化自信、推动服务业提质增效、实施文旅市场主体倍增工程、优化旅游配套服务为牵引，以壮大文旅企业、提升游客满意度为主线，以中国文化传承弘扬展示示范区打造、太忻经济区世界级旅游康养目的地建设、龙头景区打造、重大项目推动、大型活动举办、公共文化惠民为重点，以良好市场秩序、优质文旅服务为支撑，做强文化、做优景区、做多载体、做好服务、做大宣传，推动文化和旅游业全方位高质量发展。

一、机构人员情况

截至 2022 年底，山西省共有文化和旅游及相关产业机构 8025 个，比上年减少 124 个，降低 1.5%；从业人员 7.84 万人，比上年减少 800 人，降低 1%。其中：文化和旅游部门产业机构 2143 个，从业人员 2.1 万人，比上年减少 85 个机构，减少 0.11 万人；文化和旅游市场经营机构 5471 个，比上年减少 32 个机构，从业人员 4.78 万人，比上年减少 100 人。

二、艺术创作演出

一是召开 2022 年度全省艺术创作工作会议，聚焦时代主题和迎接宣传贯彻党的二十大主线抓创作。2022 年，话剧《于成龙》被文化和旅游部遴选为"历史题材创作工程"拟签约剧目。京剧戏歌《中华》在文艺中国、学习强国、人民网、光明网、廉政中国等数百家国家级和省级传播平台广泛传播，迅速唱响海内外。2022 年组织第十七届山西省"杏花奖"评奖，评出舞剧《天下大同》等 8 个杏花新剧目奖和赵振等 30 个杏花单项奖，晋剧《眷恋的土地》《裕川茶庄》、民族交响音诗《太行回声》等一批省级舞台艺术重点扶持剧目立于舞台。二是精彩亮相国家级活动。话剧《于成龙》被评为第十七届"文华大奖"提名剧目。蒲剧《老鹳窝》、晋剧《走基层》、汾孝秧歌《小村新风》、上党落子《双喜临门》4 台剧目参加 2022 年首届黄河流域戏曲演出季；北路梆子《打神告庙》、蒲剧《火凤凰》、上党梆子《三关排宴》三个折子戏参加"2022 年全国地方戏精粹展演"，青年演员董晓云、梁静被授予"表演艺术传承英才"荣誉（全国仅 15 名）；话剧《太行》参加第十八届中国（深圳）文博会艺术节演出；孝义市皮影木偶剧团舞蹈《美猴王》《吉祥谣》《手绢佛珠特技表演》、山西省晋剧院晋剧《日昇昌票号》、汾阳市歌舞团《汾阳地秧歌》参加第五届中国国际进口博览会文艺演出。全省 16 件作品入选第十三届中国艺术节全国优秀美术、书法篆刻、摄影作品展，较上届艺术节增加 6 件，创省历史之最。太原美术馆《革命、战火与诗意》（力群版画艺术展）入选 2022 年全国美术馆馆藏精品展。三是圆满举办省重大文艺活动。2022 年 7 月 5 日至 31 日成功举办第三届山西艺术节（云上艺术节），开展山西省廉政题材、红色题材、现实题材优秀剧目展播等 15 项活动，展播 92 部舞台剧目，展出 850 件书画作品，省内外人民群众尽享"云端"艺术盛宴。同期，文化和旅游部艺术司、山西省文化和旅游厅、太原市人民政府成功主办首届晋剧艺术节（云上艺术节），开展晋剧新创剧目展播等 7 项活动。四是紧密结合党史学习教育，克服疫情反复带来的困难，组织全省 400 余家文艺院团完成"免费送戏下乡"13000 多场，推进"长风之夜"等 12 个省级品牌示范引领全省常态化惠民工作。成功举办"盛世梨园——2022 三晋戏曲名家名段演唱会"和"福虎迎春 魅力三晋"等系列展播，仅"国庆相约看好剧"网络观众观看就达 1700 万人次。举办"人说山西好风光"翰墨芳华上海展、"庆祝党的二十大胜利召开"山西优秀美术作品展等。

2022 年，全年原创首演剧目 47 个，其中话剧类 3 个，歌舞、音乐类 4 个，地方戏曲类 34 个，曲艺类 4 个，综合性表演类 2 个。截止到 2022 年底，山西省艺术表演院团总数 766 家，比上年减少 48 家。其中：地方戏曲类院团 412 家，比上年增加 62 家。因疫情与全省事业单位改革影响，院团数量有所下降。

三、公共服务

一是组织实施"五个一批"群众文化惠民工程。全年打造 20 项省级群众文化服务品牌，以县为单位，培育 4000 支乡村群众文艺队伍（文艺小分队），挖掘 2000 名乡土文化能人艺人，培养 4000 名乡村文化带头人，配送一批专业文艺演出，继续开展"送戏下乡一万场"活动，各项任务均超额完成。特色民歌广场舞《人说山西好风光》荣获第十九届"群星奖"。二是培育打造廉洁文化场所，推进清廉山西建设。按照"五有"标准培育建设 24 个公共文化图书馆、文化馆廉洁文化示范阵地。三是推进公共数字文化建设。完善山西公共文化超市云平台建设，建设完成首批 117 个乡镇级数字文化分站；完成群众文化活动直播 14 场；制作完成《山西民间文化艺术之旅》原创特色微视频 239 集。完善智慧图书馆建设，制作完成微视频《典籍山西》10 集，完成知识资源细颗粒度建设和标签标引 14 万条。四是进一步提升服务基层能力。重点支持新建和改扩建旅游厕所 39 座。继续探索实施"百姓点单"式基层公共文化服务，以百姓点单、基层报单、部门派单、社会接单、群众评单、政府买单"六单"模式为基层送优秀演出 50 场，把公共文化送到百姓家门口。山西省洪洞县文化馆等 5 家单位获第九届全国服务农民、服务基层文化建设先进集体荣誉表彰。山西省图书馆中华古籍普查志愿服务行动·山西行志愿服务获评全国学雷锋志愿服务"四个 100"最佳志愿服务项目。

2022 年，全省各地积极规划和建设与城市相适应的文化设施，在建项目 40 个，其中：公共图书馆 8 个、文化馆 8 个、美术馆 5 个、艺术表演团体及演出场馆 5 个、文化站 4 个、艺术研究机构 1 个、其他项目 9 个。2022 年，全省文化建设项目资金总计 4.83 亿元，其中，国家预算内投资 9366.2 万元，包括中央投资 1149 万元、省级投资 6820 万元。截至 2022 年底，全省平均每万人拥有公共图书馆、群众文化设施实际使用面积分别为 172.44 平方米、279.68 平方米。全面推进市县公共文化设施标准化建设，落实省级彩票公益金 2550 万元，资助 24 个公共文化设施功能提升项目。

（一）公共图书馆业

2022 年末，山西省共有公共图书馆 127 个，较上年减少 1 个；从业人员 1798 人，增加 10 人。

其中：具有高级职称人员185人，占10.29%；具有中级职称人员450人，占25.03%。

2022年末，山西省公共图书馆实际使用房屋建筑面积60.01万平方米，比上年末增长2.21%；图书总藏量2519.13万册，增长9.7%；阅览室座席数4.55万个，增长6.1%；计算机6868台，减少115台；其中供读者使用的电子阅览终端4276台，减少284台。

全省新增藏量184.93万册（件）、新增电子图书354.15万册，电子文本图片文献资源总量达到697866TB，人均拥有公共图书馆藏量0.66册。

全省全年公共图书馆发放借书证206.46万个，比上年增长0.7%；总流通人次1348.12万，比上年减低8.71%；书刊文献外借924.23万册次，降低9.6%；外借人次479.71万，降低17.11%。

全年共为读者举办各种活动4475次，比上年降低11.24%；参加人次222万，降低52.55%。

2022年，山西省各级公共图书馆总收入4.14亿元，比上年增加0.4亿元，增长10.69%。其中，财政拨款4.13亿元，比上年增加0.46亿元，增长12.53%。

2022年，山西省各级公共图书馆累计支出3.96亿元。其中：基本支出1.8亿元，占45.45%，比上年减少1.29个百分点；项目支出2.03亿元，占51.26%，比上年增加0.83个百分点。在各项费用中，工资福利支出1.62亿元，占比40.9%，比上年减少1.03个百分点；新增藏量及数字资源购置费4437.7万元，占11.2%，比上年减少0.78个百分点；人均购书费1.28元。

（二）群众文化业

2022年末，山西共有群众文化机构1431个，比上年减少60个。其中，乡镇综合文化站1088个，减少63个。年末山西群众文化机构从业人员4335人，比上年末减少122人。其中：具有高级职称的人员189人，占比4.36%；具有中级职称人员578人，占比13.33%。

2022年末，山西群众文化机构实际使用房屋建筑面积97.33万平方米，比上年末提高0.16%；业务用房面积73.13万平方米，同比下降1.11%。

2022年末，山西群众文化机构共有馆办文艺团体288个，演出3268场，观众70.41万人次。由文化馆（站）指导的群众业余文艺团体12019个，馆办老年大学13个。

2022年，山西省群众文化事业单位总收入4.28亿元，比上年增加7100万元，同比提高19.89%。其中：财政拨款4.26亿元，比上年增加7600万元，同比提高21.71%；财政拨款中，业务活动经费0.95亿元，同比增长2.15%；人均群众文化业务活动专项经费2.8元。

2022年，全省各级文化馆（站）共为群众开展文艺活动、展览、讲座等服务4.67万次，参与群众1425.25万人次，分别比上年下降12.38%、7.25%。

四、市场管理和发展

一是抓好行业安全生产工作。牵头开展了文化旅游领域安全风险隐患大排查大整治"百日攻坚"集中行动，组织实施了全省文化旅游安全生产大检查、大整治、大提升行动，全省各级文旅部门共派出检查组2501个，检查企事业单位13896家次，发现问题隐患2698条，立即整改2237条，责令限期整改企业342家，停业整顿119家，期间全省未发生涉旅生产安全事故。二是强化文旅市场执法工作。印发山西省《文化市场综合行政执法事项指导目录（2022年版）》，修订出台《山西省文化市场综合执法行政处罚裁量权适用办法》和《山西省文化市场综合执法裁量权基准》。推进全省文化和旅游市场"春和""夏安""秋风""冬净"系列专项行动，全省共出动执法人员324770人次，检查经营单位118078家次，办结案件2004件，移交案件1件，罚款3165332.4元，责令停业整顿45家次，吊销许可证6家，取缔19家次，有力保障了文化和旅游市场健康有序规范发展。开展未经许可经营旅行社业务、"不合理低价游"专项整治行动，全省共开展日常检查出动4175人次，检查经营单位1362家次，网络巡查旅行社640家次，规范28个旅游相关网站或抖音账号，注销11个网页；旅游市场类案件立案3件，结案4件，责令改正5家次。三是优化营商环境。着力规范行政审批行为，做好行政许可事项的动态管理，制定优化营业性演出审批工作方案，组建由759人组成的行政审批专家库。

2022年末，全省共有旅行社1001家，比上年增加44家；星级饭店203家，比上年减少40家。

五、资源开发和利用

一是推进实施旅游景区9+13梯次打造培育计划。制定实施《龙头景区建设工作方案》《关于盘活景区旅游资源提升开发管理水平的指导意见》《旅游景区9+13梯次打造培育计划抓落实工作机制》，起草《龙头景区建设指引》《龙头景区建设评价细则》《平遥国际知名文化旅游目的地行动方案》等。遵循"一景一策"原则，指导9个龙头景区制定提升专案，梳理形成年度任务"三个清单"。制定五台山、晋祠天龙山、解州关帝庙等3个龙头景区智慧化建设项目建议书，推动试点龙头景区智慧化建设。二是盘活景区旅游资源。围绕"小资本占有大资源"和特许经营，初步拟定12家旅游景区作为盘活景区旅游资源试点，另确定5家景区作为市场主体倍增计划内容，开展盘活旅游资源特许经营试点。起草《山西省旅游资源管理办法（试行）》和《景区活力指数评价标准》，构建景区发展评估考核体系，引导旅游景区健康发展。三是推进长城国家公园（山西段）建设。印发《长城国家文化公园（山西段）建设保护规划》，制定年度工作要点和重点任务安排，建立重点项目库，完成了10个长城重要点段的文化内涵挖掘和概括提炼工作，并筹备长城国家文化公园（山西段）建设领导小组会议和协调会议。四是做好A级景区标准化建设工作。加强对全省高A级景区创建工作的指导，赴关帝庙、晋祠天龙山指导5A级景区创建。

截至2022年底，全省A级景区共计312家，其中5A级10家，4A级128家，3A级155家，2A级17家，1A级2家。壶口瀑布景区荣升5A级旅游景区，全年新创建成功55家A级旅游景区，临汾市、运城市、阳泉市在全省范围内率先实现县域A级旅游景区全覆盖。

六、产业与科技

一是强谋划，注重顶层设计。组建工作专班，制定《关于扎实推进稳住经济一揽子政策措施的实施细则》，推出十个方面工作举措，建立任务台账，推动文旅业尽快回归正常轨道。印发实施打造龙头景区、盘活旅游资源、加强宣传推广、旅游发展大会和提升旅游住宿、餐饮等"1+6"工作方案，着力打造国际知名文化旅游目的地。二是保存量，提升主体生存力。助企纾困，开展常态化入企帮扶服务，出台《关于支持文化旅游业高质量发展的若干措施》，累计暂退旅行社服务质量保证金1.67795亿元，为旅行社减免责任保险370万元；对新评定的10家国家4A级景区奖励2000万元。会同省体育局出台《山西省文旅体高质量发展行动方案》，研究制定推动文旅体高质量发展措施。三是扩增量，提升主体发展力。制定出台《〈山西省"十四五"文化旅游会展康养产业发展规划〉时间表路线图》，布局建设 50 个文旅康养示范区，出台《推动文旅康养市场主体发展的实施方案》，推动 102 家单位申报文旅康养示范区备选单位；出台《太忻经济区旅游康养重大行动方案》，实施世界级旅游康养目的地打造行动。实施文旅项目赋能行动，推动省级重点文旅项目开工 17 个，2022 年累计完成投资 16.8 亿元；争取中央预算资金 2.8 亿元建设 7 个文化保护传承利用工程项目；召开专题会议，推动长城国家文化公园建设。四是促消费，激发消费潜力。评选出忻州古城等 15 家单位为省级夜间文化和旅游消费集聚区，评定 7 个文化产业示范园区创建单位、36 个文化产业示范基地创建单位。联合中国银联股份有限公司山西分公司实施"百城百区"文化和旅游消费助企惠民行动。举办第四届山西省文化创意设计大赛，打造山西文创产品、旅游商品。五是丰业态，发展乡村旅游。设计推荐 6 条线路入选文旅部"乡村四时好风光——春生夏长 万物并秀"全国乡村旅游精品线路。六是抓质量，健全地方标准。结合实际启动《山西省旅游标准体系》修订工作，推动《文旅康养示范区评定规范》《A 级旅游景区服务质量要求》等 25 项地方标准通过省市场监督管理局审批发布。积极组织开展标准化专题培训与宣贯活动，推动标准落地。七是重实用，注重成果转化。修订《山西省社科基金艺术学规划申报指南》，增加涉旅内容，推动课题研究由注重基础理论研究向基础理论与应用研究并重转变。

2022 年，全省国家文化产业示范基地 9 家，省级文化产业示范基地 41 家，国家认定的动漫企业 16 家。

七、文化遗产保护利用

2022 年，山西省继续加强文化遗产保护工作。一是坚持保护第一，确保文物安全。围绕习近平总书记重要指示批示，完成平遥城墙受灾段落抢险修缮和永乐宫龙虎殿、重阳殿壁画保护修复工程，推动平遥城墙、双林寺、镇国寺等世界文化遗产点的修缮及周边环境整治，实施云冈石窟危岩体抢险加固工程和罗汉堂彩塑壁画保护修复。围绕低级别文物保护，联合省财政部门利用政府一般债券解决基层资金缺乏难题。利用社会捐助资金 1822 万元，对 13 处（其中 3 处国保单位，10 处低级别文物）受灾文物实施抢险修缮工程。动员企业为 159 座受灾文物建筑搭设价值 861 万元的临时保护大棚。围绕长城国家文化公园建设，实施"凤回头"、李二口错修段等长城重要点段保护修缮。围绕国家考古遗址公园建设，开展蒲津渡与蒲州故城遗址环境整治，编制蒲州故城南门瓮城、北门瓮城保护修缮工程设计方案以及陶寺遗址观象台、中梁沟城墙展示方案。围绕应县木塔保护监测，编制完成应县木塔局部倾斜部位现状加固方案优化、防震减灾应急预案等 6 个相关保护方案。围绕文物数字化保护，组织完成南禅寺、云冈石窟部分洞窟、晋绥边区政府及军区司令部旧址等 6 处重点文保单位和大同市博物馆馆藏珍贵文物数字化保护，推动更多重点文保单位和馆藏文物实现数字化保护。围绕文物安全底线，编制完善文物安全责任制办法。逐步构建文物安全应急体系，编制文物突发事件应急预案、不可移动文物自然灾害应急预案、地震应急预案，绘制不可移动重点文物汛期风险分布图，建立文物地质气象灾害预警机制。稳步推进文物安全监管系统建设，计划于 2023 年底建成并投入试运行。全年完成 4 轮国保、省保常态化安全巡检，文物火灾隐患整治和消防能力提升三年行动圆满收官，进一步巩固全省文物安全良好态势。二是加强考古研究，深化价值挖掘。围绕"中华文明探源工程""考古中国"重大课题，持续推进"晋南在中华文明进程中的地位与作用"研究。三是积极有效利用，让文物活起来。推进省级文物保护利用示范区建设，完成第一批省级文物保护利用示范区实施方案的评审，开展第二批省级文物保护利用示范区申报工作。向社会公布了百余处可供认领认养的文物建筑清单。博物馆公共文化服务水平不断提升，14家市县级博物馆、纪念馆列入中央补助地方博物馆、纪念馆免费开放名单，2022年新增备案博物馆（纪念馆）17家。四是夯实基层基础，提升治理效能。完善顶层设计，编制国土空间规划文物保护专项规划，革命文物保护利用"十四五"专项规划，晋察冀、晋绥、晋冀豫革命文物保护利用片区规划等。出台了山西省"十四五"文物保护和科技创新实施方案、关于加强新时代考古工作的意见、加强不可移动文物灾害应对处置的意见、基本建设用地考古前置管理规定、推进博物馆改革发展实施方案、网上文物售卖巡查机制等一批政策制度，为文物保护利用管理提供了制度保障。报请省政府印发全方位推动新时代山西文物事业高质量发展的实施意见。公布了太原文庙、晋祠等41处全国重点文物保护单位保护规划。对接山西省国土空间规划"三区三线"上图入库，基本完成1至7批国保单位和1至5批省保单位保护区划矢量化工作。推进云冈石窟保护和"云冈学"建设，组织开展一系列云冈石窟保护项目和保护利用关键技术攻关与课题研究，培育云冈石窟建设多学科交叉创新平台。完成低级别不可移动文物、石刻文物、壁画彩塑专项资源调查，持续开展晋商楹联匾额调查，基本摸清了资源底数、保存现状、管理现状、经费需求等情况，分类建立专项资源数据库。2022年文物全科人才免费定向培养招生录取文物全科人才112名。成功举办山西省文物行业职业技能大赛，为承办2022年全国文物行业职业技能大赛进行了实战演练。五是围绕中心服务大局。服务全省重点工程项目建设，优化"先考古、后出让"工作流程，明确工作时限，建立联动协调机制和重点工程月调度例会制度、专管员包片制度、全代办服务制度，召开全省考古勘探服务项目建设现场推进会，出台"考古前置"配套政策和服务指南，以开发区为主战场探索开展文物保护区域评估，科学划定避让区、勘探区和释放区。开展山西省开发区、"标准地"改革中文物保护评估与开发区土地"评估＋释放"试点。优先释放22个文旅类、农业类开发区，不再开展文物保护评估。开展27个工业类开发区考古调查评估，推进不符合文物埋藏规律区域的释放。配合基本建设开展勘探800余项，勘探面积4100余万平方米，配合基本建设考古发掘120余项，发掘面积近5万平方米。

2022年末，全省共有各类文物机构411个，比上年末减少7个。其中：文物保护管理机构82个，占19.95%；博物馆176个，占42.82%。年末全国文物机构从业人员9618人，比上年末增加470人。其中：高级职称369人，占3.84%；中级职称944人，占9.81%。

2022年末，全省文物机构藏品190.09万件/套，其中，博物馆文物藏品161.78万件/套，占文物机构藏品总量的85.11%。全年全省各类文物机构共举办陈列展览596个，比上年减少15个。其中，基本陈列412个，比上年增加8个；临时展览184个，比上年减少23个。接待观众1223.24万人次，比上年减少43.87%，其中未成年人254.42万人次，比上年减少46.58%，占参观总人数的20.8%。博物馆接待观众836.87万人次，比上年减少45.82%，占文物机构接待观众总数的68.41%。

2022年，全省持续加强非遗保护和传承，扩大影响力。一是进一步健全各项政策制度。制定出台《促进民间艺术保护传承若干措施》《关于进一步加强非物质文化遗产保护工作的实施方案》《省级非遗代表性传承人认定与管理办法》等，发布《非物质文化遗产旅游体验基地建设基本要求》行业标准。二是加大保护传承力度。积极推进国家级文化生态保护实验区建设，开展国家级项目保护单位和传承人评估工作。晋中国家级文化生态保护区（晋中市）创建成功，向文旅部推荐第六批国家级非遗传承人候选人。三是扩大非遗传播影响力。全省14个非遗项目入选全国非遗与旅游融合发展优先项目，娄烦县雪梅绣坊入选文旅部"非遗工坊典型案例"。成功举办黄河流域九省（区）民歌展演、"文化和自然遗产日"主题活动和首届中国非遗面食大会。"非遗里的山西年"短视频展播受到文旅部通

报表扬，推出"二十四节气话非遗"专题，开展非遗进社区系列活动，开办非遗市集，举办金牌导游推荐山西非遗好物等活动。

2022 年末，全省共有国家级非遗代表性项目 182 个，位列全国前列；省级非遗代表性项目 942 个；市级项目 2103 项；县级项目 5089 项。全省共有国家级代表性项目代表性传承人 149 人，省级代表性传承人 1109 人，市级传承人 2500 人，县级传承人 5515 人。

八、文化和旅游对外对港澳台交流

一是安全有序举办文旅重大活动。举办"中国旅游日"主会场活动、山西省第八次旅游发展大会暨第 33 届关公文化旅游节、第三届大河文明旅游论坛世界旅游联盟·黄河对话暨首届黄河流域生态保护和高质量发展重要实验区峰会、2022 中国·山西（晋城）康养产业发展大会、第五届山西文化产业博览交易会、首届中国非遗面食大会、第三届山西艺术节、首届晋剧艺术节、新时期文化保护与传承研讨活动。二是积极参与双（多）边及友城交流。参加晋韩合作视频交流会，举办山西省与全罗南道结好五周年文化旅游推介交流视频会议，推动平遥古城、省文旅集团、旅游协会积极参与万里茶道跨国旅游线路建设和文化旅游推广活动。组团参加 2022 中国国际旅游交易会（昆明）、2022 中国－东盟博览会旅游展（桂林）。三是多途径开展海外推广传播。利用 TikTok、Ins、fb 等海外社交媒体平台，开展"走进山西读懂中国"主题系列推广活动，在山西文旅脸谱主页开展"山西文旅这十年"主题宣传，常态化向海外推送微视频 300 余部，传播范围达 60 多个国家和地区。皇城相府景区入选 2022 世界旅游联盟——旅游助力乡村振兴案例。

（山西省文化和旅游厅　山西省文物局）

山西：创新举办旅发大会 推动文化旅游业高质量发展

自 2015 年开始，山西省坚持每年召开一次全省旅游发展大会。大会以"华夏古文明、山西好风光"为主题，对内明确思路、推进工作，对外释放信号、凝聚人气，极大地提升了山西旅游在全国的形象地位，激发了全省各行各业关注旅游、支持旅游、发展旅游的高涨热情和强大力量，推动形成了山西文化旅游大发展的良好局面。

一是创新举办机制。按照"政府引导、部门协同、市县联动"的举办机制，根据举办地实际情况，省直各部门把承办地旅游项目纳入重点项目计划，在生态治理、产业政策、道路改造提升、旅游项目落地等方面，从政策、资金、土地等方面予以支持，推动举办地旅游产业高质量发展。承办城市在基础设施、项目建设、环境改造、整体形象等方面加大投入，有效增加高品质、高层次的旅游产品供给，在项目建设、环境优化、景区打造等方面实现质的飞跃。

二是创新举办模式。按照"举办一届大会、打造一个精品、留下几项活动、助推一方发展"的目标，围绕"华夏古文明、山西好风光"主题，以 11 个市轮座的方式举办全省旅游发展大会，通过主题大会引领、分项活动支撑，部署工作任务、扩大宣传推介、展示文旅成果、引进战略投资，推动文旅产业高质量发展。第九次旅发大会重点突出供给侧创新，为文旅需求方和头部供给方搭建对接平台。东方演艺、故宫文创、爱卡汽车、北京远征探索、黄河宿集等 100 多家创新型文旅机构、知名文旅企业和头部企业等作为供给方，100 多家省内主要景区、文旅休闲街区等文旅企业作为需求方，建立直接联系，积极促进各类文旅项目落地生根。

三是创新宣传营销。全省充分贯彻"旅发大会是抓手、产业提升是目标"这一理念，紧紧围绕每年确定的宣传主题，策划板块活动，提升办会效果。各地利用云直播、云观摩、云展馆、直播带货及 5G 现代科技应用、线上线下同步举办等新模式，使全省文旅产业提升、文旅融合发展、旅游服务推广、基础设施建设、人居环境改善、文明素质提高等多方面得到全面展现，更广泛地聚集各方要素和力量，更大地发挥承办地经济、社会、文化、生态等综合带动作用，走出一条推动"旅游＋多产业"高质量融合发展，质量更高、效益更好、结构更优的旅发大会新路子，把旅发大会办成"永不落幕"的盛会。

内蒙古自治区 2022 年文化和旅游发展情况分析

2022 年，内蒙古自治区文化和旅游厅坚持以习近平新时代中国特色社会主义思想为指导，以迎接宣传贯彻党的二十大精神为主线，按照自治区党委、政府关于文化和旅游工作的决策部署，凝心聚力、攻坚克难，交出了统筹疫情防控和文化旅游复苏发展的合格答卷。

一、文化和旅游发展情况

（一）机构、从业人员情况

2022 年末，纳入统计范围的全区文化和旅游和文物机构 5275 个，比上年减少 651 个，同比下降 10.98%；从业人员 46833 人，比上年减少 5540 人，同比下降 10.57%。在各类机构中，文化和旅游部门事业单位 1959 个，从业人员 22286 人；文化和旅游部门企业单位 3316 个，从业人员 24547 人。具体情况见表 1。

表 1　2022 年度全区文化和旅游（含文物）机构和从业人员情况

单位类型	机构数（个）			从业人员数（人）		
	2022 年	2021 年	增减	2022 年	2021 年	增减
总计	5275	5926	−651	46833	52373	−5540
一、文化和旅游合计	5016	5665	−649	42702	48614	−5912
艺术表演团体	229	221	8	9100	9785	−685
其中：公有制艺术表演团体	93	92	1	6242	6176	66
艺术表演场馆	27	36	−9	412	738	−326
其中：公有制艺术表演场馆	11	14	−3	75	109	−34
公共图书馆	117	117	0	1826	1813	13
文化馆	118	118	0	1859	1837	22
文化站	1083	1083	0	3144	3099	45
其中：乡镇综合文化站	869	869	0	2363	2412	−49
艺术展览创作机构	28	28	0	217	216	1
其中：美术馆	27	27	0	212	211	1
文化和旅游部门教育机构	2	4	−2	166	409	−243

单位类型	机构数（个）			从业人员数（人）		
	2022 年	2021 年	增减	2022 年	2021 年	增减
文化和旅游科研机构	6	6	0	151	161	−10
文化市场经营机构（不包括非公有制院团和场馆）	1931	2645	−714	6372	9577	−3205
旅行社	1071	983	88	4008	4114	−106
星级饭店	156	168	−12	10756	12094	−1338
A 级旅游景区	—	—	—	—	—	—
文化和旅游行政部门	118	118	0	2693	2614	79
其他文化和旅游机构	130	138	−8	1998	2157	−159
其中：文化市场执法机构	99	104	−5	1654	1749	−95
二、文物合计	259	261	−2	4131	3759	372
博物馆	166	168	−2	3113	2978	135
文物保护管理机构	83	83	0	787	638	149
文物科研机构	2	2	0	106	106	0
文物行政部门	7	7	0	35	27	8
其他文物机构	1	1	0	90	10	80

（二）文化和旅游事业投入总量有所增加

2022 年全区文化和旅游及文物（不含基本建设投资）事业费 42.11 亿元，比上年增加 4.9 亿元，增长 13.16%。其中文化和旅游事业费投入 35.08 亿元，比上年增加 3.46 亿元，占财政支出比重 0.59%；文物事业费投入 7.03 亿元，比上年增加 1.44 亿元，占财政支出比重 0.11%。具体情况见表 2。

表 2　2018—2022 年文化和旅游事业费及文物事业费投入占全区财政支出情况

年份	财政支出（亿元）	文化和旅游事业费（亿元）	占财政支出比重（%）	文物事业费（亿元）	占财政支出比重（%）
2018	4806.3	27.85	0.58	7.54	0.16
2019	5097.9	28.57	0.56	6.53	0.13
2020	5268.2	29.58	0.56	6.41	0.12
2021	5240.0	31.62	0.60	5.59	0.11
2022	5885.1	35.08	0.59	7.03	0.12

2022 年全区文化和旅游事业费 35.08 亿元，同比增长 10.94%。如图 1 所示。

图 1 2018—2022 年度全区文化和旅游事业费及增长速度

2022 年全区文物事业费 7.03 亿元，同比增长 25.76%。如图 2 所示。

图 2 2018—2022 年度全区文物事业费及增长速度

2022 年全区人均文化和旅游事业费 146.11 元，比上年增长 14.36 元，增长 10.89%，与上年增长率 7.12% 相比有所上升。如图 3 所示。

（三）文化基础设施建设投入有所增加

从公共文化设施人均拥有量来看，2022 年内蒙古自治区每万人拥有公共文化设施面积为 1180.80 平方米，比上年增加 35.80 平方米。其中：全区每万人拥有公共图书馆面积为 213.71 平方米，比上年增加 3.92 平方米；全区每万人拥有文化馆（站）面积为 451.52 平方米，比上年增加 17.81 平方米；每万人拥有博物馆面积为 462.60 平方米，比上年增加 13.98 平方米；每万人拥有美术馆面积为 52.97 平方米，比上年增加 0.08 平方米。全区人均拥有公共文化设施建设情况如图 4 所示。

图3 2018—2022年度全区人均文化和旅游事业费

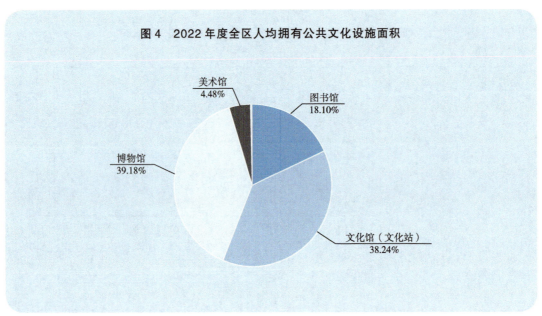

图4 2022年度全区人均拥有公共文化设施面积

　　从公共文化基础设施建设情况来看，2022年，自治区文化基础设施服务网络逐步完善，继续实施了一批重点工程和项目，全区2018—2022年度全区基本建设投资情况见表3。

表3 2018—2022年全区文化和旅游及文物基本建设投资情况

年份	项目（个）	本年计划投资（亿元）	本年完成投资（亿元）	本年竣工项目（个）	本年竣工面积（万平方米）
2018	19	10.2	9.45	5	10.98
2019	25	4.41	2.95	2	76.38
2020	92	7.18	8.22	27	37.45

续表

年份	项目 （个）	本年计划投资 （亿元）	本年完成投资 （亿元）	本年竣工项目 （个）	本年竣工面积 （万平方米）
2021	103	7.86	6.35	24	45.87
2022	61	10.28	7.58	12	9

2022年，全区文化和旅游及文物设施建设项目61个，计划总投资10.28亿元，本年度实际完成投资7.58亿元，建筑面积9万平方米。其中，全区竣工项目12个，投资3.01亿元的准格尔旗综合活动中心、投资1千万元的阿巴嘎旗乌兰牧骑标准化基础设施建设项目等项目竣工。在建项目中，规模较大的有乌海市公共文化中心项目3.93亿元、呼伦贝尔大草原 – 莫尔格勒河景区创建国家5A级旅游景区项目投资3.11亿元、土默特左旗文化中心1.84亿元等。这批重点项目的开工建设，推进了文旅产业发展，不断满足了人民群众美好生活需要。

（四）艺术演出活动出新出彩

聚焦学习宣传贯彻党的二十大精神，创作提升了舞剧《骑兵》、话剧《钢铁是怎样炼成的》、舞蹈《浪漫草原》、乌力格尔《草原之子》、杂技剧《我们的美好生活》等一批重点剧节目。舞剧《骑兵》荣获全国精神文明建设"五个一工程"奖、第十七届文华大奖，为全区首个同时荣获两个国家级大奖的舞台艺术作品。深入实施乌兰牧骑"学·创·演"工程，组织创作各类文艺作品700余部，开展演出、宣传、服务等活动7000余场次，开展乌兰牧骑民兵连建设暨创作演出结对活动200余场次，乌兰牧骑改革案例被文化和旅游部评为全国文化和旅游领域改革创新优秀案例。创新举办了第九届内蒙古自治区乌兰牧骑艺术节。举办了第四届内蒙古地方戏优秀剧目展演、第二届全区器乐比赛。组织开展了"百团千场下基层""草原音乐周末""四季内蒙古演出季"等系列惠民演出活动1万余场次。

2022年末，全区共有艺术表演团体229个，比上年增加8个；从业人员9100人，比上年减少685人。其中：各级文化和旅游部门管理的艺术表演团体93个，占40.61%；从业人员6242人，占68.59%。

全年全区艺术表演团体共演出1.84万场，同比下降2.13%，其中赴农村演出1.13万场，同比下降1.74%。赴农村演出场次占总演出场次的61.41%，服务观众896.13万人次，同比增长32.40%，其中农村观众355.01万人次，占观众总人数的39.61%。总收入11.37亿元，同比增长9.96%，其中演出收入0.45亿元，同比下降6.25%。

2022年全区文化和旅游部门所属艺术表演团体共组织政府购买的公益演出0.57万场，同比下降16.17%；服务观众350.55万人次，同比增长14.21%。利用流动舞台车演出0.18万场次，同比下降10%；服务观众71.83万人次，同比下降22.85%。全区2018—2022年艺术表演团体基本情况见表4。

表4 2018—2022年全区艺术表演团体基本情况

年份	机构数（个）	从业人员数 （人）	演出场次 （万场）	国内演出 观众人次 （万人次）	总收入（万元）	#演出收入
2018	226	7993	3.13	1611.41	106009	7984

年份	机构数（个）	从业人员数（人）	演出场次（万场）	国内演出观众人次（万人次）	总收入（万元）	
						#演出收入
2019	264	9235	3.35	2237.97	109994	8272
2020	204	8555	1.94	1043.29	98726	2804
2021	221	9785	1.88	676.80	103486	4854
2022	229	9100	1.84	896.13	113786	4875

年末全区文化和旅游部门艺术表演场馆11个，从业人员75人，观众座席数0.66万个。全年共举行演出0.67万场，观众3.32万人次。

年末文化和旅游部门所属美术馆27个，从业人员212人。全年共举办展览194个，同比增长4.86%；参观人次99.4万人次，同比增长6.92%。

（五）公共服务效能持续提升

广场舞类作品《森林中的考考乐》荣获全国第十九届"群星奖"，为国家文艺评奖制度改革以来首次荣获该奖项。鄂尔多斯市、包头市顺利通过国家公共文化服务体系示范区创新发展复核，获得优秀档次，分列西部地区前两位。坚持项目化推进、动态化管理、清单化落实"两个打造"任务，8个方面确定的25项重点任务、112个具体项目扎实推进、初见成效。组织举办了内蒙古暨全国"乡村村晚"示范性展示、"唱响北疆"全区第四届群众歌咏展演、第四届农牧民文艺汇演、全民阅读系列等活动。评选并扶持全区农村牧区文化示范户120户，开展送戏曲进乡村示范性惠民演出160场，图书馆文化馆分馆增加至4293个。

1. 公共图书馆服务社会能力持续提升

2022年末全区共有公共图书馆117个，其中少儿图书馆1个，与上年持平。全区公共图书馆从业人员1826人，其中具有高级职称的人员449人，占24.58%；具有中级职称的人员611人，占33.46%。

年末全区公共图书馆实际使用房屋建筑面积51.29万平方米，同比增长1.86%；图书总藏量2313.96万册，同比增长7.87%；阅览室座席数3.96万个，同比增长10.61%，计算机0.61万台，供读者使用的电子阅览终端0.38万台，基本与上年持平。2022年全区平均每万人公共图书馆建筑面积213.71平方米，比上年增加3.92平方米；全区人均图书藏量0.96册，比上年增加0.07册；全区人均购书费1.38元，比上年增加0.14元。全区公共图书馆近几年主要指标见表5。

全年全区公共图书馆发放借书证108.29万个，同比增长9.50%；总流通人次894.84万人次，同比增长6.84%；书刊文献外借531.89万册次，同比增长11.51%；外借人次237.42万人，同比下降4.43%。全年共为读者举办各种活动2370次，同比增长34.04%；参加人次103.85万人，同比增长111.12%。

表5　2018—2022年全区公共图书馆主要业务指标

年份	图书馆经费（万元）	购书专项经费（万元）	人均购书费（元）	人均拥有公共图书馆藏量（册）	每万人拥有公共图书馆建筑面积（平方米）
2018	40144	7386	2.91	0.75	168.10
2019	37609	2940	1.16	0.79	170.40
2020	37854	3690	1.53	0.85	182.54
2021	36649	2985	1.24	0.89	209.79
2022	42596	3307	1.38	0.96	213.71

2. 群众文化活动丰富多彩

如表6所示，年末全区共有群众文化机构1201个，与上年持平。其中，综合文化站1083个，与上年持平。年末群众文化机构从业人员5003人，比上年末增加67人。其中：具有高级职称的人员410人，占8.19%；具有中级职称的人员723人，占14.45%。全区群众文化机构实际使用房屋建筑面积108.42万平方米，同比增长4.15%；业务用房面积71.12万平方米，同比增长2.11%。年末全区平均每万人群众文化设施建筑面积451.52平方米，比上年增加17.81平方米。全年全区群众文化机构共组织开展各类活动33560场次，同比下降0.82%；服务人次1239.58万人次，同比增长20.60%。全区群众文化机构共有馆办文艺团体273个，演出1811场，观众115.05万人次。由文化馆（站）指导的群众业余文艺团体9771个，馆办老年大学34个。

表6　2018—2022年全区群众文化机构主要业务指标

年份	机构数（个）	从业人员（人）	举办展览个数（个）	组织文艺活动次数（次）	举办训练班（次）	实际使用房屋建筑面积（万平方米）
2018	1213	4984	2867	21349	16391	85.43
2019	1206	5091	2871	22256	16884	86.59
2020	1205	4869	1968	16284	7852	97.19
2021	1201	4936	2041	20702	10216	104.09
2022	1201	5003	2226	21954	8726	108.42

（六）文化和旅游市场发展平稳有序

深入实施"引客入蒙"奖励计划，积极倡导"内蒙古人游内蒙古"，有效提振了文化和旅游市场信心。实施便民惠企服务行动，为经营困难旅行社暂退旅游服务质量保证金4690万元，涉企政务服务事项承诺办结时限平均缩短7个工作日，4类许可证可延期6个月办理。评定了首批省级文明旅游示范单位24家。发布了内蒙古热点旅游线路诚信指导价，开展了未经许可经营旅行社业务、"不合理低价游"、私设"景点"问题等专项整治行动。

年末全区文化市场经营机构（含互联网上网服务营业场所、娱乐场所和民营艺术表演团体、场馆等）2083个，比上年减少713个；从业人员9567人，比上年减少4248人。其中：娱乐场所1056个，比上年减少217个；从业人员4028人，比上年减少1394人；全年营业收入7.30亿元，营业利润-6.29亿元。互联网上网服务营业场所（网吧）789个，比上年减少458个；从业人员1885人，比上年减少1469人；全年营业收入1.20亿元，营业利润-0.12亿元。年末全区旅行社1071个，比上年减少139个；从业人员4008人，比上年减少106人；全年营业收入4.32亿元，利润总额-0.33亿元。星级饭店156家，比上年减少12家；从业人员10756人，比上年减少1338人；全年营业收入15.30亿元，利润总额-2.84亿元。如表7所示。

表7 2022年全区文化市场娱乐场所及互联网上网服务营业场所（网吧）、旅行社、星级饭店情况对比表

分类	机构数（个）			从业人员（人）			营业收入（亿元）			营业利润（亿元）		
	2022年	2021年	增减	2022年	2021年	增减	2022年	2021年	增减	2022年	2021年	增减
娱乐场所	1056	1273	-217	4028	5422	-1394	7.3	3.82	3.48	-6.29	0.69	-6.98
互联网上网服务场所	789	1247	-458	1885	3354	-1469	1.2	2.33	-1.13	-0.12	-0.18	0.06
旅行社	1071	1210	-139	4008	4114	-106	4.32	7.7	-3.38	-0.33	-0.42	0.09
星级饭店	156	168	-12	10756	12094	-1338	15.3	18.19	-2.89	-2.84	-2.58	-0.26

2022年强化执法监督检查。认真开展系列执法行动，有效整治市场突出问题。印发了《关于做好2022年文化市场"扫黄打非"执法工作的通知》《文化和旅游行业"扫黄打非"专项整治行动方案》等文件，重点整治违规音乐和音像制品、涉重点领域境外有害出版物及信息等违法违规行为。加强边疆地区执法协作，通过开展联合执法检查，进一步规范了边疆地区文化和旅游企业的经营行为。全区开展了为期6个月的专项整治工作，共出动执法人员8300余人次，检查经营场所1885家次，举办现场宣传活动66场，印制、发放各类宣传图册4万余份，接受群众咨询800余人次，集中整治有效线索27条。

（七）文化和旅游资源开发利用不断深化

持续推动呼伦贝尔大草原-莫尔格勒河景区、鄂尔多斯市亿利库布其七星湖沙漠生态旅游区、呼和浩特市清水河县老牛湾黄河大峡谷景区创建国家5A级旅游景区。新评定4A级旅游景区10家、3A级旅游景区21家、自治区级旅游休闲街区2家。阿尔山旅游度假区成功创建为自治区级旅游度假区，投资13.25亿元的26个项目已全面开工。评定自治区级乡村旅游重点村镇32个，6个村入选全国乡村旅游重点村，3个镇入选全国乡村旅游重点镇。呼伦贝尔市扎兰屯获评首批国家级滑雪旅游度假地，呼和浩特市塞上老街获评国家级旅游休闲街区。通辽市草甘沙漠汽车运动营地等3家分别获评5C、4C级自驾车旅居车营地，呼和浩特市陆游房车营地等6家获评3C级自驾车旅居车营地。包头市达茂旗明安草原和锡林郭勒盟乌拉盖草原入选首批国家级"红色草原"名单。蒙牛工业旅游区、包钢工业旅游景区获评国家工业旅游示范基地。伊利全球智能制造产业园获评"2022年国家旅游科技示范园区"。聚焦"感悟中华文化·畅游祖国北疆"主题，举办了大草原、大兴安、大黄河等系列文化旅游活动。成功举办内蒙古自治区第二届红色故事讲解员大赛，开展了"赓续红色血脉 培育时代新人"红色故事进校园系列活动，推出"亮丽内蒙古 四季好风光"10大精品旅游线路、"亮丽北疆"主题精品

红色旅游线路 10 条。与教育厅联合公布自治区第二批中小学生研学实践教育基地（营地）42 个。《干部包联旅游景区典型案例》入选全国《文化和旅游领域纾困发展案例集》。2022 年末，全区共有 A 级旅游景区 428 个，比上年末增加 24 个。其中：5A 级旅游景区 6 个，与上年持平；4A 级旅游景区 145 个，比上年末增加 9 个；3A 级旅游景区 127 个，增加 11 个；2A 级旅游景区 150 个，增加 4 个。

2022 年全区接待国内客 9249.08 万人次，同比下降 29.54%；全区实现国内旅游收入 1053.92 亿元，同比下降 27.84%。如图 5 所示。

图 5　2018—2022 年全区旅游业发展情况

（八）文旅产业提质增效与科技教育水平不断提升

组建了内蒙古文化旅游投资集团有限公司，全力打造自治区文化旅游旗舰企业。认定自治区级夜间文化和旅游消费集聚区 6 个、自治区重点培育文化产业园区 7 个，呼伦贝尔古城成功入选第二批国家级夜间文化和旅游消费集聚区。建立文化和旅游产业重点项目库，年内完成投资额 38.28 亿元。开展招商引资活动，共有 17 个项目落地实施，投资总额 21.9 亿元，持续开展"百城百区"文旅消费助企惠民行动，指导呼和浩特市、包头市、鄂尔多斯市创新消费模式、激发消费活力。组织发放电子消费券 9000 余万元，承兑资金 7587 万元，直接拉动消费 4 亿多元。支持"内蒙古礼物"实体店建设，授权 112 件（套）商品使用"内蒙古礼物"品牌。实施助企纾困行动，投入 6.2 亿元专项资金支持文化旅游行业恢复发展。加强与金融机构合作，支持和鼓励金融机构制定旅游业金融服务方案，重点推荐文化和旅游融资项目 67 个，达成融资意向 4.16 亿元。举办了黄河几字弯内蒙古文化旅游商品创意设计大赛和旅游行业校企对接会、政银企对接交流会。

2022 年科技教育水平不断提升，提升文化和旅游数字化建设。制定《呼包鄂乌旅游一体化发展"十四五"工作方案》《呼包鄂乌智慧文旅一体化建设实施方案》，推动四市旅游信息平台建设、旅游资源和信息共享。加强网络安全，制定《内蒙古自治区文化和旅游厅关于加强网络安全防护工作的通知》，加强重点敏感节点网络安全工作，确保了党的二十大、北京冬奥会、冬残奥会等重要节点网络安全。推进电子政务数据共享。在内蒙古政务服务平台上传数据总量 5398 条，旅游景区查询功能在便民应用模块高频应用名列首位。推动研学旅游，与教育厅联合开展自治区第二批中小学生研学实践教育基地（营地）评定命名工作，命名"内蒙古自治区中小学生研学实践教育基地"和"内蒙古自治区中小学生研学实践教育营地"共 41 个。印发《内蒙古自治区旅游人才"双进"工程指导意见》，启动旅游人才"双进"工程。伊利全球智能制造产业园入选文化和旅游部"2022 年国家旅游科技示范园区"名单，实现了我区国家旅游科技示范园区领域"零的突破"，也是全国唯一一家工业企业园区上榜。

（九）文化遗产保护利用成效显著

颁布了《内蒙古自治区革命文物保护条例》，为革命文物保护利用提供法律保障。聚焦长城、黄河这两个中华民族形象，印发了长城保护规划、国家文化公园建设实施方案。制定印发了《关于推进博物馆改革发展的实施意见》，积极推进馆藏文物数字化和预防性保护。辽上京国家考古遗址公园成功获批挂牌，实现国家考古遗址公园零的突破。组织实施文物保护工程项目 138 个，和林格尔土城子遗址、萨拉乌苏遗址国家考古遗址公园建设取得阶段性进展。持续推进辽上京遗址、后城咀龙山时代石城遗址、彩陶坡遗址等考古发掘与研究工作，为我国百万年的人类史、一万年的文化史、五千多年的文明史提供了有力实证。举办了"黄河从草原上流过""长城两边是故乡""玉·见文明"等精品展览，鄂尔多斯博物院"黄河几字弯里孕育的青铜文明展"入选国家文物局 2022 年度"弘扬优秀传统文化、培育社会主义核心价值观"主题展览推介项目。组织开展了"博物馆里过中秋""博物馆里过大年"、博物馆进社区、进校园等社会教育活动 2000 多场次，疫情防控期间推出了"云游博物馆"宣传活动，内蒙古博物院、鄂尔多斯博物院志愿服务入选"全国博物馆志愿服务典型案例"，内蒙古博物院入选教育部、文物局等八部委开展的"大思政课"实践教学基地。 2022 年末，全区国家级重点文物保护单位 149 处，自治区级重点文物保护单位 491 处。

年末全区共有文物机构 259 个，比上年减少 2 个；全区文物机构从业人员 4131 人，比上年末增加 372 人。其中：高级职称 412 人，占 9.97%；中级职称 660 人，占 15.97%。文物机构中，文物保护管理机构 83 个，占 32.04%；博物馆 166 个，占 64.09%。从业人员中，文物保护管理机构 787 人，占 19.05%；博物馆 3113 人，占 75.35%。具体情况见图 6。

图 6　2018—2022 年全区文物机构及从业人员情况

年末全区文物机构拥有藏品 139.92 万件 / 套，比上年增加 8.01 万件 / 套，增长 6.07%。其中：博物馆藏品 131.92 万件 / 套，占藏品总量的 94.28%；文物保护管理机构藏品 6.25 万件 / 套，占藏品总量的 4.46%。文物藏品中，一级文物 0.22 万件 / 套，占 0.16%；二级文物 0.61 万件 / 套，占 0.44%；三级文物 1.19 万件 / 套，占 0.85%。

全年文物机构共安排基本陈列 478 个，举办临时展览 186 个；接待参观 582.19 万人次，同比下降 40.81%。其中：博物馆接待观众 562.71 万人次，占文物机构接待观众总人次的 96.65%；文物保护管理机构接待观众 19.48 万人次，占 3.34%。参观人群中未成年人 147.28 万人次，同比下降 41.02%，占参观总人数的 25.29%。近几年文物机构参观人次见图 7。

图 7　2018—2022 年全区文物机构参观人次及未成年人参观人次

2022 年，非遗传承保护有力有效。不断加强非物质文化遗产系统性保护，公布了第七批自治区级非遗代表性项目 58 项、扩展项目 28 项，确定保护单位 88 个。以黄河流域、长城沿线为重点，启动自治区级非遗代表性传承人记录工程，推荐申报国家级传承人 38 人。增设传统工艺工作站 5 个、非遗就业工坊 9 个，设立非遗曲艺书场 5 个、认定自治区非遗研究基地 8 个。全面推进非遗特色村镇和街区建设，设立"非遗在社区"试点 10 个。实施非遗传承人研修培训计划、传统工艺振兴计划，举办全区非遗保护管理人员培训班，非遗保护传承水平不断提升。组织举办了"2022 年黄河非遗大展""中华颂·非遗传承文脉""全区非遗年货展"及内蒙古人类非遗代表作保护成果展演等主题宣传展示活动，首届黄河非遗大展被文化和旅游部列为部省主办的黄河非遗宣传展示活动。开展了"文化进万家·视频直播家乡年""中华文化月月传""传统工艺大课堂"等社会教育活动。2022 年末，人类非物质文化遗产代表作 2 项，国家级非遗代表性项目 98 个 106 处，自治区级项目 545 个 908 处；国家级非遗代表性传承人 82 人（健在 69 人），自治区级传承人 1087 人（健在 944 人）。

2022 年末，全区共有非物质文化遗产保护机构 110 个，从业人员 658 人，开展各类非遗展览、演出、举办民俗活动 2406 场，参加人次 210.84 万人次；举办各类培训班 404 场，培训人次 1.79 万人次；组织非遗研讨会及讲座 82 场次。

（十）文化和旅游对外交流与合作走深走实

在中央广播电视台等主流媒体播出内蒙古文化旅游形象广告，持续深化与人民网、新华网、抖音等新媒体合作，"亮丽内蒙古 四季好风光"品牌影响力不断扩大。满洲里边境旅游试验区顺利通过国家验收，为全国旅游业改革创新发展起到了先行示范作用。融媒体直播《根脉》、文博综艺《长城长》《馆长请亮宝》创造了全区文博类电视节目收视率新高。在内蒙古日报开设《北疆文旅》刊发"中华文明探源"专版图文 21 期，利用文化和旅游宣传矩阵编发"中华文化字里春秋"、中国共产党精神谱系的非遗表达"（剪纸）等稿件 150 多篇、视频 30 余条。在香港建立了文化旅游营销中心，此外建立了海外宣传推广项目库。参加了 2022 "海外中国旅游文化周"，与布加勒斯特中国文化中心共同推送了内蒙古文化旅游资源。召开了中俄蒙"万里茶道"国际旅游联盟工作会议，吸收俄罗斯、蒙古国 4 个地区入盟，进一步扩大了内蒙古旅游"国际朋友圈"。组团参加第六届丝绸之路国际博览会、中国国际服务贸易交易会，举办文化和旅游主题推介活动。在青岛市举办内蒙古文化旅游主题推介活动，与山东省合作开启了"百万人互游计划"。

二、文化和旅游发展中存在的困难和问题

2022 年，内蒙古文化和旅游发展取得了新成效，但同时也要看到文化和旅游新型业态培育不够、民营的文旅企业存在融资难、融资贵，文旅产业竞争力不强等现象依然存在，具体表现在以下几个方面。

（一）文化和旅游新型业态培育不够

文旅产品迭代升级发展偏慢，特别是文化创意、高科技元素在融合中的应用较少，产业链的纵向延伸不充分，缺乏具有竞争力及市场影响力的融合精品。红色旅游、文创商品、文化街区、遗址公园、沉浸式演艺等新型业态高质量发展受到制约，叫得响、打得硬、传得广的文化旅游产品匮乏。

（二）民营的文旅企业融资难、融资贵

受疫情、负债等因素影响，各地区及相关企业在旅游投资、项目建设方面普遍资金紧张、进度迟缓，同时存在融资渠道单一、融资成本高等问题，一定程度存在"政府热、企业冷"的现象。

（三）文化和旅游产业竞争力不强

文化和旅游产业顶层设计缺乏，产值在国民经济中的比重较小。骨干企业不强，知名品牌不多，科技含量低，竞争力不强，产业集群发展优势不明显。

三、下一步工作安排

2023 年是全面贯彻落实党的二十大精神的开局之年，是落实"十四五"规划承上启下的关键一

年。按照自治区党委、政府部署安排，自治区文化和旅游厅将紧紧聚焦举旗帜、聚民心、育新人、兴文化、展形象的使命任务，坚持自信自强、守正创新，坚持生态优先、绿色发展，坚持以文塑旅、以旅彰文，积极推动文化和旅游高质量发展。

（一）着力繁荣艺术创作生产

组织实施文艺作品质量提升工程，创作提升歌舞剧《昭君出塞》《乌兰牧骑走边关》、话剧《飞天》、杂技剧《我们的美好生活》、歌剧《江格尔史诗》《双翼神马》、舞剧《中国妈妈》等一批舞台剧目。秉持"艺术的盛会、人民的节日"的办会宗旨，全力承办好第十四届全国舞蹈展演，为广大群众和各地嘉宾奉上一台精彩纷呈的视觉和文化盛宴。推动乌兰牧骑标准化建设工程，组织开展乌兰牧骑巡回演出、"学·创·演"结对子帮扶活动和守边固防、双拥共建演出服务活动，切实发挥好乌兰牧骑"红色文艺轻骑兵"的作用。组织舞剧《骑兵》、交响曲《旗帜》、杂技剧《我们的美好生活》等优秀剧目巡演，推动舞剧《骑兵》参加全国"新时代全国舞台艺术优秀剧目展演"并赴中央党校（国家行政学院）驻场演出。建立北京保利集团北方剧目创作基地，推动成立全国剧场联盟。依托乌兰恰特演艺公司，建立演出剧场联盟，开发文化旅游票务网，开展演出经纪业务，构建全区演艺产业链。举办第八届辽吉黑蒙四省区地方戏曲优秀剧目展演、首届内蒙古曲艺展演、第九届全区舞蹈比赛、第五届"草原金秋"全区声乐比赛。加强文艺理论研究，出版艺术评论成果。

（二）提升公共文化服务水平

创新实施文化惠民工程，办好内蒙古乡村村晚、广场舞大赛、"群星奖"作品巡演、美术书法摄影作品展等群众文化品牌活动，开展"送戏曲进乡村"惠民演出。完善"不忘初心、牢记使命"中国共产党历史展览，举办"中华颂"系列展览、"内蒙古四季都很美"图片展等展览。做好第三批全区农村牧区文化示范户评选工作。加强公共图书馆文化馆总分馆制建设，推广数字公共文化服务。督促指导各地旅游厕所提档升级。举办全区文化和旅游志愿服务展演活动。开展全区古籍普查工作，公布全区重点古籍保护单位、珍贵古籍保护名录。

（三）着力加强文物保护利用

加强不可移动文物保护管理，组织编制《内蒙古自治区不可移动文物预防性保护利用规划》《内蒙古石窟寺保护规划》《内蒙古自治区革命文物保护规划》，持续推进"37项"重点保护工程及文物建筑"三年维修计划"落地实施，做好第六批自治区文物保护单位遴选与名录公布工作。贯彻落实《内蒙古自治区革命文物保护条例》，组织开展全区革命文物保护利用情况排查整治工作，严肃查处未经批准非法拆除、改变用途等违法违规案件，推动"一址一档"、精细管理。公布首批可移动革命文物名录。落实"先考古，后出让"考古制度，推动文物考古工作与国土空间规划纲要相衔接，研究制定《内蒙古自治区配合基本建设考古工作管理办法》，切实规范基本建设工程中涉及考古调查评估、勘探和发掘等工作，全力为经济社会发展服务。做好考古挖掘、整理、研究等工作，深入实施中华文明探源工程、"考古中国"重大项目，持续开展后城咀石城遗址、彩陶坡遗址等考古发掘，加强对黄河文化、长城文化、西辽河文化等的文物考古和历史研究，做好"河套地区聚落与社会研究""红山社会文明化进程研究"成果阐释,实证中华民族多元一体的历史进程。推动落实考古和文物保护机构人员增加编制、文物考古野外工作津贴事宜。加强馆藏文物保护力度,做好一二三级博物馆馆藏环境标准化建设和预防性保护,全面改善全区馆藏文物保管环境。优化博物馆藏品管理制度,规范馆藏珍贵文物定级、建档和备案。推动一批三级以上和重点博物馆加强软硬件建设,夯实博物馆晋级基础。继续推动"长城两边是故乡""黄河从草原上流过""塞上风光无限好""玉·见文明"等精品展览在全区范围内巡展,指导策划"长城历史文化展""新时代考古成就展"等精品主题展览。推进博物馆数字化建设,拓展宣传展示渠道,以云展览、数字展厅等方式,讲好文物故事。不断健全文物安全长效机制,强化文物安全督查,持续开展打击文物犯罪专项行动,创新推动卫星遥感、无人机、大数据等科技手段在文物安全监测和文物执法督察中的运用。

（四）着力加强非遗保护传承

健全非遗保护传承体系,实施非遗代表性传承人记录工程,开展非遗代表性传承人考核评估工作,探索建立自治区级非遗代表性传承人管理信息系统。加强文化生态系统保护,指导巴彦淖尔市（河套文化）、阿拉善盟（骆驼文化）、呼伦贝尔市（森林文化）、赤峰市（游牧文化）、锡林郭勒盟（奶食文化）等自治区级文化生态保护区建设,推荐申报国家级草原文化生态保护区,力争实现零的突破。提高非遗保护传承水平,实施非遗传承人研修培训计划、传统工艺振兴计划,支持打造自治区传统工艺工作站、非遗就业工坊。实施非遗全媒体传播计划,拍摄《非遗里的中国》（内蒙古篇）,举办内蒙古长城非遗展、"非遗里的内蒙古"专题展、传统工艺与现代创意展,推动内蒙古网上数字非遗馆建设。

（五）着力推进文旅产业发展

主动适应市场形势变化,紧扣消费复苏和三产复活,调整消费政策,如推出《加快文化旅游产业发展奖励方案》等针对性更强、含金量更高的支持政策,支持各类市场主体创新业态、开辟场景、优化供给,尽快释放被抑制的消费、激活有潜力的消费。在自治区首府和盟市政府所在地建设产业集聚、服务配套、特色鲜明的文化产业园区和旅游休闲街区,打造主客共享的文旅消费新空间,要让"一条街带火一座城"。坚持以会促建、以会促变,全力办好中国（阿尔山）旅游发展大会、内蒙古自治区旅游发展大会,推动实现"办一次会、兴一座城"。坚持以会造势、以会助产,高质量办好内蒙古草原文化节（呼和浩特）、内蒙古旅游那达慕（锡林郭勒）、内蒙古冰雪那达慕（呼伦贝尔）、"魅力乌拉特"西部民歌会（巴彦淖尔）,打造"永不落幕"的文化旅游盛会。聚焦高A旅游景区、度假区、休闲街区、红色旅游、乡村旅游等,推动一批重点旅游基础设施项目建设。聚焦文化旅游产业集群和重大文旅项目,精准组织开展国内外招商引资推介活动,扩大投资、做强文旅产业。完善自治区旅游休闲街区、露营旅游等旅游新业态政策,发展旅游休闲街区、露营旅游等新业态。规模化、连锁化建设运营全区自驾露营营地,发展露营旅游休闲产业。建立文旅融合发展机制,深挖内蒙古舞蹈、音乐、非遗、文物等传统文化资源,注入现代时尚内涵,打造传统文化新产品。紧贴年轻人潮玩方式,以元宇宙、直播带货、后备箱经济、市集经济等打造网红爆品和体验活动。对标国际国内一流企业一流品牌,聚焦国潮国风、跨界融合,打造内蒙古独有特色的品牌项目、文旅标识。积极培育呼和浩特市恼包村、包头市赛罕塔拉城中草原和兴安盟阿尔山温泉街等国家夜间文化和旅游消费集聚区。落实文化和旅游部文化产业园区携行计划，指导鄂尔多斯科教文化创意产业园、乌海市书法文化产业园建设。重点培育国家级文化产业和旅游产业融合发展示范区。组织举办"内蒙古礼物"精品展，完善内蒙古礼物品牌管理体系，探索推进互联网营销与标准应用。组织政银企对接活动，鼓励金融机构定制开发文化和旅游专项金融服务产品。调整优化文化、旅游及相关产业增加值统计核算口径，将更多文化和旅游新业态纳入统计范畴。积极推动"北疆文旅"数字化项目立项建设，举办旅游行业校企对接会，推动文旅人才"双进工程"。创建一批马术俱乐部，打造敕勒川马文化产业园区，推动中国首创马背民族艺术史诗《千古马颂》等舞台剧市场化运营，推动优秀剧目进景区商演。

（六）着力推动资源开发利用

建成一批旅游度假、文化生态、文旅融合的国家级平台，推动阿尔山、响沙湾莲花旅游度假区创建国家级旅游度假区，推动莫尔格勒河、七星湖、老牛湾黄河大峡谷创建国家级 5A 级旅游景区，加快推进长城、黄河国家文化公园建设。开展自治区旅游度假区评定工作，指导莫尔道嘎国家森林公园、乌海湖、林胡古塞等一批旅游度假区建设，打造国内知名生态休闲旅游目的地。指导呼伦贝尔古城、乔家金街、黄河湾步行街等建设国家级旅游休闲街区，支持牙克石金龙山滑雪场、赤峰美林谷滑雪场创建国家级滑雪旅游度假地。继续推进现有 6 个 5A 级旅游景区补短板提档次，打造优质、著名特色旅游品牌。推进工业旅游示范基地、C 级自驾车旅居车营地创建工作，推动武川县红色旅游融合发展示范区建设，增强旅游新业态产品供给能力。重点推动恼包村、雷营子村、白狼镇等一批全国乡村旅游重点村镇提质增效，重点培育甲兰板村、代钦塔拉嘎查、哈沙图村等村镇创建第五批全国乡村旅游重点村，丰富乡村旅游产品供给，助力乡村振兴战略。完成全区文化和旅游资源普查，推出第一批中国特品级旅游资源名录建设工作。围绕"彩色春季、绿色夏季、金色秋季、银色冬季"主题，持续打造达里湖冬捕旅游季、满洲里中俄蒙国际冰雪节、通辽旅游自驾大会、鄂尔多斯黄河几字弯文化旅游节、乌海航空嘉年华、阿拉善英雄会等一批影响力广、带动性强、文旅特色突出的全国性文旅活动品牌。发挥内蒙古文旅集团龙头带动作用，强化资源整合、区域协调、品牌统筹，依托资金、人才、资源优势，着力推进内蒙古黄河大峡谷、圣水梁 – 九龙湾、乌海湖、阿尔山 – 柴河等跨区域景区一体化打造，全力把最美的草原林海、沙漠瀚海、长河大湖、冰天雪地都做出产品、做成精品，创造更多文旅融合的看点、亮点、卖点，努力做到从东到西全域皆可游、春夏秋冬全年无淡季。

（七）着力规范文化旅游市场

完善支持文旅产业发展相关政策，积极倡导"内蒙古人游内蒙古"，继续实施"引客入蒙"奖励计划。积极申办"中国旅游日"全国主会场活动。持续开展文化和旅游领域安全生产专项整治行动、市场整治专项行动，强化文化和旅游市场执法检查，做好"体检式"暗访评估、交叉执法检查和"双随机"联合执法。加强文化艺术类校外培训全流程监管。修订文旅市场管理规范性文件，编制《文化和旅游行业标准体系规划》，积极推动文化和旅游行业标准化建设。持续优化营商环境，深化信息共享、协同监管，审批行为同步录入"信用内蒙古"和"企业信用信息系统"。

（八）着力加强对外宣传推广

立足市场需求和游客需要，完善内蒙古文化旅游形象的品牌体系、视觉体系、传播体系，提升内蒙古大草原、大森林、大湖泊、大峡谷、大沙漠、大冰雪、中国冷极等文化旅游品牌的辨识度和认知度。开展"市长（县长）说文旅""文旅局长说文旅""博物馆长说文物""图书馆长说古籍"等宣传推广活动，推选内蒙古文旅形象大使，组织本土网红开展"我为家乡代言"。邀请内蒙古籍知名专栏作家、旅游达人、知名博主为内蒙古代言，开展最美草原、最美森林、最美沙漠、最美湿地、最美湖泊、最美峡谷等"最美推荐"。征集内蒙古文化旅游形象 LOGO 和口号，打造内蒙古文化旅游 IP 集群。建立全媒体矩阵，利用抖音等新媒体快速传播形式，开展"亮丽内蒙古"全媒体宣传推广。与国内大型 OTA 平台合作，引导全区文旅企业入驻平台，宣推、产销结合为企业纾困提供平台支撑。与央视合作拍摄内蒙古《最美自驾路》专题综艺片。依托考古发掘现场，继续开展《根脉》融媒体直播。继续巩固京津冀、长三角、珠三角旅游市场，聚焦与北京、陕西、山东等重点客源地的交流与合作，组织开展重点客源地招商宣传推广活动，全面落实"百万人互游计划"。积极参与文化和旅游部中西、中意、中希文化旅游年系列活动，开展"美丽中国 亮丽内蒙古"、黄河、万里茶道等主题推广行动，完成部省合作交流任务。加快恢复入境旅游市场，组织赴日本、韩国、新加坡旅游招商营销推广。深耕厚植港澳台文化旅游市场，组织全区重点文旅企业参加香港国际旅游展，举办内蒙古旅游招商推广活动周。支持满洲里边境旅游试验区建设，积极推动二连浩特－扎门乌德跨境旅游合作区创建。举办中俄蒙"万里茶道"国际旅游创新高质量发展论坛、"万里茶道"文物非遗联展活动。编制《"万里茶道"茶路驿站建设、服务和规范》国家标准。举办"友谊·和平·年轻的使者"中俄蒙青少年夏令营活动，增进人文交流。

（内蒙古自治区文化和旅游厅）

内蒙古：感悟中华文化 · 畅游祖国北疆

为进一步增强内蒙古文化和旅游吸引力，着力提振旅游市场信心和活力，推动内蒙古文化和旅游高质量发展，从2022年7月开始，全区举办了"感悟中华文化·畅游祖国北疆"之万里茶道、大草原、大黄河、大兴安、大沙漠、大冰雪六大主题系列文化旅游主题活动。

一是"感悟中华文化·畅游祖国北疆"之万里茶道主题系列活动。以"万里茶道"为主题融合沿线地区长城、黄河、绿色生态等文化旅游资源，发布了神奇茶路之旅、红色文化之旅、商帮贾风之旅等六条"万里茶道"旅游精品线路，并签署九省区"万里茶道"国际旅游联盟倡议书，推动文旅、茶旅、商旅等多领域联动，促进了沿线地区实现文化交流互鉴、旅游合作共进。

二是"感悟中华文化·畅游祖国北疆"之大草原主题系列活动。作为全国最知名草原旅游目的地的品牌形象，依托呼伦贝尔、锡林郭勒两大草原，组织开展了以草原生态、民俗体验、草原度假、草原体育、草原研学等系列旅游活动，举办了内蒙古自治区第32届旅游那达慕，进一步提升内蒙古草原旅游的知名度和影响力

三是"感悟中华文化·畅游祖国北疆"之大黄河主题系列活动。通过围绕"大黄河"主题推出黄河峡谷观光、黄河风情体验、黄河美食品鉴、黄河考古旅游等系列文化旅游活动，全力打造内蒙古"大黄河"生态旅游品牌，讲好内蒙古的"黄河故事"，向海内外游客充分展示了内蒙古黄河文化的独特魅力。

四是"感悟中华文化·畅游祖国北疆"之大兴安主题系列活动。以内蒙古大兴安岭为依托，推出了包括秘境·大兴安岭金秋穿越之旅、大型情景歌舞史诗《兴安颂》专场演出和"绿色兴安 千里画卷"大兴安岭摄影作品展等一系列生态观光、漂流、摄影等旅游活动，全面展示了内蒙古大兴安岭优美的自然风光，厚重的历史文化和浓郁的民俗风情。

五是"感悟中华文化·畅游祖国北疆"之大沙漠主题系列活动。以内蒙古阿拉善盟沙漠旅游与全区沙漠景区联动，推出一批沙漠旅游精品景区，使沙漠旅游成为内蒙古旅游的新热点，全方位提升了全区沙漠旅游发展水平，促进沙漠度假、沙漠越野、沙漠探险等特色旅游提档升级。

六是"感悟中华文化·畅游祖国北疆"之大冰雪主题系列活动。举办了内蒙古自治区第十九届冰雪那达慕暨呼伦贝尔第五届冬季英雄会，活动期间推出文旅融合示范区呼伦贝尔冰雪乐园、"呼伦贝尔冰雪文化大集"、呼伦贝尔冰雪奇缘等众多冰雪文化旅游项目，把冷资源开发为热产业，促进全区四季旅游有效发展。

"感悟中华文化·畅游祖国北疆"系列主题活动聚焦万里茶道、大草原、大黄河、大兴安、大沙漠、大冰雪等六大核心资源，充分发掘内蒙古悠久的历史文化，展示内蒙古壮美的自然风光，以文塑旅、以旅彰文，让内蒙古旅游从东到西都火起来、一年四季都热起来。

辽宁省 2022 年文化和旅游发展情况分析

2022 年，全省文化和旅游系统认真贯彻"疫情要防住、经济要稳住、发展要安全"的要求，统筹疫情防控和行业发展，沉着应变，攻坚克难。围绕"迎接宣传贯彻党的二十大主线，用习近平新时代中国特色社会主义思想武装头脑，坚持稳中求进的原则，把握高质量发展主题，服务全省中心工作"，全省文化和旅游工作呈现新气象、发生新变化。"十四五"规划重点项目扎实推进，长城国家文化公园建设、"考古中国"研究课题等国家文化工程项目谋划、进展质量再上新台阶，国有文艺院团改革、文物保护利用等重点改革取得新突破，围绕东北亚休闲旅游目的地建设产品供给、市场监管、服务保障得到新提升。

一、机构和人员情况

全省各级各类文化和旅游机构 7701 个，从业人员 6 万余人。全省专业艺术院团 150 个，从业人员 5931；专业艺术演出剧场 99 个，从业人员 2404 人；公共图书馆 129 个，从业人员 2136 人；群众艺术馆（文化馆）123 个，从业人员 1725 人；乡镇和城市街道文化站 1354 个，其中乡镇综合文化站 920 个；文化系统所属博物馆 65 个，省级以上文物保护单位 472 个，拥有文物藏品 154 万余件 / 套；全省各级文化市场经营机构（不包括非公有制院团和场馆）4391 个，安排就业人员 2 万余人。旅游机构 1307 个，从业人员 2.2 万人。具体如表 1 所示。

表 1　2021—2022 年辽宁省文化旅游机构和从业人员情况

项目	机构数（个）		从业人员数（人）	
	2021 年	2022 年	2021 年	2022 年
合计	7479	7843	66041	64128
一、文化和旅游合计	7337	7701	62122	60369
1. 艺术表演团体	184	150	6488	5931
其中：公有制艺术表演团体	29	29	2615	2749
2. 艺术表演场馆	85	99	2815	2404
其中：公有制艺术表演场馆	30	30	351	332
3. 图书馆	129	129	2193	2136
4. 文化馆	123	123	1791	1725
5. 文化站	1355	1354	2671	2519
6. 艺术展览创作机构	6	6	66	64

续表

项目	机构数（个）		从业人员数（人）	
	2021 年	2022 年	2021 年	2022 年
7. 文化和旅游部门教育机构	3	3	82	76
8. 文化和旅游科研机构	6	5	94	78
9. 文化市场经营机构	3947	4391	18158	20212
10. 旅行社	1111	1087	5495	5249
11. 星级饭店	254	220	19093	16349
12. 文化和旅游行政部门	98	98	2462	2975
13. 其他文化和旅游机构	36	36	714	651
二、文物合计	142	142	3919	3759
1. 博物馆	65	65	2465	2512
2. 文物保护管理机构	61	61	1253	1063
3. 文物科研机构	4	4	79	70
4. 文物行政部门	11	11	107	99
5. 其他文化机构	1	1	15	15

二、资金投入和基础设施建设

2022 年，全省文化投入 35.69 亿元，比上年减少了 10%。全省文物投入 9.38 亿元，比上年增加了 5.9%（见表 2）。其中艺术表演团体、艺术表演场馆、公共图书馆、文化馆、文化行政主管部门、其他文化机构、文物科研机构、其他文物机构分别有不同程度的减少，文化馆、艺术展览创作机构、艺术教育业、文化科研机构、博物馆、文物保护管理机构、文物行政部门等经费有不同程度的增加，主要是因为 2022 年部分地区受新冠疫情影响，限制或禁止有关大型文化活动，年初安排的经费没有支出，经费指标年底由财政收回。

推进公共文化服务城乡一体发展，推动建设城市新型公共文化空间，沈阳、大连、鞍山共建成城市书房、书屋、文化驿站 154 个，其中沈阳 127 个。智慧图书馆体系、公共文化云、辽宁省智慧旅游平台等公共数字文化服务项目深入推进。全面贯彻落实习近平总书记关于"厕所革命"的重要指示精神，进一步提高全省旅游厕所使用效能，提升服务质量。沈阳市怪坡风景区、锦州市辽沈战役纪念馆入选"2022 全国旅游厕所建设与管理优秀案例"名单。大连京剧院综合楼项目累计完成投资 1.14 亿元，大连市文化馆新馆建设项目累计完成投资 486 万元，辽宁美术馆安防消防改造项目完成投资 71 万元。完成 404 个文化和旅游项目投资 152.5 亿元。

表 2　2021—2022 年主要行业经费投入对比　　　　　　　　　　　　　单位：亿元

项目	2021 年投入	2022 年投入	增减数	增减（%）
一、文化合计	39.69	35.69	−4	−10
艺术表演团体	4.58	4.54	−0.04	−0.87

续表

项目	2021 年投入	2022 年投入	增减数	增减（%）
艺术表演场馆	1.13	0.77	−0.36	−31.8
公共图书馆	4.87	4.52	−0.35	−7.2
文化馆	2.51	2.67	0.16	6.4
文化站	0.98	0.93	−0.05	−5.1
艺术展览创作机构	0.18	0.21	0.03	16.7
艺术教育	0.2	0.3	0.1	50
文化科研机构	0.22	0.62	0.4	181.8
文化行政主管部门	23.13	19.4	−3.73	−16.1
其他文化机构	1.89	1.73	−0.16	−8.5
二、文物合计	8.86	9.38	0.52	5.9
博物馆	5.76	6.17	0.41	7.1
文物保护管理机构	0.65	0.69	0.04	6.2
文物科研机构	0.56	0.33	−0.23	−41.1
文物行政部门	1.85	2.18	0.33	17.8
其他文物机构	0.04	0.01	−0.03	−75
总计	48.55	45.07	−3.48	−7.2

三、艺术创作演出

举办了"辽宁省迎接党的二十大优秀舞台艺术作品展演"，在全省范围遴选确定 34 部近年来创作的优秀舞台艺术作品参加展演。展演采取异地交流演出形式在全省各地展开，演出的话剧《把一切献给党》《国徽》、芭蕾舞剧《铁人》、评剧《第一党支部》、杂技主题晚会《旗帜》《忆·年华》、"辽宁地方戏曲专场"等作品，受到观众欢迎。搜狐网、新浪网、中国文化传媒网、东北新闻网、辽宁日报等媒体广泛报道，为党的二十大胜利召开营造了良好社会氛围。实施了"辽宁省新时代现实题材创作工程"，规划和创作的舞台艺术作品选题 24 部，2020 年辽宁省第十一届艺术节以来已上演的舞台艺术作品 16 部。话剧《老酒馆》、京剧《承诺》、儿童剧《听说过，没见过》、歌剧《辽宁之歌》、凌源影调戏《百合芬芳》等新作品搬上了舞台，为 2023 年举办的辽宁省第十二届艺术节储备了作品。首部大型凌源影调戏《百合芬芳》成功上演，填补了凌源影调戏百年历史上没有大型作品的空白。开展濒危剧种保护和戏曲全集编撰工作，组织开展 2022 年国家戏曲公益性演出项目，较好地完成了全省濒危剧种——海城喇叭戏和阜新蒙古剧中央转移支付购买公益惠民演出 100 场工作。全省入选《中国戏曲全集》的 4 部书稿已有 2 部（《海城喇叭戏》和《二人转》）提交出版社出版。为创作演出优秀文艺作品，展示全省艺术创作新气象、新成果，为党的二十大胜利召开营造良好氛围，2022 年在全省范围内开展"迎接党的二十大公益惠民演出活动"，各市以政府购买的形式，面向文艺院团购买在本地的演出，广泛组织本地院团深入农村、社区、厂矿、军营、学校等基层一线开展公益演出活动，全年购买公益惠民演出近千场。积极申报国家艺术基金，取得更大支持，共有 56 个项目入围 2023 年度国家艺术基金资助项目初评名单。

艺术表演团体（事业）14 个，本团创作首演剧目 13 个，比上年增加 3 个，增加了 3%；全年演出 700 场，与上年持平，实现演出收入 1786 万元，比上年增加 726 万元，增加 68.5%；观众人次比上年增加 28.4 万人，增长 74.2%。如表 3 所示。

表 3　艺术表演团体（事业）综合情况

年份	机构数（个）	从业人员（人）	本团创作首演剧目（个）	演出场次（场）	国内演出观众人次（万人次）	财政拨款（万元）	演出收入（万元）
2018	18	1491	13	1550	85.2	28766	3402
2019	14	1417	8	1050	81.9	27925	1947
2020	14	1449	15	700	37.9	26076	1609
2021	14	1417	10	700	38.3	29129	1060
2022	14	1520	13	700	66.7	32838	1786

四、公共服务体系

举办了"新生活 新风尚 新年画"——我们的小康生活主题美术创作征集展示活动，3 幅作品获选参与集中展示活动。在沈阳美术馆举办了精品传统年画展，中央新闻进行了报道。指导组织开展"村晚"活动，全省通过线上线下等方式举办"村晚"活动百余场。抚顺、本溪、朝阳三个地区的"村晚"活动入选 2022 年全国村晚示范展示活动，在国家公共文化云、央视频、新华网等平台播出。《辽宁日报》对三地的"村晚"进行了专题报道。组织全省优秀"村晚"活动在辽宁文化云进行展播，春节期间合计浏览量 282220 人次。组织多项群众文化活动，有 3 项活动纳入文化和旅游部"喜迎二十大·奋进新征程"群众文化活动地方联动活动。组织开展辽宁省第十七届群星奖评奖工作，共评选出《星空对话》等 44 件作品获辽宁省第十七届群星奖，其中音乐类（含声乐、器乐）18 件、舞蹈类 10 件、戏剧类 7 件、曲艺类 9 件。举办全省农民广场舞展演活动，活动旨在丰富农村群众文化生活，助力全省乡村振兴。"文化筑梦"志愿服务暨辽宁省优秀群众文艺作品进基层演出活动在大连市举行。活动聚焦提升未成年人精神文化素养，积极推广优秀群众文艺作品，深度展示辽宁公共服务领域文化志愿服务风采。组织全省各级公共图书馆开展学习贯彻习近平总书记致首届全民阅读大会贺信精神，广泛开展全民阅读工作。全面贯彻落实习近平总书记关于"厕所革命"的重要指示精神，进一步提高全省旅游厕所使用效能，提升服务质量。沈阳市怪坡风景区、锦州市辽沈战役纪念馆入选"2022 全国旅游厕所建设与管理优秀案例"名单。

开展基层公共文化设施运行管理情况排查工作，共排查出有问题的乡镇（街道）文化站 254 个，已整改完成 219 个。共排查出有问题的村（社区）综合文化服务中心 637 个，已整改完成 577 个。持续做好公共图书馆、文化馆（站）免费开放。

（一）公共图书馆

全省共有公共图书馆 129 个，其中少儿图书馆 15 个。年末全省公共图书馆从业人员 2136 人，比上年末减少 57 人。实际使用房屋建筑面积 63.4 万平方米；图书总藏量 4822 万册，比上年增长 3.3%；阅览室座席数 4.7 万个。全省平均每万人公共图书馆建筑面积 151.06 平方米，比上年末增加 5.02 平方米；全省人均图书藏量 1.15 册，高于全国人均图书藏量，全年全省人均购书费 1.14 元，比上年减少 0.12 元，减少 9.5%（见表 4）。

全省公共图书馆发放借书证 226 万个；总流通人次 1522 万人次，减少了 12.4%。书刊文献外借册次 1849 万，减少了 2%；为读者服务举办各类讲 2026 次，参加活动 34 万人次。

（二）群众文化机构

全省共有群众文化机构 1477 个，其中文化馆 123 个，文化站 1354 个（其中乡镇综合文化站 920 个）。全省群众文化机构从业人员 4244 人，比上年末减少 218 人，减少 4.9%，减少原因主要是城市街道文化站改革，撤销合并。实际使用房屋建筑面积 113.9 万平方米。年末全省平均每万人群众文化设施建筑面积 271.4 平方米，比上年增加 3.5 平方米。全年共组织开展文艺活动 13289 次，比上年减少了 2843 次，减少了 17.6%；文化服务惠及 569.06 万人次，减少了 113.73 万人次，减少了 16.7%。减少的主要原因是受新冠疫情影响，大型群众文化活动受到限制。

表 4　全省图书馆情况

指标	计量单位	2020 年	2021 年	2022 年
机构数	个	129	129	129
从业人员	人	2295	2193	2136
总藏量	万册（件）	4533	4670	4822
本年新购藏量	万册（件）	113	106	149
实际使用公共房屋建筑面积	万平方米	61.5	62.2	63.4
＃书库	万平方米	10.3	11	11.2
阅览室	万平方米	17.5	17.5	18
阅览座位	万个	4.2	4.1	4.7
＃少儿阅览室	万个	0.8	0.9	1
图书借阅情况	—			
＃总流通人次	万人次	1562	1737	1522
书刊文献外借册次	万册次	1387	1888	1849
累计发放有效借书证数	万个	230	230	226
为读者举办各种活动	—			
各类讲座次数	次	1533	1439	2026
参加人次	万人次	36	33	34
年末固定资产净值	亿元	25.3	27.5	27.8

五、文物保护利用

积极开展全省文物安全工作，完成了全省 158 家重点文化文物单位防火防盗排查工作，落实整改资金 8800 余万元。推进文物资源数据库建设工作，启动 19 处第八批全国重点文物保护单位和 219 处第十批省级文物保护单位保护标志碑制作和竖立工作。推动文化遗产保护工作，推动历史文化名城及城市更新工作。加强文物保护工程和考古工地管理，推进"考古中国——红山社会文明化进程研究"重大项目，全年共完成基本建设考古调查勘探 266 项，考古调查 300 万平方米，考古勘探 1163 万平方米。实施文物古迹保护工程，组织各市完成 62 项省级及以上文物保护单位文物保护项目计划评审，储备项目 47 项。将 2018 年至 2022 年的 133 项省级及以上文物保护单位文物保护工程拉单列表，建立台账，实施清单化管理。实施了鞍山钢铁厂早期建筑——井井寮旧址保护修缮工程、本溪湖工业遗产群——本钢一铁厂旧址焦炉抢险加固工程等一批重点文物保护工程项目。

全省博物馆、纪念馆推出线下专题展览 300 余个，其中重点展览项目 44 个，共推出线上展览近 800 个，网络浏览量达 550 万人次。参观人数达 750 万人次，其中未成年人 190 万人次，博物馆线上访问量超 1500 万人次。圆满完成"5·18 国际博物馆日"辽宁主会场宣传活动。采取线上、线下联动的方式，策划举办了时长 3.5 个小时的主会场系列活动，通过"辽宁文化云""网易新闻客户端""北斗融媒""人民网辽宁频道"等 11 个网络平台同步在线直播，总浏览量达 143.92 万人次。全省博物馆举办线上线下主题展览 40 余个，社教活动 30 余场，线下共接待观众 1.6 万人次，网络平台浏览量 218.9 万人次。全年共完成 3 场文物拍卖会的 1487 件拍卖标的审核和现场监拍。实施辽宁"六地"红色文化展览展示工程，打造并推介一批主题鲜明、内涵丰富、形式新颖的革命类主题展览项目。有序推进红色标语专项调查。做好抗美援朝文物调查保护工作。

全省文博系统举办展览 421 个，去博物馆参观 778 万人次，比上年减少 583 万人次，减少了 42.8%。如表 5 所示。

表 5　文物业综合情况

年份	机构数（个）	从业人员（人）	藏品数（件/套）	一级品	二级品	三级品	本年新增藏品数（件/套）	举办展览（个）	参观人次（万人次）
2018	144	3478	644488	1945	14616	128433	4328	409	2118
2019	144	3554	890550	2002	15224	157789	4670	536	2722
2020	142	3901	614612	2291	16103	158346	4516	442	815
2021	142	3919	1468786	4839	29394	291436	13108	472	1361
2022	142	3759	1543800	4712	30280	295502	18101	421	778

六、非物质文化遗产保护传承

开展辽宁省 2022 年"文化进万家——视频直播家乡年"活动，推选 10 个非遗项目参加全国"视频直播家乡年"（线上）和 15 个非遗项目现场展示展演（线下）活动。通过抖音、快手、微博、小红书、淘宝、京东等平台全程直播。短视频（线上）点击率为 428 万次、点赞量为 6.8 万次、短视频直播（线下）观众人数为 3.7 万人。组织开展 2022 年"文化和自然遗产日"非遗宣传展示活动，以"连

接人民生活 绽放迷人光彩"为主题，通过线上、线下等形式，开展丰富多彩的展示宣传活动。利用抖音、微博、快手、微信号，开设"非遗云课堂"推出传统工艺振兴目录专题等特色课程，累计收获点击量近 24 万人次。参加文化和旅游部举办的国际非遗节、中国非遗博览会等活动，扩大辽宁非遗的影响。

为全面推进辽宁非遗工坊建设，促进非遗保护传承全面融入乡村振兴国家战略。指导各市开展全省第六批国家级非遗传承人认定工作，组织专家对全省 23 位省级传承人资料进行评定、修改提高，并按时申报。组织开展国家级非物质文化遗产代表性传承人传承活动评估工作。全省 45 名国家级传承人中，9 人传承人评估为优秀，36 名为称职。开展 2022 年度非物质文化遗产保护资金项目申报工作，共获批非物质文化遗产保护中央经费 1342 万元。

七、产业发展与资源开发利用

积极开展助企纾困工作，落实好国家和省一系列政策措施，通过微信等网络平台渠道作用让政策信息直达每一个企业，惠及每个市场主体，增强文旅企业政策获得感。建立文旅企业和文旅重点项目融资"白名单"，汇总了文旅行业重点企业 515 家融资需求，其中金融部门已对接企业 483 家，已授信 119 家，发放贷款企业 102 家，累计发放贷款 25.7 亿元。全年累计为 74 家文旅企业提供 2.06 亿元低成本资金。多措并举提升文旅消费，对获评 2021 年国家文化和旅游消费试点城市营口以及 3 个国家文化和旅游夜间消费集聚区分别给予了 200 万元和各 100 万元奖补，共计发放奖补资金 500 万元。与银联辽宁分公司商议，在全省组织开展了"红火计划"，参与此活动的文旅企业（商户）达 700 余家。积极推进总规模为 3000 万元的全省文旅消费券发放工作。

开展辽宁省全域旅游发展规划的编制工作，完成《辽宁省红色旅游发展规划（2022—2030）》修订和发布工作。做好高 A 级旅游景区创建，五女山景区开展 5A 级旅游景区创建验收工作。大力培育 5A 景区创建梯队，按照省十四五旅游发展规划安排，加大对大连森林动物园、丹东抗美援朝纪念馆 – 鸭绿江断桥景区、丹东凤凰山景区等指导，不断夯实创建基础。开展 4A 级旅游景区创建工作，沈阳稻梦空间景区、鞍山龙潭湾景区、铁岭城子山风景区、葫芦岛龙潭大峡谷自然风景区获评 4A 级旅游景区。做好乡村旅游重点村镇创建，向文化和旅游部推选 3 个重点镇、6 个重点村，同时备案了 3 个省级重点乡镇、28 个省级重点村；推荐的 6 个村、3 个乡镇全部入选。开展国家级和省级工业旅游示范基地创建工作，鞍钢红色钢铁之旅工业旅游基地、沈阳工业博物馆两家单位被评为国家工业旅游示范基地。积极推动度假休闲类旅游品牌建设，评定出省级旅游度假区 1 家，国家级旅游度假区申报单位 5 家。做好旅游休闲街区创建，向文化和旅游部推荐上报符合条件的单位 3 家。组织了红色讲解员进校园活动，进校园宣讲 700 余场，现场学生约 4 万人。受疫情影响，创新开展线上宣讲活动，辽沈战役纪念馆推出"红色第一课——重温习近平总书记关注的辽沈故事"视频课。积极协调文化和旅游部与中央广电总台联合摄制大型文化和旅游乡村探访类节目《山水间的家》来辽宁省选址拍摄。丹东市獐岛村是东北三省首家拍摄地，节目于 11 月 12 日在中央一台晚八点黄金时段播出，收视排名居全国综艺类节目第 1 位，全网播放量近 2 亿次。

2022 年，全省共接待游客 2.1 亿人次，实现旅游总收入 1888.1 亿元。

八、文化和旅游市场管理

加强安全隐患排查整治，组织全系统深入开展行业安全生产大检查活动，全系统共排查出问题

408个，已全部整改清零。制定下发《辽宁省文化和旅游行业自建房安全专项整治工作方案》，开展行业自建房安全专项整治"百日行动"，累计排查自建房数量912栋，存在安全隐患自建房数量8个，全部按要求整改完毕。强化与公安、应急、交通、气象等部门的沟通协调，发布文化旅游预警提示23次，引导广大游客和文化旅游市场主体主动预防和规避安全风险。认真贯彻"疫情要防住、经济要稳住、发展要安全"的重要要求，按照文化和旅游部和省疫情防控指挥部防疫工作部署，统筹做好文化和旅游市场疫情防控工作。有序推进文旅市场复苏，先后47次指导13个市级文化和旅游行政部门对69个县（市、区）实施跨省旅游"熔断"机制。策划2022年"中国旅游日"辽宁省分会场活动，以新媒体展示的方式举行2022年"中国旅游日"辽宁省分会场活动暨辽宁（营口）第四届大辽河口观鸟季启动仪式。加强对旅行社、互联网上网服务营业场所、娱乐场所、星级饭店、等级旅游民宿等市场主体经营活动事中监管。深入开展文娱领域综合治理、"饭圈"乱象综合治理工作，严肃整治"流量至上"、畸形审美、"饭圈"乱象等制约行业健康发展突出问题。加强艺术品市场监管，规范艺术品市场秩序，维护意识形态安全。助推文旅市场恢复发展，指导各地将旅游服务质量保证金暂退比例由80%提升到100%，规范退还程序，主动做好服务，帮助旅行社行业渡过难关。全省现有旅行社1510家，保证金总额41078万元，已暂退保证金的旅行社1341家，暂退金额34818万元，占全省保证金总额的84.8%，自愿申请的旅行社暂退工作办结率100%。制定出台《辽宁省密室剧本杀管理规定（试行）》，明确了省、市、县（区）三级文化和旅游行政部门对剧本娱乐行业的监管职责。扎实开展私设"景点"问题专项整治工作，全省共排查出私设"景点"问题5个，其中4个问题已完成整治，1个问题由自然资源部门立案查处。协调相关部门给予"引客入辽"业绩突出的旅行社补助资金880.1万元，激励旅行社组织省外游客来辽观光旅游，繁荣辽宁旅游市场。启动省级文明旅游示范单位评定工作，对申报的70家文化旅游企事业单位开展评定，评出省级文明旅游示范单位40家，向全国旅游标准化技术委员会推荐2家单位申报国家级文明旅游示范单位。全年省市县三级开展执法培训262次，培训执法人员7312人次；共出动执法人员38.3万人次，检查经营单位9.7万家次，办结案件1220余件。

2022年全省互联网上网服务营业场所（网吧）1372个，比上年减少57个，减少4%；娱乐场所2231个，比上年增加113个，增加5.3%；非公有制艺术表演团体121个，比上年减少34个，减少21.9%。受新冠疫情影响，行业不景气，上座率低，互联网上网服务营业场所（网吧）、非公有制艺术表演团体机构有所减少，其他机构有不同程度的增加，逐渐在复苏。如表6所示。

表6 2021—2022年文化市场经营机构基本情况

项目	机构数（个）		增减	从业人员（人）		增减
	2021年	2022年		2021年	2022年	
娱乐场所	2118	2231	113	10009	8245	-1764
互联网上网服务营业场所（网吧）	1429	1372	-57	3343	2615	-728
非公有制艺术表演团体	155	121	-34	3873	3182	-691
非公有制艺术表演场馆	55	69	14	2464	2072	-392
经营性互联网文化单位	218	533	315	3315	6817	3502
艺术品经营机构	75	79	4	207	133	-74
演出经纪机构	107	176	69	1284	2402	1118
合计	4157	4581	424	24495	25466	971

九、对外文化交流活动

对外文化交流取得新突破，与老挝合作举办晚会、培训、展览，内容方式种类丰富，线上线下手段结合等，宣传报道最多；境外旅游推广取得新突破，中国北方海外推广季，疫情以来首次赴澳门参加展会举办推介会，澳门知名政要、文旅机构、企业协会等高层参会，辽芭课程入选港澳青少年内地游学推荐产品（全国1个），世界联盟扶贫案例两个；一圈一带两区推广取得新突破，印制宣传手册，旅游报整版宣推，在厦门、南京推介会开展主题宣推等，在中央电视台《朝闻天下》栏目进行15秒宣传片辽宁整体旅游形象宣传，完成央视冬季宣传画面换版工作；完成了在首都机场、北京站、北京南站、北京朝阳站、北京地铁等旅客到达、出入站通道、候车大厅的落地灯箱、LED屏画面的更换，宣传推广辽宁四季旅游资源和品牌。在中国旅游报推出"冬奥在北京 冰雪游辽宁——体验大众化冰雪旅游项目，感受不一样的暖意情怀"专版宣传，彰显辽宁冬季旅游独有四大优势，推广辽宁14+1城市独特冬季旅游资源产品，满足游客多样化需求。与省委网信办、辽宁省广播电视局、辽宁省体育局、辽宁广播电视集团联合举办第四届冰天雪地也是金山银山短视频大赛，为北京冬奥会召开营造良好的舆论氛围，宣传辽宁冰天雪地美景，推广辽宁金山银山美物，助推辽宁冰雪运动发展。举办"中国推介"家乡推介大赛，开通了辽宁文旅赛区，免费宣传推广辽宁的文化和旅游资源。以辽宁省《家乡推介大赛》赛区节目为例，国外媒体、国内主流媒体、新闻网站、论坛、微博、微信、App等传播数据为3.2亿次，其中海外传播占比6.7%。指导各地组织举办四季旅游活动，突出冬季旅游宣传推广，以"冬奥在北京 冰雪游辽宁"为主题，以嬉冰雪泡温泉到辽宁过大年为特色，在2021—2022年和2022—2023年冬季，举办启动仪式，举办推介活动，加大冬季产品线路推广，组织媒体宣传等，营造冬季旅游氛围，促进冬季旅游市场消费。城市品牌创建取得新突破，指导大连成功当选2024年东亚文化之都，沈阳列入2025年创建行列，指导推荐营口市文旅局"一条鲅鱼游营口"新媒体营销入选全国国内旅游宣传推广优秀案例。

2022年，全省文旅系统对外文化交流项目7起，比上年减少2起，减少22%，受新冠疫情影响对外文化交流项目有所减少。

（辽宁省文化和旅游厅）

辽宁：用好红色资源 凝聚振兴力量

辽宁省高度重视红色资源保护挖掘利用，在开展党史学习教育过程中，总结阐释了辽宁作为"抗日战争起始地""解放战争转折地""新中国国歌素材地""抗美援朝出征地""共和国工业奠基地""雷锋精神发祥地"六个方面的红色标识及价值。省第十三次党代会提出，要深入阐释"六地"的丰富内涵和时代价值，传承红色基因，赓续精神血脉。省委常委会多次专题研究部署相关工作，省委领导班子带头到东北抗联史实陈列馆、赵尚志烈士陵园等进行革命传统教育。党员干部主动走进红色场馆，接受红色教育，感悟革命先辈的英雄模范事迹和展现出的伟大革命精神，不断汲取继续前进的智慧和力量。

让红色遗迹进一步"活"起来，坚持保护与开发并重、建设与管理同步，强化顶层设计和统筹规划，设立文物保护专项基金，实施省级革命文物保护工程，统筹抢救性与预防性保护、文物本体与周边环境保护，保持革命文物的历史真实性、风貌完整性和文化延续性，对13处重要革命遗址遗迹进行了保护和修缮、场景复原。推动"九·一八"历史博物馆、抗美援朝纪念馆等一批纪念场馆开展文物数字化展陈，使革命文物更加可亲可感。还通过走访革命前辈、烈士遗属等形式，加强对社会散存的党史文物史料的收集整理工作，进一步丰富红色馆藏。在挖掘研究上，策划推出《东北抗战歌谣歌曲全集》等书籍，抢救性拍摄了抗美援朝战争口述历史纪录片《铭记》等。在整理集纳上，建立辽宁革命文物数据库，核定公布第一批不可移动革命文物名录650处，可移动革命文物名录10818件（套）。积极推进革命文物集中连片保护利用，举办辽宁红色旅游推介活动，精心设计推出"弘扬抗联精神之旅"等10条最具辽宁代表性的红色旅游经典线路，5条红色旅游线路入选全国"建党百年红色旅游百条精品线路"，把红色资源与红色旅游、瞻仰体验一体贯通。

让红色资源进一步"亮"起来，加强研究阐释工作，深挖思想内涵。整合全省党史、档案、地方志等部门和机构力量，发挥国家出版基金、省社科规划基金、省经济社会发展研究项目等作用，组织专家学者深入开展研究，生动展现红色文化资源中蕴含的红色基因、思想内涵和时代价值。

让红色故事进一步"热"起来，组织全省博物馆、纪念馆不断优化展陈内容、改进展陈方式，着力办好现场展、扩大流动展、强化主题展、丰富网络展，推出"中共满洲省委与东北14年抗战"等百场巡展和"抗美援朝 保家卫国"等主题展览；加强对文艺创作的引导，让红色体裁成为文艺创作的热点，通过艺术形式讲好红色故事，传承红色基因，创作歌剧《雪原》、话剧《北上》《无风地带》、芭蕾舞剧《八女投江》等一大批革命题材文艺精品，不断增强辽宁红色故事的吸引力、感染力、传播力。

把红色精神宣传教育融入干部群众日常生产生活，组织开展"重走抗联路"等特色主题教育，全方位、多形式弘扬东北抗联精神。充分运用革命旧址、博物馆、纪念馆等设施，因地制宜开辟"第二课堂"，组织党员、干部和群众就近就便开展体验教学和主题党日等活动。充分运用辽宁丰富的红色资源，传承弘扬蕴含其中的精神力量，进一步增强实现辽宁振兴发展新突破的信心和决心。

吉林省 2022 年文化和旅游发展情况分析

2022 年，全省文化和旅游系统坚持以习近平新时代中国特色社会主义思想为指导，在省委、省政府的坚强领导下，全省文旅系统一手严抓疫情防控，实现了连续三年疫情没有通过文旅场所和文旅活动传播扩散；一手狠抓文旅经济复苏发展，实现了"止跌、企稳、回升"目标。

一、机构和人员情况

2022 年末，纳入统计范围的全省各类文化和旅游单位 5143 个，比上年末增加 162 个；从业人员 29394 人，比上年末减少 3741 人。

二、围绕主题推出艺术作品

2022 年，省戏曲剧院院长倪茂才凭借领衔主演的京剧《杨靖宇》荣获第十七届"文华表演奖"。推进大型文旅演艺项目《粉雪传奇》、京剧《土地长歌》、交响乐《银河光年 雪乐盛宴》、吉剧《红雪花》等剧目创排。举办"精彩夜吉林·2022 消夏演出季"，来自吉林省内外 19 个专业演出团体的上千名文艺工作者，带来 24 场精彩演出，新华社、人民网等 30 余家媒体进行广泛报道，浏览量超千万，6 场演出同步线上直播，累计观看超 658 万人次。"送演出下基层"和"省级低票价惠民演出" 2500 余场，通过政府购买服务的形式，为群众提供优质文化服务。举办"团结'艺'心，共克时艰——吉林省抗疫题材文艺作品展播"、"家在吉林·疫中见'艺'——吉林省精品舞台艺术作品线上展播"、"在希望的田野上"——吉林省优秀文艺作品线上展播、"喜迎二十大 奋进新征程"吉林省文艺院团优秀剧目线上展播等系列线上活动，把线上活动打造成常态化演出，线上线下有机互动互补。开展"吉声吉韵'艺'起嗨"——吉林省直文艺院团"云上舞台"抖音线上直播活动，5 家省直文艺院团进驻直播间，11 月 1 日开播，截至 11 月 16 日直播 13 场，直播间累计观众超 1500 万人次。开展老艺术家记录工作，对 10 位老艺术家进行访谈记录。《后奥运时代东北地区冰雪文化与冰雪旅游的融合发展路径与对策研究》《甲骨卜辞中乐舞材料的整理与研究》等 4 个项目获得 2022 年度国家社会科学基金艺术学项目立项，立项数量位居东北四省区首位。出版传统文化研究专著 10 余部，3 个吉林省社科基金项目、2 个文旅部项目顺利结项。

2022 年末，全省共有艺术表演团体 114 个，对比上年末无变化；从业人员 3343 人，比上年末减少 799 人。其中全省各级文化和旅游部门所属艺术表演团体 46 个，占 40.4%，从业人员 2428 人，占 72.6%（如表 1 所示）。

全年全省艺术表演团体共演出 0.42 万场，比上年减少 32.6%；国内观众 189.1 万人次，减少 51.1%；演出收入 5218.6 万元，减少 39.5%。

全年全省文化和旅游部门所属艺术表演团体共组织政府采购公益演出1000场，比上年减少16.7%；观众64.4万人次，比上年减少14.6%。

表1　2012—2022年全省文旅部门艺术表演团体基本情况

年份	机构（个）	从业人员（人）	演出场次（场）		国内演出观众人次（万人次）	演出收入（万元）	实际使用面积（万平方米）	
			国内演出场次	农村演出场次				排练场
2012	41	2803	6591	5266	2980	588.02	5588	8.88	2.48
2013	39	2700	4912	4845	3091	389.47	2983	9.32	2.42
2014	40	2540	4467	4218	2526	372.38	2860	9.48	2.60
2015	40	2510	4980	4720	2690	349.75	3074	9.84	2.26
2016	40	2245	5080	4750	2970	351.62	3719	9.32	2.20
2017	44	2416	5010	4510	2420	367.28	4337	10.15	2.68
2018	47	2671	4890	4740	2310	306.71	4460	10.76	2.39
2019	47	2676	4570	4500	2360	304.94	5555	10.37	2.28
2020	47	2487	3200	3100	1800	143.81	3779	10.66	2.23
2021	46	2475	3100	3000	1500	144.57	4304	9.92	2.22
2022	46	2428	2605	2536	154	147.42	3776	10.4	2.22

2022年末，全省共有艺术表演场馆95个，比上年末减少19个；观众座席数22867个，比上年减少42%。全年艺术表演场馆共演映1.52万场，比上年减少29.3%；观众47.78万人次，减少35.9%。文化和旅游部门所属艺术表演场馆21个，与上年比减少1个，全年共开展艺术演出200场次，比上年减少33.3%；艺术演出观众人次6.21万，减少59%。

2022年末，全省文化和旅游部门所属美术馆共有13个，与上年持平，从业人员112人，减少12人。全年共举办展览105次，比上年增加23.5%，参观人次20.63万，增长48.5%。

三、优化提升公共服务

2022年，组织开展"欢乐过大年·喜迎冬奥会"2022年吉林"村晚"30余场，全省性群众文化活动730余项，惠民1100万人次；与吉高集团签订战略合作协议，为万科松花湖滑雪场、北大湖滑雪场、圣德泉温泉酒店等景区增添30处高速公路标识导引牌。

2022年，文化数字化战略深入实施。用好数字化新手段，完成"吉林省艺术档案数字化工程"，建成"文物智慧化综合业务管理系统"，省博物院H5原创微展览入围国家文物局"中华文物全媒体传播精品"，伪满皇宫博物院720°全景云展览与故宫、兵马俑等一同入选全国文物旅游景区创新发展力 TOP10;"云端考古"项目已完成 120 处遗址数字化三维数据采集,全省首个线上"非遗博物馆"正式运营。建好数字化新平台,"吉林省文旅百科资源平台""吉林省公共文化一体化服务平台"先后上线运营,资源集成服务效益初步显现;伪满皇宫博物院"易游通"公众服务平台获选全国"互联网+中华文明"示范项目。拓展数字赋能新空间,运用馆藏文物授权模式,与省内外 6 家企业合作开发文物数字化文创,"灵光塔""定窑紫釉印花碗"等产品在国家数字平台一经开售,抢购一空;建成长拖 1958、长春影都、山丘影视文化等新兴产业园区,引进网易(长春)数字产业中心、"元宇宙"创新创业中心等项目,扶持一批文化数字化新经济实体。打造数字文旅新体验,同深圳华侨城集团合作开发"吉林全域旅游数字化线上体验场景";实施"数字冰雪建设工程",建设全国首个冰雪大数据中心,推进数字冰雪度假区建模试点,构建全国首个数字孪生滑雪场。

2022 年末,全省文旅部门公共文化服务机构 1162 个,其中:公共图书馆 67 个、群众艺术馆 12 个,文化馆 68 个,乡镇文化站 623 个,街道文化站 287 个,博物馆(纪念馆)105 个。如图 1 所示。

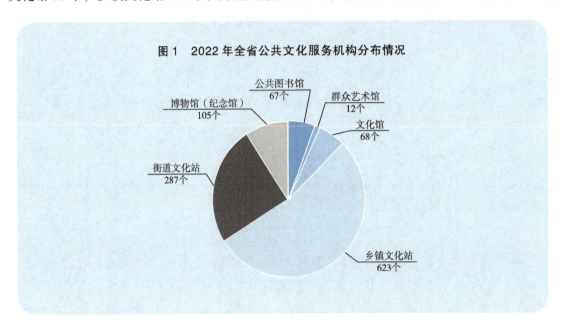

图 1　2022 年全省公共文化服务机构分布情况

(一)公共图书馆

2022 年末,全省共有公共图书馆 67 个,较上年增加 1 个。从业人员 1494 人,增加 9 人;其中具有高级职称人员 392 人,占 26.2%;具有中级职称人员 465 人,占 31.1%。

2022 年末,全省公共图书馆实际使用房屋建筑面积 33.51 万平方米,比上年末增长 1.79%;全省图书总藏量 2535.37 万册,比上年末增长 6%;阅览室座席数 23974 个,增长 2.3%;计算机 4259 台,其中供读者使用的电子阅览终端 2486 台。

全年公共图书馆实际持证读者 123.84 万人,比上年增长 14.9%;总流通人次 490.14 万,减少 3.87%;书刊文献外借 429.93 万册次,增加 21.6%;外借人次 148.59 万,减少 7.75%。全年共为读者举办各种活动 2816 次,比上年减少 3.56%;参加人次 136.04 万,增长 16.2%。如图 2 所示。

图 2　2012—2022 年全省公共图书馆总流通人次及书刊外借册次

总流通人次（万人次）　书刊文献外借册次（万册次）

（二）群众文化机构

2022 年末，全省共有群众文化机构 990 个，数量与上年持平。其中乡镇综合文化站 623 个，与上年末持平。年末全省群众文化机构从业人员 4190 人，比上年末减少 95 人。其中具有高级职称的人员 517 人，占 12.3%；具有中级职称的人员 645 人，占 15.4%。

2022 年末，全省群众文化机构实际使用房屋建筑面积 64.72 万平方米，比上年末减少 5.4%；业务用房面积 39.38 万平方米，增长 1.3%。年末全省平均每万人群众文化设施建筑面积 275.67 平方米，减少 4.3%。

全年全省群众文化机构共组织开展各类文化活动 16582 场次，比上年减少 35.5%；服务人次 466.07 万，减少 36.2%。

2022 年末，全省群众文化机构共有馆办文艺团体 172 个，全年演出 1432 场，观众 48.65 万人次。由文化馆（站）指导的群众业余文艺团体 7204 个，馆办老年大学 11 个。

四、全力推动文旅行业复业复苏

2022 年，吉林省文化和旅游厅及时出台行业纾困政策，在充分调研摸底基础上，聚焦文旅企业最愁盼的难点、最揪心的痛点，研究制定了 18 条"支持文旅企业复工复业、促进文旅市场疫后复苏"政策措施，推出"降成本、稳主体、增效益、用杠杆、活市场"多项政策，真金白银、真心实意地扶持企业。有效实施消费刺激拉动，统筹省级资金 2000 万元，采取直接购买景区门票、实足抵用等方式，扩大消费券覆盖范围，涵盖景区、度假区、乡村旅游经营单位、星级饭店、旅行社、等级民宿、文化娱乐演艺场所等 7 大类近 150 家企业近 500 款产品。惠企政策收获实效，共为 773 家旅游企业缓缴社保资金近 7000 万元；争取吉林银联 1148 万元资金用于助企惠民；暂退旅行社质保金比例提高至 100%，预计退返保证金 4000 万元；为 995 家上网服务场所免除疫情防控期间网络租赁费用。

2022 年末，全省通过统计直报系统报送的文化市场经营单位 3115 家，从业人员 7754 人，营业收入 7.22 亿元，营业利润 745.1 万元。其中，娱乐场所 1247 个，从业人员 3561 人，营业收入 2.19 亿元，营业利润 489.4 万元。互联网上网服务营业场所 1432 个，从业人员 2037 人，营业收入 1.42 亿元。演出市场单位 224 个，从业人员 1819 人，营业收入 1.89 亿元，营业利润 1281.1 万元。艺术品经营机构 170 个，从业人员 21 人，营业收入 48 万元，营业利润 –5.2 万元。经营性互联网文化单位 42 家，从业人员 316 人，营业收入 1.72 亿元，营业利润 3521.2 万元。

2022 年末，全省共有旅行社 464 家。根据旅行社填报系统数据显示，全年全省旅行社营业收入 3.27 亿元，营业利润 –1700.5 万元。

2022 年末，全省旅游监管服务平台的星级饭店管理系统中共有 67 家星级饭店。根据填报系统数据显示，全年星级饭店营业收入 6 亿元。

五、旅游市场持续恢复

2022 年，全年接待游客约 1.15 亿人次，同比下降 45.3%；实现旅游总收入 1544.81 亿元，同比下降 52.83%。如表 2 所示。

表 2　2016—2021 年全省旅游发展情况

年份	指标名称	计量单位	年绝对值	年同比增速（%）
2016	旅游总收入	亿元	2897.37	25.15
2016	接待旅客总人数	万人次	16578.77	17.32
2017	旅游总收入	亿元	3507.04	21.04
2017	接待旅客总人数	万人次	19241.33	16.06
2018	旅游总收入	亿元	4210.87	20.07
2018	接待旅客总人数	万人次	22156.39	15.15
2019	旅游总收入	亿元	4920.38	16.85
2019	接待旅客总人数	万人次	24833.01	12.08
2020	旅游总收入	亿元	2534.59	–48.49
2020	接待旅客总人数	万人次	15342.23	–38.22
2021	旅游总收入	亿元	3274.83	29.21
2021	接待旅客总人数	万人次	21074.50	37.36
2022	旅游总收入	亿元	1544.81	–52.83
2022	接待旅客总人数	万人次	11520.01	–45.34

（一）冰雪旅游达到历史最好水平

2022年1—2月，是全省旅游业历史同期最好的两个月份，冰雪旅游人次和收入远远高于全国平均水平，并且超过了疫情前（2019年），达到历史最好水平，3月初暴发疫情正值雪季末期，冰雪旅游市场受影响较小。冰雪市场占有率稳居全国第一，截至2月底，全省重点监测的九大滑雪度假区实现接待游客突破300万人次，比历史最好雪季（2018—2019年雪季）增长26%；旅游收入突破15亿元，增长30%，接待人次和收入连续实现同比、环比双增长，规模及增速位于国内冰雪省份首位。滑雪场运营品质全国领先，万达长白山、万科松花湖入选首批国家级滑雪旅游度假地，全国12家中仅有吉林省独占两家，列东北地区首位；北大湖、长白山鲁能有望第二批获评。滑雪总接待能力达到历史新高，大型滑雪度假区中，今冬雪季接待游客超10万人次的达到7家，其中有2家突破50万人次，市场承载力远超国内其他冰雪省份，领跑全国。冰雪文化品牌叫响全国，省文旅厅历时4年研究推动的"冰雪丝路"正式上升为国家战略，全国首个"冰雪丝路"主题博物馆正在加紧建设。北京冬奥组委发布的《北京2022年冬奥会和冬残奥会遗产报告集（2022）》中，吉林省冰雪旅游重资产投资额位列全国第一，雪博会、长春瓦萨国际滑雪节列入"冬奥遗产"。

（二）乡村旅游持续蓬勃发展

深入贯彻落实省政府《关于推进乡村旅游高质量发展的实施意见》，召开全省乡村旅游推进大会，乡村旅游实现由"乡村休闲"向"乡村度假"跃升。精品村建设取得突破，会同九部门在全省各地区筛选出特色优势鲜明、区位优势明显、文旅资源富集、业态类型丰富、有投资主体参与和自身引流功能、发展潜力巨大的十大精品村，指导各地按照"一村一案""一村一特色"原则编制精品村建设方案，打造在全国立得住、叫得响、具有品牌影响力的旅游目的地。资源力量整合收获成效，投入300万元资金为精品村新建完善旅游标识标牌；统筹1000万元资金，按照"因素法"支持各县（市）改善旅游公共服务设施。省发改、财政、住建、交通、自然资源、生态环境、农业农村、水利、人社、林草、乡村振兴等部门在资金土地保障、项目审批服务、人才引进培养等方面给予支持。乡村旅游产品不断丰富，推动产品品质向沉浸体验升级，业态类型向多元融合转变，马鞍山田园综合体、双阳国信奢岭乡村都市、吉林山水云间稻花香、通化佟佳江旅游度假区、白山巡山客露营度假基地、龙井良田百世等一大批乡村休闲度假项目落地建成；"醉美龙湾 花样辉南"春季赏花之旅、"文化相伴·逐梦田园"夏季研学之旅等12条线路分别入选国家文旅游部"全国百条乡村旅游精品线路"。乡村旅游市场表现火爆，举办首届吉林省乡村旅游节，推出十大精品村主题视频、"醉美吉'香'"乡村美食创意宣传片，发起"吉刻乡见"乡村新品线路游客招募活动，同期举办乡村旅游大集、"乡音至'吉'"乡村音乐节等精彩节事活动。

（三）红色旅游持续创新发展

开展精彩纷呈"吉林红"主题活动，制作推出七集"雪傲吉林红"红色旅游精品短视频，精心录制的"吉林省红色故事会"电视节目在吉林卫视黄金时段播出。举办"吉林红·点亮创意生活"——吉林省首届红色文创设计征集活动，红色新业态"出圈"走向大众。创新开发系列红色旅游产品。会同辽宁、黑龙江、内蒙古共同设计推出七大主题红色旅游区域线路，打造区域目的地产品。喜迎党的二十大，推出"新时代吉林十年成就""三地三摇篮""红色引领融合发展"三大主题20条线路。联合省乡村振兴局推出红色旅游示范村，推动"红色＋乡村"融合发展。聚力推动红色基因传承，编印《吉林省百佳红色故事》，以文旅视角阐释红色故事，打造吉林人身边的"小红书"。联合省教育厅开展"感知吉林"红色故事进校园活动，创排《穿越时空的对话》红色故事剧目，将红色故事与艺术形式有机融合，提升红色故事的吸引力和感染力。"吉林革命旧址百课开讲"活动影响深远，部分课程已被"学习强国"平台采纳，百课视频成为省委组织部等多家单位的党史教育内容。多举措带动红色旅游产业发展，建立红色旅游大项目库和专家智库，开展"走出去·请进来"省内外红色旅游产业交流活动，成立吉林省红色旅游协会，推荐申报全国红色旅游融合发展示范区，为产业发展搭建交流展示平台。2022年1—10月份，全省重要红色旅游点接待游客560余万人次，其中，东北沦陷史陈列馆和磐石抗日斗争纪念馆自"九一八"重新开放以来人气火爆，全省红色旅游发展保持强劲势头。

（四）积极培育文旅新产品新业态

实施产品提升工程，新评定一批A级旅游景区、A级乡村旅游经营单位、省级旅游度假区、等级民宿、工业旅游示范点；开展首批全域旅游示范区创建验收认定工作；查干湖、嫩江湾5A级景区创建已接受国家验收。推动文旅业态创新，举办首届吉林省露营节，同步启动2022消夏季系列活动；成立吉林省研学旅行协会，制定研学旅行标准，7家单位获评国家级研学旅行基地，数量排名全国第一；制定《促进和规范文化市场新业态发展意见》，成为全国首部将文化市场全部新业态系统性整合管理的规范性文件；开展"吉"字号网红打卡地全民推选活动，首轮推出三大类30个"吉"字号网红打卡新品；推出"跟着影视游吉林"主题文旅产品，将热播影视取景拍摄地变成旅游打卡地。打造文旅消费新场景，召开农产品进景区对接会，系统性提出"7进"合作新模式；开展吉林省"航旅生活"系列活动，组织省内机场、重点旅游度假区和南航等12家航空公司召开航旅资源对接会，与南航合作在长春至北京、上海的5架航班推出"吉林冰雪"主题机舱。

（五）创意开展文旅宣传营销

围绕"冬奥＋冰雪"主题，创新丰富第六届雪博会内容，将北京冬奥会合作商、赞助商和吉林冰雪装备展览展示交易搬上云端，首次打造"云上"雪博会；冬奥在北京·体验在吉林"市场品牌形成强大号召力，各大滑雪度假区纷纷推出冬奥主题冰雪跨年节庆活动；新年元旦当天，新华社《瞭望》新闻周刊（2022年第1期）在"治国理政纪事"专栏刊发吉林省《冰天雪地淘金记》深度稿件；央视新闻在冬奥会开幕前一天，推出"吉林冰雪·为冬奥加油"6小时直播报道。策划开展"醉美吉乡"吉林省乡村旅游精品村竞演，为精品村拍摄精美宣传视频并全网发布，形成有效客流转化。

（六）持续夯实产业发展基础

成立项目推进专班小组，制定了重大文化旅游项目谋划推进工作方案，有效推进长春国际影都、青怡坊国际旅游文创产业园、北大湖度假小镇项目、伊通火山温泉旅游度假区、仙峰滑雪场、通化冰雪产业示范新城一期、长白县崖城文化旅游度假区等一批重点项目顺利开工建设。2022年全省开工建设文旅项目141个，完成投资126.3亿元，文旅项目资金到位率在全省11个投资领域中排名首位。

全省 6 个县（市、区）通过首批省级全域旅游示范区验收认定；新增省级全域旅游示范区创建单位 3 家，全域旅游示范区及创建单位达到 42 家，占全省 65 个县（市、区）的 64.6%。

六、文化遗产保护利用成效显著

认真做好文物发掘保护，编制完成《全省文物事业发展"十四五"规划》，组织实施夫余、高句丽、渤海等主动性考古项目，初步构建吉林省文化时空框架。红石砬子遗址考古取得重要成果，发现遗迹 2600 余处，出土文物 300 多件，央视等各大媒体给予充分报道。全省有 1 个文物先进集体和 3 个文物先进个人受到中宣部和国家文物局表彰。

2022 年末，全省共有各类文物机构 167 个，与上年持平。其中：文物保护管理机构 52 个，占 31.1%；博物馆 105 个，占 62.9%。年末全省文物机构从业人员 2500 人，比上年末减少 41 人。其中高级职称 356 人，占 14.2%；中级职称 431 人，占 17.2%。

2022 年末，全省文物机构藏品 873794 件，其中，博物馆文物藏品 855723 件／套，占文物藏品总量的 98%。

2022 年，全省各类文物机构共举办陈列展览 567 个，比上年减少 39 个。其中：基本陈列 250 个，增加 21 个；临时展览 317 个，减少 60 个。接待观众 384.35 万人次，比上年减少 34.8%，其中未成年人 87.51 万人次，减少 33.8%，占参观总人数的 22.8%。博物馆接待观众 345.55 万人次，比上年减少 40.5%，占文物机构接待观众总数的 90%。如图 3 所示。

图 3　2012—2022 年全省文物机构接待观众人次及未成年人观众人次

开展非遗主题系列活动，举办"文化和自然遗产日"系列活动，开展"云游非遗、云购非遗、云赏非遗、云展非遗"和非遗项目展演、"文物集萃"等线上线下活动 59 场，推出线上"非遗购物节"和全省首个非遗线上博物馆。

　　全省共有非物质文化遗产保护机构 10 个，从业人员 438 人。全年全省各类非物质文化遗产保护机构举办演出 272 场，比上年增长 9.2%；举办民俗活动 28 次，比上年增长 154.5%；举办展览 11 场，参观人次 8.14 万。

七、资金投入

　　2022 年，全省文化和旅游事业费 34.45 亿元，比上年增加 1.25 亿元；文物事业费 4.67 亿元，比上年减少 0.07 亿元。

（吉林省文化和旅游厅）

吉林：打造"清爽吉林·22℃的夏天"品牌

提质升级，发展避暑休闲新经济。深入贯彻落实习近平总书记"保护生态和发展生态旅游相得益彰"重要指示精神，着力发展"生态旅居""避暑休闲"新业态。全省"西冰东雪"产业格局已经形成，长吉都市冰雪运动与休闲度假区和大长白山冰雪生态度假区两个产业集聚区初具规模，以查干湖等为核心的"冰经济"效应初显。万科松花湖度假区、长白山国际度假区和北大湖滑雪度假区接待人次连续5年领跑全国，中国品质滑雪在吉林已成业界共识。在此基础上，坚定推进"清爽吉林·22℃的夏天"和"温暖相约·冬季到吉林来玩雪"双品牌战略，推进全域开发、全季挖潜、全链融合。乡村游、生态游、边境游、自驾游齐头并进，红色游、工业游、康养游、研学游蓬勃兴起，补短板、扬优势，形成了联动冬夏、带动春秋、驱动全年、四季皆有特色的全域、全季旅游发展格局。

一是生成避暑休闲文化。推进避暑休闲与时尚文化相生相促，与传统地域文化互融共促，与东北亚多元文化交织碰撞，培树人民群众新的休闲观念，培育温带生态避暑生活方式，倡导传播低温养生理念，提高大众休闲消费品位，形成吉林特色避暑休闲文化，作为推动避暑休闲产业发展的内生性持久动能。

二是做强山地林地避暑休闲品牌。着力建设长白山世界避暑名山，增强休闲康养、山地度假复合功能，打造世界级山地避暑休闲目的品牌。创新发展森林避暑休闲度假，积极开发森林小火车、森林民俗体验、林海穿越驿站、山林特色住宿、林地研学营地等产品。

三是优化滨河滨湖避暑休闲业态。统筹沿江综合开发，重点破解管理体制障碍，重点打造松花江、图们江与鸭绿江"三江避暑休闲带"。创新开发滨湖避暑，释放国家（省级）水利风景区避暑资源潜力，发展溪河漂流、风筝冲浪、渔猎民俗、水乡人家、嬉水乐园等河湖避暑休闲业态。

四是提升草原湿地避暑休闲品质。发挥松原、白城地区大草原、大湿地、大湖泊的自然生态优势，支持查干湖、向海、莫莫格、嫩江湾等重点景区科学划定旅游功能区，重新定位产品，拓展发展空间，提升服务功能，打造生态旅游线路，打造西部草原湿地生态旅游带。

五是全力发展避暑夜经济。以"吉林避暑休闲季"为总平台，打造城镇、乡村、景区、度假区各具特色的夜游、夜购、夜市、夜娱四大类夜间文旅消费产品，积极创建打造一批国家级、省级旅游休闲城市（街区）、文旅消费城市（集聚区）。

黑龙江省 2022 年文化和旅游发展情况分析

2022 年，全省文旅系统坚持以习近平新时代中国特色社会主义思想为指导，围绕中央和省委"六稳""六保"等重大决策和部署，以文化强省和旅游强省建设为目标，在省委、省政府的坚强和正确领导下，积极应变，精准施策，众志成城，推动文化和旅游高质量发展。

一、2022 年工作进展

2022 年，党的二十大以及省第十三次党代会胜利召开，龙江振兴发展加速前行。全系统坚持以习近平新时代中国特色社会主义思想为指导，克服疫情影响，迎难而上，履职担当，全省文化和旅游工作有成效、有创新、有收获。

一年来，全省聚焦管党治党，展现政治机关新面貌。围绕贯彻党的二十大和省第十三次党代会精神，深入开展"能力作风建设年"活动，组织"解放思想、振兴发展"大讨论，基层党组织建设提档升级，廉洁文化建设取得丰硕成果。完成 3 家直属基层党组织的首轮政治巡察，7 项攻坚破难任务取得重大进展，8 项创先晋位目标基本完成，13 项工作进入全省创先争优榜单。省京剧院演员团被评为第 20 届黑龙江省青年文明号，省群艺馆、省京剧院分别获得黑龙江省新时代文明实践志愿服务项目大赛银奖和创意奖，省艺术职业学院 1 人被评为 2022 "感动龙江"年度人物，省博物馆荣获"全国文物系统先进集体"。

一年来，全省聚焦文化自信，书写文化振兴新成就。围绕"出精品、攀高峰"，全省推出 36 部原创剧目，献礼党的二十大。歌剧《铁人三重奏》荣获第十七届中国文化艺术奖文华大奖提名剧目。话剧《坦先生》入选"新时代现实题材创作工程"和新时代舞台艺术优秀剧目展演进京集中示范演出剧目。省京剧院 1 人入选 2022 年全国戏曲表演领军人才培养计划。双鸭山创排的《人世间》《远方那片白桦林》荣获黑龙江省北疆文化艺术奖舞蹈比赛优秀表演奖。大兴安岭原创话剧《八百里高寒》被国家艺术基金管理中心确定为"传播交流推广资助项目"。3 个"中国民间文化艺术之乡"建设经验入选全国典型案例。围绕文化遗产保护传承，印发全省文物事业发展五年规划、让文物活起来实施方案和推进博物馆改革发展意见，出台加强非遗保护工作措施、省级非遗代表性传承人认定与管理办法，启动省级代表性传承人记录工程。首次发现并发掘唐代女真族平民聚落（望江楼东北）遗址。3 家博物馆的做法入选首届全国博物馆志愿服务典型案例。1 个展览入选全国博物馆百个热门展览。1 个专题展成为国家文物局"弘扬中华优秀传统文化、培育社会主义核心价值观"主题展览征集推介项目。1 部文献入选第五批中国档案文献遗产名录。6 名博物馆讲解员参加国家"奋进新时代"主题成就展讲解工作。黑河北安乌鱼绣入选文旅部典型案例。七台河"冬梦飞扬"科技冬奥主题展全国巡展。围绕擦亮龙江文化和旅游品牌、创建国内外新媒体营销账号，省级文旅新媒体传播力指数连续位居全国前十，跻身第一梯队。打造全国首个省级旅游吉祥物"爽爽虎"数字虚拟主播，"滑雪吧！少年""漠

104

河舞厅"入选文旅部国内旅游宣传推广优秀案例。"千车万人驾游龙江"系列活动荣获第六届中国文旅消费"龙雀奖"最佳品牌营销推广项目和第九届中国旅游产业影响力营销案例。哈尔滨极地公园荣获第11届"艾蒂亚"最佳主题公园旅游营销金奖。绥化创新举办"山水绥化 游你游我"旅行日记短视频大赛。

一年来，全省聚焦振兴发展，勃发文旅产业新生机。围绕资源转化、文旅经济发展，编制冰雪经济、红色旅游、湿地旅游、康养旅游等规划、方案，推进重点文旅产业项目150个、完成年度投资56.3亿元。出台金融支持文旅企业发展政策，文旅企业授信总额226.57亿元、贷款余额113.56亿元，支持全省旅发大会和产业项目资金2.12亿元，政府债券资金20.62亿元。哈尔滨冰雪大世界四季冰雪、"黑龙江礼物"研发推广等项目加快推进，牡丹江横道文化艺术主题街区、鸡西之夜等一批项目完工运营。举办亚布力企业家年会冰雪项目推介、全国工商联常委会冰雪产业招商、广东投融资项目和张家口冰雪项目考察对接、国际冰雪经济合作论坛等招商活动，签约项目28个、总额57.59亿元。漠河北极镇等9个村（镇）入选国家级乡村旅游重点村镇。齐齐哈尔中环片区入选第二批国家级夜间文化和旅游消费集聚区。佳木斯"华夏东极"金秋乡村民俗游线路入选全国乡村旅游精品线路。大庆油田历史陈列馆成为国家工业旅游示范基地。伊春连续两年入选中国冰雪旅游城市十二佳。哈尔滨国际冰雪节位居2022中国节庆品牌100强榜单第三名。鹤岗入选全国"避暑旅游目的地"。全年，全省共接待游客11818.53万人次，旅游收入706.07亿元。

一年来，全省聚焦依法行政，推动治理能力新提升。围绕实现高质量发展，规范文化和旅游市场秩序，组织《黑龙江省促进旅游业发展条例》宣贯和执法检查，编印文旅法律法规政策汇编，成功获评第四批全国法治宣传教育基地。编制综合监管负面清单、行政执法事项指导目录、文化市场综合执法行政处罚裁量基准，组织文旅行业岗位练兵和比武竞赛系列活动。鸡西执法案例入选全国文物行政处罚案卷评查"十佳案卷"。围绕推进市场主体高质量发展，实施龙江导游"四个一百"转型升级引导计划，出台2部信用评价规范，开展旅游从业人员职业技能竞赛，优化升级智慧文旅大数据平台，暂退旅行社旅游服务质量保证金2.15亿元，给予14家旅行社"引客入省"奖励267万元，"码上诚信"应用达到70%。

回顾总结工作的启示是：必须坚持政治首位，加强党对文化和旅游工作的全面领导。必须围绕铸就社会主义文化新辉煌，通过文化和旅游工作增强人民精神力量、增进文化自信自强、更好满足群众日益增长的精神文化需求。必须深化改革开放，深入解放思想，以改革促发展，以开放求突破，以创新增动能。必须盯住重点、突破难点，做到文化事业、文化产业和旅游业全盘皆顾，党建与业务融合统抓，推动文化和旅游工作整体提升。

二、2023年工作主要任务

（一）实施文艺繁荣行动，激发精神力量

文艺事业是党和人民的重要事业，文艺战线是党和人民的重要战线。文艺繁荣发展必须按照"三个坚持"原则，以社会主义核心价值观为引领，以增强人民精神力量为目标，切实履行举旗帜、聚民心、育新人、兴文化、展形象的使命担当。一要加强艺术创作。围绕宣传党的二十大、建设"六个龙江"、实现伟大复兴等时代主题，按照"论证一批，创作一批，储备一批"的思路，实施新时代系列

艺术创作工程，落实舞台艺术创作行动计划（2023—2025 年），开展主题创作、展演展播展示等活动，推出弘扬社会主义文化、展现龙江地域特色、服务振兴发展大局的艺术佳作，丰富群众精神生活，满足人民文化需求。精心筹备省委、省政府赋予的重大演出任务。省艺术研究院加强文艺评论体系建设，开展艺术理论研究，构筑文艺领域意识形态安全屏障，充分发挥文艺价值引领作用，激发奋进新时代磅礴伟力。二要打磨艺术精品。推进文艺作品质量提升工程，复排佳品，打磨成品，创作新品。省京剧院重点复排《玉堂春》《遇皇后 打龙袍》，改编《大刀王怀女》，探索传统经典剧目的活态传承新路。省龙江剧艺术中心重点复排《荒唐宝玉》，角逐第 31 届中国戏剧梅花奖。省评剧艺术中心重点复排《女儿》《半把剪刀》，全力备战第十二届中国评剧艺术节。各市地要结合实际，打造更多有境界、有筋骨、有温度的精品力作，筑高原、攀高峰。三要培养艺术名家。开展全省国有文艺院团"全员大练兵"活动，练就专业本领，提升专业素养。实施"艺术人才储备、领军人才造就、拔尖人才培养"计划，以培养造就名家大师、高水平领军人才和优秀青年骨干人才为重点，加强大师传承、委托代培和"一对一""一对多"个性化培养，既练基本功又练内功，打造德艺双馨的文艺人才队伍，发挥龙江剧联合体等桥梁作用，推动文艺事业薪火相传、再创佳绩。省艺术职业学院深化教学改革，加强教学管理，提升教育质量，完善硬件设施，筹建省艺术职业教育集团和大学生艺术创新实践基地，发挥艺术职业人才"孵化器"作用。四要创新艺术发展。创新推动线下演出和线上演播相结合，鼓励艺术题材、形式、载体等创新，融入新语境，满足新需求。制定《黑龙江省关于深化国有文艺院团改革的实施意见》，健全扶持发展机制，激发院团内生动力，打造既有社会效益又经济自立、在全国数得上的有影响的"双效合一"国内一流院团。推进艺旅融合，组织演艺进旅游景区、进商业街区、进文化场馆，打造"相声百乐会""周末剧场""每月一戏"等本土演艺品牌，让龙江文艺更接地气、更受欢迎、更好发展。

（二）实施文化惠民行动，提升服务效能

提供高品质公共文化服务是人民群众的热切期盼，是践行宗旨的实际行动。实施文化惠民必须坚持"更公平、高质量、可持续"的原则，按照"夯实基层主阵地、扩大普惠覆盖面、推进服务数字化"的思路，以保障群众基本文化和旅游权益为着力点，以实现精神文化生活共同富裕为出发点，构建人民满意的现代公共文化服务体系。一要重心下移主动服务。树立服务基层工作导向，推进城乡公共文化服务体系一体化建设，配合省人大开展公共文化服务保障条例立法调研，改善提升垦区、林区、矿区等公共服务基础设施和服务，促进公共服务要素资源、产品服务融通流动、区域均衡发展，扩大覆盖面，提高普惠性，实现均等化，做好全省国家公共文化服务体系示范区建设。对标第五次全国文化馆、第七次全国公共图书馆评估的新标准，推动基层文化场馆达标，补齐公共文化设施短板。加快"公共文化新空间"和县级文化馆、图书馆总分馆制建设，建立"流动阵地"，发挥省市对县乡的辐射带动作用。二要以人为本精细服务。拓展文化惠民工程的内容和形式，在巩固传统文化阵地、丰富群众文化活动的基础上，探索互动式、沉浸式、体验式等现代公共文化服务项目，跟上时代新步伐，满足群众新需求。组织全省文化骨干业务培训，研究开展针对老幼妇残等特殊群体的特别公共文化服务，面向不同群体开展送演出、送图书、送展览、送讲座等惠民服务，推动公共文化资源走进群众身边、走进百姓生活。三要数字赋能智慧服务。落实国家文化数字化战略，实施"互联网＋公共文化服务"计划，推动公共文化服务数字转型，建设智慧图书馆体系，升级公共文化云平台，聚力攻

坚打造省博物馆新馆智能化、数字化展陈新标杆，举办"云遇龙江"文旅农融合类文化 IP 传播活动，科技支撑、数字赋能提升智慧化服务水平，实现文化场馆"云覆盖"、文化资源"数起来"。四要活动牵引多元服务。实施文化惠民"蒲公英计划"，举办全省社区文化艺术节、广场舞展演、文化志愿者汇演和社会艺术教育展览展演、艺术类高校教学成果展示。开展冰雪文化进景区行动，在重点景区和商圈街区组织"冰天雪地、美好生活"冰雪季文化展演。依托全国"乡村网红"培育计划，建设"汇文采"文化惠民行动计划试点，组织 10 场以上文化惠民推介活动，培育 20 名本土"乡村网红"，遴选确定 100 种特色文旅、文创、乡村农产品等优品名录，打造文化服务新亮点。

（三）实施保护传承行动，赓续文明基因

文物和文化遗产是增强历史自觉、坚定文化自信的宝贵精神财富。做好保护传承工作必须坚持"保护第一、加强管理、挖掘价值、有效利用、让文物活起来"的原则，按照"发掘好、保护好、研究好、展示好"的思路，以系统性保护为首要任务，以文博馆所为展示窗口，以创造性转化、创新性发展为努力方向，走出一条符合龙江省情的守正创新之路。一要严格保护。启动第四次全国文物普查，组织认定第七批省级文物保护单位 30 处以上，申报第九批全国重点文物保护单位 30 处以上，启动第一批 500 处市县级文物保护单位保护范围和建设控制地带划定，建立全省文物病害项目库，评选文物保护优秀案例 10 个左右，推进重要遗址考古发掘和"考古中国"重大项目申报，丰富文物链条，用考古成果实证龙江文明。编制革命文物保护利用总体规划、东北抗联革命文物保护利用片区规划，落实革命博物馆纪念馆提升计划、中华文物全媒体传播计划、中华古籍保护计划，组织"贯彻党的二十大、革命文化一条街"等特色宣传展示，建设全省革命文物工程项目储备库。拍摄文物考古纪录片《玉见小南山》，加大实证黑龙江文明链条的 5 处以上代表性古遗址宣传力度。支持高校考古学科建设，为考古专业师生提供实践基地，培养考古人才。二要抓好传承。落实中国非遗传承人研修培训计划和中国传统工艺振兴计划，组织评定第七批省级代表性项目，开展国家（省）级代表性传承人记录 20 人以上，推动全省非遗工坊和文化生态保护区建设，评定省级文化生态保护实验区 2~3 个，组织参加援疆非遗展和成都国际非遗节，创新举办"非物质文化遗产交流系列活动"，办好"文化和自然遗产日""文化进万家视频直播家乡年"等活动。省非遗中心要筹建黑龙江省非遗传承体验中心，编撰《黑龙江非物质文化遗产丛书·传统美术卷》，办好黑龙江冰雪非遗周等品牌活动，加强龙江地域特色文创产品开发，提升龙江非遗影响力。三要创新展示。组织全省博物馆精品展览评选，推出一批原创性主题展览品牌，举办"传历史记忆、展黑土风采"主题展，推动优秀展览向基层延伸。发挥省博物馆"龙头馆"作用，实施"大馆帮小馆"的省市县三级帮带共建，促进黑龙江博物馆协同发展联盟成员单位整体发展。建立博物馆备案材料数字档案，实施博物馆馆长、博物馆讲解员、可移动文物专业技术三年提升行动和红色旅游"五好"讲解员培训，组织红色旅游进校园，开发红色研学新课程、新时代红色故事，鼓励和引导行业博物馆纳入管理范围、实施免费开放。依托哈尔滨市博物馆建设"博物馆群"试点。省博物馆着力办好"庆祝黑龙江省博物馆建成 100 周年"活动，推出"哈尔滨往事"全新展览，高标准打造新馆陈列布展。东北烈士纪念馆着力办好"东北地区第一个党组织——中共哈尔滨组建立百年""悲壮与辉煌的西征——东北抗日联军沉浸展""东北抗联遗址沉浸式互动展"等活动，建好文旅系统法治宣传教育基地展厅，加强"革命文化一条街""校园第二课堂"等社会宣教，推动历史文化保护传承活起来、火起来。

（四）实施产业振兴行动，增强经济活力

建立现代文化产业和旅游业体系，是落实国家重大文化产业项目带动战略的实际举措，是龙江文化振兴、产业振兴的重要支撑。壮大文旅产业必须坚持"存优量、扩增量、抓质量"的思路，以规划布局为统领，以政策扶持为保证，以项目建设为主体，以招商融资为动能，加快转型升级，优化产业结构，扩大文旅消费，增强综合实力。一要抓规划政策统领。宣贯实施湿地生态旅游、红色旅游等专项规划，编制乡村旅游项目操作指引、自驾游与露营指南、康养旅游示范区建设标准，发布冰雪产业发展研究报告（蓝皮书），推进冰雪经济发展规划、纾困扶持政策等落地见效。完善引客入省、招商引资等奖励政策，健全惠企长效机制。继续组织《黑龙江省促进旅游业发展条例》执法评估、国家及黑龙江省"十四五"规划纲要和冰雪经济发展规划等重要规划评估，确保如期完成既定任务。二要抓招商引资合作。创新项目生成机制，更新招商项目手册，借助大型经贸活动和专业展会平台，广泛组织投资发布、项目推介、合作签约等招商活动，扩大招商覆盖面，提高引资精准度。结合旅游宣传推介、对外文化交流和参加展览展会，组织"走出去"招商、"请进来"洽谈，积极引进战略投资。畅通银企对接渠道，开展对企融资辅导，帮助文旅企业增加授信、争取贷款。三要抓项目园区建设。按照"储备项目早谋划、新开项目快落地、续建项目保投产"的思路，盯紧百个重点文旅产业项目，积极争取中央预算内投资、政府专项债券、省级财政资金和龙江现代产业投资引导基金等支持，完善月跟踪统计、季分析通报、年对标考核等长效机制，力争完成投资超 50 亿元任务。依托国家文化产业园区携行计划，推进平房动漫基地、文化产业园区基地、文化创业创新基地和文化企业孵化器建设，加强评估监测和引导规范，推进实施关于促进文旅产业融合发展的指导意见，争创国家文旅产业融合发展示范区。四要抓市场主体培育。发挥旅游工作联席会议制度和冰雪经济、文娱产业、康养旅游等省级工作专班作用，推动露营旅游、房车营地、康养旅游、工业旅游等新业态健康发展。协调推动国有文旅企业体制机制改革，引导支持民营企业健康发展，培养专精特新中小微企业，打造龙头骨干文旅集团，提高市场主体竞争力。坚持市场化办会理念，续办第五届全省旅游产业发展大会，引入社会力量参与景区质量提升和新型业态培育，通过办会促进产业发展。召开第二届古驿路文化旅游联盟工作会议、第五届湿地旅游联盟会议，举办古驿路旅游发展论坛、康养旅游论坛，推动市场主体资源共享、抱团发展。五要抓产品供给优化。围绕"全景式规划、全季节体验、全要素集聚"，重点培育壮大冰雪产业，打造"七彩旅游"（白色冰雪游、绿色避暑游、金色乡村游、红色文化游、银色康养游、黑色工业游、蓝色自驾游），丰富产品供给，组织开展全省 A 级旅游景区、旅游度假区、旅游休闲街区、S 级旅游滑雪场评定及复核工作，复核比例不少于 20%，评定乡村旅游重点村镇不少于 10 家、省级工业旅游示范基地 5 家以上，推动全省旅游资源提质升级。提升齐齐哈尔扎龙国家级自然保护区建设质量，积极争创全省第 7 家国家 5A 级景区。实施美好生活度假休闲工程，创建国家级旅游休闲街区，发展乡村旅游集聚区，开发全国乡村旅游重点村镇和"乡村四时好风光"全国乡村旅游精品线路。举办旅游景区 VI 视觉创意设计大赛，开发龙江丝绸地图等特色旅游商品，推进长城国家文化公园建设，拓展产品多样性。六要抓消费需求引导。组织开展问卷调查，充分了解消费需求，广泛征集意见建议，"吃住行游购娱"综合施策促进文旅消费，不断提高外地游客过夜率、重游率和消费额。推进哈尔滨、牡丹江、齐齐哈尔国家级文化和旅游消费试点城市建设，打造哈尔滨中央大街、齐齐哈尔中环片区国家级夜间文化和旅游消费集聚区样板，提高哈尔滨太阳岛风景区、牡丹江雪乡旅游风景区、牡丹江中俄风情街等重点培育对象运营水平，争创文化产业赋能乡村振兴试点，总结复制推广消

费新场景、新模式。实施文化和旅游消费助企惠民活动，采取发放文旅消费券等多种方法，促进市场复苏发展。落实促进困难行业恢复发展措施和稳经济、惠企纾困等政策，实施精准帮扶，支持恢复发展，提升行业信心、激发市场活力。

（五）实施交流互鉴行动，发出龙江强音

加强宣传推广和交流合作是树立龙江文旅品牌形象的需要，是融入国内国际双循环体系的要求。文化交流、旅游推介必须坚持"全球视野、合作共赢，坚守立场、彰显特色"的原则，以提升国际国内传播效能为重点，以展示资源、推广品牌、促成合作为目标，讲好龙江故事，传播龙江声音。一要整合宣传资源。梳理全省文旅营销推广公众号、视频号、微博号等宣传资源，集成纳入官方宣传推广平台，实现一屏尽览、一键直达。完善图片、影音、文字、实物等宣传素材库，实现通用共享。围绕巩固提升"北国好风光，美在黑龙江"总体品牌和"冰雪之冠、避暑胜地、五花山色、北国之春"子品牌形象，规范 3A 级以上旅游景区导游词、讲解词等宣传用语，实现口径统一、上下一致。围绕全省文化和旅游形象 LOGO、吉祥物"爽爽虎"等标志物，开发配套衍生品，实现节约高效。二要拓展宣传渠道。实施文旅宣传品牌升级行动，打造多维度、多平台宣推矩阵。深化与主流媒体合作，投放形象广告，开设文旅专栏，组织媒体采风，开展宣推活动。加强与 OTA 合作，组织"跟着镜头游龙江""发现最美黑龙江"和网红达人直播进景区、东北亚冰雪丝绸之路自驾穿越、快闪推介等主题营销，通过游戏植入方式吸引 Z 世代、M 世代网民爱上文化和旅游，探索游戏引领元宇宙文化和旅游发展的实践路径。广泛与优势新媒体合作，丰富官方账号内容，创新策划 AI 主播云游龙江、电子地图自助标注打卡地等项目，力争全国省级文旅新媒体传播力指数月排名保持前 10，举办重要客源地宣传推介活动 8 次以上，获得具有全国影响力的营销大奖 1 项以上。三要加强宣传推广。服务经济、外交等工作大局，落实国家"文化丝路"计划，举办"醉美 G331"、自驾露营大会和中国旅游日、文化和自然遗产日等活动，营造浓厚氛围。结合筹办"哈夏音乐会""哈尔滨国际冰雪节"，创新举办中俄文化艺术交流活动，推出系列文艺演出，打造"不落幕"的文旅盛宴。加强以对俄为重点的文化和旅游交流合作机制，筹办第十三届中俄文化大集，开展省级层面活动 3 项以上。继续融入沿边文旅走廊建设，支持鼓励沿边城市开展特色活动。借助中外文化交流中心、文化和旅游年、"欢乐春节""美好中国"等平台，办好以色列特拉维夫中国文化中心对口合作、中国冰雪旅游联盟推广等活动。组织参加全国性的文化和旅游博览会、展会、赛事，加强交流互鉴。

（六）实施市场护航行动，提升治理水平

加强文化和旅游市场服务与监管是建设法治政府的职责所在，是实现文化和旅游高质量发展的重要保障。维护文旅市场秩序必须坚持"依法行政，分类治理，综合监管"的原则，以深化"放管服"改革为抓手，以构建新型监管机制为推动，统筹行业管理与服务，优化营商环境，实现科学治理。一要服务有温度。人民对美好生活的向往就是我们的奋斗目标。要用软件的提升弥补硬件的不足，积极开展暖心服务，提高游客体验感和满意度。实施文旅市场主体质量提升工程，加强服务质量监管。筹建黑龙江数字旅游集散中心，拓展线上服务功能。探索旅游质量保证金委托下放管理改革，推进文化和旅游政务服务数字化建设，提高服务市场主体的便利度和快捷性。实施龙江导游"四个一百"转

型升级引导计划和"龙江金牌导游"培养、"金牌导游工作室"创建项目，年度培养30名"龙江金牌导游"、30名"龙江政务导游"，以及创建5个"金牌导游工作室"。举办导游职业技能大赛，组织信用体系、旅游管理、综合执法、星评员与民宿专家等培训，提高从业能力。二要管理有精度。深化"放管服"改革，全面实施市场准入负面清单管理，全面落实行政许可清单制度。建设全省文化和旅游信用监管平台，开展旅行社、导游、演出经纪机构等七类市场主体及从业人员信用等级评定，规范社会艺术水平考级管理，构建全方位信用监管、全链条信用应用的信用生态体系。升级智慧文旅平台，完善宏观统计分析、资源信息调用、运营投诉监测、风险预警管控等功能。深化与中国旅游研究院的合作，健全全省旅游业宏观与假日统计调查制度体系，开展接待国内游客抽样调查，提高决策科学性。开展星级饭店、等级民宿复核、评定工作，鼓励提档晋星，提高游客满意度。加强文化市场综合执法队伍规范化建设，建立执法师资库，开展综合执法着装检查，组织以案施训、交叉对检和执法对口交流，提高监管能力，力争打造2支具有全国影响力的综合执法队伍。三要执法有力度。常态化组织体检式暗访、机动执法检查和网络集中巡查，开展全省综合执法案卷评查，集中摸排线索，加强案件督办。健全跨区域、跨部门执法协作机制，联合开展冬季旅游市场、涉非法出版物、旅行社组织跨境赌博、未经许可经营旅行社业务、文物长城保护、不合理低价游等专项整治，力争全年办案1000件。推进以文物法人违法整治为重点的执法督察，开展省级文物执法专项巡查。组织校外艺术培训机构执法调研、边境市县综合执法协作机制研讨，探索执法监管新领域。推动互联网上网服务场所技术监管系统升级，配置移动执法设备，有效保障执法。统筹打击假冒伪劣、扫黑除恶、平安市场、扫黄打非、侵害老年人权益等社会治理工作，主动配合参与，维护文旅形象。

（七）实施夯基垒台行动，建设模范机关

做好基础性工作、建设全面过硬机关是实现文旅高质量发展的重要保障，必须坚持"统筹兼顾，优先保障，全面过硬"的原则，以解放思想为突破口，以能力作风为关键点，对标先进，晋位争先。一要夯实党建根基。贯彻新时代党的建设总要求，深入学习贯彻党的二十大、习近平总书记关于文化和旅游工作重要论述精神，制定厅党组理论学习中心组、青年理论学习小组等学习计划，组织习近平新时代中国特色社会主义思想、党的二十大精神、"五史"和新党章等党内法规学习，制定"三级四岗"责任清单，加强基层党建工作考评，组织党建与业务工作融合试点，持续巩固党支部"四强六规范"建设成果。落实意识形态工作责任制，健全防范管控措施，开展意识形态工作督导检查，动态排查文旅领域意识形态风险隐患，确保意识形态工作绝对安全。二要从严监督执纪。纵深推进全面从严治党，落实党内监督"两个责任"，严格执行中央八项规定，常态化开展政治巡察和监督会商，组织对直属党委（总支）政治生态检查考评，紧盯重点部门、关键岗位强化监督，严厉查处党员干部违纪行为。持之以恒正风肃纪，深入开展不良作风整治，持续纠治形式主义和官僚主义，加强以案示警，推进廉洁文化建设，狠抓问题整改，不断转作风树新风，营造勤政清廉的良好政治生态。三要推进法治建设。深入贯彻党的二十大关于"坚持全面依法治国，推进法治中国建设"战略决策，认真落实文化和旅游部新出台的旅游安全、艺术品经营、剧本娱乐活动、旅游景区等法规，加快推动国家电子证照社会化应用。深入落实省直文旅系统法治建设实施方案，举办法治建设培训班，升级"大美龙江·无法不美"文化和旅游系列普法活动，打造全国法治宣传教育基地精品，开展规范性文件清理、公平竞争交叉审查和宪法宣誓活动。推进法治文化建设，创排法治文艺作品，开展上门法律服务，提高法治

建设水平。四要培养人才队伍。选优配强领导班子，建设政治过硬、思想过硬、作风过硬、素质过硬的领导干部队伍。落实领导干部能上能下要求，建立领导干部政治档案和政治素质考察正负面清单。提高"七种能力"，练就"八项本领"，培养文化和旅游工作行家里手。严肃领导干部个人有关事项报告，强化正向激励和从严管理。规范干部选任和直属事业单位人事管理，落实文化艺术人才评价机制改革成果。引进、管理、保留好人才，努力扭转人才流失的不利局面。组织干部调训，做好援疆、援藏、援边、驻村干部服务保障工作，助力定点帮扶地区巩固脱贫攻坚成果、推进乡村振兴。五要狠抓安全生产。落实分级管控隐患排查双重预防机制，完善各类突发事件应急预案，加强文化和旅游领域重点部位、重要时节的安全监管。严格落实安全生产责任制，推动建设全省文旅行业安全生产风险防控信息化系统平台，常态化落实全省"四大行动"，抓好安全检查和隐患排查，组织安全生产培训和应急演练，举办安全生产主题活动，统筹疫情防控、经营场所、假日市场等安全工作。按照国家政策，因时因势动态调整防控措施，精准做好行业疫情防控工作，确保守住安全底线。六要提高科研能力。推进冰雪产业等地方标准和行业标准的制定与修订，打造13家省级文化和旅游标准化试点，组织开展标准化培训，做好解读和推广工作。完善决策咨询机制，加强经济形势分析研判，开展文旅科研课题征集、立项与研究，力争立项超145项，结项超200项。组织艺术科研培训，申报国家艺术基金资助，促进科研成果转化应用，强化与高校共建联动。

（黑龙江省文化和旅游厅）

黑龙江：创新举办首届中俄地方文化艺术季

为深入贯彻中央关于"深化中俄新时代全面战略协作伙伴关系"战略部署，坚持高水平深化对俄合作，充分发挥向北开放地缘优势、人文相亲文化优势，黑龙江省于2022年6月至8月创新举办首届中俄地方文化艺术季，持续推动边疆文化繁荣，打造中俄地方文化交流合作长效机制。

一、发挥地缘优势，全景式呈现边疆异域风情

艺术季以"优势互补、资源共享、互利共赢、突出重点、全面合作"为原则，精心策划歌舞鉴赏、街头艺术、美食品鉴、戏曲欣赏、艺术展览、文艺论坛、节庆活动、文旅盛宴八大特色板块，共125项活动，突出打造开幕式、花车巡游、街头路演、文旅商融合、电音嬉水、闭幕式六大亮点活动，全面展现中俄两国艺术门类、新型业态竞相繁荣活跃的生动景象，让广大人民群众近距离感受浓郁的异域文化风情，全面提升龙江文旅口碑和文化品位。同时，在黑河市举办第十三届中俄文化大集，在佳木斯市举办中俄边境文化季，在牡丹江市举办"魅力天姿，浪漫凯翔"中俄文化艺术节，在鹤岗市举办中俄国际戏水狂欢节，在鸡西市举办"山水相连·共话发展"中俄友好交流周，通过展现两国不同风格的优秀文化作品和体验活动，进一步深化中俄文化和旅游等领域合作，充分释放沿边城市对俄合作潜力，促进中俄民心互通、政治互信和经济繁荣发展。

二、创新舞台形式，全覆盖展现文化交流互动

为更好满足广大人民群众的精神文化需求，艺术季开拓视角、创新演出方式，除邀请俄罗斯小白桦艺术团、阿穆尔州少儿杂技团等中俄地方知名艺术院团开展40余场精品演出外，还邀请俄罗斯街头艺术家、表演团队与中国街头艺术家、艺术团体合作，以哈尔滨市为中心，走上城市街头互动表演，打造中俄文化交流"城市街头新场景"。通过音乐、器乐、油画、杂技、行为艺术、魔术、小丑等8大类别16个项目共1800多场演出，利用城市地标、景区广场、交通枢纽等公共空间上演精彩的主题街头表演，掀起了一场"街头遇见俄罗斯"的浪漫风潮，让市民切身感受中俄文化互动场景。"街头路演"高潮迭起、异彩纷呈，打造了黑龙江"中俄文化集散地、异域风情之都"的流量IP，平均每天每个点位参观参与的客流达2万人次，抖音、快手、微博、视频号等平台作品总播放量超3000万人次，赢得广泛赞誉和良好口碑。

三、借助文旅融合，全方位助力高质量发展

黑龙江省坚持以文化与旅游深度融合为抓手，以文化艺术提升旅游体验为手段，延展中俄文旅综合服务，让文化和旅游业成为推动全省经济发展的新引擎。艺术季精心设计"文旅商融合板块"系列活动，推出后备箱集市、国际西餐文化节、外摆经济促销等近20项系列促消费活动，让街头巷尾的人气"聚"起来、商业"火"起来、百姓"乐"起来。同时，将户外精彩演出植入22个城市地标，集"吃、喝、玩、游、娱、购"于一体，含餐饮美食、文创潮玩、特色商品展销等多种业态类型，2000多个个体工商户入驻，平均每天为每个商家线下引流近千余人次，参与企业累计营业额达8300余万元，同比增长15%以上，带动整体客流增长24%。全省各地还将陆续推出系列促消费活动，更好满足群众多元化、品质化、个性化消费新需求，以高质量文化供给引领和创造市场新需求。

上海市 2022 年文化和旅游发展情况分析

2022 年是党的二十大召开之年，是"十四五"规划推进落实的关键之年。在市委、市政府坚强领导下和市委宣传部的工作指导下，上海市文旅系统坚持以习近平新时代中国特色社会主义思想为指导，紧扣迎接学习宣传党的二十大主题主线，深入贯彻落实市第十二次党代表大会精神，弘扬伟大建党精神，践行人民城市理念，坚持以文塑旅、以旅彰文，坚定卓而独特、越而胜己，科学统筹疫情防控和文旅重振，奋力推进新时代上海文旅融合高质量发展的卓越实践，努力打造文旅领域国内大循环中心节点和国内国际双循环战略链接，为我国建设社会主义文化强国、上海建设具有世界影响力的社会主义现代化国际大都市努力作出新的贡献。

一、文化和旅游业总体情况

2022 年上海市规模以上文化及相关产业全年实现营业收入 10790 亿元，比上年减少 3.3%。全年实现旅游产业增加值 874.02 亿元，比上年下降 42.3%；旅游总收入 2195.84 亿元，比上年减少43.12%。

2022 年末，全市共有公共图书馆 20 个，文化馆 19 个，备案博物馆 159 个；星级宾馆 165 家，旅行社 1885 家，A 级旅游景区 134 个；不可移动文物 3462 处；全国重点文物保护单位 40 处，上海市文物保护单位 227 处，区级文物保护单位 451 处。

2022 年末，全市纳入统计的文化文物和旅游单位共 5105 个，比上年末减少 86 个；从业人员共12.8 万人，比上年末减少 7.5%。其中：文化和旅游单位 4929 个，从业人员 12.3 万人；文物单位 176 个，从业人员 0.5 万人。

二、艺术演出和艺术展览

2022 年末，全市纳入统计的艺术表演团体 282 个，从业人员 11026 人。全年全市艺术表演团体演出 2.28 万场次，比上年减少 18.6%；国内演出观众 1037.99 万人次，减少 26.4%。

2022 年末，全市纳入统计的艺术表演场馆 101 个，从业人员 4306 人，共有观众座席数 19.05 万个。全年演（映）出 1.36 万场次，比上年减少 31.7%；观众 737.71 万人次，减少 8.0%。

2022 年末，全市共有美术馆 100 家。纳入统计的美术馆 22 家，其中独立核算的国有艺术展览创作机构 12 家（市级 5 家、区级 7 家），纳入统计的其他非国有美术馆 10 家；从业人员 482 人；全年共举办展览 176 个，比上年减少 43.6%；参观人次 100.86 万人次，减少 57.9%。

三、公共文化服务

（一）公共图书馆

2022 年末，全市共有公共图书馆 20 个（市级 2 个、区级 18 个），其中：少儿图书馆 2 个（市级 1 个、区级 1 个）。从业人员 2112 人。

2022 年末，全市公共图书馆总藏量 8239.78 万册，比上年增加 0.2%；总流通人次 585.54 万人次，减少 54.7%；阅览室座席数 28401 个，其中少儿阅览室座席数 6010 个（占 21.16%）；计算机 6565 台，其中供读者使用的电子阅览终端 2720 台（占 41.43%）；实际使房屋建筑面积 56.90 万平方米，增加 28.5%。全年为读者组织各类讲座 450 次，参加人次 5.18 万人次；举办展览 189 个，参加人次 73.09 万人次；举办培训班 346 个，培训人次 1.91 万人次。如表 1 所示。

表 1　2021—2022 年公共图书馆主要指标情况

	2022 年	2021 年	同比增长（%）
总藏量（万册）	8239.78	8222.16	0.2
总流通人次（万人次）	585.54	1293.60	−54.7
＃书刊文献外借人次（万人次）	135.12	275.66	−51.0
书刊文献外借册次（万册次）	855.99	1536.38	−44.3
组织各类讲座次数（次）	450	1632	−72.4
参加人次（万人次）	5.18	29.92	−82.7
举办展览（个）	189	333	−43.2
参加人次（万人次）	73.09	141.32	−48.3
举办培训班（个）	346	1078	−67.9
培训人次（万人次）	1.91	5.30	−64.0

（二）群众文化机构

2022 年末，全市有群众艺术馆、文化馆 19 个，其中市级 1 个，区级 18 个；文化站 218 个，其中街道文化站 112 个（占 51.38%）、乡镇文化站 106 个（占 48.62%）。群众文化机构从业人员 4804 人。群众文化机构实际使用房屋建筑面积 148.68 万平方米，其中群艺馆、文化馆的为 20.25 万平方米（占 13.62%），文化站的为 128.43 万平方米（占 86.38%）。

2022 年，全市群众艺术馆、文化馆（站）提供文化服务 50841 次，减少 60.3%；其中群艺馆、文化馆的为 6553 次（占 12.89%），文化站的为 44288 次（占 87.11%）。文化服务惠及 1064.48 万人次，减少 70.6%；其中群艺馆、文化馆的为 338.56 万人次（占 31.81%），文化站的为 725.92 万人次（占 68.19%）。表 2 为 2021—2022 年全市群众艺术馆、文化馆（站）主要活动指标情况。

表 2　2021—2022 年群众艺术馆、文化馆（站）主要活动指标情况

	2022 年	2021 年	同比增长（%）
组织文艺活动次数（次）	29596	54754	−45.95
观众人次（万人次）	650.34	3065.46	−78.78
举办训练班班次（次）	18784	68903	−72.74
培训人次（万人次）	84.76	267.70	−68.34
举办展览个数（次）	2244	3860	−41.87
参观人次（万人次）	328.57	291.32	12.79
组织公益性讲座次数（次）	217	843	−74.26
参加人次（万人次）	0.80	15.04	−94.68

四、文化市场管理

2022 年末，全市共有娱乐场所 1154 个，互联网上网服务营业场所（网吧）1647 个，文艺表演团体 428 个，营业性演出场所 129 个，经营性互联网文化单位 1109 个，艺术品经营性机构 765 个，演出经纪机构 1051 个。

2022 年末，全市纳入统计的文化市场经营机构 2975 家，按经营范围分：娱乐场所 999 个，互联网上网服务营业场所（网吧）585 个，非公有制艺术表演团体 261 个，非公有制艺术表演场馆 70 个，经营性互联网文化单位 592 个，艺术品经营性机构 300 个，演出经纪机构 168 个。从业人员 64776 人，比上年增长 6.5%；全年营业收入 3189.62 亿元，增长 159.5%。

五、文化产业示范基地和动漫企业

2022 年末，全市纳入统计的文化产业示范基地 19 家，其中国家文化产业示范基地（企业类）4 家、国家文化产业示范基地（项目类）11 家、省级文化产业示范基地 4 家；从业人员 28309 人，减少 11.8%；全年营业收入 295.72 亿元，减少 11.4%。

2022 年末，全市经过国家认定的动漫企业共 25 家，其中重点动漫企业 5 家，按机构类型分：漫画创作企业 5 家、动画创作、制作企业 16 家、网络动漫（含手机动漫）创作制作企业 2 家、动漫衍生品研发设计企业 2 家。从业人员 712 人，减少 47.9%；营业总收入 5.81 亿元，减少 44.6%。全年生产原创漫画作品 3995 部，比 2021 年增加 3143 部；原创动画作品 97 部，比 2021 年减少 185 部；网络动漫（含手机动漫）下载次数 23.82 亿次，减少 65.3%。

六、旅游发展情况

2022 年，上海实现旅游产业增加值 874.02 亿元，比上年下降 42.3%。旅游总收入为 2195.84 亿元，比上年减少 43.12%。其中：国内旅游收入 2080.14 亿元，同比减少 41.18%；旅游外汇收入

17.22 亿美元，减少 51.98%。接待国内旅游者约 1.88 亿人次，同比减少 35.96%。其中外省市来沪游客 0.76 亿人次，减少 46.80%；本地游客 1.12 亿人次，减少 25.78%。接待入境游客 63.18 万人次，同比减少 38.83%。其中入境过夜游客 62.58 万人次，减少 39.06%。如表 3 所示。

表 3　2022 年上海旅游业总体情况

	全年	同比增长 %
游客接待量		
#国内游客（万人次）	18816.17	−35.96
入境游客（万人次）	63.18	−38.83
旅游总收入（亿元）	2195.84	−43.12
#国内旅游收入（亿元）	2080.14	−41.18
国际旅游收入（亿美元）	17.22	−51.98
旅游业增加值（亿元）	874.02	−42.3

（一）旅游市场情况

1. 入境旅游市场

2022 年，全市接待来沪入境游客 63.18 万人次，比上年减少 38.83%。其中，入境过夜游客 62.58 万人次，比上年减少 39.06%。入境过夜游客中，外国人 38.47 万人次，减少 31.94%；香港同胞 8.65 万人次，减少 49.45%；澳门同胞 0.87 万人次，减少 53.30%；台湾同胞 14.58 万人次，减少 46.35%。2022 年，入境旅游市场前三个客源国的位次是日本、美国和韩国。2022 年全市旅游外汇收入为 17.22 亿美元（约合人民币 115.7 亿元），比上年减少 51.98%。

2. 国内旅游市场

2022 年，全市接待国内旅游者共 18816.17 万人次，比上年减少 35.96%。其中，本市游客 11247.17 万人次，减少 25.78%；外地游客 7569.00 万人次，减少 46.80%。按客源地分，外省市来沪国内游客中，苏浙皖所占比例仍居前三位。

2022 年，全市国内旅游收入为 2080.14 亿元，比上年减少 41.18%。外省市来沪过夜国内旅游者平均停留 2.27 天，比上年减少 0.22 天。

（二）旅游行业情况

1. 旅行社

2022 年末，全市共有旅行社 1885 家，其中经营出境旅游业务的旅行社共 294 家。

2022 年，全市各旅行社接待国内游客 130.30 万人次，比上年减少 64.30%。其中：过夜游客 62.27 万人次，减少 50.15%；一日游游客 68.02 万人次，减少 71.67%。国内旅游组团人数为 174.57 万人次，比上年减少 66.91%。其中：过夜游客 115.47 万人次，减少 61.26%；一日游游客 59.10 万人次，减少 74.25%。

2022 年，全市旅行社实现营业收入总额为 174.55 亿元，比上年减少 50.99%。

2．旅游住宿业

2022 年末，全市共 165 家星级饭店，其中五星级饭店 61 家、四星级饭店 55 家、三星级饭店 43 家、二星级饭店 6 家。

2022 年，纳入统计的旅游住宿设施共 492 家，共有客房 10.8 万间，其中星级饭店客房 4.6 万间。星级饭店客房平均出租率为 39.17%，较上年减少 11.57 个百分点；其他饭店、旅馆客房平均出租率为 45.62%，较上年减少 9 个百分点。星级饭店客房实际平均房价为 576.37 元／间天，较上年减少 8.44%；其他饭店、旅馆客房实际平均房价为 499.46 元／间天，较上年减少 3.39%。星级饭店全年实现营业收入总额为 77.08 亿元，比上年减少 37.73%。

3．A 级旅游景区

2022 年末，全市 A 级旅游景区 134 家，其中 5A 级景区 4 家、4A 级景区 68 家、3A 级景区 62 家。

2022 年，全市 A 级旅游景区共接待游客 9496 万人次，比上年减少 47.23%。其中，5A 级景区接待游客 207 万人次，4A 级景区接待游客 5430 万人次，3A 级景区接待游客 3859 万人次。全年实现营业收入总额共 59.44 亿元，比上年减少 35.25%。

七、文化遗产保护

（一）博物馆

2022 年末，全市备案博物馆 159 家，新增备案博物馆 1 家。全市纳入统计的博物馆 116 家，从业人员 4180 人，藏品 342.09 万件，其中文物藏品 41.83 万件。全年参观人次 784.45 万人次，比上年减少 60.9%。2022 年上海社会影响力居前十位的博物馆如表 4 所示。

表 4　2022 年上海市博物馆社会影响力指数（前十）

排名	博物馆名称
1	上海博物馆
2	上海科技馆（含上海自然博物馆）
3	上海玻璃博物馆
4	中共一大纪念馆
5	上海世博会博物馆
6	上海自然博物馆（上海科技馆分馆）
7	上海汽车博物馆
8	上海天文馆（上海科技馆分馆）
9	上海观复博物馆
10	上海中国航海博物馆

（二）文物保护情况

2022 年末，上海市有全国重点文物保护单位 40 处，上海市文物保护单位 227 处，区级文物保护单位 451 处。

2022 年末，全市有不可移动文物 3462 处，其中不可移动革命文物 250 处；国有可移动革命文物 3415 件/套。

2022 年末，全市纳入统计的文物保护机构 5 个，其中市级 1 个、区级 4 个；从业人员 105 人。

（三）非物质文化遗产保护

2022 年末，全市有国家级非物质文化遗产代表性项目 63 个，保护单位 76 个；省级非物质文化遗产代表性项目 251 个，保护单位 370 个；国家级非物质文化遗产代表性传承人 120 人（健在 73 人），省级非物质文化遗产代表性传承人 794 人（健在 655 人）。非物质文化遗产保护中心 17 家，其中市级 1 家、区级 16 家；从业人员 92 人。

八、对外、对港澳台文化交流

2022 年，纳入统计的对外、对港澳台项目共有 73 个。其中按交流活动性质分，出访 14 个、来访 59 个；按交流活动分类分，演出 4 个、展览 63 个、人员交流 6 个；按交流活动范围分，国外 60 个、香港 4 个、澳门 3 个、台湾 6 个；按主办方类型分，官方 20 个、民间 53 个；按组团性质分，商业 1 个、非商业 72 个。

凸显上海城市精神品格和"三大文化"特质，办好"中国希腊文化和旅游年"、中国与巴拿马建交 5 周年、特多友城西班牙港结好、"欢乐春节"等活动。推动对港澳台地区文化旅游交流，参与庆祝香港回归 25 周年系列活动。积极发挥海外文化中心职能，推动《老外讲故事：海外员工看上海》等重点融媒体产品海外宣推。赴列支敦士登国家博物馆举办"竹刻艺术展"，组织优秀文化企业参加香港影视展、伦敦手工艺周，打造"文化出海舰队"。

九、文化和旅游发展情况

（一）坚持"四个放在"，国家重大战略有效落实

一是国家水下考古重大项目取得重要阶段性成果。坚持"文物考古＋科技创新"，运用世界首创、中国独创、上海原创的"弧形梁非接触文物整体迁移技术"，实现国家"十四五"水下考古重大项目——长江口二号古船整体打捞出水和迁移入坞落座，助推中国水下考古取得历史性突破。启动长江口二号古船"考古保护舱"建设和古船博物馆规划工作，同步推进考古发掘、文物保护、场馆建设和公众教育。

二是浦东新区首部文化领域创制性立法颁布施行。抢抓浦东引领区建设契机，聚焦高水平制度型开放，针对外商投资拍卖企业从事文物拍卖等核心问题进行变通规定，将上海社会文物管理综合改革

试点的相关创新实践在立法层面予以明确，高质量完成《上海市浦东新区文物艺术品交易若干规定》创制性立法。

三是长江国家文化公园上海段规划布局初步形成。立足挖掘长江文化的精神内涵和时代价值，着眼做大做强中华文明重要标志，秉持"以空间为骨架、为时间为线索、以文化为脉络、以保护为前提"的重要原则，完成涉及上海的长江文化资源梳理普查，推进编制《上海市长江国家文化公园建设保护规划》，谋划布局保护传承、研究发掘、环境配套、数字再现、文旅融合等五项工程。

（二）聚焦重大主题，文艺精品创作出新出彩

一是打造舞台艺术佳作。大力推进舞台艺术和群众文化创作，沪剧《敦煌女儿》、京剧《红色特工》分获第十七届文华表演奖、文华编剧奖，有10个群文节目入围第十九届群星奖决赛，口琴重奏《爱上这座城》、小品《我记得你，你就活着》获得第十九届群星奖。举办第十届上海优秀民营院团展演、2022年上海群文新人新作展评展演，推出一批优秀剧（节）目和群文佳作。

二是繁荣美术文博展览。聚焦主题主线，扎实推进"十年·海上风华——上海现实题材美术创作项目"，组织全市博物馆、美术馆推出主题展览。上海博物馆举办国家博物馆馆长高端对话等馆庆70周年系列活动、推出"宅兹中国——河南夏商周三代文明展"，中华艺术宫举办"历史的星空——二十世纪前期海派绘画研究展"，上海市历史博物馆推出"光明摇篮精神之源"迎二十大红色史料展，刘海粟美术馆举办"中国现代美术教育文脉大展"。

（三）坚守为民初心，文旅民生服务提质增效

一是首创实施艺术大计划。创新实施"大博物馆计划""大美术馆计划""社会大美育计划"，成功举办"何以中国""何谓海派""对话世界"等文博美术大展系列首展，推出"乐游上海艺术季"，让到上海看大展、看大戏成为必游项目。着眼市民群众美育需求，超额完成市政府为民办实事项目——市民艺术夜校，受到"上班一族"的欢迎和喜爱。

二是用心打造城市小而美空间。坚持"业态、形态、生态、文态"有机融合，结合"道路+""公园+""生活圈+"，打造50个升级版"家门口"演艺新空间、人文新景观、休闲好去处，进一步拓展具有社交化、特色化功能的新型文旅公共空间。

三是持续打响都市游品牌。出台《上海苏州河旅游发展总体方案（2022—2025年）》，开通苏州河旅游水上航线，构建苏州河统一标识系统，串珠成链打响沿河五区特色品牌。启动"建筑可阅读"统一标识张挂工作，构建"街区+""社区+""互联网+""交通+""文创+"五大新场景，进一步扩大"建筑可阅读"公众知晓度、社会参与度、国际传播力。创新实施"海派城市考古"，联合本市主流媒体推出"海派城市考古"专栏，征集发布"海派城市考古十大新发现"，推出"海派城市考古"微旅行系列产品，掀起人人发现城市、体验城市、分享城市、推介城市的热潮。

四是不断优化服务新供给。上海博物馆东馆基本建成，上海图书馆东馆、上海少儿图书馆新馆落成开放。上海美术馆分馆签约落户奉贤新城，推动专业艺术资源下沉基层。贯穿全年举办第十届上海市民文化节。制定《上海市基层公共文化设施更新与提升指引》，开展全国县级以上公共图书馆评估定级和旅游咨询服务中心效能评估，新改建旅游厕所39座。

（四）聚焦投资消费，文旅恢复重振态势良好

一是大力促进文旅投资。聚焦已启动的"双千亿"重大旅游投资项目和招商项目持续抓推进、抓落地，今年完成投资量超过 150 亿元，其中实现上海乐高乐园度假区主体工程及周边配套项目全面开工建设，推动上海国际旅游度假区核心区"斯汀项目"（疯狂动物城主题园区）加快设备安装进度，临港新片区冰雪之星项目南区正式运营。

二是积极拉动文旅消费。深耕"演艺大世界"品牌，吸引全国音乐剧、喜剧类优秀人才和精品剧目集聚上海。会同市商务委举办"五五购物节"，联合市总工会开展 2022 年"看上海"主题活动。深入推进文旅消费示范试点，本市 2 个街区入选首批国家级旅游休闲街区，6 个区域入选第二批国家级夜间文化和旅游消费集聚区。大创智创新示范园获评国家级文化产业示范园区。

三是发挥节展溢出效应。创新举办第 33 届上海旅游节，以"最上海、苏州河"为年度主题向心而生，新创"乐游云购 917"旅游消费季活动。成功举办第四届上海国际艺术品交易周，汇聚超百家中外画廊，开展超百项交易活动，形成超百亿艺术品货值，进一步做强"全球艺场、上海时间"格局。

四是加强城市文旅宣推。构建形成"乐游上海"微信、微博、电视、视频号、抖音号、音频号全媒体矩阵，"乐游"频道落地全国 30 个省（区、市），覆盖用户 2.1 亿，海外新媒体账号发布推文 3000 余条，覆盖海外用户超 3500 万。

（五）传承城市文脉，文化遗产有效活化利用

一是夯实基础保护工作。发布《上海市"十四五"文物保护利用规划》。完成国家及省级文物保护单位"两线"划定，编制《上海市优秀历史建筑和不可移动文物保护指引（革命文物专篇）》，建立不可移动革命文物修缮项目库。

二是深化保护利用改革。持续推动上海杨浦生活秀带国家文物保护利用示范区创建工作。常态化实施进博会文物艺术品免税进境销售政策，推动文物艺术品板块首次入驻进博会消费品展区，吸引来自 5 个国家和地区的 12 家境外文物艺术品经营机构参展，总成交额达 4.9 亿元。

三是积极推动活态传承。启动编撰本市革命文物图录，推出"与革命文物面对面"专题报道，讲好"党的诞生地的故事"，3 家场馆获评教育部、国家文物局"大思政课"实践教学基地。推出"非遗新体验之旅"系列活动，举办"非遗新体验"首届国潮文创设计大赛、南翔国潮游园会、上海绒绣艺术大展，指导"笔墨宫坊"国家级非遗生产性保护示范基地竣工建成，持续推进"非遗在社区""非遗进校园"，推动皮影、剪纸、绒绣等非遗传统技艺"走出去"。

（六）抢抓新的赛道，文旅数字转型加快步伐

一是提升文旅治理数字化效能。建成上海数字文旅中心，打造文旅版"两网大厅"。完成智能中枢"文旅通"项目建设，实现政务服务、城市运行感知、市场与社会主体等多源异构数据汇聚。推进数据归集与共享，发布资源目录 200 个。完成随申码·文旅公共服务平台、上海市文旅综合监测平台建设。

二是拓展文旅生活数字化场景。持续推动数字景区、数字酒店和数字场馆建设，编制《数字景区

建设技术规范》《数字酒店建设技术指南》等地方标准，"快速入住"轻量化部署模式覆盖至全市 3000 余家酒店，推动 252 家 A 级景区、美术馆、博物馆登陆"文旅一码游"统一预约平台，实现一口预约、一码畅游目标。完成电子证照与实体证照同步制发技术对接，推广电子证照在文旅场所应用，推进文旅休闲领域 2022 年"一网通办"全方位服务体系场景应用落地。

三是加快文旅经济数字化转型。完成行业整体切入"元宇宙"新赛道顶层设计，拟订《上海市打造"文旅元宇宙"三年行动方案（2023—2025 年）》。参与筹备数字文创暨"元宇宙"产业联盟（上海），推动市场主体打造上海"文旅元宇宙"重点项目。

（上海市文化和旅游局）

上海：促进文旅深度融合 助推消费迭代升级

文旅业是大产业、大民生、大展示，更是流量型城市的入口、服务型经济的引擎。随着疫情防控进入新阶段，上海文旅业加快复苏和全面重振将是大概率事件。上海文旅系统将坚持稳中求进工作总基调，把实施扩大内需战略同深化文旅供给侧结构性改革有机结合起来，坚持以文塑旅、以旅彰文、文旅相长，奋力推进文旅深度融合高质量发展的卓越实践，全力助推上海加快建设国际消费中心城市。

一、丰富高品质供给，激发文旅消费新需求

坚持从上海最有资源、最有优势的地方出发，突出上海文旅"都市型、综合性、国际化"特点，把更多的都市资源转化为文旅产品，制造城市消费新热点。一是大力促进文博艺术消费。发挥上海文博、美术和演艺资源集聚优势，深化实施上海"大博物馆计划""大美术馆计划""社会大美育计划"，持续推出"何以中国""对话世界""何谓海派"文博美术大展，提升乐游上海艺术季品质，打响"演艺大世界"品牌，让"到上海看美展""看一场戏、爱一座城"成为必游项目。二是大力促进数字文旅消费。依托上海科创优势，发布实施上海打造"文旅元宇宙"三年行动方案，构建文旅元宇宙企业图谱，推出更多具有上海标识、人机交互、虚实共生的文旅消费新场景。全面建成上海数字文旅中心，迭代升级数字酒店、数字景区、数字剧场，培育壮大网络视听、电子竞技、动漫游戏、沉浸演艺、数字藏品等数字文旅新业态。三是大力促进假日文旅消费。结合五一、国庆长假和端午、中秋等传统节日，全城联动做深做实"乐嗨上海"假日文旅品牌，策划推出富有"文化味、海派风、时尚潮"的假日文旅活动，做大假日经济蛋糕。同时，推动"文旅+"和"+文旅"，培育红色初心游、沪郊生态游、科普工业游、非遗古镇游、时尚夜间游等十大主题都市游精品。

二、强化高精准宣推，导入文旅消费新流量

增强文旅全球叙事能力和国际传播能力，激活城市年轻态和年轻力，让市民游客近悦远来、心向往之。一是深化文旅品牌化打造。深耕细作"一江一河游览""建筑可阅读""演艺新空间""家门口好去处""海派城市考古"等都市文旅品牌，培育更多"上海专属"文旅IP，引领"深度游、微旅行、慢生活"消费新时尚。二是加强文旅需求侧引导。市区联手、政企合作，依托互联网大平台，汇聚全市上万家文旅企业，覆盖"吃住行游购娱"旅游全要素，发放旅游专属电子消费券，引导市民游客畅享文旅消费惠民活动。三是做优文旅国际化宣推。深化"乐游上海"全媒体矩阵建设，激活做优14个语种的城市文旅外宣官网和4个海外新媒体账号，优化"图文+直播+视频"的跨渠道、组合式宣推模式，提升上海文旅国际吸引力、传播力、影响力。

三、培育高能级产业，构筑文旅消费新引擎

强化文旅资源全球配置能力，着力构建文旅领域国内大循环的中心节点和国内国际双循环的战略链接。一是聚力做强文旅节展平台。坚持对标最高标准、最好水平，办好"五五购物节""917乐游云购"文旅消费季，首创网络视听创作者大会，迭代升级中国上海国际艺术节、上海国际影视节、上海旅游节、上海旅游产业博览会，放大重大节展聚资源、展形象、领潮流、促消费的溢出效应。二是聚力建设高能级度假区。加强跨周期布局，举办上海旅游投资促进大会，聚焦"双千亿"重大旅游投资，加快上海国际度假区"一核四区"、乐高乐园、金山滨海等高能级项目建设，打造若干千万级流量的新地标和新入口。三是聚力繁荣文物艺术品交易。发挥浦东创制性立法优势，做优进博会文物艺术品免税入境交易，办好第五届上海国际艺术品交易周，吸引更多国内外顶尖文物艺术品经营机构向上海集聚，持续做强"全球艺场、上海时间"格局。

江苏省 2022 年文化和旅游发展情况分析

2022 年江苏省文化和旅游系统围绕文化和旅游高质量发展，在省委、省政府的领导下，以习近平新时代中国特色社会主义思想为指导，全面贯彻落实党的二十大精神，守正创新、担当作为。牢牢把握文旅正确发展方向和实践导向，全力推动文旅市场全面复苏、更好统筹和推动文化事业、文化产业和旅游业高质量发展取得新成效。

一、文化和旅游机构及从业人员情况分析

2022 年末全省文化和旅游及相关行业机构数 25192 个，较上年增加 2356 个；从业人员 190275 人，较上年减少 14156 人，机构增长主要是文化市场经营机构，人员减少主要是文化市场经营机构、旅行社机构、星级饭店机构。具体增减变化如表 1 所示。

表 1　文化和旅游机构及从业人员情况对比

	机构数（个）			从业人员数（人）		
	2022 年	2021 年	增减（％）	2022 年	2021 年	增减（％）
总计	25192	22836	10.32	190275	204431	−6.92
一、文化和旅游合计	24674	22325	10.52	181198	195441	−7.29
艺术表演团体	634	704	−9.94	15443	18028	−14.34
其中：公有制艺术表演团体	121	123	−1.63	6071	5945	2.12
艺术表演场馆	335	329	1.82	9403	8179	14.97
其中：公有制艺术表演场馆	127	120	5.83	6582	5127	28.38
公共图书馆	122	122	0.00	3937	3825	2.93
文化馆	116	116	0.00	2249	2227	0.99
文化站	1250	1265	−1.19	5249	5249	0.00
其中：乡镇综合文化站	825	840	−1.79	3466	3566	−2.80
艺术展览创作机构	93	94	−1.06	931	957	−2.72
其中：美术馆	48	48	0.00	597	638	−6.43
文化和旅游部门教育机构	13	13	0.00	1156	1140	1.40
文化和旅游科研机构	6	6	0.00	57	51	11.76

	机构数（个）			从业人员数（人）		
	2022 年	2021 年	增减（%）	2022 年	2021 年	增减（%）
文化市场经营机构（不包括非公有制院团和场馆）	18961	16592	14.28	57788	63996	−9.70
旅行社	2469	2374	4.00	16085	19228	−16.35
星级饭店	324	353	−8.22	44914	49739	−9.70
文化和旅游行政部门	111	111	0.00	4179	4064	2.83
其他文化和旅游机构	240	246	−2.44	19807	18758	5.59
其中：文化市场执法机构	77	77	0.00	1356	1330	1.95
二、文物合计	518	511	1.37	9077	8990	0.97
博物馆	373	366	1.91	8080	7990	1.13
文物保护管理机构	47	47	0.00	357	426	−16.20
文物科研机构	5	5	0.00	158	149	6.04
文物行政部门	83	83	0.00	354	304	16.45
其他文物机构	10	10	0.00	128	121	5.79

二、公共财政投入情况分析

2022 年，全省各级财政投入文化和旅游经费约 115.33 亿元，年投入金额较上年减少约 2.17 亿元，降幅 1.85%。分行业增减情况见表 2。

表 2　各级财政分类投入情况对比分析

行业分类	2022 年（万元）	2021 年（万元）	增长额（万元）	增长（%）
总计	1153284.4	1174987.5	−21703.1	−1.85%
艺术业	151295.2	159166.4	−7871.2	−4.95%
图书馆业	137620.7	142200.5	−4579.8	−3.22%
群众文化业	198570	203240.9	−4670.9	−2.30%
其他文化业	381595.7	376095	5500.7	1.46%
文物业	284202.8	294284.7	−10081.9	−3.43%

从表 2 可以看出公共财政对文化和旅游投入首次出现负增长，主要是受疫情影响财政压减并统筹用于防疫支出，与 2021 年增幅 3.34%、年下降 12.93 个百分点相比，2022 年增幅 −1.85%、年下降 5.19 个百分点，虽然是下降幅度趋缓，但出现了财政投入减少，从行业看，艺术业、图书馆业、文物业降幅较大。

2022年，江苏省文化事业费为86.49亿元，较上年87.15亿元减少0.66亿元，降幅为0.76%。江苏按地域通常分为苏南、苏中和苏北三个区域，受制于区域间的经济基础、经济发展速度等因素，财政对文化的投入表现出非均衡性。从表3对3个区域与全省、全国人均文化事业费的比较可以看出，2022年江苏省人均文化事业费101.58元，较上年减少0.89元，比全国平均水平85.21元高16.37元，2022年全国平均增长6.25%，江苏省平均下降0.87%，江苏省年增速低于全国7.12个百分点。按照地区增速来看，2022年依次为全省–0.87%、苏北–6.86%、苏中10.89%、苏南–3.19%，苏中增速高于苏南、苏北呈增长趋势，而苏南、苏北均出现负增长，应引起高度重视。

表3　苏北、苏中、苏南与全省及全国人均文化事业费对比

区划	2021年（元）	2022年（元）	年增速（%）
全国	80.2	85.21	6.25
全省	102.47	101.58	−0.87
苏北	53.35	49.69	−6.86
苏中	83.73	92.85	10.89
苏南	125.83	121.81	−3.19

从图1可以看出，人均文化事业费水平江苏高于全国，全国均文化事业费保持增长，江苏增速首次出现负增长。江苏三个地区人均文化事业费苏南高于苏中、苏中高于苏北的格局仍然保持，但苏中增速高于苏南、苏北并呈正增长趋势，苏南、苏北应对此引起重视。

图1　苏北、苏中、苏南与全省及全国人均文化事业费对比

三、艺术创作表演基本情况

在艺术创作表演方面，举办2022紫金文化艺术节，开展第二届"紫金戏剧文学奖"评选，加强品牌引领，创新举办艺术活动，承办2022年戏曲百戏（昆山）盛典，省市联动共同打造品牌艺术活

动。突出队伍建设，推进艺术人才培养，推动改革创新，不断推进院团建设，以艺术评论为抓手，服务艺术创作。

2022年，锡剧《烛光在前》获第十七届文华大奖，昆剧《瞿秋白》获第十六届精神文明建设"五个一工程"优秀作品奖，"创新举办戏曲百戏（昆山）盛典 更好促进新时代戏曲保护传承发展"项目入选文旅部2021年度文化和旅游领域改革创新十佳案例，民族歌剧《桃花扇》入选2022—2023年度"中国民族歌剧传承发展工程"重点扶持剧目，民族管弦乐《江河湖海颂》入选2022—2023年度"时代交响"创作扶持计划，杂技剧《大桥》等8部中小型作品入选第十一届全国杂技展演，越剧《凤凰台》入选第五届中国越剧艺术节参演剧目，3个剧目（折子戏）入选2022年全国地方戏精粹展演，锡剧《董存瑞》亮相2022年新年戏曲晚会，张家港市锡剧艺术中心董红入选2022年全国戏曲表演领军人才培养计划，4个项目入选2020—2021年度全国美术馆优秀项目、优秀提名项目，2个项目入选2022年全国美术馆馆藏精品展出季，1人入选2022年全国美术馆青年策展人扶持计划，21件美术作品、30件书法篆刻作品入选第十三届中国艺术节全国优秀美术作品展览、优秀书法篆刻作品展览，充分展现了江苏文艺繁荣发展的蓬勃气象。

2022年末，全省共有艺术表演团体634个（含非公有制艺术表演团体513个，从业人员9372人），从业人员15443人；其中中高级职称以上人员2839人，占从业人员的18.38%。

2022年，艺术表演团体原创首演剧目200个，演出7.39万场次，国内演出观众2199.9万人次，年度总收入20.97亿元，其中艺术演出收入4.26亿元。2022年政府购买的公益性演出6700场次，观众350.85万人次，购买公益演出财政投入39814万元，与2021年相比公益演出减少1700场次、观众减少58.47万人次，购买公益演出财政投入增加20729.5万元。

2022年末，全省共有艺术表演场馆335个（含非公有制艺术表演场馆208个，从业人员2821人），从业人员9403人，其中中高级以上从业人员276人，占从业人员的2.94%。全年艺术演出场次3万场次，艺术演出观众481.02万人次，总收入26.95亿元，其中艺术演出收入4.84亿元。与2021年相比，艺术演出增加0.62万场次、观众减少88.77万人次。

2022年，艺术表演团体、艺术表演场馆总收入下降16.11%，艺术演出收入下降33.62%，财政补助收入增长2.23%（如表4所示）。总收入和艺术演出收入均出现较大幅度下降，主要是上年增加了部分综合性艺术表演场馆按经营单位整体数据（并非剧场部分）上报，受疫情影响较大导致总收入和艺术演出收入出现较大幅度下降，财政补贴仍保持增长趋势。

表4　艺术表演团体、表演场馆收入占比情况对比

年份	总收入（万元）	艺术演出收入（万元）	财政补贴收入（万元）	艺术演出收入占总收入的比重（%）	财政补贴收入占总收入的比重（%）
2022	479283.9	91011.3	197249.2	18.99	41.15
2021	571358.1	137109.9	192941.7	24.00	33.78

四、公共文化服务基本情况

2022年，全省拥有公共图书馆122个，其中一级图书馆100个；拥有公共文化馆116个，其中一

级文化馆 105 个，拥有街道和乡镇文化站 1250 个，建成综合性文化活动中心 20643 个，全省四级公共文化服务体系基本建成。

（一）公共图书馆

2022 年末，全省文化系统共有公共图书馆 122 个，其中少儿图书馆 10 个；从业人员 3937 人，其中高级职称 456 人。全省各级公共图书馆总藏量 11506.89 万册，音视频资源总量 104.6 千小时，电子文本、图片文献资源总量 8652.03TB。本年新增藏量 491.06 万册，新增电子图书 566.55 万册，总流通人次 10797.46 万人次，书刊文献外借人次 4804.39 万人次，书刊文献外借 8507.36 万册次，年度增减情况见表 5。

表 5　公共图书馆主要业务指标对比情况

	总藏量（万册）	总流通人次（万人次）	书刊文献外借人次（万人次）	书刊文献外借册次（万册）
2022 年	11506.89	10797.46	4804.39	8507.36
2021 年	11160.84	10960.86	4499.65	8019.63
年增长率（%）	3.10	−1.49	6.77	6.08

2022 年公共图书馆主要指标除总流通人次出现下降，其他指标均呈现增长趋势，但与上年对比，增速明显放缓。公共图书馆总藏量年均增长 3.10%，书刊文献外借人次年均增长 6.77%，书刊文献外借册次年均增长 6.08%。

2022 年公共图书馆为读者举办的各类活动 12452 个，参与活动 1440.81 万人次。全省各级公共图书馆共有计算机 13189 台，其中供读者使用电子阅览室终端 6863 台；阅览室座席 82941 个，其中少儿阅览室座席 23501 个、盲人阅览室座席 1612 个。

（二）文化馆

2022 年末，全省共有文化馆 116 个，从业人员 2249 人，其中高级职称 427 人。全年组织品牌文化活动 384 个，组织文艺活动 21081 场次，参加人次 1382.31 万人次。全省各级文化馆利用流动舞台车演出 1465 场次，观众 86.94 万人次，占到总活动场次和总观众人次的 6.95% 和 6.29%，组织文艺活动场次及观众人次较上年分别下降 58.51%、52.74%，流动舞台车演出场次下降 16.19%，流动舞台车演出观众人次下降 22.65%。活动场次及参与活动人次下降主要因素是疫情防控要求，对举办大型活动的备案限制。

（三）文化站

2022 年末，全省文化站共有 1250 个，其中街道文化站 425 个，乡镇文化站 825 个，从业人员 5249 人。各级财政对文化站的投入达到 11.40 亿元，与 2021 年相比减少 0.58 亿元。全省文化站总面积 450.16 万平方米，其中业务用房面积 364.06 万平方米，综合性文化服务中心总面积 1571.52 万平方米，藏书 3563.11 万册，较上年增加 16.28 万册，增幅 0.46%。全省文化站提供文化服务 211383 次，文化服务惠及 10945.77 万人次。

2022 年文化站组织文艺活动次数、参加人次、举办展览次数、参观展览人次、举办培训班班次、培训人次、较上年分别增长 50.20%、54.99%、60.12%、53.72%、39.56%、47.69%。自 2020 年文化场馆服务人次纳入文化高质量发展监测评价考核体系，推动了文化业务活动开展，提升了服务人次增长。主要业务活动对比情况见表 6，从中可以看出分项指标均呈现大幅增长态势。

表 6　文化站主要业务活动指标情况对比

	组织文艺活动次数		举办展览次数		举办培训班班次	
		参加人次（万人）		参观人次（万人）		培训人次（万人）
2022 年	124686	6175.17	20420	3848.91	66277	921.69
2021 年	83012	3984.21	12753	2503.82	47491	624.09
年增长率（%）	50.20	54.99	60.12	53.72	39.56	47.69

（四）美术馆

2021 年末，全省有建制的美术馆达到了 48 家，其中免费开放的美术馆为 46 家，免费开放率为 95.83%。全省各级建制美术馆从业人员共计 597 人，具有中高级职称为 299 人。全年举办各种展览 688 个，观众 461.26 万人次，其中未成年观众 136.67 万人次，2022 年举办展览个数较上年下降 41.69%，观众人次较上年增长 8.76%。2022 年美术馆主要业务指数情况见表 7。

表 7　美术馆主要业务活动情况对比

	美术馆（个）	举办展览（个）	参观人次（万人）
2022 年	48	688	461.26
2021 年	48	1180	424.1
年增长率（%）	0.00	−41.69	8.76

五、非物质文化遗产保护情况

2022 年，全省共有各级非物质文化遗产保护机构（含非物质文化遗产保护中心）111 个，共普查项目资源总量（累计）15398 个、征集实物 7744 件／套、征集文本资料 3052 册、完成录音资料 5688 小时、完成录像资料 7357 小时、撰写调查报告 393 篇、出版图书 457 册，其中非遗图书 108 册、出版非遗专刊 82 册、出版非遗乡土教材 192 册、完成资源清单 716 册。

入选联合国教科文组织"人类非物质文化遗产代表作名录"11 项；共有国家级非遗项目 162 项、

省级 745 项、市级 2295 项、县（区）级 4342 项。根据分级保护原则，列入各级名录的项目都分别落实了保护主体、保护计划和保护措施，共命名各级代表性传承人 7532 名，其中国家级传承人 178 名、省级 820 名、市级 3778 名，县（区）级 3176 名。全年举办各类宣传展示活动 16444 个，参与非遗展示活动 1772.64 万人次。

六、对外文化交流基本情况

2022 年，对外交流与合作立足"水韵江苏"品牌，坚持服务外交大局和服务文旅高质量发展大局，积极开展对外交流与合作工作，努力讲好中国故事江苏文旅篇章。

一是加快建设传播推广体系，通过线上线下主流媒体发布 2000 多条江苏文旅图文和视频，向客源地近 3000 家旅行商推送江苏文旅资讯。海牙中国文化中心发挥部省合作共建优势，以大运河、艺术和非遗等为专题，向欧洲进行多渠道的宣传和推广；二是持续打造对外交流精品项目库，形成书画、文物、舞蹈、音乐、杂技、美食、旅游等七大板块 70 多个精品项目；三是努力办好大运河博览会涉外活动，在第四届大运河文化旅游博览会期间，以"丝路与运河的邂逅"为主题举办国际展，吸引"一带一路"沿线国家 105 家驻华文旅机构和企业参展；四是积极开展对外友好交流活动，以"中国希腊文化和旅游年"为主题，举办中希交流系列活动，以中日邦交正常化 50 周年以及江苏福冈结好 30 周年为契机，在江苏福冈两地互办文旅图片展，增进与日本相互理解，深化友好关系；五是系统谋划对工作港澳台工作，制订出台《关于进一步做好"十四五"时期对港澳台文化和旅游工作的实施意见》，明确提出江苏和港澳台之间文化旅游交流合作的目标任务；六是全方位投放媒体宣传广告，相继开通"水韵江苏"脸书、推特、照片墙、优兔以及抖音海外版等五大社交媒体账号，实现海外新媒体平台全覆盖，在全国省级文化和旅游新媒体国际传播力指数榜单中，长期位居前两位。

2022 年对外交流组织演出团体开展文化交流活动 9 个，其中出访团体 4 个、来访团体 5 个，参与活动 307 人次，其中出访参与 33 人次、来访参与 274 人次；组织演出（展览、旅游推介）2 场次，其中出访 1 场次、来访 1 场次。

七、文物业发展

（一）文物业机构和人员情况

2022 年末全省文物业机构数 518 个，从业人员 9077 人，机构数增加 7 个，从业人员数增加 87 人。具体增减变化见表 8。

表 8　文物业机构及从业人员对比情况表

	机构数（个）			从业人员（人）		
	2022 年	2021 年	增减（%）	2022 年	2021 年	增减（%）
总计	518	511	1.37	9077	8990	0.97
文物科研机构	5	5	0.00	158	149	6.04

续表

	机构数（个）			从业人员（人）		
	2022 年	2021 年	增减（%）	2022 年	2021 年	增减（%）
文物保护管理机构	47	47	0.00	357	426	−16.20
博物馆（纪念馆）	373	366	1.91	8080	7990	1.13
文物行政部门	83	83	0.00	354	304	16.45
其他文物机构	10	10	0.00	128	121	5.79

（二）文物业主要业务活动情况

2022 年末，全省文物业藏品 2491512 件／套，其中一级品 3886 件／套、二级品 21467 件／套、三级品 299372 件／套，全年举办基本陈列 1044 个，临时展览 1050 个，年入馆参观 5526.18 万人次，其中未成年人 1318.86 万人次、境外观众 59.33 万人次。

2022 年，文物业收入合计 36.80 亿元，其中财政拨款预算收入 31.19 亿元。文物事业费 27.91 亿元，较上年增加 0.26 亿元，人均文物事业费 32.78 元，较上年增长 0.27 元。文物机构实际使用房屋建筑面积 315.23 万平方米，其中展览用房 136.45 万平方米、文物库房 15.64 万平方米。主要指标与上年对比增减变动情况见表 9。

表 9 文物业藏品、面积及主要业务活动情况对比

	单位	2022 年	2021 年	增减（%）
藏品	件／套	2491512	2478972	0.51
其中：一级品	件／套	3886	3875	0.28
二级品	件／套	21467	21471	−0.02
三级品	件／套	299372	298053	0.44
基本陈列	个	1044	1075	−2.88
临时展览	个	1050	1109	−5.32
参观人次	万人次	5526.18	6435.12	−14.12
其中：未成年人	万人次	1318.86	1562.81	−15.61
境外观众	万人次	59.33	8.70	581.95
本年收入	万元	368032.10	371563.40	−0.95
财政拨款预算收入	万元	311901.90	322084.70	−3.16
实际使用房屋建筑面积	万平方米	315.23	307.87	2.39
其中：展览用房	万平方米	136.45	130.64	4.45
文物库房	万平方米	15.64	15.40	1.56

（三）文物科研

2022年，全省共有文物科研机构5个，从业人员158人，机构和人员与上年保持平衡，文物科研机构主要人事文物勘探发掘和研究。年末拥有藏品31007件/套，其中本年新增藏品4300件/套，本年收入合计25133.9万元，其中财政拨款预算收入25132.9万元。年末固定资产净值1313.4万元，实际使用房屋建筑面积7559平方米，其中文物库房（含标本室）面积1602平方米。

（四）文物保护管理

2022年，全省共有文物保护管理机构47个，从业人员357人，机构与上年保持一致，从业人员较上年减少69人。年末拥有藏品9461件/套，其中本年新增藏品416件/套，本年收入合计31950万元，其中财政拨款预算收入31412.8万元。年末固定资产净值5511万元，实际使用房屋建筑面积7.29万平方米，其中展览用房3.51万平方米、文物库房（含标本室）0.22万平方米。

（五）博物馆（纪念馆）

2021年，全省共有博物馆（纪念馆）机构373座，较上年增加7座，从业人员8080人，较上年增加90人。年末拥有藏品1984968件/套，其中本年新增藏品14671件/套，在藏品中文物藏品1065256件/套，其中一级品3846件/套，二级品21305件/套，三级品298097件/套。本年举办基本陈列1017个、临时展览1045个，入馆参观5425.27万人次，其中未成年人观众1310.85万人次、境外观众59.32万人次。全年举办社会教育活动39681次，参加活动1268.49万人次，其中未成年人参加288.47万人次。2022年收费博物馆门票销售总额9385万元，本年收入合计257840.7万元，其中财政拨款预算收入222222.3万元。年末固定资产净值2777614.7万元，实际使用房屋建筑面积303.39万平方米，其中展览用房面积132.22万平方米、文物库房（含标本室）面积15.46万平方米。

（六）不可移动文物资源

2022年末，全省拥有不可移动资源总量为15057个单位，其中全国重点文物保护单位257个，省级文物保护单位626个，市县级文物保护单位3393个，尚未核定公布的不可移动文物单位10781个，具体按古遗址、古墓葬、古建筑、石窟寺及石刻、近现代重要史迹及代表性建筑、其他分类，具体参见表10。

表10 不可移动文物资源情况

类别	总计（个）	全国重点文物保护单位（个）	省级文物保护单位（个）	市县级文物保护单位（个）	尚未核定公布的不可移动文物单位（个）
合计	15057	257	626	3393	10781
1.古遗址	1398	39	63	248	1048
2.古墓葬	1160	22	59	211	868
3.古建筑	7193	109	228	1573	5283

类别	总计（个）	全国重点文物保护单位（个）	省级文物保护单位（个）	市县级文物保护单位（个）	尚未核定公布的不可移动文物单位（个）
4. 石窟寺及石刻	496	13	29	164	290
5. 近现代重要史迹及代表性建筑	4493	65	218	1065	3145
6. 其他	317	9	29	132	147

八、文化和旅游产业发展

坚持用文化的理念发展旅游、用旅游的载体传播文化。研究制定乡村旅游民宿集聚区建设指南，认定首批省级文旅产业融合发展示范区 16 个、红色旅游融合发展示范培育项目 15 个。全省文旅创建继续走在全国前列，国家级旅游度假区增至 8 家、旅游休闲街区增至 6 家，全国乡村旅游重点村镇增至 60 家，淮安区入选全国 10 个红色旅游融合发展试点单位。

出台针对性助企纾困"江苏文旅十六条"，省级安排 2.41 亿元支持 559 个项目，组织 113 个重点文旅项目集中签约、总授信 395 亿元。打出促进文旅消费政策"组合拳"，创新举办史上最长文旅消费推广季，推出 14 个主题、500 余项系列活动，累计曝光人次超 8.87 亿；联动举办乡村旅游节、非遗购物节和夜间文旅消费活动。全省新增国家级夜间文旅消费集聚区 6 个、省级 23 个，认定省级文旅消费示范单位 24 个。2022 年全省接待国内游客 5.33 亿人次，实现国内旅游收入 9201.43 亿元，恢复程度分别高于全国 18.75、30.55 个百分点；全省文旅消费总额 3830.79 亿元，占比 10.3%，高居全国首位。

九、文化市场发展情况

截至 2022 年底，江苏省共有网络文化、娱乐、艺术品、演出等文化市场经营机构数 19682 家，比上年增加 3736 家；从业人员 69981 人，比上年增加 6650 人。资产总计 5327193 万元，营业收入 2321849.3 万元，营业利润 348697.8 万元，分别同比增长 6.74%、17.86%、28.38%。

（一）网络文化市场

截至 2022 年底，全省共有互联网上网服务营业场所 9523 家，比上年减少 1031 家；从业人员 10903 人，比上年减少 1664 人。资产总计 183928.8 万元、营业收入 105488.6 万元，分别同比下降 15.13%、14.59%，营业利润 –10633.4 万元，同比亏损增长 2093.6 万元。

截至 2022 年底，全省共有经营性互联网文化单位 505 家，比上年增长 5 家；从业人员 11367 人，比上年增加 887 人。资产总计 1983843.9 万元，营业收入 1339927.8 万元，营业利润 370389.7 万元，分别同比增长 49.79%、44.14%、37.38%。

（二）娱乐市场

截至 2022 年底，全省共有歌舞、游艺等娱乐场所 7491 家，比上年增加 4796 家；从业人员 26110 人，比上年增加 10631 人。资产总计 476775.9 万元，营业收入 301199.1 万元，营业利润

3832.5 万元，同比增长 73.45%、50.86%、−57.81%。

（三）艺术品市场

截至 2022 年底，全省共有艺术品经营机构 780 家，比上年减少 43 家；从业人员 2865 人，比上年增加 190 人。资产总计 600842.4 万元，同比增长 23.92%；营业收入 119248.1 万元，同比增长 19%；营业利润 36171.7 万元，同比增长 14.29%。

（四）演出市场

截至 2022 年底，全省共有非公有制文艺表演团体 513 家，比上年减少 68 家；从业人员 9372 人，比上年减少 1845 人；资产总计 405064.6 万元，营业收入 22279.5 万元，分别同比下降 11.48%、58.82%，营业利润 −33187 万元，同比亏损增加 971.1 万元。

截至 2022 年底，全省共有非公有制文艺演出场所经营单位 208 家，比上年减少 1 家；从业人员 2821 人，比上年减少 231 人。资产总计 280630.6 万元，比上年下降 38.67%；营业收入 56451.1 万元，比上年增长 4.34%；营业利润 −23883.7 万元，比上年亏损减少 8332.2 万元。

截至 2022 年底，全省共有演出经纪机构 662 家，比上年增加 78 家；从业人员 6548 人，比上年减少 1313 人。资产总计 1396106.8 万元，比上年下降 21.94%；营业收入 333046.6 万元，比上年下降 29.91%；营业利润 6008 万元，比上年下降 76.72%。

2022 年，江苏文化市场经营单位从综合汇总数据看，资产总额、营业收入、营业利润保持增长，但从行业看，发展受新冠肺炎疫情影响程度较 2021 年有所减轻，处于停业状态的时间有所减少。经营单位处于恢复期纳入年度统计的单位数和从业人员数增长较快，网络文化市场中的互联网上网服务营业场所仍处于经营亏损中，经营性互联网文化单位经营状态较好，出现较大增长幅度。歌舞、游艺等娱乐场所资产总额、营业收入出现增长，但营业利润亏损较大。艺术品经营机构处于经营恢复期，实现正增长。非公有制文艺表演团体、非公有制文艺表演场所受疫情影响较大，经营比较困难。

十、文化和旅游建设发展综述

2022 年以来，省文化和旅游系统在省委、省政府坚强领导下，以习近平新时代中国特色社会主义思想为指导，深入学习贯彻党的二十大精神，坚持全面从严治党战略方针，大力弘扬伟大建党精神，始终把党的政治建设摆在首位，深刻领悟"两个确立"的决定性意义，进一步增强"四个意识"，坚定"四个自信"，做到"两个维护"，以高质量党建助力文旅高质量发展，为扛起"争当表率、争做示范、走在前列"光荣使命，谱写"强富美高"新江苏现代化建设新篇章。

2022 年全省各级文化和旅游系统以江苏高质量发展为指引，积极开展文化和旅游高质量发展，完善基本公共服务体系和云平台建设，推进线下线上服务相结合，以高雅艺术和群众参与度高的群文活动，助力江苏文化和旅游发展。以人均接受文化场馆服务次数绩效评价考核促进全省各地文化产品（活动）供给，提升群众参与度，年度公共文化场馆服务人次继续位于全国前列。

（江苏省文化和旅游厅）

江苏：创新实施"双千计划"

中共中央办公厅、国务院办公厅《"十四五"文化发展规划》提出："健全支持开展群众性文化活动机制，加大对基层的扶持引导力度，培育一批扎根基层的群众文艺团队。"文化和旅游部《"十四五"公共文化服务体系建设规划》提出："创新培育城市公共文化空间，打造一批具有鲜明特色和人文品质的新型公共文化空间。"为贯彻落实规划，"十四五"期间，江苏省文化和旅游厅通过制定省级规划、方案、标准，安排专项奖补资金，实行省市县三级联动，在全省培育1000支优秀群众文化团队，坚持"送文化"与"种文化""育文化"相结合，建设"老百姓身边不走的文化队伍"；打造1000个城乡最美公共文化空间，推动公共文化服务融入居民日常生活，并实现居民游客主客共享。2021—2022年，全省已培育优秀群众文化团队406支、扶持打造"最美公共文化空间"406个。

2022年，江苏省持续实施"双千计划"。推进优秀群众文化团队培育工作，采取开设"空中课堂"在线教学、组织文化志愿者开展"结对子"辅导、举办负责人培训班、组织演出交流等多种方式，培育优秀群众文化团队205支，辅导培训基层群众文艺骨干6000余人，举办全省群众文化团队负责人培训班培训210人，引导优秀群众文化团队开展公共文化活动1.2万余场。推进"最美公共文化空间"打造工作，通过优选典型示范案例、参加长三角地区大赛等方式，支持打造203个"最美公共文化空间"，带动690个公共文化空间入驻江苏公共文化云、累计线上服务超514.3万人次。44个空间获2022年长三角及全国部分省市最美公共文化空间大赛相关奖项。同时，组织召开全省实施"双千计划"工作推进会，总结交流阶段性经验成果，研究部署深入实施"双千计划"工作任务。"双千计划"荣获2022年度全省宣传思想文化工作创新奖。通过实施"双千计划"，不仅充分调动和激发了基层公共文化服务的动力活力，丰富了基层群众精神文化生活，而且建设形成了百姓身边"不走的文化队伍"和居民游客"共享的文化驿站"。优秀群众文化团队逐步成为繁荣基层群众文化活动的主力军、带动群众积极参与文化活动的领头雁和推动社会力量参与群众文化供给的助推剂；最美公共文化空间也成为弘扬主流价值的精神地标、推广艺术普及的美育基地、提升品质生活的社交平台和促进社会和谐共生的文化家园。

浙江省 2022 年文化和旅游发展情况分析

2022 年，浙江省文化和旅游系统以习近平新时代中国特色社会主义思想为指导，全面贯彻落实党的二十大和省第十五次党代会、省委十五届二次全会精神，忠实践行"八八战略"，奋力推进"两个先行"，积极应对新冠疫情严重冲击和经济运行复杂形势，坚持变革重塑、唯实惟先，在大战中砥砺奋进，在大考中担当作为，大力推动中国式现代化省域文旅实践，加快打造新时代文化高地，各项工作取得显著成效。全省公共文化服务有序开展，旅游经济呈现企稳回升态势。

一、机构和人员

2022 年，浙江省纳入统计范围的各类文化和旅游单位 13120 家，比上年末减少 963 家；从业人员近 22.20 万人，比上年末减少约 2.26 万人。其中，各级文化部门所属单位 2305 个，比上年末增加 21 个；从业人员 4.03 万人，比上年末增加 1593 人（见图 1）。

图 1　2018—2022 年浙江省文化单位机构数及从业人员数

二、艺术创作演出

文艺精品创作结出丰硕成果。深入实施文艺精品创优工程，创新建立舞台艺术项目揭榜挂帅机制、省地合作创演机制等，文艺创作生态不断优化，催生了一批精品佳作。浙产作品连获大奖。越剧《枫叶如花》获艺术领域的政府最高奖项——"文华大奖"，这是我省继 2007 年以来时隔 15 年再获殊荣。歌剧《红船》获第十六届全国精神文明建设"五个一工程"优秀作品奖，这是省属文艺院团自 2014 年以来再获宣传系统最高奖项。群舞《播鼓声声迎归帆》获群众文艺领域政府最高奖——"群星奖"，使我省成为少数蝉联三届全国"群星奖"的省份。艺术演出精彩不断。浙江省共有 4 个节目亮相 2022 央视春晚，参演人数为历史之最（73 人）。2022 央视戏曲春晚在温州录制。成功举办第五届中国越剧艺术节、中国仙都祭祀轩辕黄帝大典、第十五届"浙江戏剧节"、传统戏曲演出季、新年演出季、"诗画浙江"旅游歌曲大赛、第十六届"华东六省一市"戏剧小品大赛、浙江省第二届原创流行歌曲大赛等活动。成功创建第三批省级戏曲之乡 21 个，全面完成戏曲曲牌抢救工作，复排昆曲《牡丹亭·杜宝传》等 10 部优秀经典保留剧目。

2022 年，全省共有艺术表演团体 1247 个，比上年减少 110 个；从业人员 38468 人，减少 3075 人。其中，各级文化和旅游部门所属的艺术表演团体 56 个，占全省艺术表演团体总数的 4.49%；从业人员 3314 人，占 8.61%。全年全省艺术表演团体共演出 19.30 万场，比上年下降约 27.20%。其中，赴农村演出 4.81 万场，下降 26.79%，赴农村演出场次占总演出场次的 24.92%；国内观众 4449.10 万人次，下降 25.19%，其中农村观众 2271.24 万人次，比上年下降 24.06%；总收入约 27.58 亿元，比上年增长 49.87%，其中演出收入超过 9.30 亿元，增长 17.67%（见表 1）。

表 1　2018—2022 年浙江省艺术表演团体基本情况

年份	机构数（个）	从业人员数（人）	演出场次（万场）	国内演出观众人次（万人次）	总收入（万元）	
						#演出收入
2018	1573	45485	37.87	20787.57	572211	441873
2019	1550	45700	37.54	18261.23	361244	174610
2020	1236	41169	20.38	6966.40	211473	95738
2021	1357	41543	26.51	5947.25	184001	79071
2022	1247	38468	19.30	4449.10	275767	93042

2022 年，全省文化和旅游部门所属艺术表演团体共组织政府采购公益演出 4100 场次，观众 202.31 万人次。利用流动舞台车演出 47 场次，观众 2.98 万人次。

2022 年，全省共有艺术表演场馆 300 个，观众座席数 28.07 万个。各级文化部门所属艺术表演场馆 59 个，观众座席数 6.03 万个，演（映）出场次合计 2.70 万场次，演（映）出观众 274.60 万人次，全年共举行艺术演出 0.36 万场次，艺术演出观众 141.74 万人次。

2022 年，全省共有国有美术馆 11 个，从业人员 261 人，全年共举办展览 218 个，参观 125.33 万人次。

三、公共服务体系

以优质公共文化服务促进群众"精神富有"。全面推进省政府民生实事的落实，打造 8288 个覆盖全省的"15 分钟品质文化生活圈"，完成率达 100%，城乡覆盖率达 80%。新增城市书房 223 个，评选出 50 个"最美公共文化空间"。实施基层重点公共文化设施提升专项行动，重点推动 53 个设施提档升级。谋划实施"文艺星火赋美"工程，全省 192 个演出场所、2 万余名文艺志愿者常态化开展街头艺演，演出 1000 余场次。推进全民艺术普及，普及率达 74.4%。深入开展文化惠民活动，全省送戏

下乡 3.38 万场，送书下乡 904.35 万册，送讲座送展览下乡 3.82 万场，组织文化走亲活动 1755 场。组织开展全国第七次县级以上公共图书馆评估定级工作。探索"浙江文化保障卡"创新实践。

（一）公共图书馆

2022 年末，全省共有公共图书馆 103 个，其中少儿图书馆 3 个。全省公共图书馆从业人员 3993 人，其中，具有高级职称的人员 329 人，占 8.24%；具有中级职称的人员 1069 人，占 26.77%。

2022 年末，全省公共图书馆实际使用房屋建筑面积 162.98 万平方米，比上年增长 4.33%；图书总藏量 11545.36 万册，增长 8.72%，其中古籍 191.88 万册。新增电子图书 482.24 万册，阅览室座席数 10.81 万个，计算机 1.16 万台，供读者使用的电子阅览终端 6824 台。

2022 年，全省平均每万人公共图书馆建筑面积 247.80 平方米，比上年增加 8.90 平方米；全省人均公共图书馆藏量 1.76 册，比上年增加 0.14 册；全省人均购书费 4.26 元，比上年增加 0.20 元（见图 2）。

图 2　2018—2022 年浙江省公共图书馆人均资源情况

2022 年，全省公共图书馆有效借书证 853.44 万个，比上年增长 7.61%；总流通人次 11631.93 万人次，比上年增长 5.76%。书刊文献外借册次 8098.70 万册次，增长 9.46%；外借人次 1848.12 万人次，增长 1.35%（见图 3）。全年共为读者举办各种活动 3.21 万次，增长 41.71%；参加人次 3155.37 万人次，增长 151.07%。

（二）群众文化机构

2022 年末，全省共有群众文化机构 1463 个，其中，综合文化站 1361 个。2022 年全省群众文化机构从业人员 9951 人，比上年增加 647 人。其中，具有高级职称的人员 453 人，占比 4.55%；具有中级职称的人员 774 人，占比 7.78%。

2022 年末，全省群众文化机构实际使用房屋建筑面积 588.14 万平方米，比上年末增长 8.7%；2022 年全省平均每万人群众文化设施建筑面积 894.20 平方米，比上年增加约 40.80 平方米（见图 4）。

图 3　2018—2022 年浙江省公共图书馆藏书流通情况

总流通人次（万人次）　　书刊文献外借册次（万册次）

图 4　2018—2022 年浙江省群众文化设施平均每万人建筑面积（平方米）

　　2022 年，全省群众文化机构共组织开展各类文化活动近 49.09 万场次，比上年增长 67.17%；服务人次 18308.53 万人次，比上年增长 72.04%（见表 2）。

表 2　2022 年浙江省群众文化机构开展活动情况

	总　量		比上年增长（%）	
	活动次数 （次）	服务人数 （万人次）	活动次数	服务人次
各项活动总计	490873	18308.53	67.17	72.04
其中：展览	24570	3202.40	33.92	108.29
文艺活动	314596	13818.87	112.63	67.13
公益性讲座	12074	192.62	41.15	100.40
训练班	139633	1094.58	17.56	47.89

2022 年末，全省群众文化机构共有馆办文艺团体 527 个，演出 0.82 万场，观众 667.51 万人次。由文化馆（站）指导的群众业余文艺团体 4.27 万个，馆办老年大学 16 个。

四、文化和旅游市场

打好安全保障组合拳。压紧压实"四方责任"，完善常态化精密智控机制，加强重点时段、重点场所精准防控，切实降低疫情传播风险，全省未发生因文旅活动导致的聚集性疫情。开展文物安全整治年行动和"三普点"复查工作，发现并督促整改问题 652 处，依托"七张问题清单"对 11 处重大文物安全问题进行挂号督办，开展新一轮打击防范文物犯罪专项行动。浙江省选送的 2 个案卷分别获评 2022 年度全国文物行政处罚"十佳案卷"和"优秀案卷"。强化旅游新业态安全监管，针对受疫情影响引发露营旅游野蛮生长的状况，在全国率先制定出台《关于完善露营旅游规范管理的意见》。围绕党的二十大等关键节点，实施除险保安百日攻坚行动，开展私设"景点"、剧本娱乐场所、文娱领域、网络文化市场、打击养老诈骗等专项治理，防范化解风险。全年共出动日常巡查人员 36.8 万人次，检查文化经营主体 16.1 万家次，行政处罚立案调查 1950 件，处理旅游领域投诉 1100 件。全省文化和旅游市场平稳有序，未发生较大以上安全生产责任事故和重大负面舆情。落实省委"双减"工作要求，牵头制定下发《浙江省文化艺术类校外培训机构准入指引（试行）》，接管 2.1 万家文化艺术培训机构，国家监管平台纳管率实现 100%。

（一）文化市场

2022 年末，全省文化市场经营单位 7477 家，从业人员 11.0 万人，营业总收入近 702.8 亿元，营业利润约 29.1 亿元。分区域看，2022 年末，城市文化市场经营单位 2461 个，占文化市场经营单位总量的 32.91%；县城 3266 个，占 43.68%；县以下地区 1750 个，占 23.41%（见表 3）。2022 年末，全省共有娱乐场所 2762 个，从业人员 3.84 万人，全年营业总收入 51.86 亿元，营业利润 2.6 亿元。2022 年末，全省共有互联网上网服务营业场所（网吧）2388 个，从业人员 7844 人，全年营业总收入 8.45 亿元，营业利润负 0.93 亿元。

表 3　2022 年按区域浙江省文化市场经营单位主要指标

		机构数（个）	从业人员数（人）	营业总收入（亿元）	营业利润（亿元）
总量	总计	7477	110010	702.8	29.1
	城市	2461	44090	641.2	29.0
	县城	3266	57086	52.8	−0.2
	县以下	1750	8834	8.8	0.3
比重（%）	总计	100	100	100	100
	城市	32.91	589.68	8.58	0.39
	县城	43.68	763.49	0.71	0.00
	县以下	23.41	118.15	0.12	0.00

（二）旅游市场

2022 年，受疫情影响，上半年全省旅游热度整体下降，下半年旅游经济总体呈现企稳回升的发展态势。根据抽样调查测算 [①]，2022 年全省累计接待游客 3.7 亿人次，实现旅游总收入 5989.8 亿元 [②]，比上年分别下降 8.0% 和 11.7%，为 2019 年的 79.1% 和 74.0%。

1. 国内旅游市场

（1）总体情况。根据国内旅游抽样调查测算，2022 年全省接待国内游客 3.7 亿人次，比上年下降 8.0%，为 2019 年的 79.6%；实现国内旅游收入 5981.6 亿元，比上年下降 11.7%，为 2019 年的 75.2%（见图 5）。从各季度国内旅游市场情况来看，一季度受疫情散发影响，国内旅游人次和国内旅游收入同比降幅均在 15% 左右，4—5 月疫情形势更为严峻，旅游市场下行趋势明显，上半年旅游业主要指标同比降幅扩大至 25% 左右。随着 6 月起疫情得到有效控制，同时受暑期市场的带动，三季度旅游市场迅速回升，前三季度国内旅游人次和收入同比降幅较上半年分别收窄 10.2 和 10.4 个百分点，分别为 2019 年同期的 71.1% 和 75.5%，10 月份受国庆假日旅游市场拉动，全年国内旅游主要指标回升至上年的九成左右。

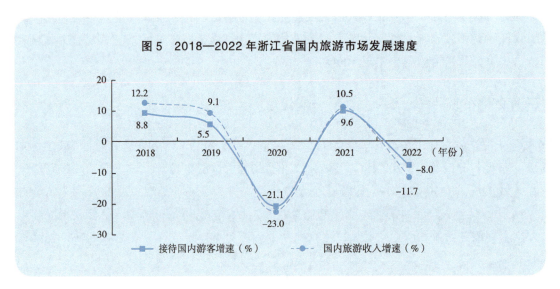

图 5　2018—2022 年浙江省国内旅游市场发展速度

（2）游客消费。住宿、购物和餐饮花费占比缩减，文化消费潜力加速释放。国内旅游抽样调查显示，2022 年全省国内游客人均花费 1596.6 元。从花费结构看，构成中占比最高的三项依次是住宿、购物和餐饮，合计占总花费比重近六成，较 2019 年下降 5 个百分点。其中，住宿占比为21.3%，较上年提高 3.1 个百分点，较 2019 年下降 2.1 个百分点。购物占比为 18.1%，较上年下降 11.1 个百分点，较 2019 年提高 0.7 个百分点。花费构成中文化娱乐、休闲疗养合计占比近二成，较上年提升 8.6 个百分点（见图 6）。

---

① 自 2021 年开始，浙江省国内旅游接待主要指标根据《全国文化文物和旅游统计调查制度》（国统制〔2020〕189 号）和《浙江省文化和旅游统计调查制度》（浙统制〔2022〕1 号）进行总体推算，"比上年增长"为同口径比。
② 根据国家外汇管理局公布的汇率数据，即 1 美元 =6.7261 元人民币。

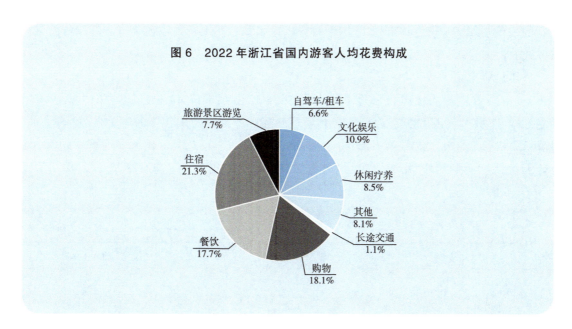

图 6 2022 年浙江省国内游客人均花费构成

（3）旅游行为。省内游客比重大幅提升，游客近程游趋势特征明显。2022 年浙江省国内旅游抽样调查结果显示，省内游客比重达 86.8%，较上年大幅提高 10.9 个百分点，省外客源地中，排名前五的均为周边省（市），分别是江苏、上海、江西、福建和安徽，合计占比为 9.9%，较上年下降 7.9 个百分点（见表 4）。

表 4 2019—2022 年浙江省外客源地国内游客占比 TOP10

序号	2019 年		2020 年		2021 年		2022 年	
	省份	占比（%）	省份	占比（%）	省份	占比（%）	省份	占比（%）
1	江苏	24.2	江苏	27.1	江苏	31.0	江苏	41.5
2	上海	21.4	上海	20.7	上海	17.1	上海	13.8
3	安徽	7.7	安徽	8.0	福建	9.2	江西	7.3
4	江西	6.8	福建	7.0	安徽	8.8	福建	6.5
5	福建	6.2	江西	6.5	江西	7.7	安徽	5.9
6	湖北	3.2	山东	3.6	山东	4.2	山东	4.8
7	湖南	3.1	广东	3.3	河南	3.9	河南	4.6
8	河南	3.0	河南	2.9	湖南	2.0	湖北	1.7
9	广东	2.9	河北	2.7	四川	1.8	河北	1.4
10	北京	2.8	四川	2.1	广东	1.8	四川	1.4

注：上表数据为客源地游客占省外游客总量的比重。

游客出行方式发生变化，自驾成为游客出行的主要选择。2022 年，来浙国内游客选择自驾车出行的占比为 67.8%，较上年大幅提高 18.3 个百分点；乘坐公共交通工具（飞机、火车、轮船、汽车等）出行的占到 31.3%，较上年下降 15.1 个百分点；租车自驾出行的占比为 0.7%，骑行、徒步等其他出行方式的占比为 0.3%。

2. 出入境旅游市场

2022 年，全省接待入境过夜游客 22.1 万人次，比上年下降 48.4%，为 2019 年的 4.7%，实现国际旅游（外汇）收入 1.2 亿美元，比上年下降 40%，约为 2019 年的 4.5%（见表 5）。其中，接待外国人 16.4 万人次，比上年下降 49.8%；香港同胞 2.5 万人次，比上年下降 33.9%；澳门同胞 0.4 万人次，比上年下降 64.4%；台湾同胞 2.7 万人次，比上年下降 47%。2022 年组织出境游客人次为 0。

表 5　2018—2022 年浙江省接待入境过夜游客主要指标

年份	入境游客（万人次）	外汇收入（亿美元）
2018	456.8	26.0
2019	467.1	26.7
2020	38.4	1.6
2021	42.8	2.0
2022	22.1	1.2

（三）旅游行业企业

从行业企业看，与 2019 年相比，2022 年 A 级景区经营恢复程度相对最高，为 2019 年的六成，星级饭店次之，旅行社受疫情影响最大，恢复最为缓慢。

1. A 级景区

截至 2022 年底，全省共有 A 级景区 925 家，比上年增加 22 家（见表 6）。从各市 A 级景区分布看，杭州市 A 级景区数量最多，共有 116 家，占全省 A 级景区总量的 12.5%。台州市 A 级景区共有 103 家，列全省第二。从星级分布来看，截至 2022 年底，5A、4A 级景区占 A 级景区总量的 27.4%。其中，5A 级、4A 级、3A 级、2A 级、1A 级景区占比分别为 2.2%、25.1%、60.8%、11.6%、0.3%（见表 7）。

2022 年，全年平均从业人员 3.9 万人，比上年下降 14%，其中，大专以上学历 0.8 万人，比上年下降 51.5%。

表 6　2018—2022 年浙江省 A 级景区数量及增减情况

年份	A 级景区（家）	比上年增减（家）
2018	806	106
2019	798	−8
2020	827	29
2021	903	76
2022	925	22

表7　2022年浙江省A级景区分布情况　　　　　　　　　　　　　　　　单位：家

设区市	合计	5A级	4A级	3A级	2A级	1A级
浙江省	925	20	233	562	107	3
杭州市	116	3	44	59	10	0
宁波市	87	2	35	50	0	0
温州市	80	2	21	50	7	0
嘉兴市	89	3	9	49	28	0
湖州市	90	1	25	64	0	0
绍兴市	85	1	18	39	26	1
金华市	93	1	21	63	8	0
衢州市	72	2	14	53	3	0
舟山市	34	1	5	21	5	2
台州市	103	3	17	70	13	0
丽水市	76	1	24	44	7	0

2022年全省A级景区共接待游客4.2亿人次[①]，较上年下降23.6%，为2019年的62.4%；实现营业收入305.5亿元，较上年下降31.9%，为2019年的59.8%，门票收入39.5亿元，较上年下降38.8%，为2019年的39%（见图7）。全年平均从业人员3.9万人，比上年下降14%，其中大专以上学历0.8万人，比上年下降51.5%。

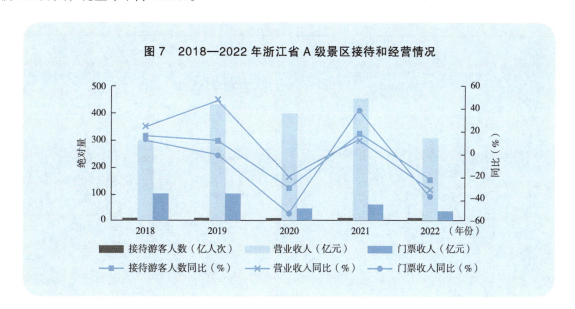

图7　2018—2022年浙江省A级景区接待和经营情况

2.星级饭店

截至2022年底，全省共有住宿单位7万家，较上年减少265家，共有客房187.6万间，较上年增加3.2万间，床位310.1万张，较上年增加4.7万张。星级饭店规模逐年缩减，截至2022年底，全省共有星级饭店472家，较上年减少33家。从各市星级饭店分布看，杭州市星级饭店数量最多，共

[①]　由于各景区累计接待人次未剥离，因此各景区累计接待人次大于全省接待人次。

有 97 家，占全省星级饭店总量的 20.6%。宁波市星级饭店共有 76 家，列全省第二，占全省星级饭店总量的 16.1%。从星级分布来看，五星级、四星级饭店约占星级饭店总量的 52.5%。其中，五星级、四星级、三星级、二星级和一星级饭店占比分别为 17.6%、35.0%、39.2%、7.8%、0.4%（见表 8）。

2022 年，全省星级饭店全年平均从业人员 5.1 万人，比上年下降 17.7%，为 2019 年的 71.0%（见图 8）。

表 8　2022 年浙江省星级饭店分布情况　　　　　　　　　　　　单位：家

设区市	合计	五星级	四星级	三星级	二星级	一星级
浙江省	472	83	165	185	37	2
杭州市	97	22	37	28	10	0
宁波市	76	21	25	24	5	1
温州市	53	7	18	25	3	0
嘉兴市	34	6	9	19	0	0
湖州市	24	3	11	8	2	0
绍兴市	36	10	11	12	3	0
金华市	42	2	20	17	3	0
衢州市	31	3	13	11	4	0
舟山市	9	1	2	6	0	0
台州市	34	6	12	14	2	0
丽水市	36	2	7	21	5	1

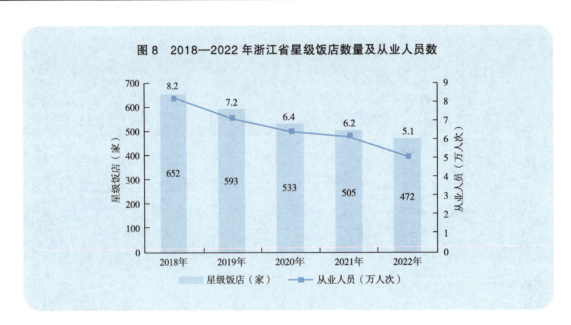

图 8　2018—2022 年浙江省星级饭店数量及从业人员数

星级饭店全年营收为上年的八成，为 2019 年的六成左右。2022 年，全省星级饭店实现营业收入 131.5 亿元，较上年下降 18.2%，为 2019 年的 57.4%；平均客房出租率 47.68%，比上年提高 2.34 个百分点，较 2019 年下降 7.27 个百分点；平均房价为 324.2 元/（间·天），比上年下降 6%，为 2019

年的 90.4%；平均每间可售客房收入 154.5 元 /（间·天），为 2019 年的 78.4%（见图 9）。

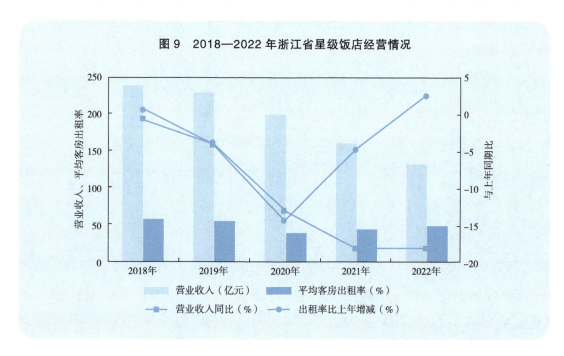

图 9   2018—2022 年浙江省星级饭店经营情况

3. 旅行社

截至 2022 年底，全省共有旅行社 3197 家，其中出境社 298 家（见表 9）。从各市旅行社分布看，杭州市旅行社数量最多，共有 1005 家，占全省总量的 31.4%。宁波市旅行社共有 411 家，列全省第二，占全省总量的 12.9%。出境社主要分布在杭州，占全省出境社总量的 39.6%（见表 10）。

2022 年，全省旅行社全年平均从业人员 1.9 万人，比上年下降 9.3%，为 2019 年的 68.9%。

表 9   2018—2022 年浙江省旅行社数量

年份	旅行社（家）	其中：出境社（家）
2018	2851	309
2019	2769	307
2020	2896	306
2021	3015	302
2022	3197	298

表 10   2022 年浙江省旅行社分布情况

城市	旅行社数量（家）	其中：出境社（家）
杭州市	1005	118
宁波市	411	29
温州市	293	29

续表

城市	旅行社数量（家）	其中：出境社（家）
嘉兴市	246	37
湖州市	179	24
绍兴市	174	19
金华市	216	16
衢州市	153	4
舟山市	206	8
台州市	176	13
丽水市	138	1
总计	3197	298

　　旅行社遭遇市场萎缩困境，部分中小微企业歇业求存，行业整体复苏进度比较艰难。2022年，全省旅行社实现营业收入180.1亿元，较上年下降7.4%，为2019年的46.9%。全省旅行社外联入境游客、接待入境游客、组织出境游客均为0人次。

　　从国内接待情况看，2022年全省旅行社共接待国内游客746.6万人次，较上年下降34.2%，为2019年的41.7%。从客源结构看，全年有86.7%的游客来自本省，本省游客接待量较上年下降20.6%，为2019年的61.1%；省外游客量为99.5万人次，较上年下降68.8%，为2019年的13.6%，省外客源地主要集中在江苏、上海、福建、安徽和广东，占旅行社接待国内游客总量的11.6%。从客源构成看，全省旅行社接待省内游客量占比较上年提高14.8个百分点，较2019年提高27.4个百分点。表11为2019—2022年浙江省旅行社接待国内游客客源地结构（TOP10）。

表11　2019—2022年浙江省旅行社接待国内游客客源地结构（TOP10）

序号	2019年		2020年		2021年		2022年	
	省份	占比（%）	省份	占比（%）	省份	占比（%）	省份	占比（%）
1	浙江	59.2	浙江	75.2	浙江	63.0	浙江	86.7
2	上海	12.5	上海	8.5	上海	8.0	江苏	4.6
3	江苏	11.7	江苏	6.5	江苏	7.2	上海	2.9
4	福建	3.9	福建	3.2	安徽	3.4	福建	2.5
5	安徽	3.4	安徽	1.8	福建	3.4	安徽	1.1
6	广东	2.3	广东	1.0	江西	1.7	广东	0.5
7	北京	1.3	江西	0.8	湖南	1.4	江西	0.4
8	江西	0.8	北京	0.6	广东	1.1	湖南	0.1
9	山东	0.5	湖南	0.3	四川	1.1	四川	0.1
10	湖南	0.5	四川	0.3	湖北	1.0	湖北	0.1

从国内组团情况看，2022 年全省旅行社共组织国内游客 790.1 万人次，较上年下降 26%，为 2019 年的 47%。

从目的地分布看，受疫情影响，旅行社组团以省内游为主，省内游占到 90.5%，较上年提高近 11 个百分点，较 2019 年提高近 26 个百分点。省外游占比较低，目的地主要分布在江西、四川、广东、江苏、安徽、云南和福建等省份，合计占比为 6.1%（见表 12）。

表 12　2019—2022 年浙江省旅行社组织国内游客目的地结构（TOP10）

序号	2019 年		2020 年		2021 年		2022 年	
	省份	占比（%）	省份	占比（%）	省份	占比（%）	省份	占比（%）
1	浙江	64.6	浙江	88.0	浙江	79.9	浙江	90.5
2	江苏	6.3	江苏	2.3	江苏	2.7	江西	1.0
3	上海	5.8	云南	1.1	福建	2.1	四川	0.9
4	福建	3.2	上海	0.9	上海	1.8	广东	0.8
5	北京	2.3	福建	0.9	江西	1.4	江苏	0.8
6	安徽	2.0	海南	0.8	四川	1.1	安徽	0.7
7	云南	1.6	北京	0.7	海南	1.1	云南	0.6
8	海南	1.5	江西	0.7	北京	0.9	福建	0.6
9	广东	1.4	广东	0.6	广东	0.9	重庆	0.4
10	江西	1.4	安徽	0.6	云南	0.7	海南	0.3

五、产业与科技

文旅产业在稳进提质中逐步恢复。高效统筹疫情防控和经济发展，以"三抓一优"（抓投资、抓消费、抓纾困、优服务）为导向，建立面向各市、县（市、区）的文化和旅游产业稳进提质"赛马"机制，推动文旅产业整体企稳回升向好。其中，宁波市获国务院 2021 年文化和旅游产业工作督查激励，杭州市拟被纳入 2022 年度督查激励名单。文化和旅游产业融合进程加快。省政府印发《关于推进文化和旅游产业深度融合高质量发展的实施意见》。整体谋划推进百县千碗、百县千宿、百县千艺、百县千礼、百县千集行动，其中，百县千碗体验店开至澳门，累计培育省级体验店 730 家、旗舰店 15 家、美食街区（镇）24 家。"诗画浙江·百县千碗"美食旅游 IP 获评文化和旅游部改革创新优秀案例。加快推进诗路文化带和大运河、长江国家文化公园建设，举办第三届诗路文化带讲解员大赛、诗路水上游线路主题体验活动，完成东南沿海邮轮浙江首航。推进旅游业"微改造、精提升"，全省实施项目 12362 个，实际完成投资 373.3 亿元，年度投资完成率 95.3%。

全域旅游品牌持续打响。台州府城文化旅游区成功创建国家 5A 级旅游景区，全省总数 20 家，居各省（区、市）第二。泰顺廊桥－氡泉旅游度假区、鉴湖旅游度假区成功创建国家级旅游度假区，全省总数 8 家，居各省（区、市）第一。新增国家级旅游休闲街区 3 家，全省总数 6 家，居各省（区、市）第一。报请省政府命名省级旅游度假区 5 家，撤销 3 家。深化"百城千镇万村"工程，景区城、景区镇、景区村覆盖率分别达 70%、56.7%、56.5%，制定公布景区村庄 2.0 指南，新增全国乡村旅游重点村 7 个、重点镇 3 个，数量居各省（区、市）第一。新增等级民宿 249 家。2022 年全国县域旅游综合实力百强县中浙江占 35 席，连续 4 年居各省（区、市）第一。

文旅企业不断培育壮大。认真落实百家文化名企创优工程，扎实推进全省文化和旅游企业梯度培育计划，全年培育 25 家领军企业、92 家骨干企业、76 家新锐企业。指导推进横店影视文化产业集聚区、衢州儒学文化产业园区等创建国家级文化产业园区，认定 18 家省级文化产业示范基地。创建国家工业旅游示范基地 2 个，培育省级工业旅游、中医药文化养生、运动休闲、研学等各类省级基地 120 个。

六、文化遗产保护

（一）文物保护利用

文化遗产保护利用实现整体跃升。省委、省政府高规格召开全省文物工作会议，印发《关于全面加强新时代文物工作 打造文博强省的意见》《关于让文物活起来 扩大中华文化影响力的实施意见》，省政府与国家文物局签订《关于加强浙江省文物保护利用战略合作协议》。建成浙江省乡村博物馆 464 家，登记备案博物馆 420 家，数量居各省（区、市）第二，5 个博物馆展陈获全国性奖项，浙江省博物馆获评 2022 年度全国最具创新力博物馆。革命文物保护利用有序推进，2 个项目入选第三届全国革命文物保护利用优秀案例。深入实施"革命文物弘扬传播工程"，开展"革命文物青年说"等系列活动，上线 50 个革命文物数字展览。浙江省大运河世界文化遗产监测系统正式上线运行。嘉兴南湖中共"一大"会址等 4 家单位入选教育部等 8 部门联合公布的首批"大思政课"实践教学基地。考古工作和文物价值阐释传播成效显著。实施浙江考古"启明星"计划。完成 115 项考古发掘项目。《长江中下游早期稻作农业社会的形成研究（2023—2032 年）》列入"考古中国"重大项目，温州朔门古港重大考古发现入选 2022 年国内十大考古新闻。上山文化遗址申遗取得实质性进展，省政府成立工作专班，印发保护和申遗实施方案。安吉古城和上山、河姆渡、宋六陵分别获国家考古遗址公园命名或立项。省文物局与浙江大学共同编纂的国家重点文化工程和浙江文化研究工程项目《中国历代绘画大系》历时 17 年圆满完成并全部出版，"盛世修典——'中国历代绘画大系'成果展"在国家博物馆举办，习近平总书记作出重要批示。浙江文化研究工程之《越地藏珍——浙江馆藏文物大典》《浙江考古与中华文明》丛书（第一辑）出版。"稻·源·启明——浙江上山文化考古特展"在国家博物馆举办。

2022 年，全省共有文物机构 624 个，比上年增加 15 个。其中，文物保护管理机构 85 个，占 13.62%，博物馆 425 个，占 69.23%。2022 年全省文物机构从业人员 13008 人，比上年增长 10.03%（见图 10）。其中，高级职称 828 人，占 6.37%，中级职称 1359 人，占 10.45%。

2022 年末，全省文物机构拥有藏品 180.84 万件，比上年末增加 2.54 万件，同比增长 1.43%。其中，博物馆藏品 162.89 万件，占文物藏品总量的 90.07%。文物藏品中，一级文物 2351 件，占 0.12%；二级文物 10994 件，占 0.6%；三级文物 94561 件，占 4.68%。

2022 年末，全省文物机构共有基本陈列 1328 个，比上年末减少 158 个，举办临时展览 1411 个，比上年末减少 82 个，接待参观人次 4516.80 万人次，比上年下降 17.06%。其中，未成年人 1128.53 万人次，比上年下降 12.74%，占参观总人数的 24.99%（见图 11）。此外，博物馆接待观众 3518.19 万人次，比上年下降 13.56%，占文物机构接待观众 77.89%。

图 10　2018—2022 年浙江省文物机构及从业人员数量

图 11　2018—2022 年浙江省文物机构接待观众情况

（二）非遗保护传承

非遗保护传承成果丰硕。由浙江省牵头、15 省（区、市）共同申报的"中国传统制茶技艺及其相关习俗"成功入选人类非遗代表作项目，习近平总书记作出重要指示。至此，全省共有 11 项人类非遗项目，总数在各省（区、市）中保持第一。文化和旅游部、浙江省政府在杭州共同主办"茶和天下 共享非遗"主题主会场活动，全渠道宣传推广，总曝光量达到 1 亿量级。健全非遗保护传承体系，印发《关于进一步加强非物质文化遗产保护工作的实施意见》《关于进一步推进非物质文化遗产融入国民教育体系的实施意见》。加强非遗活化利用，做好"推动传统工艺高质量传承发展""非遗助力乡村振兴"试点省工作，建成 11 个浙江省文化传承生态保护区，认定首批 10 个省级传统工艺工作站、50 个省级非遗工坊，评选发布首批浙江非遗主题旅游线路 16 条。文化和旅游部在温州举行"非遗在社区"工作经验交流活动。举办 2022 年中国大运河非遗旅游大会、第十四届浙江·中国非遗博览会、2022 年"非遗购物节"活动。

2022 年末，全省共有非物质文化遗产保护机构 97 个，从业人员 618 人。2022 年全省非物质文化遗产保护机构共举办展览 2561 个，接待参观 493.33 万人次，与上年增长 65.88%；举办演出 9380 场，比上年增长 30.02%，观众 1678.12 万人次，比上年增长 48.4%；举办民俗活动 2676 次，比上年增长 76.17%，观众 936.37 万人次，比上年增长 192.31%；开展非遗工作人员培训班 473 次，比上年减少 318 班次，培训人数 2.02 万人次，比上年下降 38.97%。

七、对外和对港澳台文化交流

"诗画江南、活力浙江"品牌持续擦亮。充分发挥文化和旅游的独特作用，讲好浙江故事，展示江南的自然与人文、浙江的精神与气度。平台与载体实现升级。世界旅游联盟总部正式落户杭州。评选浙江省公共文化国际交流基地 15 家、浙江省公共文化国际交流项目 107 项，建设国际人文交流基地 12 个，培育外籍友好使者 23 名，布局海外文旅推广中心 4 个，进一步扩大了"诗画江南、活力浙江"的国际影响力。对外合作交流不断深化。以中德、中日、中韩等建交周年庆为契机，举办"美丽中国·诗画浙江"系列文旅交流活动。联合浙江大学举办"中国历代绘画大系"之宋画欧盟、英国特展，联合金华举办中非文化合作交流周，联合宁波举办亚洲海洋旅游发展大会。上线"诗画浙江"亚运专栏，举办"诗画浙江"欧亚推广季，"诗画浙江"国际传播纪录片在全球上百个国家播出。在多个国家举办"青风海上来——浙江考古与中华文明：浙江青瓷巡礼"展览、"灵感原乡·诗画浙江"南美主题云展等活动，推动浙江文化走出去。成功承办第三届"丝绸之路周"主场活动。区域合作交流更加紧密。创作大型历史京剧《班超》并在阿克苏巡演。举办 2022 浙江（成都）旅游交易会。打响"我爱浙疆"文旅援疆品牌，被国家发展改革委公布为 2022 年全国消费帮扶助力乡村振兴典型案例。推进长三角文化和旅游一体化发展，积极推动环太湖生态文化旅游圈、杭黄世界级自然生态和文化旅游廊道、浙皖闽赣生态旅游协作区等省际文旅项目合作建设，大力推进长三角"七名"精品旅游线路、高铁旅游以及特色专项旅游产品的建设推广。

八、资金投入

2022 年，全省文化事业费 112.23 亿元，比上年增加 7.36 亿元，增长 7.02%；全省人均文化事业费 170.64 元，比上年增加 10.89 元，增长 6.8%（见图 12）。

图 12　2018—2022 年浙江省人均文化事业费及增速情况

人均文化事业费（元）　—— 同比增长（%）

2022 年，全省文化事业费占财政支出的比重为 0.934%，比重较上年下降 0.16 个百分点（见图 13）。

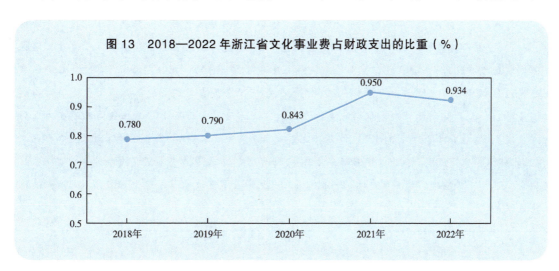

图 13　2018—2022 年浙江省文化事业费占财政支出的比重（%）

2022 年，全省文物事业费 44.38 亿元，文物事业费占财政支出的比重为 0.37%，比上年增长 0.03%。

（浙江省文化和旅游厅）

浙江：标志性文化成果实现丰收

一是坚持提标杆、进位次，标志性成果实现丰收。重大荣誉集中涌现。越剧《枫叶如花》荣获艺术领域的政府最高奖项——文华大奖。歌剧《红船》荣获第十六届全国"五个一工程"优秀作品奖。温州选送群舞《擂鼓声声迎归帆》荣获"群星奖"。由我省牵头，联合14个兄弟省共同申报的"中国传统制茶技艺及其相关习俗"成功入选人类非遗代表作项目，习近平总书记对此作出重要指示。省文物局与浙江大学共同编纂的《中国历代绘画大系》历时17年圆满完成并全部出版，"盛世修典——'中国历代绘画大系'成果展"在国家博物馆举办，习近平总书记作出重要批示。重大谋划纲举目张。省委、省政府《关于推进文化和旅游产业深度融合高质量发展的实施意见》《关于全面加强新时代文物工作 打造文博强省的意见》《关于让文物活起来 扩大中华文化影响力的实施意见》等一批基础性、战略性政策文件印发施行。重大平台驱动发展。世界旅游联盟总部正式落户杭州。搭建亚洲海洋旅游发展大会（宁波）、长三角露营大会（湖州）等产业合作平台。

二是坚持高站位、强推进，系统改革重塑实现突破。建立"浙文旅"平台＋大脑。文旅大脑入选第二批省级领域大脑建设，"旅游通"入选全省数字化改革最佳应用，"浙里文化圈"应用入选全省"数字文化跑道"引领示范项目。衢州文旅助企惠民"云闪兑"等两个应用获文化和旅游部"数字化创新实践"十佳案例。共富改革形成新跑道。率先构建精神富有及文化和旅游促进人民精神生活共同富裕这两个评价指标体系。打造8288个覆盖全省的"15分钟品质文化生活圈"。支持山区海岛县旅游高质量发展，实施《浙江省万户农家旅游致富计划》，支持舟山等地实施海岛专项共富行动。嘉兴在国家公共文化服务体系示范区创新发展复核中位列东部第一，丽水乡村春晚入选第五批全国农村综合改革标准化试点项目。创新性工作亮点频出。创新谋划的"文艺星火赋美"工程和文旅融合"五百五千"工程被写入省委十五届二次全会《决定》。实施浙江考古"启明星"计划。完成文化基因解码工程1.0版，推进宋韵文化、阳明文化等"浙江文化标识"项目建设。推出《中国好声音·越剧特别季》。全国率先实施美育赋能乡村建设项目。湖州完成全国唯一乡村博物馆试点市建设。宁波"一人一艺"全民艺术普及入选全国文化和旅游领域改革创新十佳案例。

安徽省 2022 年文化和旅游发展情况分析

2022 年是全面建设社会主义现代化国家新征程、向第二个百年奋斗目标进军的关键一年。在省委、省政府的坚强领导下，安徽省文化和旅游系统坚持以习近平新时代中国特色社会主义思想为指导，深入学习贯彻党的二十大精神，坚持以人民为中心的工作导向，大力发展文化事业和文化产业，推进旅游为民，发挥旅游带动作用，不断增强人民群众的获得感、幸福感、安全感，文化和旅游各项工作取得良好成效。

一、机构和从业人员

2022 年末，纳入统计范围的全省各类文化和旅游单位 19604 个，比上年增加 3164 个，其中，文化和旅游单位 19290 个，增加 3162 个，文物单位 314 个，增加 2 个。各类文化和旅游从业人员 117982 人，比上年减少 3447 人（见图 1）。

图 1　2018—2022 年各类文化和旅游机构人员情况

二、艺术创作生产

（一）艺术表演团体基本情况

2022 年末，全省共有艺术表演团体 3806 个，比上年末增加 936 个，从业人员 40665 人，比上年末减少 649 人。全年全省艺术表演团体共演出 33.72 万场，比上年减少 17.29%；国内观众约 0.52 亿人次，比上年减少 14.55%；演出收入约 7.27 亿元，比上年减少 13.19%（见表 1）。此外，省内全国国有艺术表演团体共组织政府采购公益演出 4900 场，观众 179.92 万人次，分别比上年增加 8.89% 和 8.38%。

表 1　2018—2022 年全省艺术表演团体基本情况

年份	机构数（个）	从业人员（人）	演出场次（万场次）	国内演出观众人次（万人次）	演出收入（万元）
2018	2859	43000	50.5	19959.90	140537
2019	2628	37900	34.7	13398.30	93476
2020	2334	39174	30.1	9555.10	91481
2021	2870	41314	40.77	6119.07	83782
2022	3806	40665	33.72	5228.52	72729

（二）艺术创作生产取得新成果

围绕乡村振兴、长三角一体化等现实题材，创作推出了一大批戏剧、音乐、舞蹈、美术等项目，其中，10 部大戏、20 个小戏入选省级戏剧创作孵化计划。黄梅戏《不朽的骄杨》入选第十三届中国艺术节"文华大奖"终评，20 多个作品参加全国展演展览。23 个项目获国家艺术基金立项资助，入选数量位居全国第 8 位。举办了安庆黄梅戏展演周，6 大项 23 场活动共吸引 490 万人次在线观看。开展全省濒危剧种戏曲公益性演出、文化惠民巡演乡村行等活动 4200 多场，促进了地方戏曲保护传承。组织国有艺术院团社会效益评价考核。开展民营院团"四个十"评选。

三、公共文化服务体系

安徽省美术馆建成开放，半年接待观众 40 余万人次，冲上中博热搜榜，成为安徽文化新地标、网红打卡点。编制《村级综合性文化服务中心建设要求与评价》地方标准，填补安徽省村级文化设施管理标准的空白。建成"城市书房""文化驿站"等新型公共文化空间 490 多个，成为市民家门口的"文化客厅"。全省公共文化场馆免费开放全覆盖，开展各类活动 2.6 万场、参加人次 4000 多万。"送戏进万村"演出 1.8 万场，成为最受欢迎的民生工程之一（群众满意率居全省第 2 位）。举办"乡村春晚"580 多场，16 万农村群众参与，演出节目超过 1 万个。归集全省文旅资源信息，建成安徽文化和旅游大数据中心，"国家文化云"安徽热力指数进入全国前列（居最具活力榜第 1、直播热度榜第 3）。

（一）公共图书馆

2022 年末，全省共有公共图书馆 133 个，较上年末持平。年末全省公共图书馆从业人员 1736 人，比上年末增加 114 人。其中具有高级职称的人员 123，占 7.09%；具有中级职称的人员 495 人，占 28.51%。

2022 年末，全省公共图书馆实际使用房屋建筑面积 71.35 万平方米，比上年末增长 12.27%；总藏量 4202.59 万册，比上年末增长 11.47%；线上服务人次 10683.46 万人次；阅览室座席数 63069 个，比上年末增长24.07%；计算机8100台，其中供读者使用的电子阅览终端5472台。

2022年末，全省平均每万人公共图书馆建筑面积116.45平方米，比上年末增加12.49平方米；全省人均藏量0.68册，比上年末增加0.06册（见图2）。

2022年全年，全省公共图书馆发放借书证355.52万个，比上年减少3.31%；图书馆总流通人次近5197万，增长26.79%。书刊文献外借册次近2501万册次，比上年增长9.64%；外借人次1239.36万人次，比上年增长9.14%。具体见图3。

图2　2018—2022年全省公共图书馆人均资源情况

图3　2018—2022年全省公共图书馆总流通人次及书刊外借册次

（二）群众文化机构

2022年末，全省共有群众文化机构1635个，文化馆数保持不变。其中综合文化站1512个，较上年增加7个。年末全国群众文化机构从业人员6246人，其中：具有高级职称的人员144人，占2.3%；具有中级职称的人员510人，占8.17%。

2022 年末，全省群众文化机构实际使用房屋建筑面积 154.07 万平方米，比上年末增长 9.39%；业务用房面积 116.53 万平方米，比上年末增长 4.36%。年末全省平均每万人群众文化设施建筑面积 251.46 平方米，比上年末增加 21.05 平方米（见图 4）。

图 4　2018—2022 年全省平均每万人群众文化设施建筑面积

表 2 为 2022 年全省群众文化机构开展活动情况。

表 2　2022 年全省群众文化机构开展活动情况

项目	总量		比上年增长（%）	
	活动次数（次）	服务人次（万人次）	活动次数	服务人次
各项活动总计	92402	3466.28	8.71	40.89
其中：展览	6777	478.56	14.03	34.19
文艺活动	49716	2732.55	10.32	43.42
公益性讲座	943	39.98	−3.08	93.61
训练班	34966	215.19	5.90	21.05

四、旅游业发展

（一）国内旅游市场运行情况

1. 国内旅游市场持续恢复发展

2022 年，全省接待国内旅游人数 4.96 亿人次，同比下降 14.58%；实现国内旅游收入 4640.17 亿元，同比下降 16.82%。国内旅游人均花费 935.49 元。受省内疫情阶段性散发影响，民众出游半径有所缩短，城郊微度假、乡村自驾游等需求增长明显，各地紧跟市场热点，持续推出优质旅游产品，满足游客多元需求。图 5 为 2022 年国内旅游者来皖人均消费支出构成。

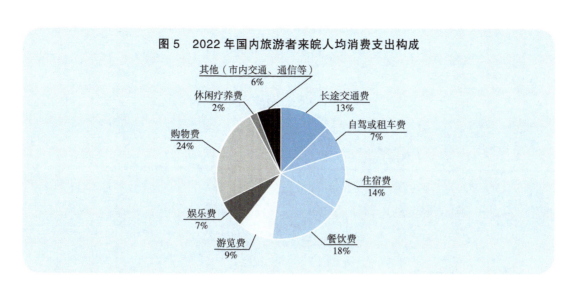

图 5　2022 年国内旅游者来皖人均消费支出构成

2. 皖南示范区旅游人数和收入居首

分区域看，皖北旅游区接待国内旅游人数近 1.22 亿人次，同比下降 14.35%；实现国内旅游收入 842.83 亿元，同比下降 16.51%。合肥经济圈接待国内旅游人数近 1.31 亿人次，同比下降 14.57%；实现国内旅游收入 1414.12 亿元，同比下降 17.60%。皖南国际文化旅游示范区（以下简称"皖南示范区"）接待国内旅游人数近 2.44 亿人次，同比下降 14.69%；实现国内旅游收入 2383.22 亿元，同比下降 16.45%，人数和收入均居三大板块第一（见表 3）。

表 3　分区域国内旅游主要经济指标

区域	2022 年国内旅游人数 （万人次）	同比增长 （%）	2022 年国内旅游花费 （亿元）	同比增长 （%）
皖北旅游区	12169.28	−14.35	842.83	−16.51
合肥经济圈	13062.09	−14.57	1414.12	−17.60
皖南示范区	24369.94	−14.69	2383.22	−16.45
合计	49601.31	−14.58	4640.17	−16.82

皖北旅游区、合肥经济圈、皖南示范区接待国内旅游人数分别占全省比重为 24.53%、26.34%、49.13%（见图 6），实现国内旅游收入分别占全省比重为 18.16%、30.48%、51.36%（见图 7）。

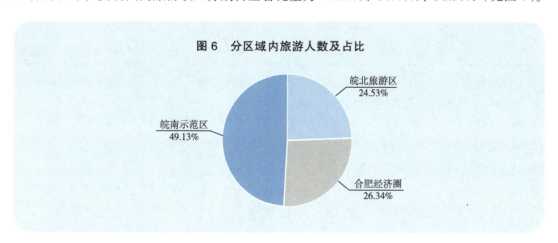

图 6　分区域内旅游人数及占比

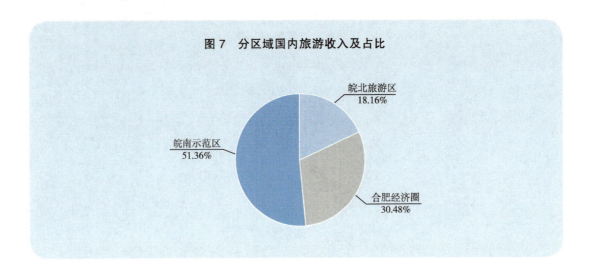

图 7　分区域国内旅游收入及占比

（二）全省主要旅游企业经营恢复情况

1. 惠民措施持续为景区引流

全省纳入监测（可比口径）的 572 家 A 级景区，2022 年累计接待人数 1.90 亿人次，同比下降 23.06%；门票收入 16.48 亿元，同比下降 39.28%。2022 年，受疫情影响，部分景区阶段性关停明显，全省 A 级景区经营压力较大，但各大景区在"安徽人游安徽"惠民措施的引流下，紧抓中国旅游日、暑期旅游旺季及国庆节等旅游节点，集中开展门票免费优惠活动，推出节庆民俗、亲子游玩、登高赏雪等特色旅游产品，旅游景区复苏态势良好。

从景区等级看，5A 级景区接待人数 1567.00 万人次、同比下降 43.57%，景区门票收入 8.02 亿元、同比下降 41.75%；4A 级景区接待人数 7727.27 万人次、同比下降 27.54%，景区门票收入 6.90 亿元、同比下降 36.09%（见表 4）。

表 4　分等级景区主要经营数据

景区级别	接待人数（万人次）	同比增幅（%）	门票收入（亿元）	同比增幅（%）	景区数量（个）
5A	1567.00	-43.57	8.02	-41.75	17
4A	7727.27	-27.54	6.90	-36.09	205
3A 及以下	9715.19	-13.75	1.56	-39.39	350
合计	19009.46	-23.06	16.478	-39.28	572

2. 旅行社组织人数同比下降超六成

2022 年，全省纳入监测（可比口径）的 1014 家旅行社组织国内旅游人数 59.80 万人次，同比下降 65.74%；接待国内旅游人数 93.41 万人次，同比下降 58.19%（见图 8）。

3. 星级宾馆/饭店接待人数同比略有增长

2022 年，全省纳入监测（可比口径）的 170 家星级饭店接待人数 344.87 万人次，同比下降 23.08%；实现营业收入 28.97 亿元，同比下降 11.09%。其中，客房收入为 11.91 亿元，同比下降 9.92%；餐饮收入为 12.90 亿元，同比下降 16.97%（见表 5）。

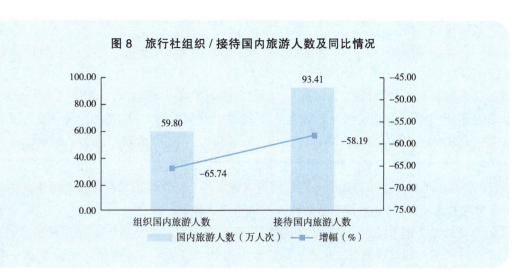

图 8　旅行社组织 / 接待国内旅游人数及同比情况

表 5　星级宾馆 / 饭店各旅游经济指标发展状况

指标	2022 年全年	同比增长（%）
住宿接待人数（万人次）	344.87	−23.08
营业收入（亿元）	28.97	−11.09
其中：客房收入（亿元）	11.91	−9.92
餐饮收入（亿元）	12.90	−16.97

（三）旅游经济运行特点

2022 年，全省文旅市场活跃度指数为 24.7，同比下降 16.3%（见图 9）。全省监测口径旅游活动 1857 项，其中大型活动 229 项、中型活动 704 项、小型活动 924 项，活动数量较去年同期减少 82 项。活动内容以文旅惠民、节庆民俗、文化展演、乡村美食、主题乐园等为主。如淮北"文旅体惠民消费券重磅来袭，快来领取你的双 12 福利！"、合肥"养正街试营业！打卡六家畈，感受侨乡浪漫烟火气"、宿州"灵璧菠林喇叭'元气吹来'云上音乐节"、滁州"马厂羊肉面美食节即将开启"、阜阳"中环格林童话乐园迎新年，潮玩风采 欢乐无限！"等，丰富多彩的旅游活动满足了游客的多元需求。

图 9　2021—2022 年全省旅游市场活跃度

五、文旅和旅游市场

坚持"两手抓",一手抓市场营销,一手抓安全生产,不断优化文旅市场环境。受文化和旅游部委托起草的《旅游景区文明引导工作指南》,已向全国印发实施。制定并发布了《文明服务导则》《文明旅游守则》。评定首批省级文明旅游示范单位 27 家、丙级旅游民宿 33 家。开展第三届"你是最美的风景——安徽文旅行业风采展"活动,制作发布《逐梦行者》《致敬平凡》微纪录视频,挖掘"微人物",彰显"大情怀"。成功举办文旅行业服务技能大比武活动,其中,导游大赛和旅游星级饭店、民宿管家服务技能竞赛(全国率先)分别被列为省级一类、二类技能竞赛。旅游服务质量江淮行品牌写进《质量强省建设纲要》,旅游质量工作考核稳居全国前列。

出台《安徽省文化市场综合行政执法事项指导目录》和《文化市场综合执法运行机制》。组织"清浊 2022"、"不合理低价游"、艺术品(字画)市场"打假"专项整治、私设景点专项整治等行动,累计出动执法人员 23 万人次,检查经营场所 9 万家次,先后 5 次在全国、全省专项工作推进会上介绍经验。组织安全生产(消防)和疫情防控专项培训,联合多部门开展假日市场督查检查,全省未发生重大安全责任事故,未出现疫情通过文化旅游渠道传播的情况,连续第 9 年获安全生产考核先进单位。深化"放管服"改革,实现所有事项"一网一门一次"办理,文化和旅游窗口办件办结率和满意率均达 100%。

2022 年末,全省文化市场经营单位共计 15560 家,较上年末增加 3146 家;从业人员 67973 人;营业收入 65.03 亿元,营业利润 18.96 亿元。其中,娱乐场所 4035 个,从业人员 14656 人,营业收入 13.22 亿元,营业利润 3255 万元;互联网上网服务营业场所 6970 个,从业人员 9387 人,营业收入 8.51 亿元。

2022 年末,全省旅行社 1379 个,2022 年度全省旅行社营业收入 21.7 亿元,直接从业人员 7342 人。年末全省星级饭店 219 家,从业人员 20593 人,营业收入 35.49 亿元。

六、文旅产业发展

"512"旅游重点项目建设加快推进,全省在建项目 1472 个,全年完成投资 1395 亿元,同比增长8.5%。发布《安徽省乡村旅游高质量发展行动计划(2022—2024)》,9 村(镇)获评全国乡村旅游重点村(镇)(全省总数 53 个)。旅游民宿蓬勃发展,已由"以家为宿、以宿为家、场景体验"的 1.0、2.0、3.0 版,升级到"微度假目的地"的 4.0 版,规模近 4000 家,形成黟县、青阳、庐江等一批民宿集群。推出滁州"江淮分水岭风景道"等 8 条首批省级旅游风景道。亳州古井酒文化博览园、铜陵"铜官山 1978"文创园获评国家工业旅游示范基地,宣城绩溪等 10 个县(市、区)获评首批省级全域旅游示范区,新增 4A 级旅游景区 2 家,推出避暑旅游休闲目的地 10 家。全省国有文旅投资公司发展到 80 多家,成为各地文旅产业发展的重要平台。

深入挖掘徽菜美食文化,策划开展"皖美好味道·百县名小吃"美食行动,推出 200 道特色美食、100 家体验店、10 个体验街区、49 个美食村、20 条美食旅游线路,编印《皖美好味道·百县名小吃》画册,制作主题宣传视频,组织特色美食大赛、"美食带你游安徽"等系列活动 300 多场次,皖美味道香飘全国。淮北榴园地锅鸡、六安叶集风干羊肉预制菜等销售同比增长超 100%,徽州臭鳜鱼仅抖音平台销售额就超过 5 亿元。推出第二批夜间文旅消费"四个十佳"产品 40 个,合肥罍街、芜湖古城等 6 家街区入选第二批国家级夜间文化和旅游消费集聚区。聚焦破解"旅游统计难",综合运用观测点监测、抽样调查、移动运营商监测等手段，建立了月度和节假日文旅消费监测机制。

首创并开展"十佳谋划项目""十佳落地项目"评选。首设文化和旅游数字创意产业基金。建立了数字创意和文旅企业融资需求库，全省 31 个项目入选国家贷款财政贴息项目库。截至目前，全省数字创意产业专班组织会见联系拜访客商 168 批次、1324 人次，数字创意产业签约、开工、投产项目总数 2304 个，总投资 5960 亿元。

七、文化遗产保护传承

完成了安徽长江文物资源专项调查（共计不可移动文物 1.1 万多处）。马鞍山含山凌家滩国家考古遗址公园正式挂牌，芜湖繁昌窑国家考古遗址公园获批立项。滁州明中都遗址考古发掘入选"全国十大考古新发现"。公布蚌埠固镇垓下遗址等首批 6 家省级考古遗址公园。配合引江济淮二期等重大工程建设，完成调查勘探发掘项目 67 个，出土各类文物和标本 2100 多件。编辑出版《考古安徽——先秦篇》图书，全面展示安徽先秦时期的重要考古成果。

安徽楚文化博物馆、阜阳博物馆建成开放，全省综合性博物馆、行业博物馆、非国有博物馆建设方兴未艾，总数达 235 家，基本形成主题多元、结构优化、特色鲜明、富有活力的安徽博物馆体系。安徽博物院获评"最具创新力博物馆"（全国共 3 家）。公布第二批全省革命文物名录。组织"红色讲解员进校园""纪念馆里的思政课"等活动。完成文物安全隐患整治和安全能力提升三年行动。

黄山毛峰、太平猴魁、六安瓜片、祁门红茶制作技艺入选世界非物质文化遗产。提请省政府公布第六批省级非遗代表性项目名录 147 项，总数达 626 项。选出了全省十佳非遗代表性传承人，认定公布 36 家省级非遗工坊，推出一批非遗主题旅游精品线路。视频直播家乡年、非遗购物节、对口援疆 19 省市非遗展、长三角城市非遗特展等活动丰富多彩。已有 10 个项目入选全国非遗与旅游融合发展优选名录。

2022 年末，全省共有各类文物机构 314 个，比上年末增加 2 个。其中，文物保护管理机构 80 个，占 25.48%；博物馆 225 个，占 71.66%。年末全省文物机构从业人员 3969 人，比上年末减少 40 人。其中高级职称 258 人，占 6.5%，中级职称 594 人，占 14.97%。

2022 年全省各类文物机构共举办陈列展览 1319 个，比上年减少 3 个。其中，基本陈列 669 个，比上年增加 20 个；临时展览 650 个，比上年减少 23 个。接待观众 1524.26 万人，比 2021 年减少 26.09%，其中未成年人 366.84 万人，占参观总人数的 24.08%（见图 10）。博物馆接待观众 1404.59 万人，占文物机构接待观众总数的 92.15%。

八、对外交流与合作

围绕讲好安徽故事、传播好中国声音，加强文旅品牌培塑和宣传推广，在精准、特色、创意、声势上下功夫，真正让"美好安徽"走出去、响起来。

精心办好系列节庆活动。举办第十三届安徽国际文化旅游节，主分会场联动，组织旅行商采风踩线、合作洽谈、文艺展演等活动。开展第四届"春游江淮请您来"百家媒体旅游推介，市、县联动，举办系列宣传活动。举办安徽自驾游大会、安徽研学大会、安徽民宿大会，打响"驾游安徽、研学安徽、美宿安徽"三大品牌 IP。支持举办中国国际健康旅游博览会。

强化区域联动营销。不断深化省内游，继续推进"安徽人游安徽"，统筹各市制定优惠政策，策

图 10　2018—2022 年全省文物机构接待观众总人次及未成年人观众人次

划新产品，组织资源对接、产品推介、市场推广等活动。广泛开展省际游，继续推进"六大特色板块"主题宣传推广活动，巩固长三角、中部地区等重点客源市场，加大京津冀、东三省等市场开发。依托省内外融媒体、《安徽文旅》画报等平台，加强内容策划，创新宣传形式，增强线上线下旅游营销渗透力，不断提升安徽文旅的知名度和影响力。

推动安徽文化旅游走出去。与沪苏浙联合推出"跟着考古去探源""老庄文化旅游"等长三角精品旅游线路和品牌。实施"部省合作"计划，与日本东京联合举办"文化旅游周"活动。借助"美丽中国""美丽中华"推广平台，深化港澳台文化旅游交流合作。开展"大黄山"（皖南）全球推介，推进"美好安徽"海外营销行动，加强日韩、东南亚等重点客源市场宣传推广，精心打造海外传播矩阵。

九、资金投入

2022 年，全省文化和旅游事业费 25.47 亿元，比上年增加 2.58 亿元，增长 11.27%；全省人均文化和旅游事业费 41.57 元，比上年增加 4.13 元，增长 11.03%（见图 11）。

图 11　2018—2022 年全省人均文化和旅游事业费情况

（安徽省文化和旅游厅）

安徽：文旅行业风采展顺利举办

2022 年 8 月 13 日，习近平总书记给安徽黄山风景区工作人员李培生、胡晓春的回信，在全省上下引发热烈反响，给予安徽文旅工作者巨大鼓舞和鞭策。为深入学习贯彻习近平总书记对安徽作出的系列重要讲话和重要指示批示，落实省委省政府决策部署，以实际行动践行总书记重要回信精神，8 月 25 日，由安徽省文化和旅游厅、省文明办、省人社厅、省市场监管局、省总工会、团省委、省妇联联合主办的"你是最美的风景——安徽文旅行业风采展暨服务技能大比武"顺利举办。

一、微人物大情怀，让坚守更加有力量

最美的风景，美在山水形胜，更美在平凡中的不平凡。近年来，省文化和旅游厅始终聚焦一线工作者，以挖掘"微人物"、彰显"大情怀"为主题，联合省文明办、省市场监管局、省总工会、团省委共同打造"你是最美的风景——文旅行业风采展"活动，已成为安徽文旅高质量发展的重要品牌。

岁月记载坚持，青山诠释信念。本届活动突出新冠疫情以来安徽广大文旅工作者的坚守担当、传承创新事迹，以《逐梦行者Ⅲ》微纪录片向每一位坚守平凡岗位的文旅工作者致敬；以"安徽文旅最美人物"在非遗传承、综合执法、抗疫防汛、文旅服务、乡村振兴等方面的感人事迹，激励更多人向李培生、胡晓春学习，营造见贤思齐、向上向善的浓厚氛围。

二、鼓干劲争一流，让服务更加有温度

今年，全省文化和旅游行业服务技能大比武赛事种类更加丰富，赛制赛项进一步创新，共设 4 大竞赛。其中，旅游民宿管家服务技能竞赛是首次针对民宿业态举办的省级赛事；导游红色讲解技能竞赛更加注重发挥思政引领作用；"皖美好味道 百县名小吃"厨艺技能竞赛进一步弘扬安徽美食文化；星级饭店服务技能竞赛对标国赛，全方位提升从业人员技能水平。

自年初以来，各市文化和旅游部门统筹疫情常态化防控和促进行业恢复发展，坚持疫防为先、以赛促训、品质提升，组织了层层选拔练兵。最终来自各市精心推荐的 150 余名选手在省级决赛舞台上进行了 3 天紧张激烈的比拼，用心用情诠释了"鼓干劲、争上游、创一流"的匠心服务理念，充分展现了安徽文旅工作者的精湛技艺和文明风采。

习近平总书记指出："我们都在努力奔跑，我们都是追梦人。"安徽文旅工作者将始终以习近平总书记重要回信精神为指引，传播真善美、传递正能量，争当弘扬社会主义核心价值观的榜样，谱写多彩喜庆的文旅新篇章，为建设经济强、格局新、环境优、活力足、百姓富的现代化美好安徽奉献自己的光和热。

福建省 2022 年文化和旅游发展情况分析

2022 年，全省文旅系统以习近平新时代中国特色社会主义思想为指导，深入学习宣传贯彻党的二十大精神，按照文化和旅游部、省委和省政府工作部署，坚持以文塑旅、以旅彰文，聚焦提高效率、提升效能、提增效益，高效统筹疫情防控和文旅经济高质量发展，推动文化和旅游工作取得积极进展。

一、文旅机构运行平稳，投入产出效益良好

（一）文旅机构运行情况

2022 年末，全省纳入统计范围的各类文化文物和旅游单位共 9357 个，较上年末增加 857 个；从业人员共 118415 人，减少 5855 人（见图 1）。其中，文化单位 7961 个，从业人员 74574 人；文物单位 206 个，从业人员 3262 人；旅行社、星级饭店 1148 个，从业人员 40333 人。

图 1　2006—2022 年福建省文旅单位机构及从业人数

1. 艺术表演团体

2022 年末，全省共有艺术表演团体 671 个，从业人员 14619 人。分所有制类型来看，全省共有国有艺术表演团体 70 个，从业人员 3445 人；其中执行事业会计制度的国有艺术表演团体 66 个，占比 94.29%，从业人员 3274 人，占比 95.04%。非公有制艺术表演团体 601 个，从业人员 11174 人。

全年全省国有艺术表演团体共演出 0.84 万场，其中赴农村演出 0.33 万场，占总演出场次的

39.29%；国内观众 303.54 万人次，其中农村观众 287.64 万人次；总收入 9.53 亿元，增长 20.17%，其中演出收入 0.619 亿元，比上年增长 0.76%。全省线上演出展播次数 890 场，线上演出展播观众 4.72 亿人次，这是 2020 年以后，艺术院团在线上展播的新突破。图 2 为 2022 年福建省国有艺术院团机构及演出情况。表 1 为 2006—2022 年福建省国有艺术表演团体基本情况。

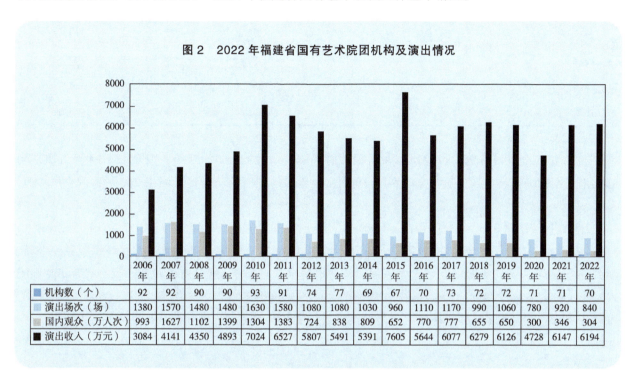

图 2　2022 年福建省国有艺术院团机构及演出情况

	2006年	2007年	2008年	2009年	2010年	2011年	2012年	2013年	2014年	2015年	2016年	2017年	2018年	2019年	2020年	2021年	2022年
机构数（个）	92	92	90	90	93	91	74	77	69	67	70	73	72	72	71	71	70
演出场次（场）	1380	1570	1480	1480	1630	1580	1080	1080	1030	960	1110	1170	990	1060	780	920	840
国内观众（万人次）	993	1627	1102	1399	1304	1383	724	838	809	652	770	777	655	650	300	346	304
演出收入（万元）	3084	4141	4350	4893	7024	6527	5807	5491	5391	7605	5644	6077	6279	6126	4728	6147	6194

表 1　2006—2022 年福建省国有艺术表演团体基本情况

年份	机构数（个）	从业人员数（人）	演出场次（万场）	国内演出观众人次（万人次）	总收入（万元）	#演出收入（万元）
2006	92	4175	1.38	992.6	20575	3084
2007	92	4059	1.57	1626.6	24994	4141
2008	90	4208	1.48	1102.2	29711	4350
2009	90	4109	1.48	1399.2	34003	4893
2010	93	4468	1.63	1304.2	40706	7024
2011	91	3957	1.58	1382.9	42646	6527
2012	74	3465	1.08	723.76	48404	5807
2013	77	3452	1.08	838.38	52922	5491
2014	69	3341	1.03	808.95	49430	5391
2015	67	3360	0.96	651.61	62067	7605
2016	70	3657	1.11	771.38	60290	5644
2017	73	3838	1.17	777.28	67221	6077

续表

年份	机构数（个）	从业人员数（人）	演出场次（万场）	国内演出观众人次（万人次）	总收入（万元）	#演出收入（万元）
2018	72	3727	0.99	654.83	70163	6279
2019	72	3631	1.09	650.13	73515	6126
2020	71	3492	0.78	300.36	68799	4728
2021	71	3485	0.92	345.71	81396	6147
2022	70	3445	0.84	303.54	95389	6193

2022 年，全省国有艺术表演团体共组织政府采购公益性演出 0.5 万场，观众 165.94 万人次，均与上年基本持平。全省现共有流动舞台车 30 辆，全年累计利用流动舞台车演出 240 场，观众 9.94 万人次。

2022 年，省属 6 个国有艺术表演团体累计演出 1002 场，其中赴农村演出 127 场；累计观众 31.08 万人次，其中农村观众 6.39 万人次；累计演出收入 2457 万元，其中政府购买演出服务 596 场，购买资金 1800 万元（见图 3）。各艺术表演团体演出场次方面，省人民艺术剧院 233 场、省芳华越剧团 137 场、福建京剧院 142 场、省实验闽剧院 161 场、省歌舞剧院 146 场、省杂技团 166 场（见图 4）。省属 6 家国有艺术表演团体全年线上演出展播次数 302 场，线上演出展播观众 4475.56 万人次。

图 3　2022 年福建省属院团政府采购公益性演出场次和补贴情况

2022 年末，全省共有艺术表演场馆 75 个，从业人数 3116 人；观众座席数 144265 个，较上年增加 64992 个；全年共举行艺术演出 1.36 万场，观众 153.06 万人次。其中执行事业会计制度的国有艺术表演场馆 20 个，执行企业会计制度的国有艺术表演场馆 12 个；非公有制艺术表演场馆 55 个。

2. 公共图书馆

2022 年末，全省共有公共图书馆 95 个，其中少儿图书馆 8 个；从业人员 1748 人，较上年增加 76 人，其中具有高、中级职称的人员分别为 130 人和 539 人，占比分别为 7.44% 和 30.84%；实际使用房屋建筑面积 71.38 万平方米；图书总藏量 5622.50 万册，增长 5.85%，其中古籍 46.22 万册；电子文

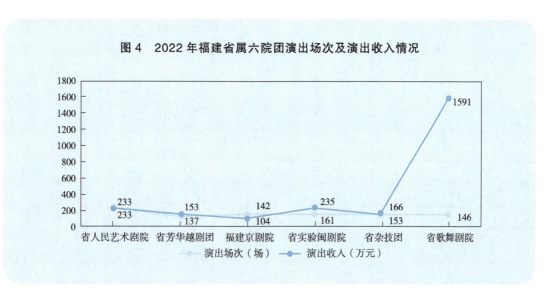

图 4 2022 年福建省属六院团演出场次及演出收入情况

本、图片文献资料 2340.94TB；阅览室座席数 51568 个；计算机 7079 台；供读者使用的电子阅览终端 4415 台。全年公共图书馆网站访问量 5197.89 万页次。志愿者服务队 229 支，志愿者服务人数 1.67 万人。

2022 年末，平均每万人公共图书馆建筑面积 170.44 平方米，较上年增加 10.92 平方米；人均图书藏量 1.34 册，增加 0.07 册（见图 5）；人均购书费 1.92 元，比上年增加 0.35 元。全年全省公共图书馆发放借书证 264.98 万个；总流通人次 2374.25 万人次。书刊文献外借 3562.3 万册次、1039.87 万人次，与上年基本持平（见图 6）。全年共为读者举办各种活动 5585 次，参加人次 286.43 万人次，较上年增长近七成。全省共有流动图书车 106 辆，为读者提供流动服务、书刊借阅 35.62 万人次，借阅 157.25 万册次。全省图书馆分馆 1055 个，开发图书馆文化创意产品 220 个。

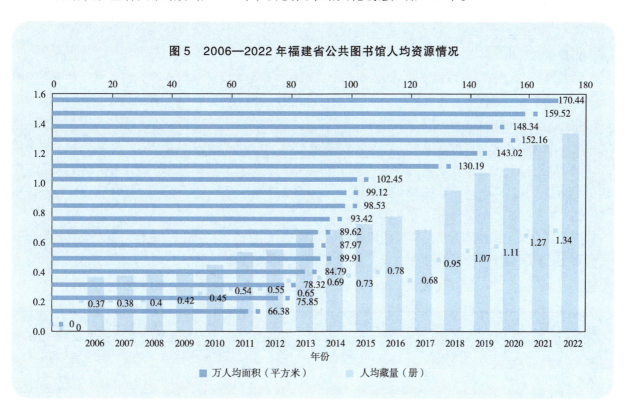

图 5 2006—2022 年福建省公共图书馆人均资源情况

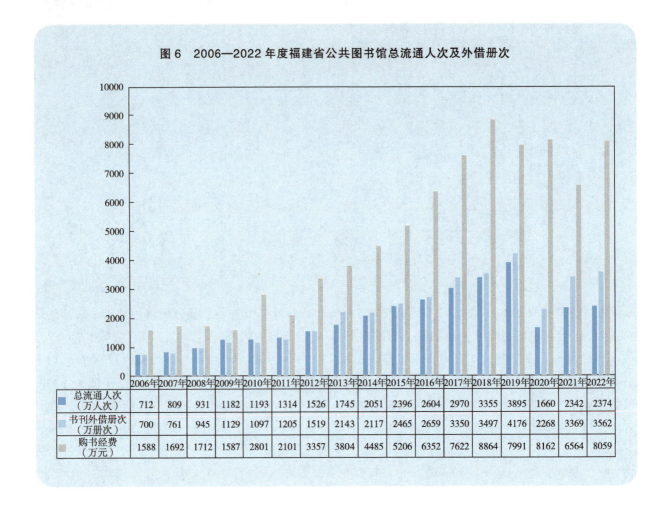

图6 2006—2022 年度福建省公共图书馆总流通人次及外借册次

	2006年	2007年	2008年	2009年	2010年	2011年	2012年	2013年	2014年	2015年	2016年	2017年	2018年	2019年	2020年	2021年	2022年
总流通人次（万人次）	712	809	931	1182	1193	1314	1526	1745	2051	2396	2604	2970	3355	3895	1660	2342	2374
书刊外借册次（万册次）	700	761	945	1129	1097	1205	1519	2143	2117	2465	2659	3350	3497	4176	2268	3369	3562
购书经费（万元）	1588	1692	1712	1587	2801	2101	3357	3804	4485	5206	6352	7622	8864	7991	8162	6564	8059

3. 群众文化机构

2022 年末，全省共有群众文化机构 1207 个，其中乡镇综合文化站 933 个，因乡镇撤并等原因减少了 4 个。年末全省群众文化机构从业人员 4010 人，比上年减少了 44 人，其中具有高级职称的人员 166 人，占比 4.14%；具有中级职称的人员 330 人，占比 8.23%。

全年全省群众文化机构共组织品牌节庆活动 243 个，开展各类文化活动 36202 场次，较上年增长 3.09%；服务 833.39 万人次，与上年基本持平。其中为老年人组织专场 366 场、为未成年人组织专场 798 场、为残障人士组织专场 58 场、为农民工演出 354 场。全年共举办展览 3191 次，公益性讲座 579 次，参观、参加人数 190.66 万人次（见表 2）。

全省群众文化机构实际使用房屋建筑面积 136.82 万平方米；计算机 9185 台，年末全省平均每万人群众文化设施建筑面积 326.69 平方米，较上年增加 2.07 平方米（见图 7）。

表 2 2022 年福建省群众文化机构开展活动情况

各项活动	总量		比上年增长（%）	
	活动次数（次）	服务人数（万人次）	活动次数	服务人次
总计	36202	833.39	3.09	−1.27

续表

各项活动	总量		比上年增长（%）	
	活动次数（次）	服务人数（万人次）	活动次数	服务人次
其中：展览	3191	184.11	-12.14	-31.94
文艺活动	16329	581.27	-0.69	13.03
公益性讲座	579	6.55	-23.41	-8.77
训练班	16103	61.46	12.73	-5.56

图7　2006—2022年福建省万人拥有群众文化设施面积（平方米）

2022年末，全省群众文化机构共有馆办文艺团体185个，演出1389场，观众45.54万人次。由文化馆（站）指导的群众业余文艺团体8612个，参加人数53479人；馆办老年大学10个。全省共有志愿者服务队伍数12540个，志愿者服务队伍人数45.76万人；流动舞台车11辆，利用流动舞台车演出场次109场，服务观众3.84万人次，与上年基本持平。

4. 国有美术馆

2022年末，全省共有国有美术馆17个，从业人员85人，涵盖油画、国画、版画、雕塑、漆艺、陶艺等13个门类名目藏品7414件套。全年共举办展览138次，其中自主办展100次；全年参观人数35.64万人次，其中未成年人观众11.05万人，参观人数较上年均有所增加。

5. 非遗保护机构

2022年末，全省共有非物质文化遗产保护机构82个，从业人员399人。开展宣传、展示、培训等系列非遗活动，其中举办636次展览，参观人数81.47万人次。组织非遗演出1872场，举办民俗活动471场，参与人数55.47万人次，开展非遗工作人员和传承人培训633次，共有2.36万人参训，组织106次非遗研讨会和205次讲座（见表3）。

表3　2022年福建省开展非遗宣传展示培训活动情况

活动项目	单位	数量
举办展览	次	636
参观人次	万人次	81.47
举办演出	场	1872
其中：进社区	场	690
进校园	场	531
观众人次	万人次	82.04
举办民俗活动	次	471
参与人次	万人次	55.47
开展非遗工作人员培训	班次	96
培训人次（万人次）	万人次	0.74
开展传承人群培训	班次	537
培训人次	万人次	1.62
组织非遗研讨会次数	次	106
组织非遗讲座数量	次	205

2022年末，全省累计收集非遗资源项目总量5795件，征集实物2949件／套、文本资料3256册、录音资料617小时、录像资料1296小时；累计撰写调查报告276篇，出版非遗图书、非遗专利、乡土教材和资源清单4237册（见表4）。

表4　2022年福建省非物质文化遗产普查成果情况

非遗普查成果	单位	数量
累计项目资源总量	套/件\册、小时	5795
征集实物	件／套	2949
征集文本	册	3256
录音资料	小时	617
录像资料	小时	1296
调查报告	篇	276
出版成果	册	4237
其中：非遗图书	册	3610

6. 文物机构

2022 年末，全省共有文物机构 206 个，其中文物科技和保护管理机构 59 个，占比 28.64%；博物馆 140 个，占比 67.96%。年末全省文物机构从业人员 3262 人，其中高级职称 296 人，占比 9.07%；中级职称 408 人，占比 12.51%（见图 8）。

图 8　2006—2022 年福建省文物机构及其从业人数情况

2022 年末，全省文物机构拥有文物藏品 76.36 万件，比上年末增加 1.05 万件，增长 1.39%。其中博物馆文物藏品 75.98 万件，占文物藏品总量的 99.50%；文保单位藏品 0.38 万件，占比 0.49%。文物藏品中，一级文物 1099 件，二级文物 2984 件，三级文物 103511 件。年末全省共有不可移动文物 33409 件，其中古遗址 5068 处、古墓葬 2198 处、古建筑 20631 处、石窟寺及石刻 1543 处、近现代重要史迹及代表性建筑 3928 处。此外，全省共有全国重点文物保护单位 169 处、300 多个文物点，省级文物保护单位 942 处，市（县、区）级文物保护单位 5200 余处，涉台文物 1515 处。全省文物机构登记注册志愿者服务 6900 人。

全年文物机构全年累计举办基本陈列 415 次、临时展览 787 次，接待观众 1604.81 万人次，其中未成年 443.29 万人次，占参观总人数的 27.62%（见图 9）。博物馆接待观众 1379 万人次，占文物机构接待观众 85.93%。全省博物馆实际使用房屋建筑面积 87.9 万平方米；全省人均每万人博物馆面积每万人占有量 209.88 平方米。年末博物馆共举办社会教育活动 2907 次，完成举办线上展览 936 个，网站年访问量 453.53 万人次，开通微信公众号、微博 2453 个，关注人数达 119.52 万人次；完成省部级及以上科研课题 6 个，论文 101 篇，获国家级奖项 2 个，省部级奖项 7 个；国际合作项目 4 个，主办刊物 12 个；文化创意产品 1910 个。

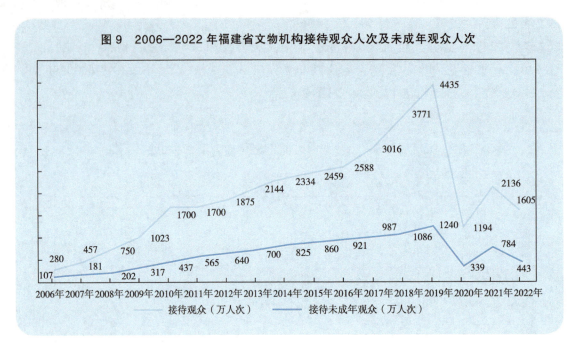

图 9 2006—2022 年福建省文物机构接待观众人次及未成年观众人次

接待观众（万人次）：280 457 750 1023 1700 1700 1875 2144 2334 2459 2588 3016 3771 4435 1194 2136 1605

接待未成年观众（万人次）：107 181 202 317 437 565 640 700 825 860 921 987 1086 1240 339 784 443

2006年 2007年 2008年 2009年 2010年 2011年 2012年 2013年 2014年 2015年 2016年 2017年 2018年 2019年 2020年 2021年 2022年

7. 文化市场经营单位

2022 年末，全省共有文化市场经营单位 6335 家，从业人员 58629 人；全年累计实现营业总收入 176.91 亿元，较上年增长 42.16%；累计实现营业利润约 4.37 亿元，下降 51.98%。分区域看，城市拥有文化市场经营单位 1577 个，占比 24.89%；县城拥有文化市场经营单位 1587 个，占比 25.05%；县以下地区拥有文化市场经营单位 3171 个，占比 50.05%（见表 5）。

表 5 2022 年按区域分福建省文化市场经营单位主要指标

		机构数（个）	从业人员数（人）	营业总收入（万元）	营业利润（万元）
总量	总计	6335	58629	1769111	43664
	城市	1577	27672	1483632	141569
	县城	1587	25185	238016	−99218
	县以下	3171	5772	47463	1314
比重（%）	总计	100	100	100	100
	城市	24.89	47.19	83.86	224.22
	县城	25.05	42.95	13.45	−127.23
	县以下	50.05	9.84	2.68	3.01
其中：旅行社		915	9602	400295	−12628
星级饭店		233	30731	578681	−44790

2022 年末，全省共有娱乐场所 2660 个，从业人员 30578 人；全年累计实现营业总收入 28.49 亿元，较上年下降 11.79%；累计实现营业利润 1.15 亿元，下降 45.19%，利润效益较好的娱乐企业主要集中在厦门、省直和福州。年末全省共有游戏游艺设备数量 18459 个，进出口游戏游艺设备 1511 个，

娱乐场所年末资产累计 79.08 亿元，下降 17.97%。

2022 年末，全省共有互联网上网服务营业场所 2038 个，从业人员 3169 人；全年累计实现营业总收入 2.94 亿元，累计实现营业利润 –0.31 亿元，均比上年略有下降。全省互联网上网服务营业场所共有终端数量 65196 个、门店 1460 个、资产 4.59 亿元。全省共有演出经纪机构 254 个，从业人员 2539 万人；全年累计实现营业总收入 19.99 亿元，增长 13.96%；累计实现营业利润 0.94 亿元，下降 41.25%。

2022 年末，全省共有经营性互联网文化单位 511 个，从业人员 7931 人；全年累计实现营业收入 111.78 亿元，增长 93.25%；累计实现营业利润 13.45 亿元，增长近八成。全省经营性互联网文化单位累计拥有知识产权 26902 种，其中拥有自主知识产权网络音乐 982 种，累计注册用户 6.82 亿个，资产 107.4 亿元；网络表演主播 11804 个。

2022 年末，全省共有非国有制艺术表演团体 601 个，从业人员 11174 人。全年共开展国内演出 7.03 万场次，其中农村演出 3.59 万场，国外演出 0.04 万场。国内演出观众 1834.35 万人次，其中农村演出观众 800.18 万人次，旅游演出观众 245.27 万人。全年累计实现营业收入 6.59 亿元，其中企业赞助收入 1133 万元，演出收入 4.28 亿元（其中农村演出收入 2.41 亿元，城市演出收入 1.87 亿元），营业利润亏损 9.3 亿元。

2022 年末，全省共有旅行社 915 家，从业人员 9602 人；星级饭店 233 家，从业人员 30731 人。全省星级饭店全年累计实现营业收入 57.86 亿元，其中客房收入 24.32 亿元，餐饮收入 26.02 亿元，其他收入 7.52 亿元，均比上年略有增长 .

（二）文旅资金投入情况

2022 年，全省累计投入文化文物事业费 48.84 亿元，比上年增加 9.62 亿元，增长 24.53%；人均文化文物事业费 116.62 元，比上年增加 22.95 元，增长 24.5%。按文化和旅游部统计口径，全省全年投入文化事业费 41.04 亿元，比上年增加 10.56 亿元，增长 34.64%；人均文化事业费 97.99 元，比上年增加 25.19 元，增长 34.60%（见图 10）；其中文物事业费投入 7.81 亿元，比上年增加 0.75 亿元，增长 10.62%。

图 10　2006—2022 年福建省人均文化事业费及增速情况

2022 年，全省文化事业费支出占财政总支出的比重为 0.72%，比上年提高 0.14 个百分点（见图 11）；其中文物事业费支出占财政总支出的比重为 0.137%，比上年提高 0.002 个百分点。

图 11　2006—2022 年福建省文化事业费占财政总支出比重（%）

2022 年，全省文化体育传媒经费支出为 117.52 亿元，比上年增加 14.69 亿元，增长 14.29%（见图 12），占财政总支出比重为 2.06%，比上年提高 0.09 个百分点。

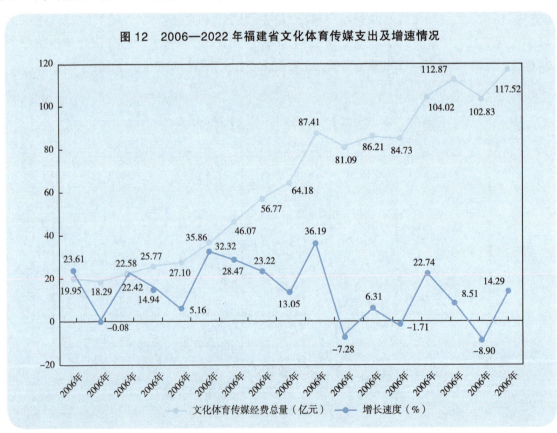

图 12　2006—2022 年福建省文化体育传媒支出及增速情况

地区篇

2022 年，中央和省级财政通过继续实施"三馆一站"免费开放，安排补助经费 0.49 亿元，非物质文化遗产保护（中央和省级）经费 1 亿元，公共数字文化建设经费 0.06 亿元，转移地市级公共文化设施建设等文化补助性项目经费 3.13 亿元（其中旅游补助性项目经费 1.8 亿元）。上述各项经费合计 4.68 亿元，比上年增长 12.5%。

（三）文化产业产出情况

2022 年末，文化部门统计的小文化产业实现增加值 148.21 亿元。其中艺术业增加值 18.54 亿元，图书馆业增加值 3.77 亿元，群众文化增加值 9.28 亿元，艺术教育增加值 1.79 亿元，文化市场经营机构增加值 64.19 亿元，动漫企业增加值 6.45 亿元，文艺科研增加值 0.35 亿元，文物业增加值 3.97 亿元，其他增加值 39.84 亿元（见表 6）。

表 6　2022 年文化产业增加值综合情况（小文化）

	总产出（亿元）	增加值（亿元）
总　计	346.47	148.21
艺术业	15.02	18.54
其中：艺术表演团体	14.51	18.06
艺术表演场馆	0.51	0.48
图书馆	5.05	3.77
群众文化	10.35	9.28
艺术教育	2.31	1.79
文化市场经营机构	165.33	64.19
动漫企业	12.68	6.45
文艺科研	0.40	0.35
文物业	7.02	3.97
其他	128.30	39.84

全年全省经营性文化产业实现增加值 117.36 亿元。其中文化艺术服务增加值 15.65 亿元，文化休闲娱乐（网吧娱乐）增加值 95.17 亿元，动漫企业服务增加值 6.45 亿元，其他增加值 0.09 亿元（见表 7）。

表 7　2022 年福建省经营性文化产业增加值综合情况

增加值项目	总产出（亿元）	增加值（亿元）	营业盈余（亿元）
总　计	287.89	117.36	29.16
文化艺术服务	11.85	15.65	0.61
文艺创作与表演	0.08	0.13	0.00
艺术表演场馆	0.18	0.26	0.01

增加值项目	总产出 （亿元）	增加值 （亿元）	营业盈余 （亿元）
文化休闲娱乐服务	263.23	95.17	26.39
娱乐场所	28.49	14.93	4.16
互联网上网服务营业场所（网吧）	2.94	1.42	0.20
动漫企业服务	12.68	6.45	1.87
其他	0.13	0.09	0.01

全年全省文化部门文化产业实现增加值 34.53 亿元。其中艺术业增加值 6.53 亿元，图书馆增加值 3.77 亿元，群众文化增加值 9.28 亿元，艺术教育增加值 1.79 亿元，文艺科研增加值 0.35 亿元，文物业增加值 3.84 亿元，其他增加值 8.94 亿元（见表 8）。

表 8　2022 年文化部门文化产业增加值综合情况

	总产出 （亿元）	增加值 （亿元）	营业盈余 （千元）
总计	64.07	34.53	19415
艺术业	8.37	6.53	12462
其中：艺术表演团体	7.89	6.07	12264
艺术表演场馆	0.48	0.46	198
图书馆	5.05	3.77	69
群众文化	10.35	9.28	35
艺术教育	2.31	1.79	1618
文艺科研	0.40	0.35	0
文物业	6.88	3.84	1929
其他	30.71	8.94	3302

二、文化建设提质增效，文化活动成果丰硕

（一）文艺精品创作勇攀"高峰"

一是艺术精品创作喜获佳绩。莆仙戏《踏伞行》荣获全国第十七届"文华大奖"，这是福建省时隔 15 年后再度获此殊荣。歌仔戏《侨批》荣获全国第十六届精神文明建设"五个一工程"奖，实现福建省七次蝉联该奖项。闽剧《画网巾先生》、交响音画《海峡 海峡》、歌剧《红杜鹃》《鸾峰桥》、话剧《共饮一江水》分别入选文化和旅游部"历史题材创作工程""新时代现实题材创作工程""中国民族歌剧传承发展工程""剧本扶持工程"等。话剧《过海》等 12 个项目入选国家艺术基金年度资助，创排和提升京剧《连家灯火》、越剧《万婴之母》、话剧《阿美书记》等一批文艺精品。二是主题文艺演出精彩纷呈。全省文艺院团围绕迎接宣传贯彻党的二十大精神，组织开展福建省优秀舞台艺术作

品展演等线上线下演出演播超 1600 场，观众超 1 亿人次。成功举办"喜迎党的二十大——福建省主题性美术创作展"。三是惠民文艺演出丰富多彩。积极推动文艺演出进景区、进街区、进社区，组织全省文艺院团以"春回福地'艺'起出发"和"'艺'动八闽 乐游福地"为主题，线上线下相结合，开展一系列惠民文艺演出。探索推出沉浸式戏剧《雀起无声》。

（二）公共文化服务体系日趋完善

一是公共文化服务效能不断提升。圆满完成省委省政府为民办实事项目，推动福州、厦门共 60 家公共文化场馆实行错时延时开放。打造有特色、有品位的公共文化新空间 29 个，文化艺术街头展示点 21 个。南平市文化艺术馆、福州鼓楼区文化馆公共文化云建设入选全国首批 20 个典型应用案例。武夷山、德化、连江三地入选中国民间文化艺术之乡典型案例。以闽清县为试点持续推动乡村文旅产业振兴示范工程。二是群众性文化活动蓬勃开展。4 个作品（队伍）入围全国第十九届群星奖决赛，其中厦门六中合唱团最终荣获群众合唱类群星奖，是福建省近 10 年来首次获得该奖项。福建省在"华东六省一市"戏剧小品大赛中获得"一金三银"好成绩。省艺术馆文化志愿服务队荣获全国学雷锋志愿服务最佳志愿服务组织，闽侯县文化馆等 3 个单位荣获第九届全国服务农民、服务基层文化建设先进集体。创新实施文化惠民工程，成功举办第四届福建省诵读比赛、第二届福建省街头文化艺术展演、福建省群众合唱会演等活动。全省共举办百姓大舞台、村晚等各类群众文化活动 2.9 万余场，群众参与人次达 3200 多万。三是旅游公共服务设施不断完善。指导督促各地加强旅游厕所日常管理，厦门市园林植物园景区等 2 家单位入选全国旅游厕所建设与管理优秀案例。完成 4A 级以上景区道路交通旅游标志牌优化设置工作。支持建设 20 个旅游服务中心（点）、5 个自驾车旅居车营地。四是重点公共文化场馆建设加快推进。与福州市政府等建立福建美术馆项目四方共建模式，完成项目设计方案和调研报告，确定土地选址并办理了相关证件。完成海峡演艺中心、省图改扩建项目基建工程，目前正在办理竣工验收。

（三）非遗保护传承工作持续加强

一是加强非遗工作机制保障。印发《关于进一步加强非物质文化遗产保护工作的实施意见》。以武夷岩茶（大红袍）等福建省 6 个制作技艺项目为代表的"中国传统制茶技艺及其相关习俗"项目申遗成功。二是加强非遗宣传阐释。成功举办"茶和天下 共享非遗 福茶香飘"主题活动。完成"中国水密隔舱福船制造技艺"履约报告。创新开展福建省文化生态保护区建设，印发《福建省省级文化生态保护区管理办法》，举办"2022 闽南文化非遗周"系列活动。三是加强非遗代表性项目及传承人的认定和管理。评选出 62 位传承人申报国家第六批非遗传承人，数量创历史新高。省政府公布第七批省级非遗代表性项目 188 个。推出 10 条非遗主题旅游线路。会同相关部门印发《关于推进非遗工坊建设和认定工作的通知》，2022 年设立 91 家非遗工坊。

（四）文化遗产保护利用水平显著提升

一是文物保护得到新加强。设立国家水下文化遗产保护福建（平潭）基地暨福建水下考古（平潭）基地。召开福建省考古遗址公园现场推进会，城村汉城遗址入选国家考古遗址公园，支持泉州打造世界遗产保护利用的典范城市，完成全省文物土楼调查，公布福建省文物土楼名录。持续推进"考古中国"重大项目——南岛语族起源与扩散考古课题研究，启动实施漳州圣杯屿元代沉船水下考古发掘。《福建省红色文化遗存保护条例》公布施行。组织开展福建省第二批革命文物名录的核定和公布工作。组织开展全省冬春文物安全隐患排查整治，试点开展"文物保险＋服务"文物保护模式。二是文物活化利用取得新成效。印发《关于让文物活起来 扩大中华文化国际影响力的实施方案》《关于推进博物馆改革发展的实施意见》。成功举办 2022 年"5·18 国际博物馆日"福建主会场活动，举办全省博物馆、纪念馆讲解大赛，成立福建省通史展览博物馆联盟。引进以三星堆文物为代表的"共饮一江水——长江流域青铜文明特展"。7 家博物馆社教活动项目入选"2022 年度全国文博社教活动百强案例"。成立福建省博物馆文创联盟，举办福建省博物馆文创设计大赛。

三、旅游市场波动筑底，复苏发展未来可期

2022 年，全省接待旅游总人数 3.92 亿人次，比上年下降 3.8%，恢复到 2019 年的 76.7%；其中过夜游客 0.99 亿人次，下降 19.2%，过夜游客人数占全省旅游总人数的比重为 25.3%，下降 4.8 个百分点。全省累计实现旅游总收入 4327.70 亿元，下降 11.6%，恢复至 2019 年的 56.8%。全省游客人均花费 1104 元，下降 8.1%。纵观全年，全省旅游市场依次历经"稳开—低走—回升—探底"的波动发展阶段，其中第三季度全省旅游市场复苏发展势头强劲，未来发展可期。

（一）国内旅游市场震荡回落

2022 年，全省累计接待国内旅游人数近 39146.80 万人次，下降 3.8%；实现国内旅游收入 4306.54 亿元，下降 11.4%；国内游客人均花费 1100 元，下降 8.0%。国内游客旅游主要花费支出集中在餐饮费、交通费（含自驾车或租车的花费）、住宿费和购物费，占比分别为 24.6%、21.9%、20.7% 和 15.7%；景区游览费占比 8.4%；旅行社或单位的费用、文化娱乐费和休闲疗养费占比分别为3.1%、2.3% 和 1.2%。其中餐饮费和住宿费比重分别上升 1.9 个百分点和 1.0 个百分点；自驾车或租车的花费比重达 11.6%，上升 0.8 个百分点。

2022 年上半年，受持续湿冷、降雨天气以及省内本土疫情的轮番冲击，全省旅游市场人气总体偏冷。6 月中旬以后，伴随着天气转好和暑期市场的有效拉动，旅游市场强劲复苏，游客旅游消费需求得到充分释放，全省旅游市场逐步回升，至三季度末全省累计接待国内游客 3.26 亿人次，实现国内旅游收入 3533.58 亿元，分别恢复到 2019 年同期的 94.5% 和 74.3%。10 月下旬，福州突发疫情并快速外溢波及全省，对各类文旅场所正常经营活动造成了严重影响，也极大地限制了全省人员的有序流动，全省旅游市场人气和景气度再次掉头探底，旅游市场复苏进程受到严重影响。四季度全省国内旅游人数和国内旅游收入分别为 6508.19 万人次和 772.96 亿元，同比分别下降 6.2% 和 14.3%。

表 9 为 2022 年分季度福建省国内旅游经济主要指标。

表 9　2022 年分季度福建省国内旅游经济主要指标

周期	国内旅游人数 （万人次）	同比增长 （%）	国内旅游收入 （亿元）	同比增长 （%）
一季度	8795.28	−9.7	921.01	−15.6
二季度	10748.21	−24.8	1191.02	−34.7

续表

周期	国内旅游人数（万人次）	同比增长（%）	国内旅游收入（亿元）	同比增长（%）
三季度	13095.11	34.7	1421.55	36.2
四季度	6508.19	−6.2	772.96	−14.3

（二）入境旅游市场低位运行

2022 年，全省接待入境旅游人数 48.26 万人次，下降 25.9%；实现旅游外汇收入 3.14 亿美元，下降 36.2%。其中，接待台湾同胞 15.44 万人次，占入境市场比重为 32.0%；接待香港同胞 10.55 万人次，占比 21.9%；接待澳门同胞 1.35 万人次，占比 2.8%；接待外国游客 20.91 万人次，占比 43.3%（见表 10）。

表 10 2022 年福建省入境旅游主要经济指标

指标	规模	比上年增长（%）	占比（%）
入境旅游人数（万人次）	48.26	−25.9	100.0
其中：台湾同胞	15.44	−13.0	32.0
澳门同胞	1.35	−66.3	2.8
香港同胞	10.55	−14.7	21.9
外国游客	20.91	−32.5	43.3
旅游外汇收入（亿美元）	3.14	−36.2	—

2022 年，全省接待的外国游客中亚洲游客为 9.45 万人次，下降 30.6%；欧洲、美洲、大洋洲和非洲游客分别为 5.04 万人次、4.78 万人次、1.33 万人次和 0.32 万人次，其中大洋洲游客增长 12.5%，欧洲、美洲和非洲游客分别下降 27.5%、43.0% 和 62.5%。从外国游客的比重看，亚洲、欧洲、美洲、大洋洲和非洲游客比重分别为 45.2%、24.1%、22.8%、6.4% 和 1.5%（见图 13）。

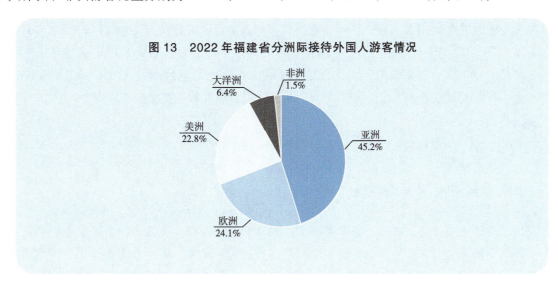

图 13 2022 年福建省分洲际接待外国人游客情况

2022 年，全省前十大入境客源国依次为美国、韩国、日本、英国、加拿大、澳大利亚、德国、马来西亚、泰国和新西兰，合计入闽旅游人数为 14.90 万人次，占外国游客总数的比重为 71.2%。其中美国、韩国、日本和英国入闽旅游人数分别为 2.84 万人次、2.84 万人次、2.56 万人次和 2.11 万人次，加拿大入闽旅游人数为 1.23 万人次，其他国家入闽旅游人数均不足 1 万人次。与上年相比，前十大入境客源国中，美国、日本、加拿大和德国入闽旅游人数分别下降 52.3%、61.5%、32.3%、59.7%，韩国、英国等其他国家入闽旅游人数均实现增长，其中泰国和英国游客增速超 100%（见表 11）。

表 11　2022 年福建省前十大入境客源国接待情况

位次（位）	国别	入闽旅游人数（万人次）	比上年增长（%）
1	美国	2.84	−52.3
2	韩国	2.84	13.4
3	日本	2.56	−61.5
4	英国	2.11	103.2
5	加拿大	1.23	−32.3
6	澳大利亚	0.92	8.0
7	德国	0.76	−59.7
8	马来西亚	0.76	8.1
9	泰国	0.59	302.2
10	新西兰	0.29	17.2

（三）市域旅游市场分化发展

2022 年，全省各设区市和平潭综合实验区主动融入全省做强做优做大文旅经济部署大局，创新作为、齐心协力，全力推进文旅经济高质量发展。福州、厦门和泉州接待旅游总人数分别达 7861.56 万人次、6568.75 万人次和 5620.71 万人次，分列全省前三位；之后依次是南平、漳州、龙岩、宁德，接待旅游总人数均超过 4000 万人次；三明、莆田和平潭旅游总人数分别为 3904.27 万人次、2004.52 万人次和 704.23 万人次。与上年相比，平潭综合实验区接待旅游总人数增长 2.9%，其他各设区市接待旅游总人数均有所下降，其中泉州、福州和三明降幅达两位数。与 2019 年相比，除泉州受疫情影响较严重、接待旅游人数恢复水平较低外，其他各设区市旅游总人数均恢复到 2019 年的七成以上。

四、文化旅游加快融合，统筹发展格局显现

（一）文旅经济发展提速增效

一是顶层设计更加完善。省委、省政府高度重视文旅经济发展，省委专门召开文旅经济发展征求意见会，省级层面成立由省长担任组长的省旅游产业发展领导小组，省两办印发《福建省推进文旅经济高质量发展行动计划（2022—2025 年）》，省政府办公厅印发《促进民宿发展若干措施》。牵头召

开 2022 年文旅经济工作专题会，联合相关部门印发《推动文化文物单位文化创意产品开发的若干措施》《金融支持文化和旅游行业恢复发展的通知》等。指导全省各地出台促进文旅经济高质量发展政策措施。泉州出台全国首部文化旅游发展促进条例。二是重点项目加快推进。印发实施《2022 年全省文化和旅游重点推进项目工作方案》《福建省文化和旅游重点项目管理办法（试行）》等。全年跟踪推进重点在建文旅项目 209 个，总投资额 1887.63 亿元，累计完成投资 206.12 亿元，占年度计划 105.64%。福州大东湖温泉度假村、厦门海上世界一期项目、平潭国际演艺中心等重点项目建成并投入运营。借助"9.8"投洽会平台，举办"投资福建·赢在未来"文化和旅游项目专场招商推介会，签约总投资超 175 亿元。三是助企纾困和文旅促消费成效显现。出台《关于支持文旅行业恢复发展的纾困帮扶措施》，安排省级财政资金 3500 万元对重点领域企业实施以奖代补，实施入闽旅游奖励，累计暂退 1203 家旅行社旅游服务质量保证金 2.48 亿元。支持各地申报地方政府专项债文化和旅游领域项目 116 个总额 57.02 亿元。推出文旅专项贷，支持创新性、成长型中小微企业发展。举办"全闽乐购·福见商旅"促消费活动，全省发放文旅消费券近 1.2 亿元，累计带动消费超百亿元。6 家单位入选第二批国家级夜间文化和旅游消费集聚区。福州入选文化和旅游部 2022 年度文化产业和旅游产业工作激励 10 地市公示名单。四是数字文旅加快发展。加快推进省文旅厅数字文旅系统融合与提升工程（一期）建设。优化提升"一部手机全福游"App 服务功能。制定《福建省公共文化场馆智能导览建设导则》，修订《智慧景区等级划分与评定》标准，以 7 家厅属公共文化场馆为试点，整体推进全省重点景区和文化场馆智能导览建设。

（二）文旅资源开发利用统筹推进

一是资源整合力度加大。编制《福建省文化和旅游资源普查技术规程》，福建文旅资源信息系统上线运行。启动布局建设全长 1250 公里的 1 号滨海风景道，修订《国道 G228 线滨海风景道设计指南》《滨海风景道旅游设计专篇》。成立福建滨海旅游联盟，发布 1 号滨海风景道宣传片和"1 号滨海风景道"标识。加快推进长征国家文化公园（福建段）建设，推动新泉整训红色旅游区等 3 处红色旅游点成功创建 A 级景区。龙岩上杭古田镇入选全国首批 10 地红色旅游融合发展试点单位。二是产品供给不断丰富。指导厦门植物园、连城冠豸山、福州鼓山创建国家 5A 级景区和永定创建国家旅游度假区，提升景区管理和服务品质。打造"福往福来"海上游项目，首航开通"平潭—莆田湄洲岛"航线。全省新增 25 个 A 级景区，其中 4A 级景区 12 个。9 地入选全国乡村旅游重点村镇，11 条线路入选全国乡村旅游精品线路。福建三钢工业旅游区成功入选国家工业旅游示范基地。培育福建"金牌旅游村"31 个、"全域生态旅游小镇"30 个。三是"+文旅"持续深化。与海洋、林业、气象等部门密切配合，扎实推进水乡渔村、森林人家、气候福地等融合产品培育。开展"福"文化创意设计大赛，编制《福建省古驿道旅游专项规划》和举办"海洋杯"平潭国际自行车嘉年华等。

（三）对外对台港澳文旅合作走深走实

一是对外对港澳台文化交流活动持续开展。全年累计开展 23 批次对外对港澳台文化交流活动，参与交流人员 506 人次，其中演展人员 191 人次。按性质分：出访 9 批，来访 14 批；按类型分：演出类 7 批、展览类 3 批、人员交流 10 批、国际活动 2 个、其他 1 批；按范围分：国外 5 批、澳门

5 批、台湾 13 批。此外，全年累计开展线上演出活动 47 场，线下演出活动 31 场，演出观众（参观）人数 1373 人次。二是对外交流合作持续深化。认真落实福建省与瑞典斯德哥尔摩中国文化中心"部省合作项目"，成功举办 2022 年福建新春歌舞晚会（线上）、《美好福建图片展》暨福建精品旅游线路线上推介会（瑞典）等。与瑞士施维茨州视频连线推介福建文旅资源，与越南广宁省签署文化合作备忘录。举办纪念中日邦交正常化 50 周年黄檗文化展、福建 2022 年全球新年线上交响音乐会、第三届海丝国际茶文化论坛等活动。三是境外文旅宣传持续扩大。依托 9 个福建文化海外驿站、9 个福建旅游海外合作推广中心以及福建省在海外 100 多个友好城市，利用脸书（Facebook）、推特（Twitter）、优兔（Youtube）等国际社交媒体，持续开展福建文旅宣传，扩大福建文旅品牌海外影响力。四是闽港澳台文旅合作持续加强。在全国率先推出恢复与澳门开展团队旅游的工作方案，创新举办"清新福建"港澳社区行活动。成功举办两岸艺术青年钢琴音乐节、第六届海峡两岸书院论坛、闽台青年学子研学营等活动，积极探索闽台文旅融合发展新路。

（四）文旅宣传推广有声有色

一是文旅活动出彩。结合四季文旅市场，推出最美人间四月天、"八闽有福·冬日游礼"等特色文旅宣传举措。联动全省各地举办"中国旅游日"福建分会场主题活动暨"沙县小吃·福味"启动仪式、"骑游福建"机车文化旅游节、"韵彩山河·福游八闽福建国画作品展"以及福州"新春文化旅游月"、厦门"潮旅生活年度文旅推广系列活动"、漳州"金秋文旅惠民消费节"、泉州"闽南美好生活嘉年华"、三明"中国绿都·全宴三明月月飨"主题活动、莆田"湄洲之夏"海峡流行音乐季、南平"浪漫武夷·风雅茶韵"茶文旅系列活动、龙岩"客家美食宴"、宁德"世界地质公园文化旅游节"、平潭"海岛生活节"等 1800 多场各具特色的文旅主题活动。联合省教育厅等四部门鼓励学生暑期游并推动景区向学生免门票，策划推出 198 个网红打卡地、400 多条"微游"线路、1100 余项文旅惠民措施，推动文旅市场持续复苏回暖。成功举办 2022 年浙皖闽赣国家生态旅游协作区线上推进会。二是宣传手段出新。用好微信、微博、抖音、快手、B站等新媒体，通过专题专版专栏等方式，持续做好"清新福建""福文化"等品牌宣传。与中央广播电视总台共同启动《乘着大巴看中国·闽山闽水物华新》融媒体直播活动，全网观看量逾 4139 万人次，相关话题累计阅读量超 2.3 亿人次。三是创意推广出圈。策划推出《来福建、享福味》文旅创意宣传片，一夜"出圈"，火爆全网，近 200 家媒体宣传报道，传播受众超 2.57 亿人次，荣获南方周末年度视频营销案例奖。

（五）文旅市场治理做实做细

一是市场环境更加优化。推进"互联网＋"监管，实现审核材料零差错，审批效能零超时，审批事项零投诉。全面实施信用监管，规范和提升信用管理水平。开展文娱领域综合治理，推进剧本娱乐行业健康发展。文明旅游宣传扎实有效，2 家单位通过国家级文明旅游示范单位实地检查评定，7 个短视频入选全国导游文明引导短视频获奖优秀案例。强化检查督导和应急值守，假日文旅市场安全有序。二是安全责任压紧压实。印发 2022 年度《文化和旅游安全生产工作要点》和《安全生产和消防工作目标责任》。深入推进安全生产专项整治三年行动，推动文旅企业开展安全生产标准化建设。每季度开展安全生产大检查，防范化解安全隐患和风险。联合省公安厅开展娱乐场所消费者酒驾醉驾治

理工作，相关经验做法被公安部发文推广。印发《福建省文化和旅游行业疫情防控工作方案》《福建省文化和旅游行业疫情防控应急预案》等文件，督导各级文旅部门科学精准做好文旅领域疫情防控。三是综合执法不断加强。印发《福建省文化和旅游领域包容审慎监管执法三张清单》《福建省文化市场综合行政执法事项指导目录（2022年版）》，进一步明晰执法职责边界。联合相关部门开展打击整治养老诈骗、"私人影院"联合执法检查等专项行动，及时处置、严格查处各类文旅市场违法违规行为。全年全省共出动执法人员12.2万人次，检查经营单位4.5万家次，罚款564.4万元。在文化和旅游部通报表彰年度全国文化市场综合执法重大案件中，福建省报送的7个案件上榜。

（福建省文化和旅游厅）

福建：文化和旅游发展稳中求进

　　2022 年，福建省文旅系统以习近平新时代中国特色社会主义思想为指导，深入学习宣传贯彻党的二十大精神，按照文化和旅游部、省委和省政府工作部署，文化和旅游工作取得积极进展。主要工作成效如下：

　　坚持学深悟透习近平新时代中国特色社会主义思想和党的二十大精神。强化理论武装、政治建设和党风廉政建设。坚持艺术为民，文艺精品创作勇攀"高峰"。莆仙戏《踏伞行》荣获全国第十七届"文华大奖"。歌仔戏《侨批》荣获全国第十六届精神文明建设"五个一工程"奖。坚持保护第一，文化遗产保护利用水平显著提升。设立国家水下文化遗产保护福建（平潭）基地暨福建水下考古（平潭）基地。坚持稳中求进，文旅经济发展提速增效。指导各级出台促进文旅经济高质量发展政策措施。泉州出台全国首部文化旅游发展促进条例。全年跟踪推进重点在建文旅项目 209 个，总投资额 1887.63 亿元，累计完成投资 206.12 亿元，占年度计划 105.64%。坚持科学高效，文旅资源开发利用统筹推进。启动布局建设全长1250 公里的 1 号滨海风景道，成立福建滨海旅游联盟，加快推进长征国家文化公园（福建段）建设。

　　坚持服务大局，对外对台港澳文旅合作走深走实。举办"清新福建"港澳社区行活动。成功举办两岸艺术青年钢琴音乐节、第六届海峡两岸书院论坛、闽台青年学子研学营等活动。坚持服务管理并重，将文旅市场治理做实做细。推进"互联网＋"监管，实现审核材料零差错，审批效能零超时，审批事项零投诉。

江西省 2022 年文化和旅游发展情况分析

2022 年，在文化和旅游部的精心指导下，江西省文化和旅游系统深入贯彻落实习近平总书记视察江西重要讲话精神，聚焦"作示范、勇争先"目标要求，以迎接宣传贯彻党的二十大为主线，扎实做好"六稳"工作，全面落实"六保"任务，高效统筹疫情防控和文旅业复苏发展，铆足干劲，强力攻坚，用非常之策应对非常之时，全力稳住文旅市场有序恢复态势，文化和旅游各项指标稳中向好。

一、文化事业繁荣发展，强省建设扎实推进

（一）文化和旅游机构数量、事业费稳步增长

文化文物和旅游机构数保持平稳。2022 年，江西省深化文旅改革，夯实发展基础保障，进一步优化文化和旅游发展环境。截至 2022 年末，纳入统计范围的全省各级文化文物和旅游单位 8179 个，同比增长 2.34%；从业人员 68525 人，同比下降 9.17%。其中，全省各级文化和旅游部门所属单位 7902 个，同比增长 2.37%，从业人员 63690 人，同比下降 9.68%；全省各级文物部门所属单位 277 个，同比增长 1.47%，从业人员 4835 人，同比下降 1.67%。

人均文化和旅游事业费持续增长。扎实做好文化文物和旅游统计工作，强化资金绩效管理，争取文旅事业发展中央财政资金 10.75 亿元，创历史新高。2022 年全省文化和旅游事业费 299401.0 万元，较 2021 年增长 31703.8 万元，同比增长 11.84%；全省人均文化和旅游事业费 66.12 元，较 2021 年的 59.26 元增加 6.86 元，同比增长 11.58%（见图 1）。

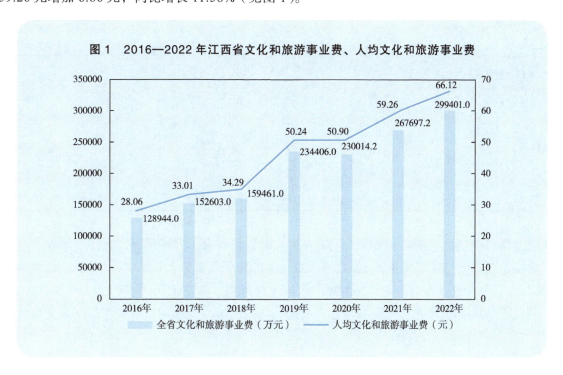

图 1　2016—2022 年江西省文化和旅游事业费、人均文化和旅游事业费

（二）文艺演出百花竞放、精品迭出

院团改革持续深化。2022 年，全省文化和旅游系统贯彻落实《关于深化国有文艺院团改革的实施意见》，持续深化国有文艺院团改革，充分激发其创新创造活力。江西文演集团《聚焦演艺主业 深化体制改革 江西国有文艺院团进入创新发展快车道》入选文旅部改革创新优秀案例。全年新增县级国有文艺院团 5 家。截至 2022 年末，全省共有艺术表演团体 356 个，同比减少 9.87%；演出 2.81 万场次，同比减少 59.04%；演出收入 16875.0 万元，同比减少 36.47%（见表 1）。

表 1　2017—2022 年江西省艺术表演团体基本情况

年份	机构数（个）	从业人员（人）	演出场次（万场次）	国内演出观众人次（万人次）	总收入（万元）	#演出收入（万元）
2017	425	9701	6.68	3134.12	53638.4	26029.7
2018	379	9616	7.70	2326.36	57787.9	24965.4
2019	337	8022	4.36	3124.50	57609.2	19223.9
2020	380	10334	4.79	1904.71	56733.3	17050.2
2021	395	8217	6.86	1406.31	54797.4	26561.6
2022	356	8498	2.81	1440.33	55122.3	16875.0

截至 2022 年末，全省共有艺术表演场馆 63 个，同比下降 23.17%；从业人员 845 人，同比下降 22.62%；观众座席数 31834 个，同比下降 29.40%。全年艺术演出 3.01 万场次，艺术演出观众人数 87.96 万人次，实现艺术演出收入 6102 万元（见表 2）。

表 2　2017—2022 年 江西省艺术表演场馆基本情况

年份	机构数（个）	从业人员（人）	座席数（个）	艺术演出场次（万场次）	艺术演出观众（万人次）	艺术演出收入（万元）
2017	61	1020	39527	0.35	69.63	1726.1
2018	57	898	51355	0.26	102.70	639.0
2019	89	1639	45513	1.17	156.84	7192.0
2020	77	1514	38580	1.41	148.29	7508.8
2021	82	1092	45092	9.09	447.87	9901.5
2022	63	845	31834	3.01	87.96	6102.0

精品力作成绩斐然。赣南采茶戏《一个人的长征》荣获第十六届精神文明建设"五个一工程"奖，主演杨俊获第十七届文华表演奖。江西大鼓《好心缘》获得第十九届"群星奖"，这是 2016 年"群星奖"改革后江西省首次获奖。青春版·赣剧《红楼梦》成功首演。1 个项目入选文化和旅游部 2020—2021 年度全国美术馆优秀公共教育提名，1 人入选 2022 年全国戏曲表演领军人才培养计划，

2 人人选 2022 年全国美术馆青年策展人扶持计划初评。

展演活动精彩纷呈。聚焦"喜迎党的二十大"主线，策划举办第八届江西艺术节、汤显祖戏剧节暨国际戏剧交流月活动、峥嵘印记——纪念八一南昌起义、秋收起义、井冈山革命根据地创建 95 周年全国版画作品展等系列展演展览活动，为迎接党的二十大胜利召开营造浓厚氛围。

（三）公共文化服务提档升级

公共服务创新供给。创新公共文化服务供给，打造城市书房、文化驿站等新型公共文化空间 539 个，2 个项目获全国"最美公共文化空间"大奖，覆盖城乡的公共文化服务设施体系加速完善。推动全省图书馆、博物馆、文化馆夜间开放，"江博奇妙夜"等活动为群众带来"沉浸式"文化体验。打造江西文化新地标，持续推进江西省赣剧院新院建设、江西艺术职业学院新校区建设和江西省文化馆改扩建项目。

公共图书馆服务能力不断提高。截至 2022 年末，全省共有公共图书馆 114 个，与 2021 年持平，其中省级图书馆 1 个，地市级图书馆 11 个，县区级图书馆 102 个。全省公共图书馆实际使用公用房屋建筑面积 64.22 万平方米，同比增长 9.53%；阅览座席 59992 个，同比增长 14.35%；图书总藏量 3403.49 万册，同比增长 9.40%；本年新增藏量 196.40 万册，同比增长 1.49%。总流通人次 2903.47 万人次，同比增长 9.54%；书刊文献外借册次 1768.53 万册次，同比增长 0.93%（见表 3）。

表 3 2017—2022 年江西省公共图书馆基本情况

年份	机构数（个）	总藏量（万册）	本年新购藏量（万册）	总流通人次（万人次）	书刊文献外借册数（万册次）	实际使用公用房屋建筑面积（万平方米）	阅览室座席数（个）
2017	113	2428.77	206.84	1722.10	1561.39	40.22	36248
2018	113	2522.12	103.72	1754.03	1584.30	41.43	36961
2019	114	2659.05	134.28	1858.71	1688.28	44.44	39590
2020	114	2857.01	178.92	1396.37	1271.25	54.26	47745
2021	114	3110.99	193.51	2650.69	1752.22	58.63	52462
2022	114	3403.49	196.40	2903.47	1768.53	64.22	59992

群众文化服务供给保障有力。截至 2022 年末，全省共有美术馆 46 个，同比增长 2.22%；从业人员 446 人，同比增长 12.06%；年度展览总量为 425 个，与 2021 年基本持平；参观人数为 195.85 万人次，同比增长 5.41%（见表 4）。

表 4 2017—2022 年美术馆基本情况

年份	机构数（个）	从业人员数（人）	年度展览总量（个）	参观人数（万人次）
2017	36	281	314	86.87
2018	37	366	322	99.64

年份	机构数 （个）	从业人员数 （人）	年度展览总量 （个）	参观人数 （万人次）
2019	42	395	392	144.38
2020	43	372	369	114.81
2021	45	398	426	185.80
2022	46	446	425	195.85

　　截至 2022 年末，全省共有群众文化机构 1854 个，其中文化馆 117 个，文化站 1737 个，与 2021 年持平。全省群众文化机构从业人员 6521 人，同比增长 3.46%；文化馆从业人员 1972 人，同比增长 9.86%；文化站从业人员 4549 人，同比增长 0.91%（见表 5）。

表 5　2021—2022 年群众文化机构数和人员数

项目	机构数（个）			从业人员（人）		
	2021 年	2022 年	同比（%）	2021 年	2022 年	同比（%）
总计	1854	1854	0.00	6303	6521	3.46
文化馆	117	117	0.00	1795	1972	9.86
其中：省级	1	1	0.00	52	61	17.31
地市级	13	13	0.00	365	488	33.70
县市级	103	103	0.00	1378	1423	3.27
其中：县文化馆	66	66	0.00	844	879	4.15
文化站	1737	1737	0.00	4508	4549	0.91
其中：乡镇文化站	1589	1564	−0.16	3901	4015	2.92

　　文化惠民力度持续加强。紧紧围绕人民对更高质量精神文化生活的需求，着力丰富公共文化产品，提升公共文化服务水平。持续开展 2022 年江西"最美基层文化人"学习宣传活动。"百馆千万场服务来共享"系列群众文化活动蓬勃开展，永不落幕的"百姓大舞台"渐成群众文化品牌。省、市、县、乡、村五级公共文化服务机构联动，全民共享文化成果。举办全省广场舞集中展演，广泛开展"书香赣鄱"全民阅读、"江西省第十三届少儿艺术节"等品牌文化活动，提升人民群众的文化获得感和幸福感。持续推动文化惠民工程，全省国有文艺院团送戏下乡、进社区演出 1 万余场。省博物馆、南昌八一起义纪念馆志愿服务项目入选"全国博物馆志愿服务典型案例"。5 个项目获国家社科基金艺术学项目立项，取得历史最好成绩。表 6 为 2022 年群众文化机构开展活动情况。

表 6　2022 年群众文化机构开展活动情况

项目	活动次数 （次）	服务人次 （万人次）	比上年增长（%）	
			活动次数	服务人次
各项活动总计	74166	4004.06	−32.43	5.84

项目	活动次数（次）	服务人次（万人次）	比上年增长（%）	
			活动次数	服务人次
其中：文艺活动	50724	3140.63	−20.41	1.88
训练班	17743	155.9	−47.42	−27.10
展览	4864	686.29	−51.37	48.72
公益性讲座	835	21.11	−63.38	−15.46

（四）文物保护利用水平全面提升

机构队伍建设全面加强。落实省委编委《关于加强文物保护和考古工作机构编制保障的实施方案》精神，省级文物机构进一步得到加强，11 个设区市均增挂了文物局牌子，70 个县增挂文物局牌子，其中赣州、景德镇市县级机构挂牌率 100%，许多文物机构编制在第一时间得到落实。全省共增加文物行政编制 67 名，增加文物事业编制 428 名。在北京大学举办了为期三个月的高层次文博人才培训班，继续实施"名师带徒"计划，承办全国革命文物工作培训和全国文物鉴定培训，举办全省文博管理人员业务培训班，切实提升全省文博人员业务能力和水平。

2022 年，江西省文物业机构共有 277 个，同比增长 1.47%；从业人员 4835 人，同比下降 1.67%。其中，各级博物馆 203 个，同比增长 7.41%，从业人员 4309 人，同比增长 3.48%；文物保护管理机构 53 个，同比下降 15.87%，从业人员 239 人，同比下降 46.41%；文物科研机构 2 个，与 2021 年持平，从业人员 153 人，同比增长 61.05%；文物行政部门 16 个，同比下降 11.11%，从业人员 93 人，同比下降 52.79%；其他文物机构 3 个，从业人员 41 人（见表 7）。

表 7　2022 年文物业基本情况

项目	机构数		从业人员	
	总数（个）	同比（%）	总数（人）	同比（%）
总计	277	1.47	4835	−1.67
博物馆	203	7.41	4309	3.48
文物保护管理机构	53	−15.87	239	−46.41
文物科研机构	2	0.00	153	61.05
文物行政部门	16	−11.11	93	−52.79
其他文物机构	3	200.00	41	173.33

2022 年全年，江西省文物机构共安排基本陈列 639 个，举办临时展览 705 个，参观人次 3421.54 万人次，比上年下降 28.25%（见表 8），其中未成年人参观人次 1098.99 万人次，同比下降 29.89%。博物馆参观人次 3400.3 万人次，占全省文物机构参观人次比重为 99.38%。

表 8　2017—2022 年江西省文物机构藏品及参观情况

	2017 年	2018 年	2019 年	2020 年	2021 年	2022 年
文物藏品（件／套）	627413	626591	614460	687073	793978	726436
参观人次（万人次）	3499.22	3798.74	4100.90	3649.76	4768.86	3421.54

截至 2022 年末，全省纳入文化文物统计系统的博物馆共有 203 个，同比增长 7.41%，免费开放的博物馆 196 个；博物馆从业人员 4309 人，同比增长 3.48%；藏品数约 71.4 万套，同比下降 1.64%；参观人数 3400.30 万人次，同比下降 21.90%（见表 9）。2022 年全省 203 家博物馆共有基本陈列 636 个，临时展览 700 个。

表 9　2017—2022 年江西省博物馆基本情况

	机构数 （个）	从业人员 （人）	藏品数 （件／套）	参观人次 （万人次）
2017 年	139	3101	418234	3233.00
2018 年	144	3418	444241	3697.00
2019 年	143	3347	448155	3791.90
2020 年	172	4033	601851	3238.67
2021 年	189	4164	725931	4353.76
2022 年	203	4309	714036	3400.30
2022 年同比上年增减（%）	7.41	3.48	-1.64	-21.90

遗产保护成果显著。1 个展览荣获"全国博物馆十大陈列展览精品特别奖"，9 个展览入选新时代十年全国博物馆陈展精品，6 个展览入选国家文物局 100 项年度推介展览。樟树国字山战国墓葬入选"2021 年度中国六大考古新发现"，1 个项目列入"考古中国"重大项目课题，2 县入选 2022 年全国传统村落集中连片保护利用示范县，新增 2 个国家历史文化名城和 70 个中国传统村落。"中国传统制茶技艺及其相关习俗"（赣南客家擂茶、婺源绿茶、修水宁红茶）列入联合国人类非物质文化遗产代表作名录，实现该项目"零的突破"。

革命文物绽放光彩。率先开展全省革命文物保护利用示范县创建。制定创建省革命文物保护利用示范县的《管理办法》和《评分细则》，公布首批 10 个示范县创建单位。国家文物局网站推介江西创建省级革命文物保护利用示范县的做法，人民日报、中国文物报、中宣部"学习强国"平台、江西日报等 10 多家主流媒体进行了宣传报道。开展第二批革命文物名录核定公布工作，基本摸清摸准全省革命文物的资源底数和保存状况。开展长征国家文化公园（江西段）长征文物资源调查、红色标语类革命文物专项调查、全省隐蔽战线红色资源调查。组织推进湘鄂赣、井冈山、闽浙赣片区革命文物保护利用规划编制。推进革命文物集中连片保护利用工程。

（五）非遗活态传承扎实推进

政策资金支持再加力，区域整体性保护再提升。与省委宣传部联合印发实施《关于进一步加强非物质文化遗产保护工作的实施意见》。首次将红色主题非遗纳入省级非遗代表性项目申报范畴。获得 2022 年国家级非遗保护资金 2210 万元，争取省财政厅年度省级非遗保护资金 2000 万元，较 2021 年翻了一番。赣州市做好客家文化（赣南）生态保护实验区检查评估、整改验收，成立赣州市客家文化（赣南）生态保护区管理中心，安排年度建设专项经费 600 万元。《景德镇陶瓷文化生态保护区总体规划》已报审，省级中医药文化（樟树）生态保护实验区已获批设立。

宣传交流再加强，传承人保护再夯实。在全省举办 2022 年"非遗购物节"，累计举办 100 多场非遗产品展销活动。积极参加 2022 年"新疆是个好地方"对口援疆 19 省市非遗展、第七届中国非物质文化遗产博览会、中韩工艺品交流展等活动，与新疆签订了《赣新两地文化和旅游合作协议》，在对口支援的阿克陶县组织举办非遗交流展示活动。编纂出版《江西非遗大典（传承人卷）》，承办中国传承人群研修班，启动实施江西省传承人群研修培训计划。探索传承人退出机制，首次公布丧失传承能力的省级代表性传承人 2 人，保留传承人资格，停发传承补助。2022 年，江西省国家级代表性传承人评估优秀 12 人。全省共有非物质文化遗产保护机构 83 个，同比下降 1.19%；从业人员数为 705 人，同比增长 0.86%。全年全省共举办展览 507 个，同比下降 12.59%；参观人次为 153.30 万人次，同比下降 0.92%（见表 10）。

表 10　2017—2022 年全省非物质文化遗产保护情况

	机构数（个）	从业人员数（人）	举办展览（个）	参观人次（万人次）
2017 年	87	876	566	71.26
2018 年	87	833	549	77.61
2019 年	86	773	592	127.16
2020 年	86	733	541	111.00
2021 年	84	699	580	154.73
2022 年	83	705	507	153.30
2022 年同比上年增减（%）	−1.19	0.86	−12.59	−0.92

二、文化产业提速发展，消费新活力不断迸发

规模以上文化及相关产业快速发展。2022 年，全省规模以上文化及相关产业（以下简称"规上文化产业"）实现营业收入 3305.11 亿元，同比增长 7.8%，增速快于全国平均水平 6.9 个百分点，居全国第 4 位。9 个行业均实现增长，其中文化娱乐休闲服务、文化装备生产、新闻信息服务、创意设计服务等行业营业收入实现两位数增长，分别为 15.9%、14.1%、12.2% 和 11.4%。文化企业数量再创新高。2022 年，全省规上文化产业企业 2403 家，比上年增加 306 家。分产业类型看，文化制造业企业 1155 家，增加 102 家；文化批发和零售业企业 255 家，增加 72；文化服务业企业 993 家，增加 132 家。分行业看，文化娱乐休闲服务和文化传播渠道企业增加最多，分别增加 61 家和 51 家。分地区看，南昌市增加最多，增加 65 家。分规模看，小型规上文化产业企业增加 289 家。

龙头企业实力显著增强，文化产业示范基地集约化发展。2022 年，全省营业收入超过 100 亿元

的文化企业 3 家，50 亿~100 亿元文化企业 4 家，10 亿~50 亿元文化企业 47 家。54 家超 10 亿元企业合计实现营业收入 1648.96 亿元，同比增长 20.3%，快于全省规上文化产业增速 12.5 个百分点；合计占全省规上文化产业营业收入总量的 49.9%，较上年提高 5.2 个百分点。截至 2022 年末，全省共有 38 个文化产业示范基地，同比减少 3 个。其中国家文化产业示范基地（企业类）1 个，国家文化产业示范基地（集聚类）1 个，国家文化产业示范基地（项目类）9 个，省级文化产业示范基地 27 个。按隶属关系划分，隶属地市的 17 个，隶属县（市、区）的 21 个。全省文化产业示范基地从业人员为 6687 人，同比减少 27.90%；经营面积 1062.63 万平方米，同比增长 0.05%；辖区内企业数 434 个，同比增长 17.62%（见表 11）。产业示范基地企业更加注重提升质量，文化产业呈现集中化、集约化、集聚化的发展趋势。

表 11　2020—2022 年江西省文化产业示范基地基本情况

	机构数 （个）	从业人员 （人）	经营面积 （万平方米）	辖区内企业数量 （个）
2020 年	42	7467	1205.23	394
2021 年	41	9275	1062.11	369
2022 年	38	6687	1062.63	434
同比（%）	−7.32	−27.90	0.05	17.62

文化新业态蓬勃发展。2022 年，全省文化新业态特征较为明显的 16 个行业小类实现营业收入 1065.23 亿元，同比增长 14.4%，快于全省规上文化产业 6.6 个百分点，快于全国文化新业态 9.1 个百分点；文化新业态营业收入占全省规上文化产业营业收入的 32.2%，比上年提高 1.8 个百分点。文化新业态行业分布主要集中于可穿戴智能文化设备制造、其他智能文化消费设备制造、互联网广告服务、互联网游戏服务等，4 个行业合计占文化新业态营业收入的 94.7%。2022 年，江西省经过国家认定的动漫企业 15 家，比 2021 年减少 1 家。从业人员 257 人，同比下降 31.83%；资产总额 2.07 亿元，同比下降 24.45%；总收入 5434 万元，同比下降 69.15%；年生产原创漫画作品 70 部，同比增长 775%；年生产原创动画作品 44 部，同比增长 300%（见表 12）。

表 12　2017—2022 年江西省动漫企业情况对比

年份	数量（个）	从业人员 （人）	资产总额 （亿元）	总收入 （万元）	总利润 （万元）	原创漫画 （部）	原创动画 （部）	网络动漫下载次数 （万次）
2017	19	647	3.20	29400	4216	6	41	1522
2018	16	463	2.73	24545	3910	5	10	1688
2019	16	318	1.46	21831	3937	4	9	15
2020	16	415	2.24	22351	3543	15	30	19
2021	16	377	2.74	17615	2917	8	11	80
2022	15	257	2.07	5434	623	70	44	2468

三、旅游产业稳健复苏，发展新动能持续集聚

助企纾困举措扎实。及时制定印发《关于有效应对疫情 支持文化和旅游企业纾困解难的若干措施》，推动省政府办公厅印发《关于进一步帮扶文旅企业纾困发展若干措施的通知》，先后累计提出针对性帮扶举措 36 条；同时引导各地结合实际出台助企纾困帮扶政策 150 余条。通过"文旅贷""文企贷"等平台为文旅企业发放贷款 273.69 亿元，暂退旅行社旅游服务质保金 2.56 亿元，拨付各类纾困资金 4960 万元，让文旅企业在"寒冬"中感受到温暖。

品牌创建成果丰硕。推动旅游景区提质增效，安远三百山成功创建国家 5A 级旅游景区；新余仙女湖七夕文化旅游度假区、大余县丫山旅游度假区入选国家级旅游度假区；鄱阳县饶州古镇旅游休闲街区入选国家级旅游休闲街区；仙客来灵芝园景区、资溪面包食品产业城获评国家工业旅游示范基地。南昌市"夜东湖"文化和旅游消费区等 6 地入选第二批国家夜间文旅消费集聚区；新余市渝水区良山镇下保村等 10 地入选全国乡村旅游重点村（镇）；宜春旧雨新知等 3 家民宿创评全国甲级旅游民宿；婺源县等 5 地获评首届"风景独好"旅游名县。

文旅消费加速恢复。创新开展"百城百夜"文旅消费季活动，联动百县开展各类文旅消费活动，累计举办 1.9 万余场线上线下活动，引导 4.5 万余家涉文涉旅市场主体及国内头部平台让利 31 亿元，发放文旅惠民券 7606 万元。中国银联及携程等平台数据显示，活动实现文旅消费 553.22 亿元，线上旅游收入同比增长 5.62%，酒店入住人次同比增长 6.69%，交易额同比增长 19.40%；线下旅游消费恢复至去年同期的 84.4%，线下文娱消费恢复至 83.98%。举办第五届江西旅游消费节、"江西'dou'是好风光"等消费促进活动，引导文旅企业与携程、同程、美团等头部平台成立文旅消费促进联盟，有效激发文旅消费活力。

"风景独好"品牌持续叫响。围绕提升"江西风景独好"品牌，精心策划一系列重大文旅宣传推介、对外交流活动。在景德镇成功举办第五届"阿拉伯艺术节"，召开 2022 年全省旅游产业发展大会，与湖南省联合举办 2022 中国红色旅游博览会、港澳青少年内地游学联盟大会，开展"独好赣鄱 潮越千年"旅游推介会、"江西风景独好"云端旅游推介会、"全国学子嘉游赣"、"红土情深嘉游赣"、"2022 迎冬奥·温暖过年嘉游赣"等宣传推广活动。继续实施"引客入赣"计划，125.62 万人次通过全国学子免票游活动免票游江西。

市场平稳有序运行。持续深化改革，制定出台《江西省文化市场综合执法行政处罚裁量基准》和《江西省文化和旅游市场轻微违法违规经营行为免罚清单》。制定文化市场"双随机、一公开"联合执法检查事项，营造良好的营商环境。开展"风暴"整治行动、文化和旅游市场打击整治养老诈骗专项行动、体检式暗访和常态化扫黑除恶斗争，严厉打击各类违法违规行为，派出多个检查组赴各地开展文旅领域疫情防控、安全生产及市场秩序检查。深化文化市场综合执法队伍建设，开展文化市场综合执法岗位练兵技能竞赛。全年出动执法人员 12.63 万人次，检查文化和旅游经营单位 4.6 万家次，立案 221 件，处罚金额 189.03 万元，责令停业整顿 12 家次。

（江西省文化和旅游厅）

江西：推进文化和旅游"双强省"建设

2022年，江西省文化和旅游厅坚持以习近平新时代中国特色社会主义思想为指导，深入学习贯彻党的二十大和习近平总书记视察江西重要讲话精神，聚焦"作示范、勇争先"目标定位，按照疫情要防住、经济要稳住、发展要安全的重要要求，统筹推进疫情防控和文旅行业发展，扎实推动文化强省、旅游强省建设取得新成效、迈上新台阶。

创新驱动公共服务提质增效。创新公共文化服务供给，打造城市书房、文化驿站等新型公共文化空间539个，推动全省图书馆、文化馆和博物馆夜间开放。策划开展"百馆千万场 服务来共享"系列群众文化活动，省、市、县、乡、村五级公共文化服务机构联动。广泛开展"书香赣鄱"全民阅读、"江西省第十三届少儿艺术节"等品牌文化活动，组织国有文艺院团送戏下乡、进社区演出1万余场。积极推进志愿者服务，省博物馆、南昌八一起义纪念馆志愿服务项目入选"全国博物馆志愿服务典型案例"。

全方位做好品牌宣传营销。成功举办第五届"阿拉伯艺术节"，提升江西文化国际影响力。顺利举办2022年全省旅游产业发展大会，全面展示全省旅游产业发展新成效、新特色和新成果。创新举办"江西风景独好"云端旅游推介会、"全国学子嘉游赣"、"红土情深嘉游赣"、"2022迎冬奥·温暖过年嘉游赣"、"2022不负春光嘉游赣"、"红五月，再出发"等一系列宣传推广活动，持续擦亮"江西风景独好"品牌。

全面推动文旅产品提档升级。全年新增1家国家5A级旅游景区、2家国家级旅游度假区、2家国家工业旅游示范基地、1家国家级旅游休闲街区、1家国家旅游科技示范园区，3个镇、7个村晋升为全国乡村旅游重点村镇，12条线路入选"乡村四时好风光"全国乡村旅游精品线路。井冈山入选全国首批红色旅游融合发展试点名单。

全力激活文旅市场消费活力。推动出台《有效应对疫情 支持文化和旅游企业纾困解难的若干措施》《进一步帮扶文旅企业纾困发展若干措施》，引导各地推出150余条具体帮扶举措。通过"文旅贷""文企贷"等平台为文旅企业发放贷款273.69亿元，暂退旅行社旅游服务质保金2.56亿元，拨付各类纾困资金4960万元。持续开展扩消费促复苏活动，创新开展"百城百夜"文旅消费季活动，活动累计实现文旅消费449.39亿元。开展线上"双创赣鄱"活动，累计开展1.9万余场线上线下活动，引导企业让利31亿元，发放文旅惠民券7606万元，累计实现文旅消费553.22亿元。

山东省 2022 年文化和旅游发展情况分析

2022 年是党的二十大召开之年。山东省文化和旅游战线坚持以习近平新时代中国特色社会主义思想为指导，以迎接宣传贯彻党的二十大精神为主线，认真学习贯彻习近平总书记关于文化和旅游工作重要论述和重要指示批示精神，锚定"走在前、开新局"，发挥特色优势，推动文旅深度融合发展，聚力打造具有世界风范、展现中国精神、彰显齐鲁风韵的文旅融合发展新高地。

一、机构和人员

2022 年末，纳入统计范围的全省各类文化（文物）单位 21289 个，比上年增加 1852 个；从业人员 96444 人，比上年减少 8514 人（见图 1）。其中，各级文化文物部门所属单位 3112 个，比上年增加 8 个；从业人员 36745 人，比上年增加 766 人。

图 1　2018—2022 年山东省文化单位机构数及从业人员数

机构数（个）　　从业人员数（人）

二、艺术创作演出

2022 年，全省 50 余个项目入选全国重点扶持、重要艺术展演。在第十三届中国艺术节上，山东省共有 4 部作品获奖，数量居全国第一。其中，民族歌剧《沂蒙山》荣获"文华大奖"，成为山东历史上首部获得国家级奖项大满贯剧目。京剧《燕翼堂》荣获"五个一工程"奖，杂技节目《弈》获中国杂技"金菊奖",杂技剧《铁道英雄》入选朝鲜第 32 届"四月之春"友谊艺术节并获多项金奖。

出台《山东省舞台艺术创作选题管理办法》,组建山东省舞台艺术专家委员会,强化全省创作的智力支持、学术支撑和艺术指导。承办文旅部"长河大道——黄河文化主题美术作品全国巡展(山东首站)"展览,集中展出美术作品近 160 件。"第二届济南国际双年展"开展,成功升级为省政府主办,来自 19 个国家和地区的 261 件(套)作品参展。

2022 年末,全省共有公有制艺术表演团体 101 个,与上年持平,从业人员 4987 人,比上年减少250 人。全年共演出 1.94 万场,比上年减少 0.46 万场,其中赴农村演出 1.4 万场,比上年减少 0.3 万场;国内观众 1351.31 万人次,比上年减少约 228 万人次,其中农村观众 977.83 万人次,比上年减少 133.7 万人次;演出收入 6885 万元,比上年减少 3770 万元(见表 1)。

表 1　2018—2022 年山东省国有艺术表演团体基本情况

年份	机构数 (个)	从业人员数 (人)	演出场次 (万场)	国内演出观众人次 (万人次)	演出收入 (万元)
2018	105	5539	2.67	2128	9668
2019	104	5665	2.52	2063	13363
2020	103	5381	2.16	1663	8297
2021	101	5237	2.40	1579	10655
2022	101	4987	1.94	1351	6885

2022 年末,全省公有制艺术表演团体共组织政府采购公益演出 1.12 万场,比上年减少 20.57%;观众 699 万人次,比上年减少 23.77%。利用流动舞台车演出 1.06 万场,比上年减少 14.52%;观众811.3 万人次,比上年减少 13.74%。

2022 年末,全省公有制艺术表演场馆 77 个,比上年减少 5 个,观众座席数 52489 个,比上年减少 6985 个;全年共举行艺术演出 3141 场次,比上年减少 18.27%,艺术演出观众人次 141.01 万人次,比上年减少 22.58%。

2022 年末,全省共有国有美术馆 56 个,与上年持平,从业人员 452 人,比上年减少 15 人。全年共举办展览 799 个,比上年增加 9.3%,参观人数 281.6 万人次,比上年减少 15.82%。

三、公共文化服务体系

"全民阅读济南模式"等 2 个案例被命名为"全国公共文化服务高质量发展典型案例",全省评选出 10 个乡村文化建设样板镇、20 个样板村和 30 个最美城乡书房。

加强群众文艺创作,菏泽两夹弦小戏《公鸡过寿》等 3 部作品荣获第十九届"群星奖",位居全国第一。创新推出群众性小戏小剧创演活动,全年全省新创作作品 310 多件,组织"大擂台"1100 多场,参与群众达 300 多万人次。

开展冬春文化惠民季、"一年一村一场戏"、"村晚"等文化惠民活动,7 地乡村"村晚"入选全国展示示范点,数量居全国第一。加强"线上"公共文化服务,组织 16 个市级和 127 个县级文化馆入驻"山东公共文化云",全年发布资源 3.9 万余条。

（一）公共图书馆

2022 年末，全省共有公共图书馆 153 个，与上年持平，其中少儿图书馆 1 个，与上年持平。年末全省公共图书馆从业人员 3182 人，比上年增加 187 人。其中具有高级职称的人员 510 人，占从业人员总数的 16.03%；具有中级职称的人员 1222 人，占从业人员总数的 38.40%。

2022 年末，全省公共图书馆实际使用房屋建筑面积 141.69 万平方米，比上年增加 16.56%；图书总藏量 8180.4 万册，比上年增长 8.7%，其中古籍 141.3 万册；阅览室座席数 91046 个，比上年增长 22.38%；计算机 11786 台，比上年增加 0.82%。

2022 年末，全省平均每万人公共图书馆建筑面积 139.42 平方米，比上年增加 19.92 平方米；全省人均图书藏量 0.80 册，增加 0.06 册（见图 2）；全年全省人均购书费 0.81 元，比上年下降 0.14 元。

图 2　2018—2022 年山东省公共图书馆人均资源情况

平均每万人公共图书馆建筑面积（平方米）　人均公共图书藏量（册）

全年全省公共图书馆实际持证读者 681.8 万个，比上年增加 14.03%；总流通 4816 万人次，比上年增加 18.93%。书刊文献外借 3296.46 万册次，比上年减少 5.64%（见图 3）；外借 1885.33 万人次，比上年增加 7.45%。全年共为读者举办各种活动 20229 场次，比上年增加 17.8%；参加活动 654.86 万人次，比上年增加 41.53%。

（二）群众文化机构

2022 年末，全省共有群众文化机构 1981 个，比上年增加 2 个。其中乡镇综合文化站 1198 个，比上年增加 1 个。年末全省群众文化机构从业人员 9122 人，比上年减少 46 人。其中具有高级职称的人员 590 人，占比 6.47%；具有中级职称的人员 1276 人，占比 14%。

2022 年末，全省群众文化机构实际使用房屋建筑面积 305.66 万平方米，比上年增长 3.54%；年末全省平均每万人群众文化设施建筑面积 300.76 平方米，比上年增加 5.54 平方米（见图 4）。

图3　2018—2022年山东省公共图书馆总流通人次及书刊外借册次

图4　2018—2022年山东省平均每万人群众文化设施建筑面积（平方米）

　　2022年全年，全省群众文化机构共提供文化服务233597次，比上年增加5.84%；服务5758.09万人次，比上年增加5.50%（见表2）。

表2　2022年山东省群众文化机构开展活动情况

	总量		比上年增长（%）	
	活动次数（次）	服务人数（万人次）	活动次数	服务人次
	2022年	2022年		
各项活动总计	233597	5758.09	5.84	5.50
其中：展览	10285	651.61	3.95	14.24
文艺活动	166539	4603.12	14.33	3.06

续表

	总量		比上年增长（%）	
	活动次数（次）	服务人数（万人次）	活动次数	服务人次
	2022 年	2022 年		
公益性讲座	2644	58.87	−17.99	54.64
训练班	54129	444.27	−12.59	15.95

2022 年末，全省群众文化机构共有馆办文艺团体 604 个，演出 13126 场，观众 372.38 万人次。由文化馆（站）指导的群众业余文艺团体 33514 个，馆办老年大学 45 个。

四、文化市场

（一）文化市场经营

2022 年末，全省文化市场经营单位 17765 家，比上年增加 1818 家；从业人员 53018 人，比上年减少 9044 人。全年全省文化市场经营单位营业总收入 986626 万元，营业利润 −36509 万元。分区域看，年末城市文化市场经营单位 2494 个，占文化市场经营单位总量的 14.04%；县城 3994 个，占 22.48%；县以下地区 11277 个，占 63.48%（见表 3）。

表 3　2022 年按区域山东省文化市场经营单位主要指标

		机构数（个）	从业人员数（人）	营业总收入（万元）	营业利润（万元）
总量	总计	17765	53018	986626	−36509
	城市	2494	15181	734154	103191
	县城	3994	35290	240339	−134410
	县以下	11277	2547	12133	−5290
比重（%）	总计	100	100	100	
	城市	14.04	28.64	74.41	
	县城	22.48	66.56	24.36	
	县以下	63.48	4.80	1.23	

2022 年末，全省共有娱乐场所 3821 个，从业人员 11441 人，全年营业总收入 94918 万元，营业利润 877 万元。

2022 年末，全省共有互联网上网服务营业场所 10180 个，从业人员 8121 人，全年营业总收入 62395 万元，营业利润 −11638 万元。

2022 年末，全省共有非公有制艺术表演团体 1870 个，从业人员 24510 人，全年共演出 12.64 万场，全年营业总收入 52583 万元，其中演出收入 21931 万元。

（二）文化市场管理

持续优化营商环境。取消娱乐场所设立消防安全证明等前置审批条件。深化"放管服"改革，重新梳理编制山东省行政许可事项清单，制定公布行政许可实施规范，目前完成省级行政权力事项委托下放 24 项，受委托单位 41 个。加强新业态监管，将线下剧本杀和密室逃脱作为剧本娱乐经营场所统一纳入监管。强化社会组织管理，制定厅业务主管社会组织管理暂行办法，将多年没有正常年审、开展活动的单位列入活动异常名录。

规范文化市场秩序。全省文化市场综合执法队伍基本到位，形成省、市、县三级较完整执法体系。开展网络文化市场执法专项行动，查处网络文化案件 43 件。探索开展网吧星级评定，被文旅部选定为全国首批试点省份，并组织济南、青岛两市先行先试。

严格落实安全生产工作责任制。修订完善安全生产权责清单，扎实做好重点时段和重点领域的安全工作。组织开展文旅领域安全生产大检查专项行动。全省文化和旅游领域安全平稳有序，省文化和旅游厅获评全省"安全生产月"活动优秀组织单位。

五、文化产业与旅游

强化政策激励引导。举办 2022 山东省旅游发展大会，印发实施《山东省文化和旅游产业创新发展计划》《山东省文化和旅游企业（集团）"百企领航"培育计划》《关于建立山东省金融支持文旅产业高质量发展联动机制的通知》等政策文件，推出培育产业龙头、支持集群发展、推进金融赋能等一系列政策和措施。研究制定《山东省文化产业园区高质量发展三年行动方案》《山东省红色旅游发展规划（2022—2025）》。在全国率先制定实施文旅康养强县评价激励政策，全省确定首批 10 个文旅康养强县，给予每个强县 1000 万元资金支持。青岛市获评国务院首次开展的文化和旅游领域督查激励城市，是全国获得激励的 10 个设区市之一。积极争取省财政对产业集群及龙头企业进行专项激励，4 个产业集群、8 家精品龙头企业共获得激励资金 3885 万元。

加快重点项目建设。集中推进潍坊中晨书画艺术产业园等 316 个项目建设，全年累计完成投资 561.1 亿元，同比增长 4.5%。强化项目投融资工作，集中签约大项目 22 个，计划总投资 615.7 亿元。

推进精品旅游区和精品景区建设。全省新增 2 家国家级旅游度假区，总数达到 6 家，居全国第二位。微山湖旅游区成功创建为国家 5A 级旅游景区，全省总数达到 14 家。创建国家 4A 级旅游景区 11 家，全省总数达到 230 家。对景区进行暗访复核，共处理 17 家 4A 级旅游景区，其中 2 家摘牌，2 家降级。智慧景区建设加速推进，4A 级以上非完全开放式景区已经全部实现门票预约及无纸化入园。

不断丰富旅游业态。研究推进研学旅游创新发展措施，举办研学旅游线路设计大赛和文创产品设计大赛，推出生态研学旅游产品、研学旅游场景等。推动城市拓展旅游休闲功能，开展"城市漫游"计划，优选一批"可慢生活、能深体验"的城市漫游目的地和线路产品，发布景区露营地指南。指导

各地加快推进红色旅游融合发展，临沂市入选全国红色旅游融合发展试点单位，全国仅 10 家单位入选。推进全域旅游向纵深发展，公布 2022 年度省级全域旅游示范区创建单位 22 家。

六、文物业

强化政策引领，印发实施《文物保护利用"十大工程"实施方案》《山东省省级考古遗址公园管理办法（试行）》《关于进一步加强非物质文化遗产保护的若干措施》，编制完成《山东省革命文物保护利用总体规划》等。公布第六批省级文物保护单位 257 处，山东省级文物保护单位总数达到 1968 处，居全国第一。公布第一批水下文物保护区 1 处。公布首批 10 个山东省文物保护利用示范区创建名单、首批 19 家省级考古遗址公园立项名单。加强考古研究，滕州岗上遗址入选 2021 年"全国十大考古新发现"，山东省累计入选 20 次、23 个项目，居全国第四。评选公布"山东省 2021 年五大考古新发现"。跋山遗址、稷下学宫遗址、定陶王陵汉墓、焦家遗址等主动性考古发掘项目有序推进。加强齐长城保护，《山东省齐长城保护条例》于 2023 年 1 月 1 日正式施行，是全国首部针对早期长城的地方性法规。

推动博物馆高质量发展。重点支持青岛、淄博、济宁等城市开展"博物馆之城"建设试点。扎实推进"一县一馆建设工程"，推动国有博物馆空白县（市）启动博物馆规划建设，公布首批 100 家认定的乡村（社区）博物馆。举办 2022 年"5·18 国际博物馆日"山东主会场活动，联合省级媒体策划推出《文物里的山东》、"博物馆里的中国美学·华彩时节"等节目，讲好文物故事。打造精品展陈，"向海图强——人民海军历史基本陈列"荣获 2021 年"全国博物馆十大陈列展览"精品奖。

2022 年末，全省共有文物机构 838 个，比上年增加 43 个。其中，文物保护管理机构 83 个，占比 9.90%，博物馆 665 个，占比 79.36%。年末全省文物机构从业人员 14316 人，比上年末增加 501 人。其中，高级职称 961 人，占比 6.71%；中级职称 2092 人，占比 14.61%。

2022 年末，全省文物机构拥有文物藏品 506.86 万件，比上年增加 16.78 万件。其中，博物馆文物藏品 486.56 万件，占文物藏品总量的 95.99%；文物保护管理机构文物藏品 9.22 万件，占比 1.82%。文物藏品中，一级文物 0.6 万件，占比 0.12%；二级文物 1.5 万件，占比 0.30%；三级文物 11.07 万件，占比 2.18%。

2022 年，全省文物机构共举办基本陈列 2289 个，临时展览 1228 个，接待观众 4902 万人次，比上年减少 11.51%。其中未成年人 1417 万人次，比上年减少 10.71%，占参观总人数的 28.91%。博物馆接待观众 4332 万人次，比上年减少 12.59%，占文物机构接待观众总数的 88.19%。

七、非物质文化遗产

加强非遗理论研究，设立 37 个省级非遗研究基地，山东大学在全国率先设立非遗研究院，与文化和旅游部恭王府博物馆合作设立国家非遗展览展示研究中心齐鲁（邹城）展示基地。

开展非遗宣传展示活动，成功举办第七届中国非物质文化遗产博览会，31 个省（区、市）284 个非遗项目进行展演展示。举行山东非遗购物节，3959 家店铺参与活动，总销售额 3792 万元。

加大非遗传播普及力度，开展"文化和自然遗产日"、山东省非物质文化遗产月、"文化进万家——视频直播家乡年"等活动。"山东老字号暨非遗文化体验馆"在山东博物馆落成开放，成为全国首家老字号主题体验馆。"山东手造"品牌持续打响，推出"山东手造"特色产品5400多个，推动5家"山东手造"服务区旗舰店开业。认定"非遗工坊"1208个，从业人员7万余人。推进青岛、东营市开展"非遗在社区"全国试点工作。

全省共有联合国教科文组织认定的"人类非遗代表作名录"项目8个，国家级代表性项目名录186项，省级代表性项目名录1073项；国家级代表性传承人81名，省级代表性传承人421名。全省有1个国家级文化生态保护实验区，即齐鲁文化（潍坊）生态保护区，有曹州文化生态保护实验区等13个省级文化生态保护实验区。

2022年末，全省共有非物质文化遗产保护机构145个，从业人员797人。全年全省非物质文化遗产保护机构共举办展览1488个，比上年增加12.22%，参观327.12万人次，比上年增加39.39%；举办演出6295场，比上年减少10场，观众297.88万人次，比上年增加10.98%；举办民俗活动1086次，比上年增加9.92%，参与活动341.33万人次，比上年增加121.2%；举办培训班1709次，比上年增加43.98%，培训人数17.1万人次，比上年增加236.6%。

八、对外和对台港澳文化交流

开展海外交流活动，齐鲁文化影响力不断扩大。承办第十三次中日韩文化部长会议，审议通过《曲阜行动计划（2022年—2024年）》。配合省委宣传部办好第八届尼山世界文明论坛，高规格举办祭孔大典，举办"中国希腊古典文明对话会"活动。落实贝尔格莱德中国文化中心省部合作共建工作，推动文化和旅游部首个中外文旅研修基地落地济宁。开展海外"欢乐春节"系列活动，举办"毛里求斯·中国山东文化年"。举办2022"探访足球起源文化之旅"对外推广活动，在卡塔尔线下同步举办"中卡青少年蹴鞠文化交流体验活动"、临淄蹴鞠白打表演节目等。联合运河沿线7省（市）共同举办2022"大运河主题旅游海外推广季"活动。在澳门举办"孔子家乡 好客山东"文化旅游推广周。举办"2022东亚文化之都·中国济南活动年"活动，潍坊市当选"东亚文化之都"，我省总数达到3个，并列全国第一。主办第三届中国国际文旅博览会，策划举办签约、论坛、演艺等系列活动70项，现场交易总额达5.22亿元。

九、文化资金投入

（一）文化事业费

2022年山东省文化事业费54.83亿元，比上年增加1.81亿元，增长3.41%（见图5）。分地区看，有5个市文化事业费投入超过3亿元，分别是青岛6.94亿元、济南5.19亿元、济宁4.67亿元、烟台4.29亿元、临沂3.51亿元。青岛、烟台、东营、威海、济南、泰安、滨州7市文化事业费增长幅度超过全省平均水平。

图 5　2018—2022 年山东省文化事业财政拨款及增长速度

文化事业费占财政总支出的比重为 0.45%，与上年持平（见图 6）。

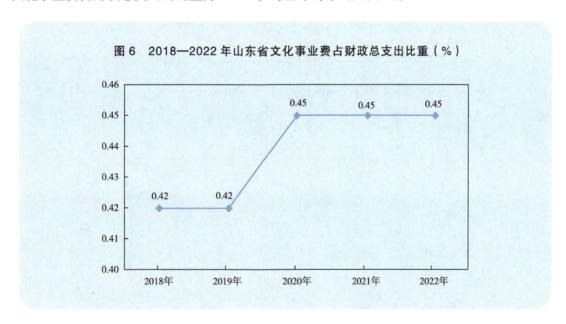

图 6　2018—2022 年山东省文化事业费占财政总支出比重（%）

（二）文物事业费

2022 年，山东省文物事业费 17.58 亿元，比上年增加 4.51 亿元，增加 34.51%（见图 7）；文物事业费占财政总支出的比重为 0.14%。分地区看，有 7 个市的文物事业费投入超过 1 亿元，分别是济宁 2.73 亿元、潍坊 1.90 亿元、烟台 1.55 亿元、济南 1.42 亿元、临沂 1.20 亿元、青岛 1.07 亿元、淄博 1.04 亿元。

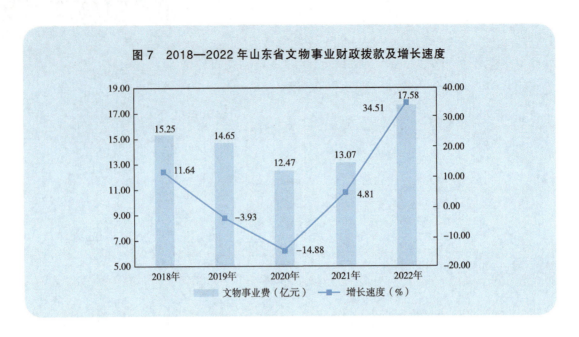

图7　2018—2022年山东省文物事业财政拨款及增长速度

（三）人均文化事业费

2022 年，全省人均文化事业费 53.95 元，比上年增加 1.82 元，增长 3.49%（见图 8）。

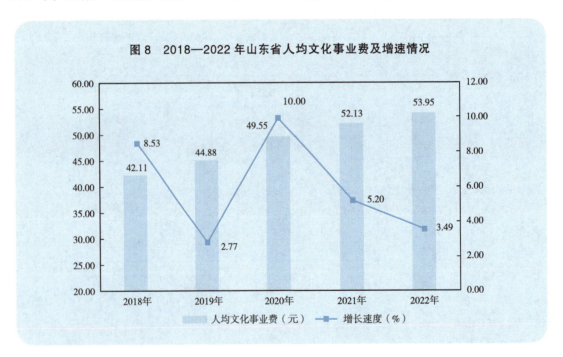

图8　2018—2022年山东省人均文化事业费及增速情况

分地区看，2022 年全省有 6 个市人均文化事业费超全省平均水平，分别是东营 98.80 元、威海 86.71 元、青岛 67.07 元、烟台 60.82 元、济宁 56.29 元、济南 55.10 元。从文化事业费占地方财政支出的比重来看，有 5 个市超过全省平均水平，最高的济宁市 0.62%，最低的枣庄市与菏泽市均为 0.25%（见表 4）。

表4 2022 年全省各市文化事业费占财政支出与人均文化事业费情况表

地　区	文化事业财政拨款 （亿元）	人均文化事业费（元）	文化事业财政拨款占地方财政 支出的比重（％）
全　省	54.83	53.95	0.45
济南市	5.19	55.10	0.42
青岛市	6.94	67.07	0.41
淄博市	2.07	43.97	0.39
枣庄市	0.82	21.42	0.25
东营市	2.18	98.80	0.59
烟台市	4.29	60.82	0.46
潍坊市	2.82	29.99	0.34
济宁市	4.67	56.29	0.62
泰安市	1.66	30.69	0.38
威海市	2.53	86.71	0.61
日照市	1.58	53.36	0.55
临沂市	3.51	31.97	0.40
德州市	2.08	37.27	0.36
聊城市	1.38	23.41	0.27
滨州市	1.77	45.25	0.37
菏泽市	1.76	20.22	0.25

（山东省文化和旅游厅）

山东：全力服务国家重大战略和重点工作

2022年是党的二十大召开之年，是进入全面建设社会主义现代化国家、向第二个百年奋斗目标进军新征程的重要一年。山东省文化和旅游厅以推动文化和旅游高质量发展为主题，以不断满足人民群众美好生活需要、实现共同富裕为目标，全力服务国家重大战略和重点工作。

加强黄河文化保护传承弘扬。组织实施《山东省黄河文化保护传承弘扬规划》，制定配套实施机制和"一台帐、两清单、双责任"分工方案，建立领导小组例会制度和工作调度机制。实施黄河文化遗产系统保护，将黄河流域文物保护列入全省文物保护利用"十大工程"，印发实施《2022年山东省黄河非遗保护行动计划》，加强黄河流域3个新成立文化生态保护区建设。编写完成《黄河文化读本》。推动黄河主题文艺创作，吕剧《一号村台》经过不断打磨提升已立上舞台。举办首届黄河流域戏曲演出季，沿黄九省（区）参加，组建"沿黄九省（区）戏曲发展联盟"。创意举办"沿着黄河遇见海"新媒体联合推广活动，网络曝光量超3亿次。研发主题高质量文旅产品，策划推出10条黄河、海洋精品旅游线路。

推进国家文化公园建设。组建省级工作专班，制定2022年国家文化公园建设工作要点，印发实施《长城国家文化公园（山东段）建设保护规划》《大运河国家文化公园（山东段）建设保护规划》，配合编制《黄河国家文化公园（山东段）建设保护规划》。指导成立长城国家文化公园建设联盟。编制完成黄河国家风景道（山东）建设指南。争取中央预算内资金1.4亿元，支持齐长城（锦阳关段）保护利用、夏津黄河故道古桑树群文化公园、大运河微山湖博物馆等项目建设。

文旅赋能乡村振兴。召开全省乡村旅游助力乡村振兴推进会，编制《山东省乡村旅游发展规划（2021—2025年）》，协调省乡村振兴专项资金8315万元支持乡村旅游项目建设。实施乡村旅游精品工程、乡村文化建设样板镇村创建工程，打造3个全国乡村旅游重点镇、7个全国乡村旅游重点村、56个省级乡村旅游重点村和291个景区化村庄。在全国首创开展民宿集聚区创建，公布第一批16个省级旅游民宿集聚区。设立"乡村好时节"体验基地15处，举办25场主题活动，带动各地组织乡村旅游活动1000余场。积极培育文化产业赋能乡村振兴典型案例，择优推广先进市经验办法。

推动"十四五"规划实施。印发出台《关于建立健全"十四五"规划实施机制的意见》，细化落实措施，明确责任分工，抓好年度滚动推进。建立健全工作台账，将"十四五"规划年度任务落实纳入本年度重点工作安排，抓好主要目标指标落实，推进年度重点任务和重点工程项目实施。推动非物质文化遗产保护"十四五"规划、博物馆事业发展"十四五"规划等系列重要专项规划实施。

河南省 2022 年文化和旅游发展情况分析

2022 年，河南省文化和旅游厅以迎接学习贯彻党的二十大精神为主线，以习近平新时代中国特色社会主义思想为指导，认真学习贯彻习近平总书记系列重要讲话重要指示精神，围绕省委、省政府关于实施文旅文创融合战略、塑造"行走河南·读懂中国"品牌战略部署，高效统筹疫情防控与文旅行业恢复发展，不断推动文化和旅游工作取得积极进展。

一、机构和人员

截至 2022 年末，河南省共有各类文化、旅游（含旅行社、星级饭店）和文物机构 22209 家，同比增加 4.5%，从业人员 155083 人，同比减少 5.1%。其中，全省文化和旅游机构共 21487 个，同比增加 4.5%，从业人员 143003 人，同比减少 5.3%（见表 1）。

表 1　河南省文化、旅游和文物机构及人员情况

指标名称	合计	
	机构数（个）	从业人员数（人）
总计	22209	155083
一、文化和旅游合计	21487	143003
艺术表演团体	2323	47554
其中：公有制艺术表演团体	158	7748
艺术表演场馆	237	4896
其中：公有制艺术表演场馆	124	1939
公共图书馆	175	3101
文化馆	208	3248
文化站	2497	9856
其中：乡镇综合文化站	1891	7972
艺术展览创作机构	13	148
其中：美术馆	11	143
文化和旅游部门教育机构	7	118
文化和旅游科研机构	16	192

续表

指标名称	合计	
	机构数（个）	从业人员数（人）
文化市场经营机构（不包括非公有制院团和场馆）	14432	36590
旅行社	979	6111
星级饭店	281	22280
A级旅游景区	0	0
文化和旅游行政部门	173	6159
其他文化和旅游机构	146	2750
其中：文化市场执法机构	103	2059
二、文物合计	722	12080
博物馆	400	8191
文物保护管理机构	126	2063
文物科研机构	17	953
文物行政部门	170	770
其他文物机构	9	103

二、艺术创作演出

艺术创作不断丰富。推出豫剧《大河安澜》、曲剧《鲁镇》等50余台重点剧（节）目，《大河安澜》成功入选文旅部新时代现实题材创作工程，曲剧《鲁镇》荣获十七届文华编剧奖。"文化润疆"工程代表剧目《兵团颂》赴新疆演出大获成功。成功举办第五届中国杂技艺术节、河南省第十届青年戏剧演员大赛、第八届专业声乐器乐大赛等重大赛事活动。

截至2022年末，全省共有艺术表演团体2323个，同比增加3.3%，从业人员47554人，同比减少7.7%。其中，各级文化和旅游部门所属的艺术表演团体158个，占全部艺术表演团体的6.8%，从业人员7748人，占全部从业人员的16.3%。全年全省艺术表演团体共演出16.91万场，比上年减少26.2%，其中赴农村表演8.36万场，减少33.5%，赴农村演出场次占总演出场次的49.4%；国内观众8372.9万人次，减少28.7%，其中农村观众3544.5万人次，比上年下降40.4%。总收入约13.1亿元，比上年下降20.6%，其中演出收入约5.06亿元，下降23.0%（见表2）。

表2　2018—2022年河南省艺术表演团体基本情况

年份	机构数（个）	从业人员数（人）	演出场次（万次）	国内观众（万人次）	总收入（万元）	演出收入（万元）
2018	2017	48338	39.23	15348.6	174045	100336

年份	机构数（个）	从业人员数（人）	演出场次（万次）	国内观众（万人次）	总收入（万元）	演出收入（万元）
2019	2221	51542	38.98	20174.1	357160	107625
2020	2391	56665	30.62	12351.5	135283	52859
2021	2249	51545	22.90	11748.0	165198	65719
2022	2323	47554	16.91	8372.9	131130	50632

三、公共服务体系

公共文化服务显著提升。出台《河南省公共文化服务保障促进条例》。以"喜迎二十大"为主题，开展 9 大类 2000 多项"惠民文化节"活动。民权县"画虎促发展、文化助振兴"等 3 个案例入选"中国民间文化艺术之乡"建设典型。推进省图书馆等 7 家智慧图书馆试点和郑州等 7 个"公共文化云"试点。"文化豫约"注册用户超 230 万人次，发布活动 3.2 万场。登记注册 6637 家线上文化合作社，发布 62 万余条视频，评选 100 家示范性文化合作社。

（一）公共图书馆

2022 年末，全省共有公共图书馆 175 个，其中少儿图书馆 12 个。全省公共图书馆从业人员 3101 人，其中：具有高级职称者 258 人，占比 8.3%；具有中级职称者 764 人，占比 24.6%。

2022 年末，全省公共图书馆实际使用房屋建筑面积 95.9 万平方米，比上年增加 13.9%；图书总藏量 4576.78 万册，增长 11.5%，其中古籍 110.12 万册。新增电子图书 1959.41 万册，阅览室座席 80824 个，计算机 10435 台，供读者使用的电子阅览终端 6950 台。

2022 年，全省平均每万人公共图书馆面积 97.1 平方米，比上年增加 13.9 平方米；全省人均公共图书馆藏量 0.46 册，增加 0.4 册；全省人均购书费 0.53 元，减少 0.09 元。

表 3 为 2018—2022 年河南省公共图书馆主要业务指标。

表 3　2018—2022 年河南省公共图书馆主要业务指标

年份	机构数（个）	总藏量（万册）	总流通人次（万人次）	书刊外借册次（万册次）	本年新购图书（万册）	人均购书费（元）	每万人公共图书馆面积（平方米）
2018	160	3168.7	3360.1	2270.7	250.6	0.57	67.5
2019	164	3409.4	4295.2	2465.4	229.9	0.63	72.6
2020	166	4065.3	2625.0	1602.1	252.2	0.7	79.5
2021	169	4105.9	3090.6	2014.0	208.6	0.62	83.2
2022	175	4576.8	3232.8	1323.6	429.7	0.53	97.1

2022 年，全省公共图书馆总流通人次 3232.8 万次，比上年增加 4.6%。2022 年，书刊文献外借册次 2302.89 万册次，增加 14.3%（见图 1）。全年共为读者举办各种活动 10245 次，增长 21.0%；参加活动 429.2 万人次，增加 10.9%。

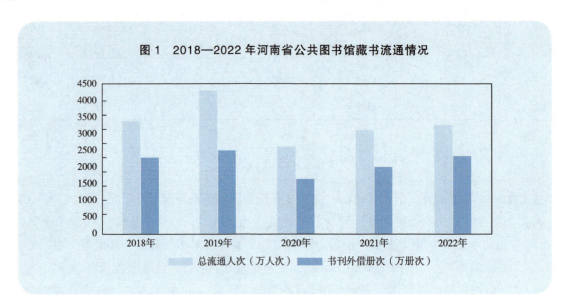

图 1　2018—2022 年河南省公共图书馆藏书流通情况

（二）群众文化机构

2022 年末，全省共有群众文化机构 2705 个，其中乡镇综合文化站 1891 个。2022 年，全省群众文化机构从业人员 13104 人，比上年增加 11.6%。其中具有高级职称者 187 人，占比 1.4%；具有中级职称者 813 人，占比 6.2%。

2022 年末，全省群众文化机构实际使用房屋建筑面积 182.29 万平方米，比上年末增长 3.5%；2022 年全省平均每万人群众文化设施建筑面积 184.65 平方米，比上年增加 6.41 平方米。

（三）公共文化服务

如表 4 所示，2022 年，全省群众文化机构共组织开展各类文化活动 141062 场次，比上年增长 1.7%；服务 4512.06 万人次，比上年减少 0.3%。

表 4　2022 年全省群众文化机构开展活动情况

类别	总量		比 2021 年增长（%）	
	活动次数（次）	服务人次（万人次）	活动次数	服务人次
各项活动总计	141062	4512.06	1.7	−0.3
其中：展览	12451	765.95	8.8	5.7
文艺活动	96037	3474.68	3.4	36.6
公益性讲座	1811	34.38	−9.1	5.3
训练班	30763	236.78	−5.0	5.1

 地区篇

2022 年末，全省群众文化机构共有馆办文艺团体 569 个，演出 6448 场，观众 220.53 万人次。由文化馆（站）指导的群众业务文艺团体 33667 个，馆办老年大学 42 个。

四、市场管理和综合执法

制定文化市场综合执法从轻处罚事项清单、行政处罚裁量标准等。开展 12 项文旅市场专项行动，出动执法人员 52.5 万余人次，检查经营单位 18.8 万余家次，办结案件 1247 件。洛阳、平顶山、新乡等办理的 4 个案件被评为全国文化市场综合执法重大案件。配发全省文化市场综合执法制式服装和标志。举办第三届河南省文化市场综合执法岗位练兵技能竞赛。重塑 239 项政务服务事项审批流程，进驻省政务服务大厅提供政务服务 326 项。全年共审批经营性互联网文化单位设立 79 家，演出经纪机构设立 123 家，旅行社设立 35 家。深入推进放权赋能改革，将 10 项省级权限下放至郑州、洛阳。制定《河南省跨省旅游团队疫情防控方案》，更好统筹疫情防控与文旅市场发展。开展文旅市场安全行业安全生产专项整治，全年出动 1 万余人次，检查场所近 1 万余家次，发现问题隐患 1200 多个，整改落实率 99.5%。制定印发《旅游民宿基本要求与等级划分》等，用标准和制度规范市场。创新互联网监管、信用监管、新业态监管等方式。

截止至 2022 年末，全省文化市场经营单位 16710 家（含非公有制艺术表演团体和场馆），从业人员 79353 人，营业总收入 63.20 亿元，营业利润 –0.67 亿元。分区域看，2022 年末城市文化市场经营单位 2196 个，占文化市场经营单位总量的 13.1%；县城 4320 个，占比 25.9%；县以下地区 10194 个，占比 61.0%。2022 年末，全省共有娱乐场所 2525 个，从业人员 12662 人，全年营业收入 6.76 亿元，营业利润 –0.28 亿元。2022 年末，全省共有互联网上网服务营业场所（网吧）9664 个，从业人员 12162 人，全年营业收入 5.82 亿元，营业利润 –1.53 亿元。

五、旅游资源与旅游市场

省文化和旅游厅、省交通运输厅深度融合，推动下发《河南省旅游公路网规划（2022—2030 年）》。拟定《关于加快推进旅游公路建设的实施意见》《河南省旅游公路标识系统设计导则》等指导性文件。规划建设"一带一廊多环"旅游公路，总规模约 16600 公里，涵盖 27 条主线、35 条支线、200 条联线，直接连通全省 90% 以上旅游景区。布局打造"黄河古都""太行天路""红色大别"旅游公路品牌，先后在信阳、三门峡、安阳、洛阳等落地建设。黄河小浪底交通与文化旅游融合发展示范区 19 个码头加快建设，1 条航线被确定为国家水路旅游客运精品航线试点。2022 年全省接待游客 4.36 亿人次，较上年减少 45.02%，恢复至 2019 年的 48.34%；实现国内旅游收入 3160 亿元，较上年减少 48.02%，恢复至 2019 年的 32.89%（见表 5）。

表 5　2018—2022 年河南省旅游总收入和总人次情况

年份	旅游总收入（亿元）	增速（%）	与 2019 年对比（%）	旅游总人次（亿人次）	增速（%）	与 2019 年对比（%）
2018	8120.21	20.28		7.86	18.00	
2019	9607.06	24.93		9.02	21.89	

年份	旅游总收入（亿元）	增速（%）	与2019年对比（%）	旅游总人次（亿人次）	增速（%）	与2019年对比（%）
2020	4812.85	−49.90	50.10	5.51	−38.95	61.09
2021	6078.87	26.30	63.28	7.93	44.01	87.92
2022	3160.00	−48.02	32.89	4.36	−45.02	48.34

六、产业与科技

"行走河南·读懂中国"品牌塑造行动起来。一大批重大工程项目相继建成，有力支撑"行走河南·读懂中国"品牌体系塑造。中国文字博物馆续建工程（总投资9.45亿元）、郑州商都遗址博物院（总投资5亿元）、洛阳隋唐大运河文化博物馆（总投资5.5亿元）等建成开放，殷墟遗址博物馆（总投资10.6亿元）、黄河国家博物馆（总投资19.3亿元）等加速推进。黄河、大运河、长城、长征国家文化公园建设有序推进。

"行走河南·读懂中国"数字化展示先行一步。按照"创意引领、数字先行"原则，遴选"行走河南·读懂中国"百大标识项目，邀请全国80余个专业团队对项目进行数字化提升，列支8000万元对36个优秀数字化项目进行补贴（一类项目5个，每个补贴500万元；二类项目10个，每个补贴250万元；三类项目21个，每个补贴150万元）。统筹2.9亿元文物保护资金，扶持"行走河南·读懂中国"百大标识项目保护及展示。联合网易举办"行走河南·读懂中国"元宇宙创造者大赛，邀请全国60多个专业团队对"行走河南·读懂中国"相关文旅IP进行数字化创作。目前，黄帝故里、大宋东京城、老君山、龙门石窟、应天书院、太昊陵、少林寺、春秋楼、武侯祠等一批大赛作品已经推出，官渡之战、牧野之战、隋唐洛阳城等18个游戏场景已经上线。

"行走河南·读懂中国"研学旅行深入开展。坚持"聚焦一条线（黄河），突破两座城（开封、洛阳），点亮几颗星"，围绕"行走河南·读懂中国"主题，引入专业团队，奖补资金从1000万元到2000万元，2022年达到3000万元，持续推进研学旅游。世界研学旅游组织河南代表处落户洛阳。联合黄河河务局、清华文创院，共同打造"黄河文化千里研学之旅"品牌。红旗渠精神营地一期总投资5亿元，可同时容纳5000余名学生，设置201门活动课程。2021年全省共安排3000万元奖补资金，支持研学旅行课程和基地营地建设。

"行走河南·读懂中国""老家河南"品牌知名度不断提升。在中央电视台投放"行走河南·读懂中国"宣传片。联合河南广播电视台推出端午、中秋、重阳等"中国节日"系列节目，持续火爆出圈。面向全球近40个国家集中宣发"中国节日"系列节目，视频总曝光量达600余万次，成为我驻外使领馆"讲好中国故事"的重要支撑。太极拳、少林功夫进入中宣部"Z世代"重点外宣项目。

开封宋都古城等9家文化产业园区入选文旅部"文化产业园区携行计划"。中牟现代服务业开发区获评国家旅游科技示范园区。龙门石窟数字孪生项目入选2022年文化和旅游数字化实践优秀案例。

七、文化遗产保护与传承

（一）文物保护利用

河南省文物考古研究院重塑性改革取得突破性进展，河南省委常委会审议通过重塑性改革方案和支持政策，打造世界一流考古机构，提升规格、增加编制，目前已核定编制 500 名。南阳黄山遗址发现 6000 多年前"古国粮仓群"，为研究仰韶时期社会复杂化和文明化进程提供了关键材料，并入选全国十大考古新发现。二里头遗址取得多项重要新发现，填补了都邑布局和手工业考古的空白，丰富了都城多网格式布局的内涵，为夏代都城论断提供了实物依据。殷墟考古与甲骨文研究取得新进展，揭示出中华文明早期发展阶段中辉煌的殷商时代，位居 2022 年国内十大考古新闻榜首。

文物保护利用工作稳步推进。举办第九届中国博物馆及相关产品与技术博览会。挂牌仰韶村等 3 个国家考古遗址公园，立项平粮台古城等 4 个国家考古遗址公园。上线省博物馆数字群落，纳入 305 家博物馆、6000 余件文物。在全国率先建成省文物保护单位数字化监管平台。开展全省革命文物资源摸底和抗美援朝文物资源调查。洛阳"东方博物馆之都"、郑州"百家博物馆"加快建设，全省博物馆数量达到 398 家。

截至 2022 年末，全省共有各类文物机构 722 个，比去年同期增加了 37 个。其中，文物保护管理机构 126 个，占全部文物机构数的 17.5%；博物馆 400 个，占比 55.4%。截至 2022 年末，全省文物机构从业人员 12080 人，比上年末减少 358 个。其中高级职称 633 人，占全部从业人员数量的 5.2%；中级职称 1327 人，占比 11.0%。

截至 2022 年末，全省文物机构拥有文物藏品共计 242.1 万件／套，比上年末增加 22.8 万件／套，增长 10.4%。其中博物馆文物藏品 145.6 万件／套，占文物藏品总量的 60.2%；文物保护管理机构文物藏品 11.4 万件／套，占比 4.7%。

截至 2022 年末，全省各类文物机构共举办陈列展览 1689 个，比上年增加 113 个。其中，基本陈列 919 个，比上年增加 123 个；临时展览 770 个，比上年减少 10 个。接待观众 47957 万人次，比上年减少 20.0%，其中博物馆接待观众 3918.6 万人次，减少 22.9%，约占文物机构接待观众总数的 81.7%。

（二）非遗保护传承

"非遗点亮"精彩纷呈。开展"非遗点亮老家河南"青年乡村营造行动，依托浙江财经大学乡村振兴研究院，邀约国内外 40 个优质团队，通过陪伴式在地乡建、非遗乡创元宇宙等形式，在栾川重渡沟、鹤壁中石林村等 9 个乡村落地 90 个非遗空间和文创项目。天路之家——郭亮艺术研学营地获评 2022 年优秀公共空间设计。鹤壁中石林村将当地非遗与文创相结合，开发系列文娱活动和文创产品，打造综合性文旅度假村样板。2021 年，河南被列为全国"非遗助力乡村振兴"5 个试点省份之一。

非遗保护利用工作创新开展。"信阳毛尖茶制作技艺"入选联合国人类非遗代表作名录。省文化旅游强省工作领导小组印发《关于进一步加强非物质文化遗产保护工作的实施意见》。建立由 28 个省直部门组成的非遗保护厅际联席会议制度。《河洛文化生态保护实验区建设整体规划》获省政府批复。成立中国非遗保护协会太极拳专业委员会，创建太极拳实验室，开展太极拳与健康实证研究，联合百度发布"太极拳一张图"。举办"非遗购物节""非遗新青年"等活动。

八、对外和对港澳台文化交流

对外合作交流工作有声势。港澳青少年游学联盟全年整合发布"游学中国"线路 175 条，获得文旅部肯定。组织"大河之南·功夫营"项目，吸引 15 个国家的华裔青少年参加。在海外主流社交平台开通运营"Visit Henan"官方账号，推出《在河南，遇见 China》等深度报道和推文。省文化和旅游厅新媒体国际传播综合影响力指数首次升至全国第二，其中脸书（Facebook）的单项传播影响力指数排名跃居全国第一。推荐鸡公山、赊店古镇、龙门石窟列入"万里茶道"（中国段）文化旅游品牌。组织参加 2022 中国国际旅游交易会、中国 – 东盟博览会旅游展、中国大运河主题旅游海外推广季等国际展会活动。

九、资金投入

2022 年全省文化事业费 35.15 亿元，较上年减少 1.87%；人均文化事业费 35.61 元，较上年减 0.64 元。其中，省级投入 10.5 亿元，占 29.87%，比 2021 年增加 1 亿元；市县投入 22.23 亿元，占比 63.24%（见图 2）。

图 2　2018—2022 年河南省文化事业费总量及人均情况

表 6 为 2019—2022 年河南省文化事业各级投入情况。

表 6　2019—2022 年河南省文化事业各级投入情况

年份	文化事业费总量（亿元）	中央投入（亿元）	省级投入（亿元）	市县投入（亿元）	人均文化事业费（元）
2018	27.76	2.30	6.1	19.36	28.90
2019	31.81	2.56	6.6	22.65	33.00
2020	33.28	2.80	9.3	21.18	33.49
2021	35.82	2.53	9.5	23.79	36.25
2022	35.15	2.42	10.5	22.23	35.61

图 3 为河南省文化事业各级投入情况。

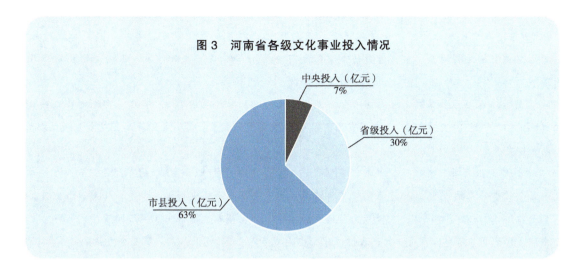

图 3 河南省各级文化事业投入情况

- 中央投入（亿元）7%
- 省级投入（亿元）30%
- 市县投入（亿元）63%

十、下一步工作

2023 年，我们将继续坚持以习近平新时代中国特色社会主义思想为指导，全面贯彻落实党的二十大精神，以及习近平总书记视察河南和关于文化旅游工作重要讲话和重要指示批示精神，聚焦举旗帜、聚民心、育新人、兴文化、展形象，建设社会主义文化强国使命任务，坚持以文塑旅、以旅彰文，谋定而动、创意引领、团队进入、数字先行，大力实施文旅文创融合战略，着力塑造"行走河南·读懂中国"品牌体系，奋力推进文化和旅游高质量发展，为推进文化自信自强、加快现代化河南建设贡献文旅力量。

（河南省文化和旅游厅）

河南：深入实施文旅文创融合战略

2022年，在文化和旅游部的支持指导下，河南文化旅游系统以学习宣传贯彻党的二十大精神为主线，大力实施文旅文创融合战略，着力塑造"行走河南·读懂中国"品牌体系，推动文化和旅游工作取得新进展。

一是绘就一张蓝图。编制《河南省"十四五"文化旅游融合发展规划》，制定《实施文旅文创融合战略工作方案》，印发《"行走河南·读懂中国"品牌塑造实施方案》，明确文化旅游高质量发展的路线图、时间表和任务书。

二是抓实一批项目。坚持项目带动，谋划推进138个文旅文创重点项目，总投资4223亿元，构成文旅文创融合战略的"硬支撑"。郑汴洛国际文化旅游目的地全面布局，太行山、伏牛山、大别山生态康养旅游区全面推进，"快旅慢游深体验"现代交通网加快构建。郑州商都遗址博物院、洛阳隋唐大运河文化博物馆、中国文字博物馆续建工程等一批代表性文化标识建成开放，"红旗渠人家"等5个民宿集群初具规模。

三是叫响一个品牌。围绕塑造"行走河南·读懂中国"品牌，策划推出文明起源、逐鹿中原、追寻先贤、姓氏寻根等16条主题文化线路。坚持创意驱动、美学引领、艺术点亮、科技赋能，启动"行走河南·读懂中国"元宇宙创造者大赛，实施"行走河南·读懂中国"百大标识数字化展示工程，让"行走河南·读懂中国"品牌"立起来"。

四是培育"旗舰劲旅"。省文物考古研究院重塑性改革取得实质性进展，省文化旅游投资集团成功组建，成为文旅文创融合战略的"顶梁柱"。

五是放大"出圈效应"。"中国节日奇妙游"系列节目远播海内外，为河南文旅强势"圈粉"。"只有河南"品牌成为"文旅新标杆"。全球文旅创作者大会、快手网红大会等的影响持续扩大。

湖北省 2022 年文化和旅游发展情况分析

2022 年是党和国家历史上极为重要的一年，是湖北省经济社会发展形势复杂、挑战严峻的一年，是文旅工作攻坚克难、成效显著的一年。在省委、省政府坚强领导下，面对需求收缩、供给冲击、预期转弱三重压力和疫情持续反复等超预期因素，全省文旅系统奋发作为、勇毅前行，实现了多重目标下的动态平衡，交出了一份难中求成、进中提质的优异答卷。

一、机构和人员规模稳定

截至 2022 年底，全省纳入统计范围的文化文物部门机构数为 15310 个，从业人员 99842 人。其中公共图书馆 118 个，群众艺术馆（文化馆）等文化服务机构 1427 个，博物馆 228 个，艺术业 697 个，艺术教育业 6 个。全省五星级饭店 23 家，四星级饭店 89 家；A 级景区 570 家（其中 5A 级 14 家，4A 级 182 家），旅行社 1525 家。

二、艺术精品创作取得新突破

一是推动全省舞台艺术精品生产。一批文艺精品在全国叫响，京剧《母亲》获第十七届文华表演奖；歌剧《天使日记》获第十六届"五个一工程"奖；表演唱《阳台的花儿开了》、湖北小曲《鹤归来》获第十九届群星奖，获奖数量居全国第二；杂技《扬帆追梦·浪船》获第十一届中国杂技金菊奖。二是抓好艺术人才培养。举办 2022 年湖北省中青年艺术表演人才大赛暨新人新作展演、全省舞台艺术评论和音乐创作骨干人才培训班、戏曲演员表演能力（经典剧目传承）提升班以及全省美术馆专业人员培训班等；三是组织开展主题性美术创作。实施 2022 年湖北省美术创作重点项目扶持工程，举办乡村振兴·美丽乡村主题美术作品展；四是举办系列惠民演出活动。组织开展第 30 届全省专业艺术院团上山下乡暨新春金秋巡回演出季、荆楚"红色文艺轻骑兵"等各类惠民演出活动 13000 多场。

截至 2022 年底，全省共有艺术表演团体 602 个，其中专业艺术表演团体 82 个。共举行各类演出 4.79 万场，其中赴农村演出 1.41 万场，农村观众 1051.2 万人次。本省艺术表演团体共计收入 13.29 亿元。年末全省共有艺术表演场馆 95 个，全年共举行各类演出 1.37 万场次，观众座席数 8.5 万个，观众 1801.1 万人次。其中各级文化和旅游部门所属艺术表演场馆 44 个，全年举行各类演出 1.08 万场次，观众 1648.26 万人次。

三、公共文旅服务建设再上新台阶

2022 年末，全省共有公共图书馆 118 个，从业人员 2177 人，其中专业技术人才 1620 人；具有正高级职称的人员 28 人，具有副高级职称的人员 217 人，具有中级职称的人员 812 人。全省公共图书馆实际使用房屋建筑面积 83.52 万平方米；图书总藏量 4992.61 万册，少儿文献藏量 573.53 万册，盲文图书 6.33 万册；阅览室座席数 60005 个，少儿阅览室座席数 15080 个，盲人阅览室座席数 1495 个；计算机 7453 台，其中供读者使用的电子阅览终端 4428 台。年末全省平均每万人拥有公共图书馆建筑面积为 142.92 平方米，全省人均拥有公共图书馆藏书量为 0.85 册，全省人均购书费 1.49 元。全年全省公共图书馆发放借书证 305.59 万个，总流通人次 2252.51 万，书刊文献外借 1859.1 万册次、959.5 万人次，全年共为读者举办各类活动 6085 次，参加活动 375.95 万人次。

2022 年末，全省共有群众文化机构 1427 个，其中文化馆 126 个，文化站 1301 个；年末全省群众文化机构从业人员 5495 人，其中专业技术人才 2737 人；具有正高级职称的人员 42 人，具有副高级职称的人员 177 人，具有中级职称的人员 685 人。年末全省群众文化机构实际使用房屋建筑面积 166.01 万平方米；全年共为社会提供文化服务次数 73611 次，文化服务惠及人次 3235.09 万；全年组织文艺活动 40320 场（次），其中为未成年人组织专场 584 场次；组织公益性讲座 1002 场（次），参加人次 25.65 万。年末全省群众文化机构共有馆办文艺团体 236 个，演出 2523 场，观众 193.2 万人次；由文化馆（站）指导的群众业余文艺团体 20075 个，馆办老年大学 25 个。年末全省平均每万人拥有群众文化设施建筑面积 284.07 平方米。

一是不断夯实公共文化服务阵地建设。全省各级公共图书馆联动开展 e 海悦读、梦想空间、领读者行动等品牌活动基层巡讲，探索建立图书馆联盟机制，成立"襄十随神"文化馆联盟。大力推进新型公共文化空间建设，湖北省图书馆率先垂范，建成直属分馆 15 个，打造"楚天书房"品牌。引入社会力量建设城市书房等新型公共文化空间，武汉、黄石相继探索引入社会力量建设城市书房新举措。目前，已经建设新型公共文化空间 159 个。认真贯彻落实中办、国办《关于推进新时代古籍工作的意见》精神，有序推进《中华古籍总目·湖北省分卷》编纂工作。以湖北省图书馆馆藏古籍数据为工作底本，完善各项古籍著录信息。持续推进"鄂图藏珍"工程，影印出版《鄂东王氏未刊稿佚辑》，认真编纂"湖北省图书馆藏古籍题跋""湖北省图书馆藏古籍稿、抄本"等系列藏书。出版《湖北省安陆市图书馆等八家古籍普查登记目录》，丰富了湖北省古籍普查基础库。

二是不断完善基层公共文化服务体系建设。扎实推进"百千万"文化惠民工程，坚持每月以问题为导向，督促各地整合项目资源，克服项目困难，倒排工期，加紧施工，如期完成 100 个文化广场提档升级项目。依托省市县三级文化（群艺）馆，构建 1000 支骨干社会文艺团队目录，完成新时代百佳（300 支）社会文艺团队汇编。全年开展群众文化队伍培训，共有 6082 支社会文艺团队参加，参加培训达 235 万人次。以"喜迎二十大 奋进新征程"为主题，通过"文艺轻骑兵走基层""送戏下乡""群众广场舞""社会文艺团队展演""群众大合唱""村晚"等活动方式，全省各级文化机构以及社会文艺团队、文化和旅游志愿者广泛开展文化惠民线上线下活动达 2.8 万场，惠及群众 4700 万人次。

三是不断丰富群众精神文化活动。遴选、打磨、推荐 22 个优秀群文作品参加第十九届全国群星奖，湖北省共有 8 件作品入围全国决赛，是群星奖改革以来入围数量最多的一次，其中音乐类《阳台的花儿开了》和曲艺类《和归来》2 件作品荣获全国群星奖，获奖数量居全国第二。组织举办第三届荆楚乡村文化旅游节，"文化力量·民间精彩"鄂湘赣三省群众广场舞精品展演、"村游"赶大集、"村游"嘉年华等活动线上直播、相关话题短视频累计观看人数超 1 亿人次。举办第七届长江读书节，联合长江流域 13 个省级图书馆，联动全省百家公共图书馆举办一系列阅读活动 2000 余场，服务区域

辐射全国 25 个省,线上线下吸引读者超过 1000 万人。持续办好长江讲坛,线上线下开展讲座 22 场,新增"云讲座资讯"栏目,长江讲坛讲座音频吸引线上线下观众近 100 万人。在全省组织以"喜迎二十大 · 奋进新征程"为主题的"文化进万家""红色文艺轻骑兵走基层""戏曲进乡村""广场舞""大合唱"等线上线下文化文艺演出展览活动;指导全省各级图书馆、文化(群艺)馆开展"喜迎二十大 奋进新征程"系列群文活动,其间共举办线上线下群众文化活动、文旅志愿服务活动等 1156 场,共吸引线上线下 969.71 万人次参与;组织"学习二十大 建功先行区"理论宣讲曲艺专场、全省中小学生美术书法作品线上线下展;策划"礼赞新时代 共筑强军梦"湖北省优秀作品网络展播活动、"荆楚颂歌 大地回响——学习二十大 建功先行区"湖北省优秀舞台作品展演活动。

四、文化遗产保护利用水平全面提升

文物考古发掘成果惊艳世界,"第三枚郧县人头骨化石"重大发现冲上 2022 年国际十大考古新闻榜首。孝感云梦郑家湖墓地被评为"中国十大考古新发现"。新增荆门屈家岭、潜江龙湾两处国家考古遗址公园,全省考古遗址公园数量达 4 处,居全国第三。创新承办"5 · 18 国际博物馆日"中国主会场活动,获国家文物局书面表扬。湖北省文物考古研究院、黄冈市博物馆获"全国文物系统先进集体"称号。天门石家河国家考古遗址公园建设成效显著。非遗名录再添世界级项目,湖北省恩施玉露茶、宜昌长盛川青砖茶、咸宁赤壁赵李桥砖茶 3 个项目参与的"中国制茶技艺及其相关习俗",成功进入联合国教科文组织人类非物质文化遗产代表作名录。中国非遗保护协会漆艺分会落户荆州。

2022 年末,全省文物业机构共计 349 个,其中博物馆 228 个、文物科研机构 3 个、文物保护管理机构 41 个、其他文物机构 12 个,全省文物机构从业人员共 6397 人。文物藏品按等级分类,一级品、二级品、三级品的种类分别为 3658 件 / 套、10157 件 / 套和 128796 件 / 套;其中,本年新增藏品为 10051 件 / 套。全省博物馆从业人数 4882 人,其中中级以上职称专业技术人员 1162 人,占博物馆从业人员总人数的 23.8%。2022 年共举办各类展览 1277 个,其中基本陈列 781 个,临时展览 496 个。接待观众 2358.53 万人次,其中未成年人参观人数 635.64 万人次。开展社会教育活动 10021 场次,参加活动人数 1547.57 万人次,其中未成年人参加活动人数为 549.67 万人次。全省共 215 家博物馆免费开放,占比为 94.3%。

五、文旅行业全面振兴加速推进

一年来,在高效统筹、顽强拼搏中,湖北省开创了文旅行业恢复振兴的崭新局面。在企业最艰难的时候,相关部门上门倾听企业心声,千方百计解决企业最迫切的资金问题。争取省委省政府统筹 7.63 亿元财政资金,其中 4.1 亿元用于贷款贴息、3 亿元用于发放文旅消费券、5300 万元用于奖励旅行社,力度之大前所未有。协调金融机构提供贷款延期、展期、降息等定向帮扶措施,全年为企业办理续贷 293.71 亿元、延期还本付息 62.35 亿元。仅"再担文旅贷"一项措施,就帮助 1648 家小微企业获得担保贷款 8.59 亿元。抓住疫情防控的每一个"窗口期",全省推出"远亲近邻 · 惠游湖北""畅享高铁 · 乐游湖北"等促销活动,各地联动开展 300 多场促销活动,直接带动旅游消费近 10 亿元。创新开展屈原故里端午文化节、荆楚乡村文化旅游节、非遗产品展销季、天门蒸菜美食节、潜江帐篷音乐节等文化活动,既赚"吆喝"又赚"实惠"。策划推出"家门口过'五一'"、"沿着长江读懂中国"、"万名司机讲家乡故事大赛"、寻找湖北旅游"最强大脑"、"九头鸟"文旅创意奖评选、文旅局长为家乡代言等新媒体宣传，全年在央媒刊播信息 400 多条、网络话题阅读量达 50 多亿次，湖北文旅新媒体矩阵综合影响力进入全国第一方阵，随州文旅局解伟同志火爆"出圈"。在精准政策的有力保障和精彩活动的持续刺激下，全省文旅行业实现了从"活下来"到"火起来"。央视《新闻周刊》6 分钟专题报道湖北"跨省游"加快恢复盛况。用功用勤让后劲强起来。多次召开调度会、点对点包保服务、实行投资评价，大力推进项目建设，全省 346 个续建项目在 2022 年初全部复工，2022 年新招商亿元以上项目 58 个、投资金额 1043 亿元。全国首个宇宙探索主题乐园襄阳奇幻谷、荆门园博园、黄石东昌阁、仙桃荆楚云天海世界等一批带动性强的项目建成开放，十堰方特主题乐园、宜昌宋城·三峡千古情等一批优质项目加快建设，彰显了投资市场对湖北文旅产业发展的信心。武汉市获得"中国夜游名城称号"，入选国务院"文化产业和旅游产业领域"督查激励城市。全省新增 5A 级旅游景区 1 家、国家级旅游度假区 1 家、国家级夜间文旅消费集聚区 3 家、国家工业旅游示范基地 2 处。

六、市场秩序安全高效

颁布《湖北省文化市场综合行政执法事项指导目录》，明确 8 个领域 219 项执法事项，执法主体、职责边界进一步明确，全省执法人员实现统一着装。营商环境持续优化，围绕"高效办成一件事"，对标先进省份深化政务服务改革，省文旅厅所有政务服务申请材料减少 56%、跑动次数减少 83%、办理时限减少 77%，优于省定标准。圆满完成重大时间节点、要害部位、重点环节的风险防范和化解工作，守住了意识形态安全、文化安全、行业安全和常态化疫情防控"底线"。省文旅厅获"全省反恐工作先进单位"，鄂州市文旅局获"全省安全生产红旗单位"。一是围绕中心，在激发市场活力上下功夫。成功举办"中国旅游日"湖北分会场、全省星级饭店服务技能大赛、优质旅游产品推介等各类活动；对积极开拓省外客源市场的旅行社给予奖励，激发旅行社"引客入鄂"的积极性。二是对标创建，在提升服务质量上下功夫。打造 30 家优质旅游服务品牌旅行社、50 个品质旅游线路产品，新评五星级饭店 2 家、四星级饭店 5 家、甲级民宿 1 家、乙级民宿 2 家，1 名导游获评国家特级导游，推荐上报国家级文明旅游示范单位 4 家，评选省级文明旅游示范单位 16 家，开展"文明旅游为湖北加分"主题宣传、文旅行业"质量月"等活动。三是优化环境，在规范市场秩序上下功夫。加强营业性演出市场审批和管理，稳步推进剧本娱乐经营场所备案，开展私设"景点"问题专项整治等 3 个专项行动，指导武汉市文旅局完成信用经济发展试点验收。

2022 年末，全省文化市场经营单位共计 11565 家，从业人员 43413 人；营业收入 258.4 亿元，营业利润 9.8 亿元。其中娱乐场所 2780 个，从业人员 13237 人，营业收入 12 亿元；互联网上网服务营业场所 6997 个，从业人员 7950 人，营业收入 6.05 亿元；演出市场（文艺表演团体、演出场所、演出经纪机构）共有机构数 780 个，从业人员 10269 人，营业收入 37.45 亿元；经营性互联网文化单位 907 家，从业人员 11863 人，营业收入 202.8 亿元。

（湖北省文化和旅游厅）

湖北：开创文旅行业恢复振兴新局面

2022年，在文化和旅游企业最艰难的时候，湖北省千方百计解决企业最迫切的资金问题，资金保障更加有力，全年争取中央和省级专项资金近10亿元，比2021年增加6.7%；争取省委省政府统筹7.63亿元财政资金，其中4.1亿元用于贷款贴息、3亿元用于发放文化和旅游消费券、5300万元用于奖励旅行社，力度之大前所未有。协调金融机构提供贷款延期等定向帮扶措施，全年为企业办理续贷293.71亿元、延期还本付息62.35亿元。仅"再担文旅贷"一项措施就帮助1648家小微企业获得担保贷款8.59亿元。许多企业负责人在"浴火重生"后深受感动。全省文化和旅游企业主动承担社会责任，做到不大幅裁员。2022年，湖北省旅行社数量不降反升，由2021年的1395家上升到2022年的1525家。谋划并开展"远亲近邻 惠游湖北"活动，会同相关处室通过发放文旅消费券、定向宣传推广等措施，引导市场主体充分发挥作用，拉动旅游消费、促进旅游市场全面复苏效应明显；"惠游湖北"活动已成为湖北省旅游业高质量发展的重大品牌，多次受到文旅部和省委省政府的高度评价。积极推进国家文化公园建设，创新组织开展"沿着长江读懂中国——湖北千里长江行"主题宣传推广活动，营造湖北建设长江国家文化公园的浓厚氛围，受到文旅部等国家部委的充分肯定。扎实推进旅游品牌建设，新增1家5A级景区、1家国家级旅游度假区、2家国家工业旅游示范基地、4个全国乡村旅游重点镇、7个全国乡村旅游重点村，新评定2家省级全域旅游示范区、18家4A级旅游景区、8家湖北省旅游休闲街区、8家省级旅游度假区。

2023年，省文化和旅游厅将继续支持各金融机构通过适当调整贷款还款计划等方式帮扶文化和旅游企业。目前已积极争取省财政安排近10亿元资金，通过发放文化和旅游消费券、奖补"引客入鄂"等方式，加快促进文化和旅游消费恢复振兴。

湖南省 2022 年文化和旅游发展情况分析

2022 年，湖南省文旅系统坚持以习近平新时代中国特色社会主义思想为指导，以迎接党的二十大和宣传贯彻党的二十大精神为主线，坚决按照中央、省委重要指示要求，在"三高四新"战略定位和使命任务的指引下，坚持稳中求进工作总基调，坚持高质量发展要求，坚持推进文化铸魂、旅游为民、文旅融合，统筹抓好疫情防控与文旅经济恢复振兴，协调推进文化和旅游领域供给侧结构性改革与需求侧管理，以"闯创干"的精神全面推动文化和旅游跨越式发展。

一、机构和人员

2022 年末，纳入统计范围的全省各类文化和旅游单位 13243 个，同比下降 1.41%；从业人员 13.57 万人，同比下降 9.67%（见图 1）。其中，按执行会计制度划分，事业单位 3272 个，同比下降 0.70%。从业人员 3.30 万人，同比增加 1.66%；企业机构 9971 个，同比下降 1.64%。从业人员 10.26 万人，同比下降 12.80%；按单位所属部门划分，文化部门 3312 个，同比下降 1.16 %。从业人员 3.44 万人，同比增加 0.58%；其他部门 9931 个，同比下降 1.49%。从业人员 10.12 万人，同比下降 12.70%。

图 1　2013—2022 年湖南省文化和旅游单位机构数及从业人员数

二、艺术创作演出

（一）艺术创作

2022年，全省围绕"举旗帜、聚民心、育新人、兴文化、展形象"的使命任务，启动实施《湖南省艺术创作三年规划（2022—2024）》，引导文艺工作者创作一批反映新时代精神和现实生活、突出湖湘特色的优秀作品。省文旅厅投入8432万元，重点扶持大型（小型）舞台艺术精品创作项目64个、重大美术书法摄影类项目27个、支持演艺惠民等重大文旅项目25个。19个项目获国家艺术基金资助项目立项。

全省3个剧目参评、参演第十三届中国艺术节，45件美术、书法、篆刻、摄影作品入选第十三届中国艺术节展览；花鼓戏《山那边人家》获"文华大奖提名剧目"。盛和煜凭借湘剧《忠诚之路》获第17届文华编剧奖；花鼓戏《左相训女》《花猪司令》分别入选文旅部历史题材和现实题材创作工程扶持剧目；湘剧《描容上路》、祁剧《昭君出塞》、花鼓戏《打铁》入选全国地方戏精粹展演；小戏《兰江渡》等7个作品入围第十九届群星奖，创9年来新高；省木偶皮影艺术保护传承中心创演的皮影戏《人鱼姑娘》、木偶剧《大禹治水》获第三届（南充）国际木偶艺术周"剧目展演奖"；皮影戏《坚守》、木偶戏《春闺梦》获第八届木偶皮影中青年技艺传承展演"最佳技艺传承奖"等奖项。

（二）艺术演出

2022年末，全省艺术表演团体共计655个，比上年末减少20个；从业人员16215人，比上年末减少3881人；演出5.44万场次，同比下降44.21%；国内演出观众2418.14万人次，同比下降63.52%；总收入11.21亿元，同比下降32.22%。

为克服疫情带来的不利影响，全省大力发展线上演出和展播。艺术表演团体（事业）开展线上演出展0.05万场次，同比增加150%。观众达到3388.90万人次，同比增加141.56%；艺术表演团体（企业）开展线上演出展播0.01万场次，同比下降50%。观众达到2474.05万人次，同比增加326.80%；文化部门艺术表演团体（企业）开展线上演出展播0.01万场次，同比下降50%。观众达到2324.05万人次，同比增加365.12%。

全省艺术表演场馆共计117个，比上年末减少5个；从业人员3198人，比上年末减少353人；观众座席数76737个，同比下降36.49%；全年开展艺术演出1.89万场，同比下降68.13%；惠及观众642.94万人次，同比下降45.42%；总收入7.05亿元，同比下降27.24%。表1为2013—2022年湖南省艺术表演团体基本情况。

表 1　2013—2022年湖南省艺术表演团体基本情况

年份	机构数（个）	从业人员数（人）	演出场次（万场）	国内演出观众人次（万人次）	总收入（亿元）	
						其中：演出收入（亿元）
2013	227	7890	3.55	1774.9	8.24	2.46
2014	271	8156	4.97	1709.4	6.91	3.22
2015	273	8686	6.61	1911.4	7.04	2.99

续表

年份	机构数（个）	从业人员数（人）	演出场次（万场）	国内演出观众人次（万人次）	总收入（亿元）	
						其中：演出收入（亿元）
2016	439	11631	5.55	2443.05	11.29	4.22
2017	534	12526	6.02	2488.13	10.80	3.48
2018	510	12018	5.77	2247.77	13.73	4.10
2019	575	12502	40.71	2640.25	10.72	4.36
2020	631	15987	6.85	3260.82	9.50	3.37
2021	675	20096	9.75	6628.30	16.54	6.56
2022	655	16215	5.44	2418.14	11.21	2.96

三、公共服务

2022 年，全省持续推进公共文化服务标准化、均等化、一体化。制定印发《湖南省基本公共文化服务行业指导标准》《湖南省公共文化机构服务效能评价指标体系》《湖南省常态化开展乡镇综合文化站（服务中心）服务效能建设抽查与评价工作方案》《湖南省旅游厕所管理办法（暂行）》《关于进一步加强全省古籍保护工作的实施方案》等一批综合性重要政策文件，推动公共文化服务领域规范化发展。在全国率先出台《村（社区）综合文化服务中心建设与服务规范》省级地方标准，组织开展集中宣传活动，推动标准落地见效。

在全国率先实施"中华优秀传统文化 – 戏曲进读本、进课堂、进校园"示范项目，覆盖学生约10 万人，被文旅部推荐参加国家"奋进新时代"主题成就展。积极参加文旅部"中国民间文化艺术之乡"典型案例评选，全省共 3 个项目入选。岳麓山风景名胜区、橘子洲景区、张家界武陵源风景名胜区国家森林公园入选"2022 全国旅游厕所建设与管理优秀案例"。截至 2022 年底，170 个乡镇（街道）综合文化站，1200 个村（社区）综合文化服务中心，全面超过国家标准；全省共建设文化馆分馆 2115 个，图书馆分馆 2604 个。60 多个场馆在长三角及全国部分省市最美公共文化空间大赛评选中脱颖而出。

与文旅部公共服务司、全国公共文化发展中心共同主办 2022 全国公共文化产品云上采购大会暨湖南省公共文化产品和服务竞卖会，线上、线下推介会分别通过国家公共文化云、湖南数字文化馆、湖南公共文旅云平台直播全网推送，同时邀请全国 21 个省、自治区、直辖市、兵团数字文化云平台（馆际网络直播联盟）联动直播，共吸引 54.3 万人次线上同步观看；湖南博物院完成 264 件马王堆汉墓出土文物的三维数字采集，藏品数据库上线；长沙县"云上·五悦"全域智慧数字文化服务网创新实践入选中央宣传部、文旅部、国家发改委组织遴选的基层公共文化服务高质量发展典型案例。

省文旅厅联合省文明办制定《2022 年全省文旅志愿服务工作方案》，掀起湖湘文化旅游志愿服务新高潮。2022 年度，全省新增注册文旅志愿者人数 27793 名，全省文旅志愿服务者总数逾 38.9 万名。创新成立全省首批 11 支文旅志愿服务高校支队，新增高校文旅志愿者 2956 名。全省各文旅志愿者队伍依托公共文旅设施设立 1051 个文旅志愿服务岗，开展岗位志愿服务活动。广泛开展各类文旅志愿服务活动近 18 万场次，直接受益人群 2100 万人次。在第六届中国青年志愿服务项目大赛全国赛终评中，由省文旅厅、共青团湖南省委推荐的"社会主义核心价值观原创广场舞""播撒艺术的种子"项目分获银奖和铜奖；张家界市的"旅游医生"、湖南师大的"三聚焦三融合"打造高校文旅服务新高地、湖南图书馆的"湘阅一生 助您上网"等 3 个项目入选文旅部、中央文明办公布的全国文化和旅游志愿服务典型案例；毛泽东同志纪念馆"传承红色基因"志愿服务宣讲项目、湖南博物院"文物诠释与网络传播"志愿者教育项目、刘少奇同志纪念馆"三送六进"红色志愿宣讲团建设案例、湖南党史陈列馆"向日葵"志愿服务项目等 4 家博物馆志愿服务项目入选国家文物局、中央文明办 2022 年度全国博物馆志愿服务典型案例，获推介数量居全国第二位。

（一）公共图书馆

2022 年末，全省公共图书馆共计 148 个，比上年末增加 4 个；从业人员 2256 人，比上年末增加 88 人；具有高级职称人员占比达 11.97%，比上年同期上升 0.58 个百分点，人员专业化水平持续提升；全省公共图书馆实际使用房屋建筑面积 83.25 万平方米，同比增长 17.88%；阅览室座席数 6.02 万个，同比增长 13.16%；总藏量 5472 万册，同比增长 13.34%；新增藏量 298 万册，同比下降 36.05%。

全省平均每万人拥有公共图书馆建筑面积 126.06 平方米，同比增长 18.21%；全省人均图书藏量 0.83 册 / 件，比上年末增加 0.10 册 / 件（见图 2）；全年全省人均购书费 0.82 元，比上年末减少 0.04 元；总流通人次 5194 万，同比增长 26.47%；书刊、文献外借 3782 万册次，同比增长 5.58%；外借人数 2006.46 万人次，同比增长 16.05%。全年共为读者举办各种活动 11275 次，同比下降 7.94%；活动人数达 848.61 万人次，同比下降 28.23%。

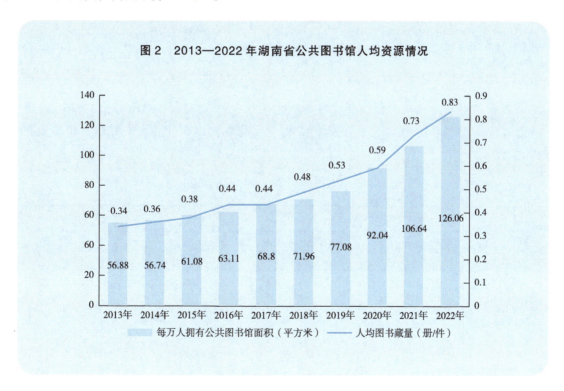

图 2　2013—2022 年湖南省公共图书馆人均资源情况

（二）群众文化机构

2022年末，全省群众文化机构共计2316个，比上年末减少39个。其中乡镇综合文化站1810个，比上年末减少52个；从业人员10946人，比上年末减少225人。其中高级职称人员占比2.02%。中级职称人员占比6.64%。

全省群众文化机构实际使用房屋面积255.5万平方米，同比增长10.58%；业务用房152.29万平方米，同比增长10.67%；全省平均每万人拥有群众文化设施建筑面积386.89平方米，同比增长10.89%（见图3）。

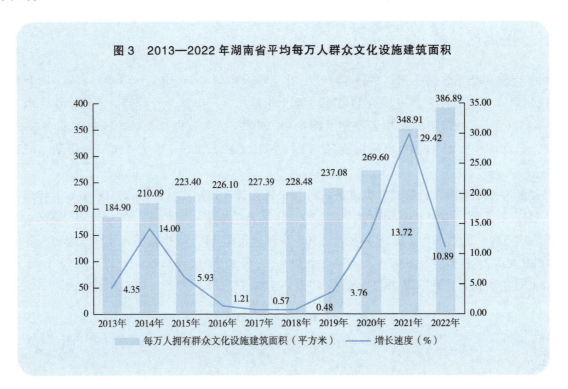

图3　2013—2022年湖南省平均每万人群众文化设施建筑面积

2022年，全省群众文化机构组织开展各类文化活动9.93万场次，同比增长13.45%；服务人次11573.99万人次，同比增长48.70%（见表2）；群众文化机构组织开展线上群众文化活动2940次，同比增长13.47%。

表2　2022年湖南省群众文化机构开展活动情况

指标	总量		比上年增长（%）	
	活动次数（次）	服务人次（万人次）	活动次数	服务人次
总计	177268	11573.99	500	279
其中：文艺活动	99347	7798.34	702	227
训练班	63949	997.67	356	612
展览	11846	2714.29	684	495
公益性讲座	2126	63.56	32	−11

（三）博物馆

2022年末，全省博物馆共计180家，比上年末增加18家；从业人员4513人，比上年末增加413人；藏品数804960件／套，同比增长15.21%；基本陈列415个，同比增长10.37%；临时展览606个，同比增长54.20%；接待观众6937.17万人次，同比增长20.10%。

（四）艺术展览创作机构

2022年末，全省艺术展览创作机构共计45家，比上年末增加1家；从业人员311人，比上年末减少1人；藏品数14251件／套，同比增长10.25%；展览总量296个，同比增长28.14%；接待观众391.19万人次，同比增长18.39%；实际使用房屋建筑面积9.78万平方米，同比增长13.99%。

全省美术馆共计37家，比上年末增加1家；美术馆从业人员254人，比上年末减少3人；藏品数14239件／套，同比增长10.24%；展览总量296个，同比增长28.14%；接待观众391.19万人次，同比增长18.39%；实际使用房屋建筑面积9.61万平方米，同比增长14.27%。

四、市场管理和综合执法

2022年，全省文化和旅游市场管理工作坚守安全生产和疫情防控底线、质量服务底线、涉外演出意识形态底线，重点做好深化"放管服"改革、推动行业转型升级、开展专项整治行动、推动社会诚信建设、实施服务质量监管和提升行动、做好安全生产、加强常态化疫情防控，为党的二十大胜利召开营造了安全稳定的市场环境。常德市文化市场综合执法支队荣获司法部"全国行政执法先进集体"；衡阳市、岳阳市、娄底市文化市场综合行政执法支队办理的3个案件获评文旅部"2021—2022年度全国文化市场重大案件"；长沙市、益阳市、衡阳市、常德市、株洲市、永州市、怀化市文化市场综合行政执法支队等7个市级支队，桃源县、湘阴县、东安县、蓝山县、凤凰县文化市场综合行政执法大队等5个县级大队获国家版权局"2021年度查处重大侵权盗版案件有功单位"。

（一）文化市场

2022年末，全省通过统计直报系统报送的文化市场经营机构数共计8566个，比上年末减少40个；从业人员约6.81万人，比上年末减少0.83万人；营业收入347.44亿元，同比下降9.42%；营业利润41.04亿元，同比增长1.1%（见表3）。

表3　2022年湖南省按区域文化市场经营单位主要指标

项目		机构数（个）	从业人员数（人）	营业总收入（亿元）	营业利润（亿元）
总量	总计	8566	68097	347.44	41.04
	城市	2751	34984	318.32	49.57
	县城	2679	30112	27.11	−8.68
	县以下	3136	3001	2.01	0.16

续表

项目		机构数（个）	从业人员数（人）	营业总收入（亿元）	营业利润（亿元）
比重（%）	总计	100	100	100	100
	城市	32.12	51.37	91.62	120.77
	县城	31.27	44.22	7.80	−21.15
	县以下	36.61	4.41	0.58	0.38

（二）旅行社

2022 年末，全省旅行社共计 1822 家，比上年末增加 312 家（见图 4）。其中，五星级旅行社 64 家，与上年持平；四星级旅行社 66 家，比上年末增加 6 家；三星级旅行社 130 家，比上年末增加 74 家。

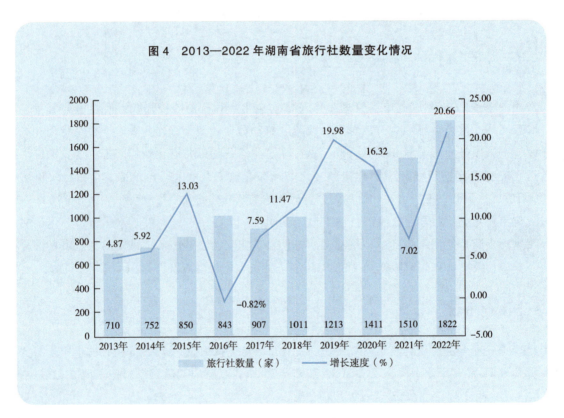

图 4　2013—2022 年湖南省旅行社数量变化情况

通过全省统计直报系统报送的 1104 家旅行社数据显示，全年旅行社直接从业人员 1.11 万人，比上年末减少 0.47 万人；营业收入 26.27 亿元，同比下降 44.07%；营业利润亏损 11956 万元。

（三）星级饭店

2022 年末，通过全国旅游监管服务平台报送的全省星级饭店共计 233 家，比上年末减少 21 家（见图 5）。从经营业绩来看，通过全省统计直报系统报送的 208 家星级饭店实现营收 33.33 亿元，同比减少 8.46%。营业利润亏损 3.43 亿元，行业利润率持续下行；从收入构成来看，全省星级酒店客房收入赶超餐饮。其中，客房收入在总收入中占比 43.09%，比上年同期减少 0.8 个百分点；餐饮收入在总收入中占比 42.97%，比上年同期增加 0.17 个百分点；从客房平均出租率来看，全省星级饭店客房平均出租率为 48.38%；从平均房价来看，全省星级酒店平均房价为 255 元 /（间 · 夜）。

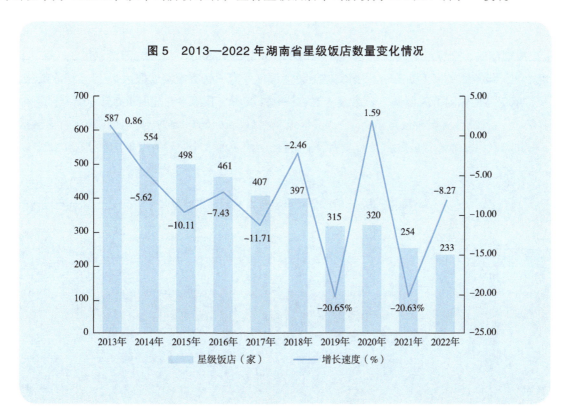

图 5　2013—2022 年湖南省星级饭店数量变化情况

五、资源开发和利用

2022 年，全省整合"红色、古色、绿色"旅游资源，深入推动文化旅游融合发展，持续放大文化产业和旅游产业综合效应。壶瓶山国家级自然保护区、八大公山国家级自然保护区入选世界自然保护联盟绿色名录；长沙市太平街、常德市柳叶湖区河街入选首批国家级旅游休闲街区；长沙市梅溪湖·梅澜坊街区、长沙市红星街区、岳阳市岳阳楼旅游区、常德市柳叶湖河街、永州市零陵古城、怀化市洪江古商城入选第二批国家级夜间文化和旅游消费集聚区；韶山市入选全国红色旅游融合发展试点单位；张家界国家森林公园、九嶷山舜帝陵、汨罗屈子文化园上榜中国侨联确认的第十批中国华侨国际文化交流基地；凤凰县、浏阳市、宁乡市、平江县、吉首市、资兴市、长沙县入选第五届中国县域旅游综合竞争力百强县市，永顺县、韶山市、炎陵县、龙山县、桃源县、湘乡市入选第五届中国县域旅游发展潜力百强县市；中车株机工业旅游区、三一智联重卡产业园入选第二批国家工业旅游示范基地；洞庭湖旅游度假区晋升为国家级旅游度假区；10 家景区晋升为国家 4A 级景区；7 个村庄入选第四批全国乡村旅游重点村，3 个乡镇入选第二批全国乡村旅游重点镇（乡）；穿岩山国家森林公园入选文旅部推出的"乡村四时好风光——春生夏长万物并秀"全国乡村旅游精品线路；6 条线路入选文旅部联合共青团中央推出的"稻花香里说丰年"全国乡村旅游精品线路；3 条旅游航线入选交通运输部公布的全国水路旅游客运精品航线试点航线;万华岩景区被中国地质学会评为"中国地质学会第三批地学科普研学基地";长沙铜官窑古镇、大型红色旅游演艺《最忆韶山冲》分获第六届龙雀奖"年度最佳夜间消费聚集示范区"和"年度最佳沉浸式演艺项目"。

(一)旅游资源

截至 2022 年底,全省已创成 5A 旅游景区 11 家,4A 旅游景区 163 家,3A 旅游景区 397 家,2A 旅游景区 22 家,1A 级景区 1 家(见图 6);国家级旅游度假区 3 家,省级旅游度假区 21 家;国家级旅游休闲街区 4 家,省级旅游休闲街区 18 家;国家乡村旅游重点村 48 个,国家乡村旅游重点镇 6 个,省级乡村旅游重点村 140 个,省级乡村旅游重点镇 22 个,五星级乡村旅游区(点)479 家,四星级乡村旅游区(点)496 家,三星级乡村旅游区(点)291 家;国家级工业旅游示范基地 3 个,省级工业旅游示范点 98 个。

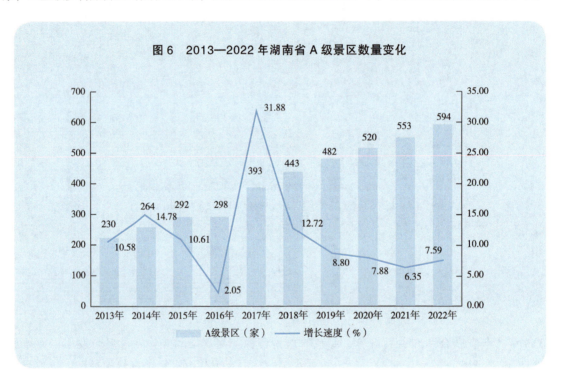

图 6 2013—2022 年湖南省 A 级景区数量变化

(二)旅游接待

2022 年,全省接待国内外游客 4.35 亿人次,同比增长 0.93%,恢复到 2019 年的 90%(见图 7)。其中,接待过夜游游客 2.14 亿人次,同比减少 2.51%;接待一日游游客 2.21 亿人次,同比增长 4.57%。

全省实现旅游总收入 6487.96 亿元,同比下降 0.86%,恢复到 2019 年的 85.4%(见图 7)。其中,过夜游客实现旅游收入 3937.27 亿元,同比减少 3.71%;一日游游客实现旅游收入 2549.11 亿元,同比增长 3.89%。

国内游客人均花费为 659.80 元 / 天,同比增加 5.95%。其中,一日游人均花费为 837.39 元 / 天,同比增加 6.06%。过夜游人均花费为 576.95 元 / 天,同比增加 5.75%;花费构成中,长途交通占比 1.77%,自驾车或租车占比 15.36%,餐饮占比 23.83%,住宿占比 15.04%,购物占比 23.5%,景区游

览占比 12.6%，娱乐占比 4.5%，休闲疗养占比 1.37%，其他支出占比 4.06%（见图 8）。

图 7　2017-2022 年湖南省旅游总收入与总人数

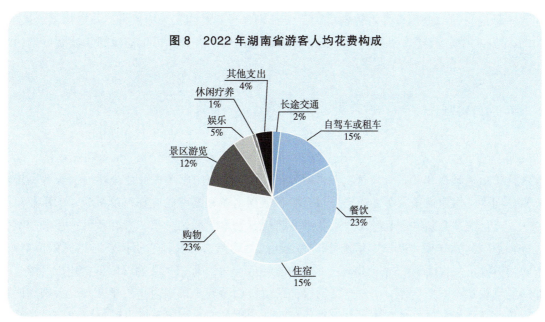

图 8　2022 年湖南省游客人均花费构成

六、产业与科技

据湖南省统计局数据显示，2022 年，全省 4027 家规上文化及相关产业企业实现营收 3897.81 亿元，按可比口径计算较上年增长 9.8%，高出全国 8.9 个百分点；中南出版传媒集团、芒果超媒入选第十四届全国文化企业三十强；湖南金鹰卡通传媒有限公司创作的动漫作品《23 号牛乃唐

（第一季）》获中国文化艺术政府奖第四届动漫奖；芒果 TV 国际 App 下载量逾 1.15 亿次，同比增长 88.5%，覆盖全球超过 195 个国家和地区；出版集团实现版权输出 331 项，覆盖 35 个国家及地区、32 个语种，成为"文化出海"的重要新生力量。

省文旅厅联合省财政厅、省地方金融监督管理局出台《湖南省旅游企业融资担保风险代偿补偿实施办法》，提高银行对全省旅游业经营主体的信贷支持力度；出台《关于印发金融支持文化和旅游行业恢复发展若干措施的通知》《湖南省旅游企业融资担保风险代偿补偿实施办法》《关于金融支持湖南首届旅游发展大会的若干措施》，促进全省文化和旅游行业恢复发展。

本届湖南文化旅游产业博览会主展场吸引 4.8 万人次参观参展，分展场接待专业观众 8000 人次，游客约 10 万人次，吸引省内外 768 家参展商前来参展，现场成交额超过 4500 万元。本届湖南文旅产业投融资大会推出全省重点文旅招商项目 302 个，总投资约 6040 亿元，投融资需求 5296 亿元；签约省级重大文旅招商项目 85 个，投资总额 1147.17 亿元；全省重点文旅产业项目融资放款签约 348.5 亿元，其中张家界市文旅项目放款签约 202.2 亿元；15 家金融机构为张家界市授信金额总计 4200 亿元支持其经济社会发展；大会授牌 14 家"湖南优秀文旅金融服务机构"，发布 16 个"金融促进文旅发展经典案例"。

2022 年，张家界元宇宙研究中心出品全球首个张家界数字代言人，并携手移动云、湖南移动等联合打造的全球首个景区元宇宙平台"张家界星球"测试版正式发布；全国首个森林 5D 行浸式光影秀《花开书堂山·光影潇湘情》亮相"楷圣"故里——书堂山欧阳询文化产业园，融入裸眼 3D、纱幕投影、光影互动、全景声等光影声感技术和高科技元素，完成中国古典意韵的当代科技表达；洪江古商城景区打造的全国首部古建筑群大型实景剧《千年洪商》采用实景、戏剧情景表演、非遗、数字 3D 多媒体灯光、数字虚拟表演互动、实景再现等虚实结合方式，生动演绎了波澜壮阔的洪商创业奇迹。

七、文化遗产保护利用

2022 年，常德澧县鸡叫城遗址入选"2021 年度全国十大考古新发现"；鸡叫城遗址、兔子山遗址、桐木岭矿冶遗址获评"新时代百项考古新发现"；炭河里国家考古遗址公园、汉长沙国王陵考古遗址公园分别入选第四批国家考古遗址公园名单和立项名单；湖南党史陈列馆愿为党的事业流尽最后一滴血——红色财政金融先驱毛泽民烈士生平业绩展；湘南学联纪念馆"青春壮歌——湘南学生联合会历史陈列展"入选年度"弘扬中华优秀传统文化、培育社会主义核心价值观"主题展览推介项目；娄底市博物馆推出"梅山骄子 革命楷模——成仿吾生平事迹"陈列；常德石门县文化市场综合行政执法局办理的"未经批准擅自在全国重点文物保护单位夹山寺保护范围内违法建设案"入选第四届全国文物行政执法指导性案例；省文物局与省林业局联合申报的南滩国家草原自然公园和南山种畜牧草良种繁殖场入选第一批"红色草原"。

2022 年末，全省文物机构共计 347 个，比上年末增加 19 个；从业人员 6267 人，比上年末增加 479 人（见图 9）。文物藏品 98.90 万件 / 套，比上年末增加 11.64 万件 / 套；新增藏品 38554 件 / 套，比上年末增加 30016 件 / 套；修复藏品数 5064 件 / 套，比上年末减少 1890 件 / 套；基本陈列 434 个，比上年末增加 42 个；临时展览 632 个，比上年末增加 226 个。接待观众 7502.75 万人次，同比下降 19.11%；实际使用房屋建筑面积 157.86 万平方米，同比增长 44.56%。

文物保护管理机构举办社会教育活动 403 次，同比下降 46.76%。参加活动 44.88 万人次，同比下降 68.96%；门票销售额达 575 万元，同比下降 40.23%；国保单位保护维修项目 7 个，同比下降 30 %。保护维修面积 35708 平方米，同比增长 277.50%。

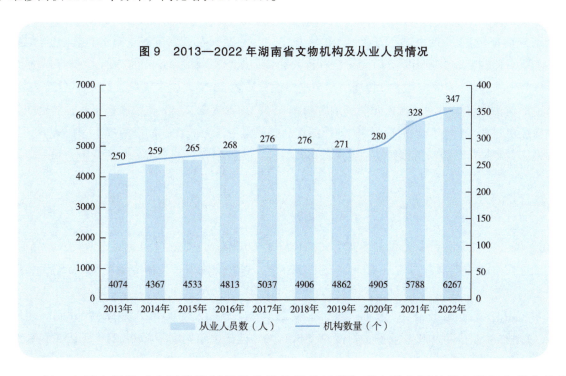

图9　2013—2022 年湖南省文物机构及从业人员情况

2022 年，中国申报的"中国传统制茶技艺及其相关习俗"列入联合国教科文组织人类非物质文化遗产代表作名录，湖南千两茶制作技艺、茯砖茶制作技艺、君山银针茶制作技艺等 3 项国家级非遗项目一并入选，至此，湖南省拥有的人类非遗代表作名录项目上升至 9 个，入选数量晋级全国第一方阵；湖南省"红色旅游＋"——湘南学联旧址初心文化园案例、馆促旅游旅兴馆——凤凰县山江苗族博物馆与凤凰乡村旅游业融合发展案例入选"2022 全国文化遗产旅游百强案例"；邵阳隆回县花瑶挑花等 3 个项目被文旅部评为"中国民间文化艺术之乡"建设典型案例；长沙市雨花非遗民俗艺术特色街区入选非遗旅游街区；浏阳油纸伞、湘西苗绣、栖凤渡鱼粉、梅山棕编入选文旅部、人社部、国家乡村振兴局联合公布的"非遗工坊典型案例"；湘绣《群鸡图》获第 15 届中国民间文艺山花奖，成为刺绣类唯一获奖作品；湘西州构建非遗活态传承新机制入选全国地方全面深化改革典型案例；《十年传承发展路 湖南非遗焕新颜》在文旅中国推出成为网络热文，在文旅部 2022 年度文化和自然遗产日启动式上，湖南作为全国仅有的两省代表之一向全国介绍经验。2022 年末，全省非物质文化遗产保护机构共 147 个；非遗项目 5918 个；非遗代表性传承人共 7031 人。

八、文化和旅游对外交流

2022 年，省委、省政府出台《关于加快建设世界旅游目的地的意见》，提出对标世界一流标准，打造 5 张湖南名片，唱响"三湘四水，相约湖南"新品牌。"请进来"方面：7 月 22 日至 25 日，省文旅厅承办了由文化和旅游部主办的 2022 驻华外交官"发现湖南之旅"活动。来自朝鲜、泰国等 10 个国家的 15 位驻华外交官及代表到长沙、张家界、湘西州实地感受湖南之美。启动"新时代山乡巨变创作计划""新时代文学攀登计划",邀请国内知名作家和文学期刊负责人参观十八洞村、清溪村等地,全方位展现"山水湖南、文化湖南和美食湖南"三大名片的特色与亮点;组织开展"慢享长株潭自在心体验——媒体、作家、大咖长株潭行"采风活动,邀请粤港澳大湾区、华中、华东、成渝地区的主流媒体、作家、网络大咖组团走进长株潭,以"微度假"城市巡游体验方式展示其别样风采,号召更多朋友前来做客。"推出去"方面:组团参加中国 – 东盟博览会旅游展、第十届澳门国际旅博会、中国红色旅游博览会、中国国际旅游交易会等重大展会;根据不同清廉单元的特色,"清廉湖南 红色文旅"——"三进三推"清廉文化推广传播活动遴选出优秀阵地 10 个,优秀微视频 18 个,优秀内容 8 个,增强活动的集中度和显示度;深入开展"策游湖南'营'出花 YOUNG"文旅推广活动,抖音热门话题阅读或播放次数逾 1.5 亿,众多高校团队创作的作品播放量逾千万人次;湘赣两省 24 家 5A 景区组成重点旅游景区宣传推广联盟,持续推动两省文旅市场复苏,提升湘赣区域旅游品牌的竞争力和影响力。

九、资金投入

2022 年,全省争取到中央和省级文化文物和旅游专项资金 13.56 亿元,同比增长 6.17%,其中,安排省级文化和旅游专项资金 5.36 亿元,与上年持平;省级文物保护发展专项资金 1.1 亿元,同比增长 22.22%。

全省文化事业费支出 38.17 亿元,同比增长 2.77%;全省人均文化事业费 57.80 元,同比增长 3.05%(见图 10)。全年文化事业费占财政总支出 0.42%,比上年同期下降 0.02 个百分点(见图 11)。全省文化文物完成投资额 3175 万元,同比下降 65.39%;竣工项目 3 个,比上年末减少 7 个;竣工项目面积 0.25 万平方米,比上年末减少 4.56 万平方米。

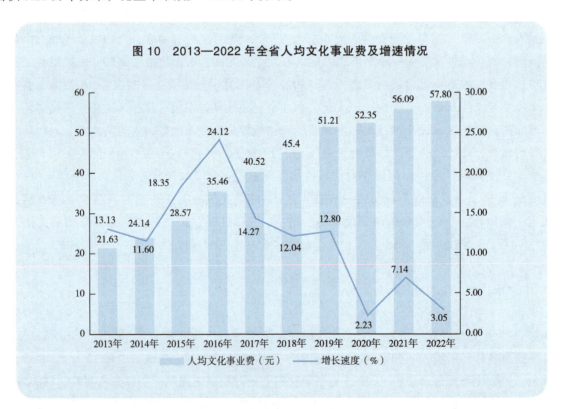

图 10　2013—2022 年全省人均文化事业费及增速情况

人均文化事业费(元)　　增长速度(%)

图 11　2013—2022 年全省文化事业费及占财政总支出比重情况

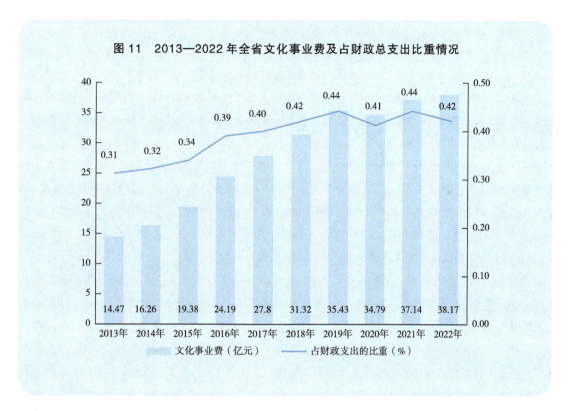

文化事业费（亿元）　　占财政支出的比重（%）

（湖南省文化和旅游厅）

湖南：首届旅游发展大会成功举办

为贯彻落实省委、省政府关于加快建设文化强省和世界旅游目的地的战略部署，2022年11月19日至21日，由湖南省委、省人民政府主办，张家界市委、张家界市人民政府、湖南省文化和旅游厅承办的首届湖南旅游发展大会圆满举办，赢得有关国家部委领导、省领导以及社会各界的广泛好评和高度赞誉。本届大会呈现四大特点。

一是服务全局、添彩全域。在全国率先出台《关于加快建设世界旅游目的地的意见》，坚持"一地举办、全省联动"，深入推进"1+13+N"办会模式，引导全省推进重点项目410个，张家界铺排项目546个、投资708.86亿元；协调88家省直部门支持张家界建设284个项目79.62亿元，带动投资482亿元；成功签约招商引资项目85个，总投资额1147.17亿元；推动金融机构为全省重点文旅项目签约放款348.5亿元、授信4200亿元；全省旅游业实现逆势增长，远超全国平均水平。

二是唱响湖南、扩大开放。向全球发布"三湘四水 相约湖南"旅游宣传口号，高规格举办大会开幕式暨文艺晚会，累计推出原创报道5万余篇，全网转载91.8万篇次，点击量达百亿余次；组织18家央媒、省媒同步直播开幕式，覆盖195个国家和地区，1.2亿人收看，短视频及话题触达人群40亿人次，湖南卫视直播在同时段全国收视率排名第一，旅发大会相关报道36次登上微博热搜，6次位居全国前三；《湖南旅游形象宣传片》和摄影作品"张家界超级月亮"等宣传精品"破屏出圈"，在长江中游、粤港澳大湾区等地引起强烈反响；10个国家驻华外交官化身"推介官"，大力点赞和推介大美湖南；"仙境张家界"4次登上美国纽约时代广场大屏，湖南日益成为令人向往的"诗和远方"。

三是为民惠民、全民共享。重点指导张家界开展"办会兴城"六大行动，新增电网投资4.45亿元、通信投资5.86亿元；新建4G/5G基站1909个，其中旅发大会重点增补站点计划278个，实现68个重点场景免费Wifi全覆盖；大力实施"一环线、两城区、10片区、25个重要节点"城乡风貌改造，城市品位和人民群众生活品质大幅度提升。通过举办首届湖南旅发大会，张家界新增3万余个就业岗位，旅游对本市就业、农民可支配收入贡献率分别达到26.44%和39.45%。

四是文旅融合、精彩纷呈。非遗博览会集中展示展演139个非遗项目，不断提升"湘"字号品牌知名度、美誉度；智慧旅游平台上线，张家界"一机游"成为智慧旅游样板；文化赋能乡村旅游成效凸显，乖幺妹土家织锦在文旅部的直接指导下，正加快创建国家级生产性保护示范基地。全省各地以筹办旅发大会为契机，做优做强红色沙洲景区、十八洞景区、芙蓉镇景区等文旅融合典范。

通过举办首届湖南旅游发展大会，承办地张家界市扛起湖南旅游龙头的大旗，在旅游产业、生态修复、人居环境、服务设施、文化经贸交流、精神文明建设等方面实现全面提升和巨大变化，实现了"立标打样""办会兴城"的目标，全面唱响"三湘四水 相约湖南"旅游新品牌，助推湖南加快建成世界知名旅游目的地。

广东省 2022 年文化和旅游发展情况分析

一、机构与人员

2022 年，全省纳入统计范围的各类文化（含旅游）和文物单位 19883 个。其中，文化和旅游机构 19378 个，文物机构 505 个；从业人员 44.54 万人，其中，文化和旅游机构 43.68 万人，文物机构 0.86 万人。

二、艺术创作演出

广东艺术精品创作展演不断结出新硕果，国字号荣誉迎来"丰收年"。以创作为核心任务，出台《广东省深化国有文艺院团改革实施方案》，实施党的二十大专题创作计划，全年推出超过 40 部舞台艺术精品，其中 7 部入选国家级重点扶持名录，26 个项目入选国家艺术基金。以演出为中心环节，实行"复排演出经典剧目、推广演出当红剧目、创排演出新创剧目"的"三线并举"理念，对 228 场精品巡演进行以奖代补，全省文艺创作展演连续摘取舞台艺术"文华奖"、群众艺术"群星奖"、曲艺"牡丹奖"等国字号荣誉，其中话剧《深海》《龙腾伶仃洋》入选中宣部"五个一工程"，话剧《大道》、杂技剧《化·蝶》分获第十七届文华导演奖、表演奖，数量并列全国第一。推动文艺惠民，举办广东省艺术院团演出季、广东现代舞周、华语戏剧盛典等 10 项省级重大品牌活动，组织《深海》《红头巾》等剧目开展全国巡演 65 场，《南越宫词》荣获中国电影金鸡奖最佳戏曲片奖，《白蛇传·情》获中国戏曲电影展三项大奖。全省策划推出美术展览近 800 个，5 个项目入选全国美术馆馆藏精品展出季，占全国 1/6。

（一）艺术表演

2022 年末，全省共有艺术表演团体 545 个，比上年末增加 98 个；从业人员 1.33 万人，比上年末增加近 600 人（见表 1）。其中，文化部门所属艺术表演团体 74 个，占比 13.6%，从业人员 0.45 万人，占比 34.2%。

全年全省艺术表演团体共演出 2.91 万场，比上年减少 67.4%；国内观众 0.14 亿人次，减少 68.9%；演出收入 3.55 亿元，减少 28.3%（见表 1）。全年全省艺术表演团体共组织政府采购公益演出 0.19 万场，比上年减少 9.5%，观众 123.7 万人次，减少 39.27%；其中，由文化和旅游部门所属的艺术表演团体所组织的场次占比 94.7%，观众占比 99.5%。

表 1 2019—2022 广东省艺术表演团体基本情况

年份	机构数 （个）	从业人员 （万人）	演出场次 （万场）	国内演出观众人次 （亿人次）	演出收入 （亿元）
2019	397	1.03	4.65	0.26	4.44
2020	475	1.25	3.39	0.17	4.08
2021	447	1.27	8.93	0.45	4.95
2022	545	1.33	2.91	0.14	3.55

2022 年末，全省共有艺术表演场馆 140 个，比上年末增加 4 个；观众座席数 21.13 万个，增加 51.3%。全年艺术表演场馆共演映 1.26 万场，比上年减少 29.6%，其中艺术演出 0.49 万场。观众 318.33 万人次，减少 51.8%；其中艺术演出观众 258.20 万人次。年度收入 8.99 亿元[①]，减少 61.6%，其中艺术演出收入 2.84 亿元（见表 2）。

文化和旅游部门所属艺术表演场馆 44 个，与上年末持平；全年共演映 0.70 万场次，减少 5.4%，其中艺术演出 0.21 万场；观众 141.01 万人次，减少 12.1%，其中艺术演出观众 119.65 万人次。

表 2 2019—2022 广东省艺术表演场馆基本情况

年份	机构数 （个）	座席数 （万个）	从业人员 （万人）	演出场次 （万场次）	观众人次 （万人次）	年度收入 （亿元）
2019	84	7.96	0.28	1.14	761.10	8.73
2020	118	28.47	0.40	0.91	227.80	7.58
2021	136	13.97	0.60	1.79	660.90	23.43
2022	140	21.13	0.43	1.26	318.33	8.99

（二）艺术展览

2022 年末，全省共有艺术展览创作机构 60 个，比上年末增加 7 个，其中，美术馆 53 个，其他画院 7 个；从业人员 825 人，增长 1.2%。全年共举办展览 647 次，比上年减少 9.8%，参观人次 406.0 万人次，减少 6.1%，营收 0.63 亿元，增长 22.7%。全年新创作项目数 445 个，比上年减少 52.5%；参加展览作品数 776 个，增加 346.0%（见表 3）。

表 3 2022 年全省艺术展览创作机构基本情况

	机构数 （个）	从业人员 （人）	年度展览情况		年度创作情况		
			总次数 （次）	参观人次 （万人次）	创作项目数量 （个）	参加展览作品数 （个）	获省部级以上奖项的作品数（个）
美术馆	53	707	647	406.0	325	87	25
其他画院	7	118	0	0	120	689	53

---

① 不含财政拨款预算收入。

三、公共服务体系建设

公共文化服务体系建设再上新台阶，高品质文化供给推出惠民"福利包"。实施攻坚做强和欠发达地区文化设施修缮提升工程，全年投入补短板资金 8.2 亿元，全省行政村（社区）综合性文化服务中心提质增效达标率达 57%。细抓文化微地标建设，建成各类新型文化空间 2000 多家，推出 20 个最美新型公共文化空间案例，佛山南海金融公园读书驿站获得 2022 年德国"IF 国际设计大奖"。在全国首创并连续四年开展公共文化服务评价，连续四年举办粤港澳大湾区文采会，完成基层综合性文化服务中心和旅游服务中心融合新建试点 72 个，新建和改扩建旅游厕所 299 座，广州从化、深圳盐田和惠州博罗共 3 项目入选基层公共文化服务高质量发展典型案例，数量并列全国第一。举办群众艺术花会（少儿花会）、群众文艺作品评选等 3 项省级活动，全省开展戏曲进乡村演出和培训超过 4800 场次，清远佛冈"村晚"连续 5 年入选全国乡"村晚"百县联盟示范展示活动，3 个项目荣获群众文艺最高奖"群星奖"，数量并列全国第一。打造广东特色公共数字文化资源库，发布 10 个"文旅领域数字化应用典型案例"，各地推出"云宝带你智游云浮"等数字平台，"粤读通"数字证卡实现地市级公共图书馆互通互认，已有 41 万人申领，汕头澄海区文化馆等 2 个项目入选全国基层智能服务端典型案例、全国文旅数字化创新实践十佳案例。

（一）公共图书馆

2022 年末，全省共有公共图书馆 150 个，与上年末持平；从业人员 5444 人，增加 27 人；专业技术人员中具有高级职称人员 417 人，占比 12.3%[①]，具有中级职称人员 1656 人，占比 48.8%。

2022 年末，全省公共图书馆实际使用房屋建筑面积 191.15 万平方米，增长 8.7%；全省图书总藏量 14253.5 万册，增长 12.3%，投入图书购置经费 3.33 亿元（含数字资源 0.76 亿元），增长 2.3%；阅览室座席数 15.52 万个，增长 16.2%；计算机 2.0 万台，与上年末基本持平，其中供读者使用的电子阅览终端 1.2 万台。

2022 年末，全省平均每万人公共图书馆建筑面积 151.02 平方米，比上年末增加 12.37 平方米，人均图书藏量 1.13 册，增加 0.13 册（见图 1）；投入图书购置经费为人均 2.63 元，增加 0.07 元。

2022 年末，全省公共图书馆实际持证读者 1804.45 万人，比上年增长 17.9%；总流通 9239.13 万人次，增长 6.8%；书刊文献外借 8822.23 万册次，增长 1.7%；外借 2076.72 万人次，增长 3.5%（见图 2）。全年共为读者举办各种活动 22343 次，减少 3.8%；参加活动 1644.76 万人次，减少 15.5%。

2022 年末，全省公共图书馆共有分馆 2883 个，馆均 19.2 个。

（二）群众文化机构

2022 年末，全省共有群众文化机构 1761 个，与上年末持平。其中文化馆 144 个，文化站 1617 个。年末全省群众文化机构从业人员 15352 人，比上年末增加 1155 人。专业技术人员中，具有高级职称的 330 人，占 8.0%；具有中级职称人员 811 人，占 19.7%。

---

① 采用常住人口数，下同。

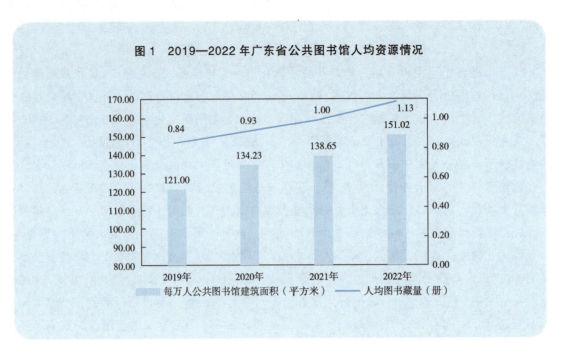

图 1　2019—2022 年广东省公共图书馆人均资源情况

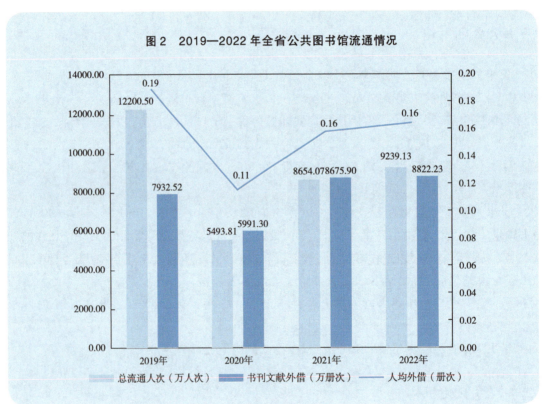

图 2　2019—2022 年全省公共图书馆流通情况

2022 年末，全省群众文化机构实际使用房屋建筑面积 477.56 万平方米，比上年末增长 4.4%。其中，业务用房面积 361.43 万平方米，增长 2.9%。年末全省平均每万人群众文化设施建筑面积 377.31 平方米，增长 4.7%（见图 3）。

图3　2019—2022年广东省每万人拥有文化设施建筑面积与受惠次数

每万人拥有文化设施建筑面积（平方米）　——每万人受惠次数（次）

全年全省群众文化机构共组织开展各类文化活动约16.20万场次，比上年增长0.9%；服务4559.63万人次，增长0.5%（见表4）。

2022年末，全省群众文化机构共有馆办文艺团体485个，全年演出3409场，观众353.92万人次。由文化馆（站）指导的群众业余文艺团体1.82万个，人数11.35万人，馆办老年大学18个。

2022年末，全省群众文化机构共建成分馆1372个，比上年末增加99个，馆均0.78个。

表4　2022年全省群众文化机构活动开展情况

项目	总量		比上年增长（%）	
	活动次数（次）	服务人数（万人次）	活动次数	服务人数
各类活动总计	161998	4559.63	0.9	0.5

四、市场管理和综合执法

文化和旅游市场培育监管提升新品质，放管并举织牢"防护网"。深化"放管服"改革，推动近20项省级行政职权事项调整由广州、深圳和南沙、前海、横琴三个自贸区实施，所有省级行政许可事项实现全流程网上办理，办理时间压减超过80%。全省文化市场综合执法改革基本完成，执法服装与标志全面配发。召开粤港澳大湾区"9+2"城市旅游市场联合监管协作体联席会议，推动区域执法协作。全年出动执法人员57万人次，检查经营场所21.5万家次，吊销和取缔158家，责令停业整顿50家次，珠海、中山、东莞共3个案例获评全国文化市场综合执法典型案例。深入开展景区玻璃栈道类高风险项目、私设"景点"和无市场经营主体景点、行政审批和行政执法突出问题、养老诈骗等专项整治，举办全省综合执法岗位练兵、星级饭店从业人员服务等技能竞赛，推出12家首批省级文明旅游示范单位。严格筑牢安全生产和疫情防控"双防线"，建立市场主体信息预警服务并发布安全提示

26万多条，全省文化和旅游市场保持安全稳定有序发展。

2022年末，全省通过统计直报系统报送的文化市场经营单位13346家，比上年增加522家，从业人员21.34万人，减少2.37万人，营业收入2132.53亿元，减少21.5%，整体转亏160.15亿元，营业利润比上年减少150.0%。

其中，娱乐场所4889个，营业人员6.71万人，营业收入56.6亿元，营业利润−2.69亿元；上网服务营业场所（网吧）5638个，营业人员1.33万人，营业收入12.03亿元，营业利润−2.12亿元；非公有制艺术表演团体469个，营业人员0.86万人，营业收入3.26亿元，营业利润−3.62亿元；非公有制艺术表演场馆91个，营业人员0.27万人，营业收入6.34亿元，营业利润−1.97亿元；经营性互联网文化单位973个，营业人员10.89万人，营业收入1869.5亿元，营业利润−178.93亿元；艺术品经营机构508个，营业人员0.23万人，营业收入9.74亿元，营业利润1.38亿元；演出经纪机构778个，营业人员1.04万人，营业收入175.07亿元，营业利润27.81亿元。

表5为2019—2022年全省文化市场经营机构基本情况。

表5　2019—2022年广东省文化市场经营机构基本情况

	机构数（个）	从业人员（万人）	营业收入总额（亿元）	发放工资总额（亿元）	人均月工资（元）	应交税金总额（亿元）	营业利润总额（亿元）
2019年	13246	21.24	2616.03	292.08	11460	78.72	402.46
2020年	15831	24.22	2063.80	280.28	9642	41.61	283.80
2021年	12824	23.71	2716.84	476.69	16756	40.94	320.35
2022年	13346	21.34	2132.53	313.52	12244	28.29	−160.15
其中：							
娱乐场所	4889	6.71	56.60	21.88	2716	1.34	−2.69
上网服务营业场所（网吧）	5638	1.33	12.03	4.41	2753	0.16	−2.12
非公有制艺术表演团体	469	0.86	3.26	3.39	3288	0.12	−3.62
非公有制艺术表演场馆	91	0.27	6.34	2.28	7081	0.24	−1.97
经营性互联网文化单位	973	10.89	1869.50	252.35	19304	22.86	−178.93
艺术品经营机构	508	0.23	9.74	18.08	66370	0.33	1.38
演出经纪机构	778	1.04	175.07	11.13	8899	3.24	27.81

旅行社填报系统数据显示，2022年末，全省共有旅行社3764家，比上年增加159家，从业人员39081人，减少9337人。全年全省旅行社营业收入200.43亿元，下降4.0%，营业利润−8.06亿元。2022年完成首届全省旅行社等级评定，公布127家等级旅行社，包括30家4A级，95家3A级，2家2A级。

星级饭店填报系统数据显示，2022年末，全省共有446家星级饭店，比上年减少37家，从业人员61152人，减少7197人。全年星级饭店营业收入119.65亿元，减少14.4%，营业利润−15.85亿元。平均房价391.51元/间夜，平均出租率38.6，比上年减少1.2个百分点。

表 6 为 2019—2022 年全省旅行社和星级饭店关键指标加总情况。

表 6　2019—2022 年广东省旅行社和星级饭店关键指标加总情况

年份	机构总数（个）	从业人员（万人）	营业收入（亿元）	营业利润（亿元）
2019	4093	13.05	924.92	20.94
2020	2985	10.99	353.62	−23.60
2021	2878	9.94	348.61	−20.27
2022	3053	9.16	320.09	−23.91

五、行业管理与产业发展

文化和旅游行业纾困解难打开新局面，文化和旅游融合发展跑出"加速度"。全省文化和旅游业攻坚克难、共渡难关，以省政府办名义出台《广东省"十四五"旅游业发展规划实施方案》，举办深圳文博会、广东旅博会、文旅推介大会、投融资对接会等特色展会，联合中国人民银行广州分行组织银行机构对 433 家文旅企业开展融资对接，累计授信金额 88.71 亿元，对旅行社新增暂退、缓交旅游服务质量保证金 2.44 亿元，华侨城、岭南商旅集团均连续 14 年上榜"中国旅游集团 20 强"，华侨城、华强方特等 4 家企业上榜"全国文化企业 30 强"，深圳成为国务院首批文化和旅游产业领域督查激励对象，广州进入 2022 年度激励对象公示名单。激发消费活力，开展"广东人游广东"、"百城百区"文旅消费助企惠民等行动，推出 140 多项惠民措施，多地发放数轮千万元文旅消费券，撬动消费比例达 3~6 倍，13 个项目获评国家级和省级夜间文化和旅游消费集聚区；2022 年末，全省共有国家级文化产业示范园区 2 家、国家文化产业示范基地 24 家、省级文化产业示范园区 45 家。推进文旅融合和全域旅游发展，全面落实《广东省加快推进文化和旅游融合发展三年行动计划（2020—2022 年）》，认定 22 家省级全域旅游示范区，组织 36 个县（市、区）开展旅游资源普查，新增 9 个全国乡村旅游重点村镇、2 个国家级旅游休闲街区、17 条全国乡村旅游精品线路，推出 92 家乡村民宿示范点、34 家驿道乡村酒店。由乌镇团队参与建设、投资额达 60 亿元的江门赤坎华侨古镇景区启动试运营，珠海汤臣倍健透明工厂获评国家工业旅游示范基地，广州塔旅游区获评国家旅游科技示范园区，茂名"三华李度假区：农文旅融合示范项目"、惠州"旅游年卡让老年人舒心'惠游'"分别入选中国旅游创业创新精选案例、全国智慧旅游适老化示范案例，云浮新兴连续第四年入选全国县域旅游综合实力百强县，江门台山等九县入选全国县域旅游发展潜力百佳县。

据核算，2021 年全省文化及相关产业增加值为 6910.06 亿元，比上年增长 11.3%，连续多年居全国首位，占全省 GDP 比重为 5.54%，连续 8 年达到 5% 以上，已成为广东省现代产业体系的重要支柱。

2022 年末，全省共有 A 级景区 618 个，比上年增加 58 个。其中 5A 级景区 15 个，4A 级景区 192 个，3A 级景区 399 个，2A 级景区 12 个。

在疫情的持久影响下，2022 年全省接待过夜游客 1.81 亿人次、实现旅游总收入 4213.5 亿元。

2022 年末，全省文化艺术科研机构 7 个，从业人员 103 人，其中专业技术人员 80 人，发表专著 11 册，省级及以上刊物公开发表论文 57 篇，科研项目获省部级奖 8 项。全省文物保护科学研究机构 4 个，从业人员 141 人，其中专业技术人员 98 人，发表专著或图录 3 册、论文 29 篇，修复文物 482 件（套），考古发掘面积 1.58 万平方米，出土器物 6171 件（套）。相比去年，全省文化艺术科研规模总体有所

提升，文物保护科研规模总体有所缩减。

六、文化遗产保护利用

历史文化遗产保护利用呈现新亮点，岭南文化增添更多"金名片"。召开全省文物考古工作会议，推动省委办、省府办出台《关于进一步加强文物保护与考古工作的意见》《广东省"十四五"文物保护和科技创新实施方案》等重大政策文件，公布132处第十批广东省文物保护单位、5个省级文物保护利用示范区，全省已有16个地级以上市、38个县（市、区）的文化和旅游行政部门加挂文物局牌子。谋划早期岭南探源工程，出台专项考古工作计划，清远英德青塘考古遗址入选第四批国家考古遗址公园立项名单。持续开展佛山文头岭窑址等24项考古发掘项目，实证"南海Ⅰ号"沉船部分陶瓷器产自广东，"南海Ⅰ号"沉船总体保护方案获批，广东海上丝绸之路博物馆联合国家文物局考古研究中心挂牌成立中国水下考古活化利用研究院。联合举办新时代考古发现与研究论坛、首届大湾区文物建筑高峰论坛，与港澳两地签署深化大湾区考古及文物建筑交流与合作意向书，推出云浮郁南磨刀山遗址等全省十年十大重要考古发现，打造史语所旧址"柏园"等历史文化新名片，韶关完成首批地下文物埋藏区划定。8部门联合印发《关于推进博物馆改革发展的实施方案》，制定免费开放补助资金管理办法，征集2000件文物调拨到粤东西北15个县（市、区）级博物馆，在全国率先建设全省博物馆藏品数据库，率先开展国家文物局"博物馆节能减排"研究和国有博物馆"三权"分置改革试点，1个展览获"第十九届全国博物馆十大陈列展览精品推介"优胜奖，4个展览入选国家文物局"弘扬社会主义核心价值观主题展览"，4个项目获评全国文博社教十佳案例、全国博物馆志愿服务典型案例。55个流动展览在基层巡展286场，全年开展免费公益鉴定物品5658件/套、服务群众1417人次。出版《粤港澳大湾区国家珍贵古籍名录图录》，音像作品《驿道四季》入选首届广东出版政府奖，华南首家恐龙研究机构河源恐龙研究所挂牌成立。在全国省级层面率先出台《广东省革命遗址保护条例》，实施第二批革命文物名录调查核定，组织审核各市不可移动文物429处、可移动文物8408件/套，完成1000处不可移动革命文物现状调查和风险评估。推进长征国家文化公园（广东段）建设，完成鸦片战争海防遗址重点文物修缮工程，推出全省可移动革命文物数字化保护利用平台并收录文物75万余条。完成"南昌起义部队南下广东""中央红色交通线""东江纵队抗战"遗址群保护利用规划文本，举办"走读广东粤游粤红"自驾游，以及红色讲解员进校园、"红心向党·革命故事会"等活动。召开全省非遗保护工作会议，推动省委办、省府办印发关于进一步加强我省非物质文化遗产保护工作的实施意见，公布第八批115项省级非遗代表性项目名录，新建86家非遗工坊，汕尾、肇庆等地创新实施古老剧本抢救项目、地方戏振兴工程，"潮州工夫茶艺"参与"中国传统制茶技艺及其相关习俗"项目申报并进入联合国教科文组织人类非遗代表作名录，非遗品牌大会升格为部省联办并永久落户广东，梅州入选国家级文化生态保护区。

（一）文物机构

2022年末，全省共有各类文物机构505个，比上年末增加1个，其中，文物保护管理机构26个，占比5.1%；博物馆340个（独立法人），占比67.3%。年末全省文物机构从业人员8603人，比上年末减少68人。专业技术人员中，高级职称431人，占比15.8%；中级职称1209人，占比44.4%。

2022年末，全省文物机构藏品312.77万件（套），比上年末增长8.5%。其中，博物馆文物藏品

262.74 万件（套），占文物藏品总量的 84.00%。

图 4 为 2019—2022 年广东省文物机构藏品数及使用房屋建筑面积。

图 4　2019—2022 年广东省文物机构藏品数及使用房屋建筑面积

2022 年，全省各类文物机构共举办陈列展览 2422 个，比上年略减少 4 个；其中，基本陈列 1019 个，增加 8 个；临时展览 1403 个，减少 12 个。接待观众 3039.11 万人次，比上年减少 24.7%。其中，未成年人 740.24 万人次，减少 26.9%，占参观总人数的 24.4%（见图 5）。博物馆接待观众 2884.37 万人次，比上年减少 25.1%，占文物机构接待观众总数的 94.9%。

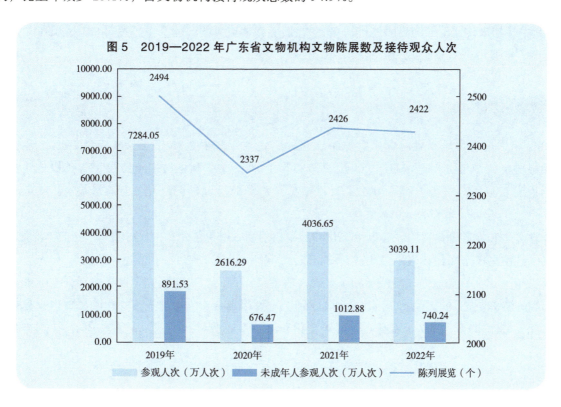

图 5　2019—2022 年广东省文物机构文物陈展数及接待观众人次

（二）非物质文化遗产保护

2022 年末，全省共有非物质文化遗产保护机构 120 个，从业人员 781 人。全年各类非物质文化遗产保护机构举办展览 904 个，比上年增加 0.8%，观众 140.11 万人次，减少 27.4%；举办演出 1576 场，减少 19.9%，观众 188.10 万人次，减少 75.3%；举办民俗活动 592 次，减少 1.7%，观众 480.3 万人次，增长了近 11 倍。

项目资源总量 13925 个，比上年增长 49.1%，出版成果 4.68 万册，比上年增长 10.2%。

七、文化交流和旅游推广

粤港澳大湾区世界级旅游目的地建设取得新成效，文化和旅游交流合作架好"连心桥"。以省委、省政府名义出台《广东省推进粤港澳大湾区世界级旅游目的地建设行动方案》，配套制定 87 条具体落实措施，着力构建八大世界级旅游品牌。加强与港澳西地交流合作，举办第二届粤港澳大湾区文化艺术节、粤港澳大湾区艺术精品巡演、台湾青年岭南行等系列活动，广东粤剧院加入大湾区粤剧发展联盟，港澳籍导游自 2022 年 1 月起在前海试点执业，汕头推出的"潮汕：时代启航研学"线路获评全国年度十大"港澳青少年内地游学推荐产品"。加强对外交流，与国外开展双向文化交流项目 70 批次，如在日本东京举办广东非遗交流展，梅州获得 2023 年"东亚文化之都"授牌等。开展"线上＋线下"宣传，在中央电视台以及头条、抖音等新媒体投放宣传视频，举办"海岛联盟短视频大赛"等推广活动，惠州、江门、茂名等地纷纷开展"不辞长作岭南人""中国侨都 诗邑江门""山海并茂 好心闻名"等文旅形象 IP 打造，珠海、中山、阳江、湛江等联合举办"最美珠江西岸游""活力广东 精彩粤西"等推广活动。

2022 年，全省文化和旅游参与对外和对港澳台交流活动的演出团体机构 34 个，比上年增加 9 个，其中参加来访活动的演出团体机构 25 个，出境参加演出的团体 9 个。参与交流人员 117 人，演出（展览、旅游推介）232 场，线下演出 23 场。

八、资金投入

2022 年，全省文化和旅游事业费 113.11 亿元，比上年减少 2.36 亿元，减幅为 2.0%。全省人均文化和旅游事业费 89.37 元，减少 1.67 元，减幅为 1.8%；文化和旅游事业费占全省一般公共预算支出的比重为 0.611%，比上年减少 0.023 个百分点（见图 6）。此外，全年文物事业费 40.04 亿元，比上年增加 1.54 亿元，增幅为 4.0%。

全省文化和旅游事业费中，县以上文化和旅游事业费 58.53 亿元，占比 51.7%，比上年降低 1.7 个百分点；县及县以下文化和旅游事业费 54.58 亿元，占比 48.3%，提高了 1.7 个百分点。

珠三角九市文化和旅游事业费 85.01 亿元，占比 75.2%，比去年提高了 7.8 个百分点。粤东西七市文化和旅游事业费 10.25 亿元，占比 9.1%，降低了 5.9 个百分点。粤北五市文化和旅游事业费 9.47 亿元，占比 8.4%，降低了 1.7 个百分点。省级文化和旅游事业费 8.39 亿元，占比 7.4%，比重维持不变（见表 7）。

图 6　2019—2022 年广东省文化和旅游人均事业费和占财政支出比重

人均事业费（元）　　占一般公共取自支出比重（%）

表 7　2019—2022 年广东省文化和旅游事业费按城乡和区域分布情况

项目		2019 年	2020 年	2021 年	2022 年
总量（亿元）	全省	102.34	110.72	115.48	113.11
	县以上	60.50	54.63	61.69	58.53
	县	41.84	56.10	53.79	54.58
	珠三角	76.47	79.39	77.83	85.01
	粤东西	7.73	14.14	17.37	10.25
	粤北	8.17	8.70	11.71	9.47
	省本级	9.97	8.50	8.56	8.39
所占比重（%）	全省	100	100	100	100
	县以上	59.1	49.3	53.4	51.7
	县	40.9	50.7	46.6	48.2
	珠三角	74.7	71.7	67.4	75.2
	粤东西	7.5	12.8	15.0	9.1
	粤北	8.0	7.9	10.1	8.4
	省本级	9.7	7.7	7.4	7.4

（广东省文化和旅游厅）

广东：保护红色资源 建设红色基因传承示范地

党的二十大报告明确要求，"弘扬以伟大建党精神为源头的中国共产党人精神谱系，用好红色资源""弘扬革命文化，传承中华优秀传统文化"。广东是马克思主义的主要传播地、近现代革命的策源地、首次国共合作的诞生地、工农运动的兴起地、改革开放的先行地，省文化和旅游厅党组坚持将红色资源保护利用作为文化强省建设和岭南文化"双创"工程的重点工作抓实抓牢，深入实施红色资源保护利用"五大行动"，高标准建设红色基因传承示范地。

摸底探源行动让广东红色资源"摸得清"，数量和级别位居全国第一方阵。广东是红色资源大省，革命文物、革命遗址遗迹全域覆盖、量多质高。保护修缮行动让广东红色资源"传下去"，2022年1月出台《广东省革命遗址保护条例》，成为国内首批出台保护条例的省份。文旅融合行动让广东红色资源"活起来"，推出10条全省红色旅游精品线路，其中3条线路入选国家"建党百年红色旅游百条精品线路"。同心架桥行动让广东红色资源"心连心"，共建大湾区红色文化圈促进文化认同。与港澳两地共同签署《关于深化粤港澳大湾区考古及文物建筑交流与合作意向书》，建立包括革命文物资源在内的共享数据库，并加强展览交流、青少年活动、文创研发等方面合作，切实发挥红色资源"湾区纽带"作用，打造大湾区红色文化圈。

广西壮族自治区 2022 年文化和旅游发展情况分析

2022 年，广西文化和旅旅游系统坚持以习近平新时代中国特色社会主义思想为指导，深入贯彻学习习近平总书记关于文化旅游工作的重要指示精神和视察广西时的重要讲话精神，学习宣传贯彻党的二十大精神，坚决贯彻中央"疫情要防住、经济要稳住、发展要安全"的重要要求，认真落实文化和旅游部、自治区党委、政府关于稳增长工作的决策部署，积极应对疫情影响，促进旅游经济恢复发展，全力推动文旅事业蓬勃发展。

一、机构和人员

2022 年末，纳入统计范围的全区各类文化和旅游单位 5344 个，比上年末减少 107 个。其中，各级文化和旅游部门所属单位 5033 个，比上年末减少 82 个；从业人员 6.86 万人，比上年末减少 0.37 万人。

二、艺术创作演出

2022 年，广西围绕迎接党的二十大主题开展艺术创作、展演展播。彩调剧《新刘三姐》先后荣获中国文化艺术政府奖·第十七届文华大奖、中宣部第十六届精神文明建设"五个一工程"优秀作品奖，片段精彩亮相 2022 年中央春节团拜会。彩调剧《木匠哥的钢琴梦》成功入选文化和旅游部新时代现实题材创作工程重点指导剧目（全国仅 7 台）。积极承接全国性艺术展演活动，举办全国地方戏精粹展演活动，吸引了全国 21 个省（区、市）的 43 个艺术院团参加，共有近 5000 名观众进入剧场观看，1100 多万人次在线观看网络直播。组织开展各类惠民演出活动，持续开展 2022 年"我们的中国梦"——文化进万家文艺精品下基层文化惠民演出和广西濒危剧种下基层演出活动，采取灵活的演出形式，大力推进"线上线下融合、演出演播并举"的惠民演出形式，组织优秀剧目通过网络平台对观众免费直播，让惠民演出舞台更宽广，观众观演方式更便捷。

2022 年末，全区共有艺术表演团体 74 个，比上年末增加 2 个；从业人员 3054 人，比上年末增加 844 人。其中各级文化和旅游部门所属艺术表演团体 24 个，占比 32.4%，从业人员 1645 人，占比 53.9%。

2022 年末，全区艺术表演团体共演出 0.72 万场，同比下降 19.1%；国内观众 280.18 万人次，同比增长 8.2%；国内观众 280.18 万人次，同比增长 8.2%，其中，农村观众 100.88 万人次，同比下降 0.3%。总收入约 3.60 亿元，同比下降 1.0%，其中，演出收入的 1.00 亿元，同比增长 112.7%。

表 1 为 2012—2022 年广西艺术表演团体基本情况。

表 1　2012—2022 年广西全区艺术表演团体基本情况

年份	机构数（个）	从业人员数（人）	演出场次（万场）	国内演出观众人次（万人次）	总收入（万元）	
						演出收入（万元）
2012	68	2744	1.20	757.91	17340.0	4630.6
2013	59	3777	1.54	881.79	35746.6	9108.5
2014	67	3042	0.92	663.89	32238.3	5496.9
2015	92	4613	1.37	1824.04	65364.8	34801.0
2016	100	4716	1.19	848.43	66539.3	30884.6
2017	108	4747	1.44	973.20	61342.8	7255.4
2018	112	4727	1.71	1118.19	74168.7	34601.6
2019	95	3897	1.85	1039.07	82027.4	41075.1
2020	78	3153	0.94	505.64	36385.1	14685.5
2021	72	2210	0.89	259.03	36349.3	4711.0
2022	74	3054	0.72	280.18	35981.6	10022.6

三、公共服务

2022 年，全区坚持以人民为中心的发展导向，在丰富群众文化供给上下功夫，有利推进公共服务均等化，持续提升文化服务效能。全年争取自治区乡村振兴补助资金 2900 万元，支持 6 个基层文化场馆项目建设。争取中央专项资金 2943 万元，实施智慧图书馆体系、公共文化云建设、戏曲进乡村等项目，进一步提高公共服务优质化水平。2022 年下达中央和自治区免费开放补助资金 22390.89 万元，推进全区公共图书馆、文化馆（站）、博物馆和美术馆向群众免费开放，加强免费开放资金拨付管理使用，引导优质文化资源和文化服务更多地向基层倾斜。

（一）公共图书馆

2022 年末，全区共有公共图书馆 116 个，从业人员 1821 人，增加 58 人；其中具有高级职称人员 190 人，占比 10.4%；具有中级职称人员 655 人，占比 36.0%。

2022 年末，全区公共图书馆实际使用房屋建筑面积 51.17 万平方米，同比增长 2.9%；全区公共图书馆总藏量 3168.44 万册，同比增长 4.7%；阅览室座席数 4.10 万个，同比增长 7.4%。

2022 年末，全区平均每万人公共图书馆建筑面积 101.39 平方米，比上年末增加 0.06 平方米，全区人均图书藏量 0.63 册，比上年末增加 0.03 册（见图 1）；全年全区人均购书费 0.63 元，比上年末增加 0.09 元。

全区公共图书馆累计发放借书证 261.29 万个；总流通人次 1975.24 万，同比增长 10.3%；书刊文献外借 952.42 万册次，同比增长 9.6%（见图 2）；外借人次 435.25 万，同比增长 9.8%。全年共为读者举办各种活动 4212 次，同比下降 4.9%；参加活动 401.82 万人次，同比增长 30.2%。

图1 2012—2022年广西全区公共图书馆人均资源情况

图2 2012—2022年广西全区公共图书馆总流通人次及书刊外借册次

（二）群众文化机构

2022年末，全区共有群众文化机构1300个，其中乡镇综合文化站1176个，比上年末增加1个。年末全区群众文化机构从业人员5602人，比上年末减少6人，其中具有高级职称的人员253人，占比4.5%，具有中级职称人员892人，占比15.9%。

2022年末，全区群众文化机构实际使用房屋建筑面积87.13万平方米，比上年末增长2.3%；业务用房面积57.69万平方米，同比下降9.1%。年末全区平均每万人群众文化设施建筑面积172.64平方米，同比增长2.1%（见图3）。

图3 2012—2022年广西全区平均每万人群众文化设施建筑面积

平均每万人群众文化设施建筑面积（平方米）

全年全区群众文化机构共组织开展各类文化活动近4.38万场次，同比下降7.1%；服务1441.06万人次，同比下降9.0%（见表2）。全年全区群众文化机构组织开展线上群众文化活动2257次。

2022年末，全区群众文化机构共有馆办文艺团体286个，演出3462场，观众289.46万人次。由文化馆（站）指导的群众业余文艺团体1.71万个。

表2 2022年广西全区群众文化机构活动开展情况

项目	总量		比上年增长（%）	
	活动次数（次）	服务人次（万人次）	活动次数	服务人次
各项活动总计	43799	1441.06	−7.1	−9.0
其中：文艺活动	27681	1223.84	−13.8	−12.6
训练班	13585	88.18	8.5	36.8
展览	2160	119.90	6.8	7.4
公益性讲座	373	8.93	−20.6	6.7

四、市场管理和综合执法

2022年，全区扎实推进市场秩序综合监管。认真落实文化和旅游部关于加强行业监管进一步规范旅游市场秩序的要求，印发《广西文化旅游市场秩序专项整治行动工作方案》，切实履行文化旅游市场监管职责。组织开展元旦、春节、全国两会、"壮族三月三"、"五一"、"健康暑期"、中国－东盟博览会、国庆节等重点时期专项排查整治行动，加强文化旅游市场执法监管，查处违法违规经营活动，确保文化旅游市场规范有序。组织开展全区互联网上网服务营业场所巡查、文娱领域综合治理、"扫黄打非"和文化和旅游市场领域打击整治养老诈骗专项行动等工作。2022年，全区共出动执法人员

20 万余人次，检查经营单位 6.9 万余家次，办结案件 1087 件，进一步规范全区文化旅游市场经营秩序。

2022 年末，全区通过统计直报系统报送的各类文化市场经营单位共计 2234 家，比上年减少 191 家；从业人员 2.57 万人，比上年减少 0.29 万人；营业收入 21.98 亿元，同比下降 30.1%；营业利润 762.8 万元，同比下降 96.1%。

分区域看，2022 年城市文化市场经营单位 1107 家，占总量的 49.6%；县城 646 家，占总量的 28.9%；县级以下 481 家，占总量的 21.5%（见图 4）。

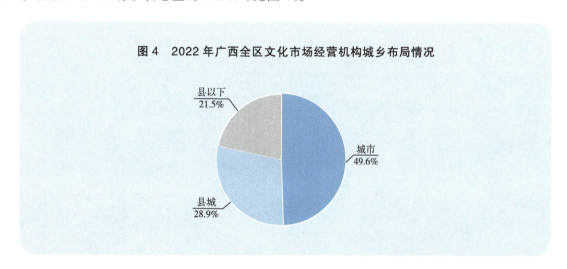

图 4　2022 年广西全区文化市场经营机构城乡布局情况

2022 年，全区共有娱乐场所 945 个，比上年增加 71 家；从业人员 1.54 万人，比上年减少 787 人；全年营业收入 11.39 亿元，同比下降 7.7%；营业利润亏损 312.20 万元。

2022 年，全区共有互联网上网服务营业场所（网吧）934 个，比上年减少 97 家；从业人员 5105 人，比上年减少 242 人；全年营业收入 2.89 亿元，同比下降 17.9%；营业利润亏损 863.10 万元。

五、产业发展和资源开发利用

提升文旅产业发展质量。印发实施《广西大健康老年旅游发展规划（2022—2025 年）》，推动健康旅游发展，开发老年旅游市场，打造"长寿广西"品牌。印发实施《广西乡村旅游高质量发展专项规划（2022—2025 年）》，全面推进全区乡村旅游提质升级。贺州市黄姚古镇景区成功创建国家 5A 级旅游景区，由此广西拥有的国家 5A 级旅游景区总数已增至 9 家；大新明仕旅游度假区成功创建国家级旅游度假区。文化和旅游部公布第二批国家级夜间文化和旅游消费集聚区，南宁市东盟文化和旅游片区、柳州市月也侗寨、桂林市东西巷、桂林市融创旅游度假区、崇左市太平古城街区入选。北海富丽华大酒店等 3 家酒店通过五星级旅游饭店评定检查。指导南宁市举办夜间经济高质量发展研讨会，进一步激活夜间经济，引爆"夜动力"，打造"中国不夜城 浪漫夜南宁"城市名片。

抓实重点文旅项目建设。做好平陆运河项目沿线文化遗产保护与文化旅游资源规划，为项目如期全线开工提供更为便利的条件。制定《2022 年广西大健康和文旅体育产业链招商工作方案》，成立大健康和文旅体育产业链招商专班，深入实施招商行动。8 月 31 日，广西文旅产业投融资对接服务平台亮相 2022 世界文旅品牌大会。创新实施"文旅贷"和"重大产业项目贷"等金融创新产品，设立广西文化旅游产业发展基金、广西旅发大健康产业壹号发展基金支持产业项目建设，推动 2.7 亿元政府专项债券用于建设"一键游广西"项目和白沙湾国际医学园区。先后举办 2022 年全区文旅重大项目集中签约与开竣工仪式、建设北部湾国际滨海度假胜地三年行动计划暨向海经济重大文旅项目启动仪式，合力推进项目建设。2022 年，广西文化旅游产业重大项目共计 276 个，总投资 6165.81 亿元，累计完成投资 1154.24 亿元；2022 年度已完成投资 190.16 亿元。

2022 年末，全区共有 A 级旅游景区 685 个，比上年末增加 24 个。其中，5A 级旅游景区 9 个，比上年末增加 1 个；4A 级旅游景区 335 个，比上年末增加 28 个；3A 级旅游景区 330 个，比上年末减少 5 个。

据广西旅游抽样调查统计测算，2022 年全区累计接待国内游客 5.89 亿人次，实现国内旅游收入 6418.33 亿元（见图 5）。

图 5　2012—2022 年广西国内旅游发展情况

2022 年，广西有规上文化产业单位 829 家，较上年数量增加 25 家，同比增长 13.1%。其中，文化制造业单位 225 家，同比增长 9.2%；文化服务业单位 427 家，同比增长 9.5%。全区规模以上文化及相关产业法人单位（企业）实现营业收入 1231.68 亿元，同比增长 14.3%，比全国高 13.3 个百分点，比西部地区高 14.1 个百分点，营业收入连续两年突破千亿元（见表 3）。

表 3　2022 年广西规上文化产业综合汇总表

	法人单位（个）				从业人员期末人数（人）				营业收入（亿元）		
	2022年	2021年	增长（%）	增加	2022年	2021年	增长（%）	增加	2022年	2021年	增长（%）
总计	829	804	3.1	73	91681	88385	3.7	3296	1231.68	1077.20	14.3
制造业	225	206	9.2	19	48289	45047	7.2	3242	504.45	467.69	7.9
批发零售业	177	208	−14.9	−31	5811	5353	8.6	458	158.81	137.83	15.2
服务业	427	390	9.5	37	37581	37985	−1.1	−404	568.42	471.68	20.5

六、文化遗产保护利用

文化遗产保护传承卓有成效。自治区党委办公厅、自治区政府办公厅印发《关于进一步加强广西非物质文化遗产保护工作的实施意见》，成功举办"广西有礼""广西美味"系列非遗传播展示活动。争取中央预算内投资 1.8 亿元，支持推进长征国家文化公园（广西段）建设。完成西部陆海新通道（平陆）运河工程等一批自治区重大项目建设工程考古调查勘探发掘，文物保护利用和文化遗产保护传承得到进一步提升。广西博物馆改扩建工程竣工。聚焦文物保护与传承主题，成功举办第 17 届中国 – 东盟文化论坛。柳州市文化广电和旅游局（柳州市文物局）获评全国文物系统先进集体。圆满完成广西博物馆改扩建工作，全年新增 16 家博物馆纪念馆向全区免费开放。

2022 年末，全区共有各类文物机构 311 个，比上年末减少 25 个，其中，文物保护管理机构 69 个，占 22.2%；文物系统管理的国有博物馆 109 个，占比 35.0%。年末全区文物机构从业人员 4002 人，比上年末增加 95 人（见图 6）。其中高级职称 286 人，占比 7.1%；中级职称 595 人，占比 14.9%。

图 6　2012—2022 年广西全区文物机构及从业人员情况

2022 年末，全区文物机构藏品 50.69 万件 / 套，其中，博物馆文物藏品 44.16 万件 / 套，占文物藏品总量的 87.1%；文物保护管理机构文物藏品 3.04 件 / 套，占比 6.0%。文物藏品中，一级文物 343 件 / 套，二级文物 5645 件 / 套，三级文物 43429 件 / 套。

2022 年末，全区各类文物机构共举办陈列展览 573 个，比上年减少 151 个。其中，基本陈列 344 个，比上年减少 45 个；临时展览 229 个，比上年减少 106 个。接待观众 1410.61 万人次，同比下降 46.4%，其中未成年人 390.30 万人次，同比下降 32.9%，占接待观众人数的 27.7%（见图 7）。文物系统管理的国有博物馆接待观众 1052.65 万人次，同比下降 30.7%。

图7   2012—2022年广西全区文物机构接待观众人次及未成年人观众人次

2022年末，全区国家级非遗代表性项目70项，自治区级非物质文化遗产代表性项目名录914项，共有在世国家级非遗代表性传承人38名，自治区级非物质文化遗产代表性项目代表性传承人775人。

全区共有非物质文化遗产保护机构104个，从业人员1895人。全年全区各类非物质文化遗产保护机构举办演出2814场，同比下降20.9%；举办民俗活动428次，同比增长27.8%；举办展览246场，同比下降17.2%。

七、宣传推广和对外交流合作

多措并举挖掘文旅消费潜力。先后开展"壮族三月三"、"广西人游广西"、文化旅游消费大夜市、全域旅游大集市、乡村旅游嘉年华、"千万老广游两广"等主题宣传推广活动，并赴贵阳、重庆、成都、广州、长沙等主要客源城市联合开展宣传推广活动。联合抖音、微信视频号、小红书等新媒体平台发起"三月三"网红打卡地评选大赛，搭建"三月三"专属话题，有关"壮族三月三 相约游广西"的新浪微博话题阅读量已达4000万次，抖音话题播放量达到4100万次。"中国文化和旅游资源全球发布"系列活动启动仪式暨广西巴马瑶族自治县文化旅游推介会在北京举行，推介广西世界级山水旅游、康养旅游、文化旅游、地质奇观旅游、滨海度假旅游等五张旅游"金名片"，以及巴马文化和旅游资源。在桂林市举办2022中国-东盟博览会旅游展，汇集境外近50个国家和地区、国内20余个省（区、市）300余家参展机构和企业。

2022年共审批对外文化交流事项2批次（其中出访2批次），参与交流人员2人（其中出访2人）。

八、资金投入

　　2022年，全区文化文物收入69.77亿元，同比下降9.0%。其中，文化和旅游事业费23.03亿元，比上年减少近1.8亿元，同比下降7.1%；全区人均文化和旅游事业费45.64元，比上年减少约3.7元，同比下降7.3%（见图8）。

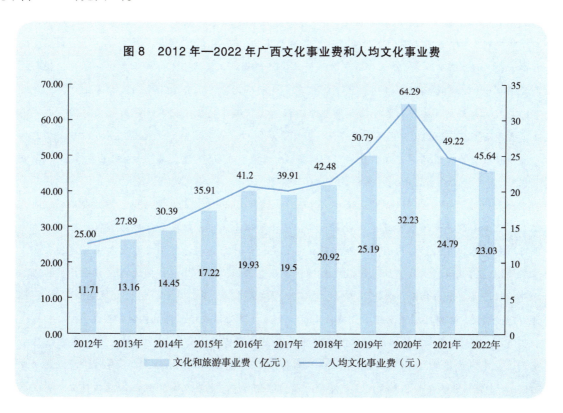

图8　2012年—2022年广西文化事业费和人均文化事业费

（广西壮族自治区文化和旅游厅）

广西：全力构建文化旅游发展新格局

2022 年，广西文化和旅游系统坚决贯彻"疫情要防住、经济要稳住、发展要安全"重要要求，认真落实文化和旅游部和自治区党委、政府关于稳增长工作的决策部署，积极应对疫情影响，全力构建文化旅游发展新格局。

一是桂林全力打造世界级旅游城市："支持桂林建设世界级旅游城市"列入国务院印发的《"十四五"旅游业发展规划》，配合国家制定《打造桂林世界级旅游城市规划纲要》。支持数字漓江 5G 融合生态保护利用综合平台、桂江（漓江）治理工程等项目加快建设，推动漓江流域山水林田湖草沙一体化保护和修复工程入选国家"十四五"期间第二批项目清单。扎实推进长征国家文化公园（广西段）等 100 个重大项目和重大事项，桂林米粉制作技艺、恭城瑶族油茶习俗入选国家级非物质文化遗产代表性项目，灵渠博物院挂牌成立，长征国家文化公园（广西段）、桂林新国际会展中心、古宋城历史文化街区等一批重大项目加快推进。积极推动桂林市文旅品牌创建，桂林市已建成 3A 级以上景区 98 家，其中 5A 级景区 4 家、4A 级景区 46 家，"东西巷历史文化街区"获评国家级旅游休闲街区。

二是升级打造北部湾国际滨海度假胜地：北海市巩固提升 2021 广西文化旅游发展大会成效成果，建成邮轮码头、银滩碧园开元酒店、冠岭喜来登酒店、东郡足球公园、大江埠足球公园、银投足球基地等一批重点项目。钦州承办建设北部湾国际滨海度假胜地三年行动计划暨向海经济文旅重大项目启动仪式，围绕世纪工程平陆运河建设，开展平陆运河沿线文旅资源普查工作，规划建设一批运河文旅项目。防城港以国际医学开放试验区建设为载体，加快推动白沙湾国际自然医学度假区、威壮皇冠假日酒店、布透温泉二期、温德姆酒店度假区、体育小镇酒店等重点项目建设，全力打造国家边境旅游试验区升级版。

三是巴马国际长寿养生旅游胜地建设稳步推进：围绕"长寿巴马"品牌建设，重点推进巴马赐福湖国际长寿养生度假区建设。将巴马长寿食品加工标准厂房建设、巴马赐福湖国际长寿养生度假区项目纳入 2022 年自治区层面统筹推进重大项目，支持寿源田园综合体等以康养为特色的旅游项目建设。完成东巴凤三县公交一体化、一票游东巴凤旅游大市场建设。推进南丹县同贵州省荔波县签订跨省（区）旅游合作协议，共同打造"黔桂跨省旅游示范区"。河池机场 2022 年 7 月新开设"广州—河池—绵阳"航线，广西首条设计时速 350 公里的贵南高铁（河池段）计划于 2023 年建成通车。

四是西江生态旅游带建设加快培育：着力培育中国－东盟（柳州）旅游装备制造产业园，注入 1 亿元产业发展专项资金，支持柳州市柳北区引进旅游装备生产企业。梧州市竞争承办 2024 年广西文化旅游发展大会承办城市，成功引进上海奇创集团对河东老城区文旅资源进行整体规划建设运营，明朝两广总督府、苍海雪立方冰雪世界建成运营。贺州黄姚古镇成功创建国家 5A 级旅游景区等项目建设。

五是中越边关风情旅游带建设加快形成：全力支持崇左市承办 2022 年广西文化旅游发展大会，太平古城景区、德天跨国瀑布景区改造提升、秘境丽世度假酒店等项目完成建设，崇左市一级旅游大道项目已通车。依托德天瀑布景区和凭祥友谊关景区，加快中越德天－板约瀑布跨境旅游合作区建设，启动建设中越友谊关－友谊跨境旅游合作区。大新明仕旅游度假区获评国家级旅游度假区。

六是南宁市区域国际旅游中心城市建设日益完善：聚焦 2023 年广西文化旅游发展大会，推进南宁牛湾文化旅游岛，百里秀美邕江商文体旅基础设施提升项目，三街两巷、中山路、水街一体化建设项目和民歌湖商文旅集聚区提升项目等重点项目。依托自贸试验区南宁片区、面向东盟金融开放门户等平台优势，进一步引客入邕，持续擦亮"中国绿城""老友南宁"文旅品牌。

海南省 2022 年文化和旅游发展情况分析

2022 年，全国新冠疫情多点暴发，不断反弹。8 月份，海南遭受了严重的疫情冲击，旅游业惨遭重创。面对复杂的疫情，在省委、省政府的坚强领导下，全省旅文广体系统履职尽责、攻坚克难、砥砺奋进，紧紧围绕国际旅游消费中心建设，抢抓自贸港建设重大机遇，统筹疫情防控和经济发展，推动旅文广体事业产业发展取得积极进展。2022 年，全省接待国内外游客 6003.98 万人次，同比下降 25.9%；旅游总收入 1054.76 亿元，同比下降 23.8%。全省旅游业增加值 489.57 亿元，同比下降 17.4%，占 GDP 比重为 7.2%；旅游业对全省 GDP 综合贡献率达 29.8%；全省文化产业增加值 259.25 亿元，同比增长 2.3%，占 GDP 比重为 3.8%。

一、文化发展情况

（一）机构和人员

截至 2022 年末，海南省共有文化事业机构 323 个，从业人员 2853 人；各类文化企业机构 3229 个，从业人员 33820 人。

（二）艺术创作演出

创新做好艺术展演。一是组织专题演出。组织完成歌舞诗《锦绣家园》、舞台剧《失控的爱豆》、话剧《海外东坡》、琼剧《红旗不倒》庆祝党的二十大优秀剧目展演、海南省舞台艺术优秀作品线上展演、2022 首届海南琼剧折子戏展演等演出活动。二是举办主题展览。成功举办"庆祝中国共产党成立 100 周年全省优秀美术作品创作展"、"天容海色——吴东民书法作品展"、"喜庆二十大·奋楫自贸港"陕西海南两地优秀美术作品展等展览活动。三是开展文化惠民活动。组织开展 2022 年度"送戏下乡""戏曲进校园"活动，创新组织"戏曲进景区"活动。据统计，全年组织"戏曲进景区"活动 27 场，现场观众 7000 多人次，线上点击量 18 万次。此外，扎实推进"深入学习贯彻海南省第八次党代会精神惠民演出"和"濒危剧种公益性演出"等文化惠民活动。据统计，全年组织文化惠民活动 600 余场。全省艺术表演团体全年开展演出 11100 场次，比上年增加 22%；国内演出观众达 374 万人次，比上年增加 57.8%。截至 2022 年末，全省共有艺术表演团体 137 个，从业人员 4099 人（见表 1）。其中具有高级职称人员 52 人，占 2.0%；中级职称人员 111 人，占 4.3%。

表1　2012—2022年海南省艺术表演团体基本情况

年份	机构数（个）	从业人员数（人）	演出场次（场次）	国内演出观众人次（万人次）	总收入（万元）	演出收入（万元）
2012	61	2342	8370	413	19004	10863
2013	67	2801	9520	972	30343	15481
2014	71	2708	9740	1673	19476	8940
2015	66	2484	7720	701	18997	8849
2016	74	3232	8940	811	61412	37845
2017	77	3827	10810	941	68691	42881
2018	82	3839	9350	716	43425	13116
2019	110	4408	11130	693	88183	41544
2020	102	3320	11500	884	39230	18191
2021	127	2593	9100	237	20592	8308
2022	137	4099	11100	374	37336	12732

（三）公共服务体系

1. 公共图书馆

2022年，海南省公共图书馆举办活动次数1462次，围绕重大时间节点推出系列品牌文化活动。包括春节期间举办"云上新年游园"和"拓福迎春"手工技艺体验活动；4.23世界读书日举办主题为"书籍 春风 还有你"线上公益直播、线下线装书与墨水屏体验活动；在"六一"儿童节和6月8日世界海洋日来临之际，举办主题为"孩子的未来是星辰大海"幼儿创意作品展；寒暑假期间，举办"公益小课堂"系列活动。此外，针对"候鸟"老人、残疾人、农民工、留守儿童，举办公共文化服务项目，包括"银龄E时代"老年人智能手机公益课堂活动、老年人健康知识讲座、"送温暖"数字资源放映等"天涯夕阳红"中老年人系列活动。

截至2022年末，全省现有公共图书馆25家，其中一级馆1个，二级馆3个，三级馆12个。公共图书馆实际使用公用房屋建筑面积14.63万平方米，同比增长46%，平均每万人拥有公共图书馆建筑面积142.45平方米；共有从业人员367名，比上年增加9人；专业技术人员255人，其中，具有高级职称人11人，占比3.0%；具有中级职称人员125人，占比34.1%。公共图书馆阅览室座席数7860个，总藏量735.99万册，同比增长5.6%；流通人次407.34万，同比下降6.9%。

2. 文化馆和文化站

2022年，海南省旅文厅组织全省开展主题为"欢乐过大年 喜迎冬奥会"——我们的美好生活的"村晚"活动40多场，其中儋州市六罗村、澄迈县罗浮村入选2022年全国"村晚"示范展示点。2个"村晚"的图片直播浏览量150多万，国家公共文化云展播观众点击量近20万，六罗村村民邓重英创作的客家山歌《刀人》入选全国"村晚"最喜爱的音乐节目。同时，高标准地组织开展第19届群星奖的初赛、第19届海南省东西南北中广场文艺会演、"文化进万家 党恩暖民心"——2022年"红色文艺轻骑兵"进基层活动、"喜迎二十大 奋进新征程"——2022年海南省"春风村雨"文化惠民活动等喜迎、学习、宣传、贯彻党的二十大系列群众文化活动5822场，直接惠及线下线上群众1600多万人次。

截至2022年末，全省共有文化馆（群艺馆）23个，其中一级馆3个，二级馆3个，三级馆1个；乡镇（街道）综合文化站219个。全省群众文化机构从业人员767人，比上年末减少30人。专业技术人才219人，其中，高级职称人员22人，占比2.9%；中级职称人员69人，占比9.0%。实际使用房屋建筑面积15.61万平方米，同比增长2.8%；共拥有计算机1983台。2022年提供文艺演出、培训和展览、讲座等文化服务次数9791次，比上年增长20.1%（见表2）。

表2 2020—2022年海南省群众文化机构开展活动情况

指标	2020年		2021年		2022年	
	活动次数（次）	服务人数（万人次）	活动次数（次）	服务人数（万人次）	活动次数（次）	服务人数（万人次）
各项活动总计	6762	264	8149	334.81	9791	446.13
其中：展览	365	26	330	59.34	354	66.83
文艺活动	3111	221	3177	254.74	3157	355.42
公益性讲座	82	3	119	1.95	140	1.76
训练班	3204	14	4523	18.78	6140	22.09

3.博物馆（纪念馆）

2022年，省内各级博物馆（纪念馆）依托馆藏文物资源，常设基本陈列121个，策划推出临时展览91个，策划实施社会教育活动311次，共接待参观人数约200.48余万人次。

2022年，全省文博交流合作着力融合创新，海南省博物馆积极推出"涨海推舟 千帆竞渡——南海水下文化遗产大展"专题展览并赴敦煌莫高窟、青岛博物馆、南通博物馆等地巡展，"衣被海南——海南黎族纺织文化展"赴上海市历史博物馆展开巡展。中国（海南）南海博物馆南海人文历史和南海贝类专题展览在安徽、四川等省巡展5次。中国（海南）南海博物馆推出海上丝绸之路系列"向海而兴——15~19世纪世界航海文物展"展览；海南省民族博物馆共推出、参与合作《寻找救星——海南少数民族革命斗争史》展、《绝代风华：百件服饰庆祝建党百年数字特展》、《雨林秘境——海南民族文化展》，多维度展示少数民族独特文化。

截至2022年末，纳入全国文化文物和旅游统计直报系统的博物馆（纪念馆），全省共有备案博物馆（纪念馆）44个，其中国有博物馆18个，行业和非国有博物馆22个。国家一级博物馆2个，即海南省博物馆、中国（海南）南海博物馆；国家三级博物馆1个，即海南农垦博物馆。中国（海南）南海博物馆和海南解放公园被中宣部命名为全国爱国主义教育示范基地，海南省博物馆获得全国文化和旅游系统先进集体称号。全省藏品总数为183727件（套），其中珍贵文物4202件（一级文物182件，二级文物768件，三级文物3252件）。

（四）文化市场

2022 年，全省共有文化市场经营单位 1575 家（纳入统计），从业人员 17016 人，资产总计 2543004.4 万元，营业收入 1797526.1 万元，营业利润 314349.2 万元。其中娱乐场所经营单位 366 个，从业人员 5065 人，资产总计 92464.3 万元，营业收入 32863.5 万元；互联网上网服务营业场所 291 个，从业人员 1326 人，资产总计 16694.2 万元，营业收入 9234.2 万元；文艺表演团体 99 个，从业人员 3181 人，资产总计 568526.4 万元，营业收入 24725.5 万元；演出场所经营单位 9 个，从业人员 361 人；经营性互联网文化单位 636 个，从业人员 5364 人，资产总计 821479.6 万元，营业收入 1441945.7 万元；艺术品经营机构 46 个，从业人员 76 人，资产总计 4981.3 万元，营业收入 526.7 万元；演出经纪机构 128 个，从业人员 1643 人，资产总计 132932.9 万元，营业收入 166516.5 万元。

（五）文化产业

目前，根据全国文化和文物旅游统计网上直报系统，海南省有各级文化产业示范基地共 13 家，从业人员 5510 人。其中，具有大专以上学历 1747 人，占比 31.7%；具有中级职称以上 78 人，占比 1.4%；全年营业收入 54.95 亿元。据统计部门核算，2022 年，海南全省文化产业增加值 259.25 亿元，同比增长 2.3%，占 GDP 比重为 3.8%。

（六）文物保护

2022 年，完成儋耳故城考古勘探项目工作，完成桄榔庵遗址考古。策划首届中国（海南）东坡文化旅游大会。组织开展黎族地区传统聚落文化遗产研究，挖掘海南黎族地区传统聚落文化遗产的特色和价值。启动编制《海南省革命文物保护利用片区工作规划》。

截至 2022 年末，海南省有全国重点文物保护单位 35 处，省级文物保护单位 208 处，市县级文物保护单位 493 处。全省列入全国文化文物和旅游统计直报系统的文物保护管理机构 12 个，其中 11 个属于文物部门，1 个属于其他部门，从业人员共 309 人，藏品数量为 1143 件 / 套，参观人数 54.5 万余人次。

（七）非物质文化遗产保护

2022 年，非物质文化遗产系统性保护工作扎实推进，非遗保护规范化、非遗创新宣传传播、非遗人才培养、非遗助力乡村振兴、非遗与旅游深度融合等工作开创新局面。推动出台《海南省非物质文化遗产规定》，自 2022 年 7 月 1 日起施行，填补海南省文化类地方性法规空白。统筹全省开展 2022 年"文化和自然遗产日"海南省非遗宣传展示系列活动。设立海口、三亚、儋州三大片区会场，举办非遗展示、展演、展销、体验活动 160 余项。举办第二届海南锦绣世界文化周、2022 年海南非遗购物节、第二届南山非遗节等重大活动。持续搭建海南非遗官方抖音号、海南非遗官方小红书号，海南非遗官方抖音账号总曝光量 2076.2 万次，吸粉 15.2 万，助力海南非遗优质内容传播。参照国家标准，启动实施了第一批、第二批、第三批海南省省级非物质文化遗产代表性传承人记录工程。全年开展 3 期非遗研培班，涉及黎族传统纺染织绣技艺、椰雕、黎族制陶等非遗项目。昌江县保突村被中

国非遗协会评为"全国非遗旅游村寨"，槟榔谷黎苗文化旅游区、三亚南山国际非遗中心被评为全国非遗与旅游融合发展优选项目。

二、旅游发展情况

（一）总体情况

旅游接待。受新冠疫情影响，2022 年全省接待游客 6003.98 万人次，同比下降 25.9%；旅游总收入 1054.76 亿元，同比下降 23.8%（见表 3）。总体看，2022 年是有海南旅游统计数据以来跌幅最大的年份。

1. 游客消费

据游客抽样调查结果，受新冠疫情影响，2022 年来琼国内过夜游客人均每天花费 1091 元，比去年减少 18 元；人均逗留天数 4.38 天，比去年增加 0.02 天；人均花费 4776 元，比去年减少 59 元。从消费结构看，国内过夜游客购物花费占比最高，占 31.74%，同比下降 4.05 个百分点，其中免税购物占比 26%。其次是交通花费，占比 23.18%；住宿服务花费占比 20%；餐饮服务花费占比 17.9%；景区游览花费占比 2.62%；娱乐服务花费占比 1.76%；其他花费占比 2.79%。

2. 产业规模

据省统计局核算，受新冠疫情影响，2022 年全省旅游业增加值 487.57 亿元，同比下降 17.4%，占 GDP 比重为 7.2%，较 2021 年下降 1.9 个百分点。另据海南省旅游卫星账户核算，2022 年全省旅游及相关产业完全增加值 2033.19 亿元，对全省 GDP 综合贡献率为 29.82%。

表 3　2020—2022 年海南省旅游接待和收入情况

项目	2020 年	同比增长（%）	2021 年	同比增长（%）	2022 年	同比增长（%）
一、接待游客总人数（万人次）	6455.09	−22.3	8100.43	25.5	6003.98	−25.9
#入境过夜游客	22.40	−84.4	19.72	−12	15.22	−22.8
二、旅游总收入（亿元）	872.86	−17.5	1384.34	58.6	1054.76	−23.8

（二）国内旅游

2022 年，全省接待国内游客 5988.76 万人次，同比下降 25.89%。其中，过夜游客占比 71.44%，一日游游客占比 28.82%。实现国内旅游收入约 1050.52 亿元，同比下降 23.8%（见图 1）。其中，过夜游客旅游收入占比 94.8%、一日游游客旅游收入占比 5.2%。旅居游客（俗称"候鸟游客"）是来海南旅游者的重要组成部分。海南拥有独一无二的气候条件和度假养生旅游资源，每年都有大量的候鸟游客前来海南度假养老。据测算，2022 年来琼候鸟游客 117.04 万人，累计逗留 13383 万人天，带来旅游消费 145.62 亿元，占海南旅游总消费的 13.8%，是海南省国内旅游中一支不可忽视的消费力量。

（三）入境旅游

受疫情影响，入境旅游持续低迷。2022 年，全省共接待入境过夜客 15.22 万人次，同比下降

22.82%，较 2019 年下降 89.4%；实现国际旅游收入 6314 万美元，同比下降 18.5%，较 2019 年下降 93.5%（见图 2）。其中接待外国人 11.29 万人次，同比下降 22.45%；接待香港同胞 2.31 万人次，同比下降 19.23%；接待澳门同胞 0.42 万人次，同比下降 27.38%；接待台湾同胞 1.2 万人次，同比下降 30.44%。从国际客源区域来看，亚洲市场接待游客 2.16 万人次，同比下降 25.1%，其中韩国游客下降 31.3%，新加坡游客下降 31.9%；欧洲市场接待游客 3.01 万人次，同比下降 42.1%，其中俄罗斯游客下降 24.7%；美洲市场接待游客 2.40 万人次，同比下降 30.5%，其中美国游客下降 35.4%；大洋洲市场接待游客 0.55 万人次，同比下降 33.1%；非洲市场接待游客 0.37 万人次，同比下降 28.2%。

图 1　2015—2022 年海南省国内旅游收入情况

图 2　2015-2022 年海南省入境旅游收入情况

（四）旅游吸引物

2022 年，海南苦练内功，着力打造优质旅游吸引物，积极推进旅游业高质量发展取得新的进步。

全年获评国家级夜间文化和旅游消费集聚区 2 家、国家级旅游休闲街区 1 家、国家工业旅游示范基地 2 家，纳入全国乡村旅游重点镇（乡）名录 2 家。评定省级全域旅游示范区 5 家、A 级旅游景区 8 家、椰级乡村旅游点 43 家、金银铜等级民宿 38 家。其中，临高县、东方市实现高 A 级景区突破。2022 年底，全省共有 A 级景区 84 家，其中 5A 级景区 6 家，4A 级景区 33 家，3A 级景区 30 家（见图 3）；旅游度假区 5 家，其中国家级旅游度假区 1 家，省级旅游度假区 4 家。

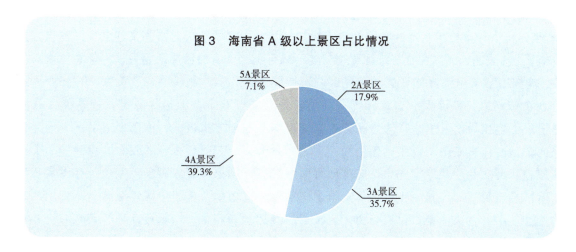

图 3　海南省 A 级以上景区占比情况

（五）旅行社

受疫情影响，旅行社经营状况不佳。2022 年，受局部疫情反复带来的旅行社团队游政策性限制，旅行社团队旅游需求未能充分释放。2022 年底，全省共有旅行社 817 家，其中出境社 57 家。2022 年，全省旅行社接待国内旅游 163.46 万人次，同比下降 76.63%；接待国内旅游 358.25 万人天，同比下降 82.24%。

（六）旅游酒店

据清查摸底，2022 年，全省共有各类旅馆酒店约 6636 家，共有客房总数约 32 万间，床位约 52 万张。其中，全省五星级酒店 21 家；四星级酒店 37 家；三星级酒店 41 家。全省品牌酒店共有 320 家，国际品牌酒店共 105 家，国内知名酒店管理集团旗下品牌（含连锁品牌）酒店共 215 家。

（七）旅游新业态

1. 文化旅游

2022 年，海南举办首届海南国际设计周以及"文艺演出助游琼"活动启动仪式暨水木年华全国巡演海口站、东方站活动。举办第二届锦绣世界文化周、文化和自然遗产日、非遗购物节、非遗美术展等非遗活动 160 余项，线上线下参与人数超过 600 万人次。加快主体多元、结构优化、特色鲜明、富有活力的博物馆体系建设，不断夯实"文博＋旅游"发展基础。东坡书院被评定为 4A 级景区；海南省民族博物馆二期工程加紧推进；建成东方市、定安县、临高县博物馆以及陵水疍家博物馆；中国海南国际文物艺术品交易中心、国家南海文博产业园、国家文物局水下文化遗产保护中心南海基地、非国有博物馆集群、中国（海南）黄花梨沉香博物馆等项目建设有序实施；首届中国海南国际文物艺术品展览及拍卖会汇集 800 余件艺术珍品，累计总成交逾 1.03 亿元。据游客消费抽样调查，以文化旅游为目的的游客人均天花费 897.86 元，人均停留 2.13 天，人均消费 1912.44 元。另据海南旅游卫星账户核算，全省文化旅游消费 36.2 亿元，占旅游总收入的 3.43%。

2. 体育旅游

体育旅游示范区打造稳步推进。相继出台《海南省国家体育旅游示范区发展规划（2020—2025）》《海南省创建国家体育旅游示范区实施方案（2022—2025）》《关于促进海南文体会展活动恢复振兴的若干措施》；修改完善《体育旅游统计调查制度（试行）》《体育旅游高质量发展专家智库管理》等系列文件，全省开启实施创建体育旅游示范区调研指导工作，从体制机制、政策保障、产业体系、服务提升、宣传推广、秩序安全、综合效应以及创新发展等八个方面指导各市县创建体育旅游示范区，并形成创建指导建议书，有效提高各市县创建水平和创建积极性，推动形成上下齐推、党政统筹、部门联动的体育旅游示范区创建格局。完成首批海口、三亚、万宁、陵水、白沙等 5 个市县省级体育旅游示范区验收。万宁华润石梅湾旅游度假区获评国家体育旅游示范基地。全省共获评国家体育旅游精品项目 6 项，其中 4 项荣获全国十佳称号。成功举办首届中国（海南）体育用品和装备进口博览会，举办首次体育产业推介会，包装了沙滩运动嘉年华、亲水运动季、嗨跑海南、骑行海南、高尔夫系列赛事、青少年系列赛事等体育赛事活动 IP，其中"第十四届全运会冲浪项目预决赛暨全国冲浪锦标赛"等多个赛事为首次举办。国家体育训练南方基地建设取得阶段性进展。中国足球（南方）训练基地、国家潜水南方训练基地、国家摩托艇南方训练基地等"多点"新基地落户海南；与海南体职院新校区统一规划、共建共享的"一核"项目正在积极推进。各相关市县保障 11 支国家队共 2729 人，以及省市（区）运动队 572 人来琼冬训、长期驻训或暑假集训。另据游客消费抽样调查，以体育旅游为目的的游客人均天花费 1240 元，人均停留 4.36 天，人均消费 5406.40 元。

3. 乡村旅游

2022 年，评定椰级乡村旅游点 44 家，其中五椰级 11 家、四椰级 10 家、三椰级 22 家、二椰级 1 家，累计评定椰级乡村旅游点 241 家。认定旅游小镇 1 家。2 个镇入选第二批全国乡村旅游重点镇名录，5 个村入选第四批全国乡村旅游重点村名录。全年全省椰级乡村旅游点接待游客 638.73 万人次，同比下降 23.9%；实现乡村旅游收入 19.38 亿元，同比下降 28.0%。

4. 购物旅游

面对疫情冲击，海南实施促进旅游业恢复重振超常规措施等政策，推出十大主题营销活动，开展营销推广百日行动，发放 5300 万元旅游消费券，推动旅游消费和旅游市场积极复苏。据游客消费抽样调查，2022 年来琼国内游客人均购物消费 1516 元，占消费支出的 31.7%，比重较上年下降 4.05 个百分点。另据海口海关统计，2022 年，海口海关共监管离岛免税购物金额 348.99 亿元，同比下降 29.5%；免税购物人数 422.4 万人次，同比下降 37.1%；人均消费 8261 元，同比增长 12.0%。

5. 会展旅游

经过多年的培育发展，海南已经逐渐成为会展旅游的热门目的地。海南省"十四五"旅游发展规划明确提出构建会展高地。2022 年，海南先后举办第二届消博会、第二十三届海南国际旅游岛欢乐节、首届海南鸡饭节、第七届海南世界休闲旅游博览会、第八届海南国际旅游美食博览会、第三届海南国际旅游装备博览会以及乡村旅游、生态旅游、红色旅游等主题节庆会展活动，规模大、人气足，具有明显的带动和示范作用。据统计部门统计，受疫情影响，2022 年全省会展业实现增加值 79.45 亿

元，同比下降 13.8%，占同期全省 GDP 的 1.2%。据海南旅游卫星账户核算，2022 年海南会展旅游总消费达 78.3 亿元，约占旅游总收入的 7.4%。会展游客停留时间长、消费能力强。2022 年受疫情影响，会议规模小、议程短，会展游客人均停留 4.1 天，比常规国内过夜游客少 0.28 天，人均消费 5562.14 元，比常规国内过夜游客多 786.14 元。

6. 健康旅游

据统计部门核算，2022 年医疗健康产业实现增加值 210.92 亿元，同比增长 7.0%，占同期全省 GDP 的 3.1%。健康旅游是海南健康产业的重要组成部分，凭借积累多年的旅游市场基础、独特的健康医疗政策和生态环境优势，海南健康旅游取得了长足发展，"医疗＋康养""森林＋康养""乡村＋康养""运动＋康养""温泉＋康养"等复合型、多维度、跨业态的康养旅游产品日渐成型。据海南旅游卫星账户核算，以康养为目的的游客（不含候鸟游客）占国内游客的 0.65%，人均天花费 1820.42 元，平均逗留 6.17 天。健康旅游游客（不含候鸟游客）带来旅游消费 43.52 亿元，占全省旅游总收入的 4.1%。健康旅游作为海南旅游产业高水平发展的一个突破口，在全岛建设自贸港的进程中将迎来新的发展契机。

7. 红色旅游

2022 年，举办"重走琼崖红军之路，追逐百年红色足迹"2022 年海南红色旅游文化系列推广活动。主题活动在五指山革命根据地纪念园正式启动，将"红色"与乡村旅游、体育旅游、美食旅游等各类旅游资源深度融合，推出覆盖全省的 15 条精品线路，开展采风之旅、集章打卡、讲好海南故事、徒步、骑行、房车之旅等活动，并制作活动宣传短视频及红色故事宣讲系列视频。以红色文化景区为场景，通过各类红色文创产品寓教于乐，让游客充分感受独特的琼崖红色文化。活动期间，线下活动吸引超 4 万人参与，宣传推广共覆盖超 7700 万人次。2022 年底，全省共有 A 级红色旅游景区 9 家，其中高 A 级旅游景区 3 家。

8. 海洋旅游

滨海旅游持续发展。潜水、沙滩、冲浪、帆船、帆板、摩托艇、水上自行车等产品深受游客青睐；三亚后海、万宁日月湾冲浪小镇等冲浪地点成为全国乃至世界知名的"冲浪胜地"；2022 年成功举办海南亲水运动季、第十二届万宁国际冲浪节等品牌赛事活动。据游客消费抽样调查，海洋游客人均天花费 1127.30 元，人均停留 3.58 天，人均消费 4031.96 元。邮轮游艇旅游受疫情影响曾一度举步维艰。经多方协调推动，西沙邮轮于 11 月 2 日复航运营。2022 年西沙邮轮旅游共执行 144 艘次，接待国内游客 36864 人次；全省游艇出海 10.22 万艘次，接待 65 万人次。另据海南旅游卫星账户核算，2022 年，游艇游客人均花费 5570.20 元，带来旅游收入达 36.2 亿元，实现游艇旅游增加值 15.32 亿元，占全省旅游业增加值的 2.5%。

9. 低空旅游

历经多年发展，海南低空旅游产品已经从直升机观光的单一项目逐步发展成为以娱乐飞行体验、低空游览观光为主的多类型项目。据海南省航空运动协会统计，2022 年全省共计有 10 个低空飞行涉旅基地，10 家经营主体，覆盖三亚市、琼海市、万宁市、陵水县、东方市、乐东县、儋州市等 7 个市县。涉及航空运动类项目主要有跳伞、滑翔伞、动力伞、直升机观光等。其中，2022 年度最高年人均体验价格及最多年度执飞人次均为塔赫跳伞三亚基地（项目：直升机跳伞体验）。2022 年度受疫情管控影响，停飞天数占比为 77%，涉旅体验总人次为 10455 人次，人均消费为 3257 元。

（八）统筹疫情防控和旅游复苏

扎实开展疫情防控。落实省委省政府疫情防控部署要求，疫情防控工作获得肯定。海南"0801"疫情防控期间，在国务院联防联控机制综合组海南工作组、文化和旅游部的指导和支持下，牵头成立滞留旅客服务和离岛工作专班，成功保障了25.5万名滞留旅客安全返程，工作经验得到国务院联防联控机制综合组认可并在全国推广。

推动旅游市场积极恢复。实施促进旅游业恢复重振超常规措施等政策，推出十大主题营销活动。国内首创打通银联和六大旅游在线预定平台，面向全国发放5300万元旅游消费券；面向约2.1万名援琼医护人员发放4200万元消费券。开展促进旅游业恢复重振营销推广百日行动，有力拉动了重点时段的旅游市场消费。各市县结合地区特点推出的多种特色主题旅游宣传促销活动，丰富了旅游市场产品，为恢复旅游消费做出了积极贡献。

助力涉旅企业复工复产。推出涉旅企业纾困解难系列举措，帮助全省隔离酒店解决被拖欠费用约9.4亿元，得到省领导的高度肯定；对全省涉旅企业拨付帮扶资金近1亿元，受益企业800余家（次）；出台"琼旅保贷"风险补偿政策，设立省级财政1亿元风险补偿池，有望撬动新增10亿元银行贷款专项支持涉旅企业；安排旅文系统近百名干部"点对点服务"101家受疫情影响严重和急需帮扶的企业。

（九）旅游招商与投资

围绕环岛旅游公路及驿站、热带雨林国家公园、西线普速铁路旅游化改造等重大项目，在长沙、泉州等地举办多场产业招商推介会，赴澳门开展旅游文体交流招商活动成效显著，服务8个产业招商项目开工建设或实质性运营，招商工作在省政府考核中达到优秀。重点项目投资建设积极推进，全球最大单体免税购物场所——海口国际免税城建成开业。据统计，受疫情影响，2022年全省旅游业固定资产投资515.47亿元，同比下降23.7%。

（十）旅游税收

据海南旅游卫星账户核算，受疫情影响，2022年全省旅游业直接税收收入98.09亿元，同比下降23.6%，占税收总收入的8.24%，同比减少0.99个百分点。全省旅游综合带动税收收入335.29亿元，对全省税收综合贡献率为28.2%。

三、旅游文化对外交流情况

2022年，海南积极对接文化和旅游部国际交流与合作局、海外中国文化中心、驻外旅游办事处和相关国际组织资源，通过线下活动和"云交流""云互动"线上活动等多种方式，在做好疫情防控工作的前提下，适时开展对外交流工作。一是主办首届海南国际设计周。2022年5至6月，主办首届海南国际设计周。该活动立足海南，面向亚太，旨在将海南国际设计周打造为亚太地区最具特色、最有活力的国际创意设计盛会。其中，"伙伴国际意大利"系列活动由意大利总领事建议列入"2022中意文化和旅游年"官方活动。二是与尼泊尔中国文化中心合作开展文化交流活动。海南与尼泊尔中国文化中心共同开展 2022 年部省对口年度合作项目。以图文稿件、短视频和图片展等方式向尼泊尔民众宣传海南旅游文化等资源。三是开展海南旅文"汉语桥"世界中文比赛国际宣传项目。充分利用"汉语桥"世界中文比赛开展国际旅游文化宣传工作，在日本、澳大利亚、俄罗斯等国家开展系列推广活动。四是运维多语种旅游资讯网站和境外社交媒体账号。持续运维包括中文、英文、俄文、韩文、日文、阿拉伯文等在内的多语言旅游资讯官网，以及境外主流社交媒体和视频平台。2022 年 9 月，由凤凰网和中国传媒大学广告学旅游传播中心联合成立的海外新媒体国际传播影响力指数实验室发布了《全国省级文化和旅游新媒体国际传播影响力指数报告》，海南省的综合指数排名第一。

四、旅游文化市场管理情况

2022 年，先后开展 2022 年海南省旅游消费市场综合整治、2022 年海南省旅游购物市场打击整治涉老诈骗专项行动和在全省范围内开展私设"景点"问题等专项整治工作，常态化组织执法检查和"体检式"暗访，严厉打击文化和旅游消费市场各类违法违规经营行为。全省共出动执法人员 4.2 万人次，检查旅游文化企业 13986 家次，现场发现并整改问题 270 个，查办各类违法违规案件 254 宗，下达《行政处罚决定书》265 份，共处罚没款 238.32 万元。2022 年，全省共受理各类旅游文化市场投诉举报 1419 件，其中旅游投诉举报 1362 件，文化投诉举报 57 件，受理率、办结率均为 100%。

五、旅游文化人才培养情况

2022 年，共组织各类专题培训班 57 场次，既有注重行业系统干部综合素质能力提升的"海南自由贸易港旅文大讲堂"、"全面提升干部能力和依法治国理念网络培训班"、"学习贯彻党的二十大精神暨党员干部专题培训班"等培训项目，也有注重提高干部业务能力、专业素养方面的"全省海洋旅游专题培训班"、"全省文博工作培训班"、"广播电视、网络视听新闻从业者能力提升培训班"、"全省拳击裁判员培训"等专项培训项目，参训人数 1.1 万人次，培训时长达 2080 学时，培养了一大批海南自由贸易港建设所必需的高素质干部和行业人才队伍。其中，"旺工淡学"项目亮点突出。2022 年，海南省文化和旅游广电体育厅与海南省教育厅、海南省财政厅、海南省人社厅联合发布《关于扩大海南省酒店业人才培养实施方案招生范围的通知》，明确"旺工淡学"项目招生范围进一步扩大至旅游业八大业态，培养对象为酒店、旅游景区、旅行社、旅游餐饮、免税、旅游商品和装备、乡村旅游和高尔夫旅游从业人员，涵盖海南省旅游行业重点业态，不断提升"旺工淡学"项目质量。同时，为保障项目培养成果，在学校遴选方面，对报名参与培养计划的院校进行"打擂台"答辩遴选，实施退出机制，严格把控学校质量关，招生院校从 2019 年的 18 所精简到 2022 年的 11 所院校。在专业设置方面，围绕市场需求，不断更新专业培养种类，从 2019 年设置旅游类、管理类共 11 个培养专业到 2022 年增至 15 个，学历包含本科（专升本）、专科（高起专）和中职三个层次，在区域布局方面，2022 年入选的 11 所学校中海口市 6 所、三亚市 4 所、五指山市 1 所，实现学校在空间区域分布上北、中和南部全覆盖。项目自 2019 年实施以来，共录取培养旅游人才 23679 人，生源覆盖海南省 18 个市县，开设课程 500 余门，合计 5.5 万余课时，总收益人数超 6 万人次，有效缓解了海南旅游人才紧缺的燃眉之急。

（海南省文化和旅游广电体育厅）

海南：推动体旅深度融合与高质量发展

　　创建国家体育旅游示范区，是党中央、国务院赋予海南先行先试、推动体旅融合的重要使命，是学习贯彻党的二十大精神和习近平总书记关于体育工作重要论述精神的重要举措。海南是国家体育总局确定的首批整体创建国家体育旅游示范区的省份之一，为此，海南专门成立了国家体育旅游示范区工作领导小组，积极深入推进体育旅游示范区创建工作并取得一定成效。

　　一、制度创新取得新突破

　　一是建立健全统筹协调机制。确立以省推动旅游产业发展工作联席会议制度为统筹，协调推进体育旅游示范区创建的组织领导机制，各市县同步建立以市县主要领导为组长的体育旅游工作领导小组或旅游联席会议，构建省级统筹、市县主攻、上下联动的工作格局，高位推动各项创建工作。二是不断优化创建工作机制。每年组织召开全省国家体育旅游示范区建设推进工作会议，全面部署年度工作任务，季度编制简报，及时展现和动态跟踪创建工作进展。三是创新制定《海南体育旅游统计调查制度》，并获省统计局批复实施，为创建工作提供有效数据支撑。四是持续完善政策保障体系，海南相继出台《海南省国家体育旅游示范区发展规划（2020—2025）》《海南省创建国家体育旅游示范区实施方案（2022—2025）》等一揽子政策，全面指导和科学规范创建工作。万宁、三亚、海口、陵水和白沙等5个市县通过了首批省级体育旅游示范区验收。

　　二、体旅深度融合取得新进展

　　一是大力培养品牌赛事活动，带动体育旅游消费升级。成功举办海南亲水运动季、海南沙滩运动嘉年华、全国沙滩排球巡回赛总决赛、环海南岛国际大帆船赛、第十四届全运会冲浪比赛等品牌赛事活动，以体育赛事为载体实质性拉动旅游消费。二是强化高品质产品供给。海南省在2022年度国家体育旅游精品项目和示范基地申报中取得6项精品和4项十佳的优异成绩，获批一个国家体育旅游精品目的地（十佳）和国家体育旅游示范基地称号，推动海南体育旅游产品的提质升级。三是不断深化"体育＋"融合发展。持续发力"体育＋"特色产品开发，推出儿童青少年主题体育健身活动、高尔夫旅游研讨会等体育研学、会展等产品，打造以海口观澜湖、三亚蜈支洲岛、昌江棋子湾、万宁冲浪小镇、五指山热带雨林为代表的足球、水上运动、棋牌类、冲浪、徒步、骑行等一批特色体育旅游产品，进一步丰富了体育旅游产品体系。

　　三、配套服务水平迈上新台阶

　　一是高质量推进国家体育训练南方基地建设。完成2项国家级水上运动训练基地、3项国家级沙滩训练基地建设，有效保障了国家队比赛训练需求。积极做好国家队2729人以及辽宁、湖北、江苏、山东等省市（区）优秀运动队572人来琼冬训、长期驻训或暑假集训服务工作，海南冬训天堂初见成效。二是扎实补充场馆设施短板。充分利用中央及省财政资金，大力支持市县"一场两馆"、智慧体育公园和训练中心的升级改造和新建，有效提升体育公共服务水平；三是大力推进全民健身设施建设。支持60个行政村新建或升级体育健身设施。完成健身园4个、健身苑15个、健身点174个，共计配建193套健身器材的配建工作，覆盖全省18个市县。

重庆市 2022 年文化和旅游发展情况分析

2022 年，面对持续的极端高温和干旱、复杂多变的疫情等一系列严峻挑战，重庆市文化和旅游系统深学笃用习近平新时代中国特色社会主义思想，深入学习宣传贯彻党的二十大精神，纵深打好"三峡、山城、人文、温泉、乡村"五张牌，着力打造"大都市、大三峡、大武陵"三大旅游品牌，紧紧围绕建设文化强市和世界知名旅游目的地目标，坚持以文塑旅、以旅彰文，统筹疫情防控和行业发展，主动作为、攻坚克难，全市文化和旅游融合发展取得新成效。中国旅游研究院最新调查数据显示，后疫情时代中国人最想去的城市旅游目的地，重庆位居第一；发布的"非凡十年·魅力二十城"榜单，重庆游客满意度综合排名居全国第一。搜狐旅游发布的 2022 年全国旅游城市品牌影响力，重庆排名全国第一。

一、主要指标情况

（一）机构和人员

2022 年末，重庆市纳入统计范围的各类文化文物和旅游机构共有 6967 个，较 2021 年减少 582 家，同比下降 7.7%；从业人员 78891 人，较 2021 年减少 8507 人，同比下降 9.7%。2019 年至 2022 年，纳入统计范围的各类文化文物和旅游机构数年均下降 10.9%，从业人员年均下降 4.9%（详见图 1 和表 1）。

图 1　2019—2022 年文化旅游及相关产业机构和人员情况

表 1　2022 年重庆市文化旅游及相关产业机构和人员情况表

单位	机构数（个）			从业人员数（人）		
	2022 年	2021 年	同比增幅（%）	2022 年	2021 年	同比增幅（%）
总　计	6967	7549	−7.7	78891	87398	−9.7
公有制艺术表演团体	19	20	−5.0	1583	1583	—
公有制艺术表演场馆	18	19	−5.3	77	83	−7.2
图书馆	43	43	—	1045	1046	−0.1
文化馆	41	41	—	932	932	—
文化站	1031	1031	—	4056	4034	0.5
艺术创作展览机构	17	14	21.4	132	131	0.8
艺术教育业	2	2	—	525	572	−8.2
文化科研	1	1	—	37	37	—
行政主管部门	40	40	—	1706	1704	0.1
其他文化机构	58	59	−1.7	1424	1543	−7.7
娱乐场所	1386	1405	−1.4	12586	14160	−11.1
互联网上网服务营业场所（网吧）	1614	2004	−19.5	7550	8370	−9.8
非公有制艺术表演团体	1126	1266	−11.1	15835	17779	−10.9
非公有制艺术表演场馆	49	43	14.0	1629	1680	−3.0
经营性互联网文化单位	154	278	−44.6	2371	4105	−42.2
艺术品经营机构	73	102	−28.4	669	803	−16.7
演出经纪机构	121	79	53.2	2322	2141	8.5
旅行社	818	753	8.6	9197	9834	−6.5
星级饭店	139	150	−7.3	11502	13167	−12.6
文物业	217	199	9.0	3713	3694	0.5

（二）文化、文物经费

1. 文化经费

2022 年，全市文化部门总收入 43.5 亿元，较 2021 年的 38.61 亿元增长 12.7%。其中，财政拨款预算收入 2022 年 24.11 亿元，较 2020 年的 24.98 亿元下降 3.5%。从 2018 年到 2022 年，重庆市财政拨款预算收入年均增长 3.2%（见图 2）。

2. 文物经费

2022 年，全市文物业总收入 10.80 亿元，较 2021 年的 12.24 亿元下降 11.8%。其中，财政拨款 9.35 亿元，较 2021 年的 9.76 亿元下降 4.2%。从 2018 年到 2022 年的 5 年时间里，重庆市文物业财政拨款年均增长 5.4%（见图 3）。

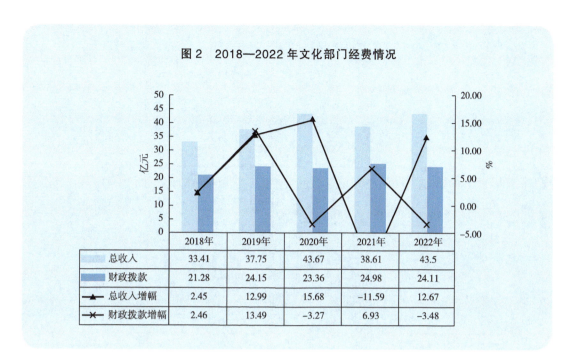

图2　2018—2022年文化部门经费情况

	2018年	2019年	2020年	2021年	2022年
总收入	33.41	37.75	43.67	38.61	43.5
财政拨款	21.28	24.15	23.36	24.98	24.11
总收入增幅	2.45	12.99	15.68	-11.59	12.67
财政拨款增幅	2.46	13.49	-3.27	6.93	-3.48

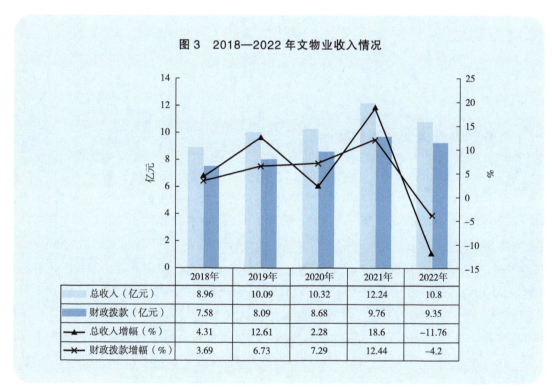

图3　2018—2022年文物业收入情况

	2018年	2019年	2020年	2021年	2022年
总收入（亿元）	8.96	10.09	10.32	12.24	10.8
财政拨款（亿元）	7.58	8.09	8.68	9.76	9.35
总收入增幅（%）	4.31	12.61	2.28	18.6	-11.76
财政拨款增幅（%）	3.69	6.73	7.29	12.44	-4.2

（三）文化和旅游及相关产业增加值

　　2022年，全市文化及相关产业实现增加值1122.08亿元，同比增长1.5%，占GDP比重为3.9%；全市旅游及相关产业实现增加值1063.26亿元，同比下降1.2%，占GDP比重为3.7%。2018年到2022年，文化及相关产业增加值年均增长6.7%，旅游及相关产业增加值年均增长3.2%。

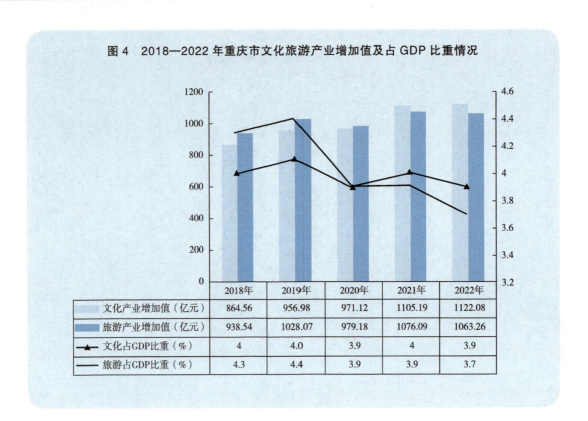

图4　2018—2022年重庆市文化旅游产业增加值及占GDP比重情况

	2018年	2019年	2020年	2021年	2022年
文化产业增加值（亿元）	864.56	956.98	971.12	1105.19	1122.08
旅游产业增加值（亿元）	938.54	1028.07	979.18	1076.09	1063.26
文化占GDP比重（%）	4	4.0	3.9	4	3.9
旅游占GDP比重（%）	4.3	4.4	3.9	3.9	3.7

二、公共文化服务体系

（一）机构、从业人员相对稳定

2022年末，纳入统计的全市公共文化机构1270个（不含文化市场机构数），与上年持平。其中，公有制艺术表演团体19个，公有制艺术表演场馆18个，公共图书馆43个，文化馆41个，文化站1031个，艺术创作展览机构17个，艺术教育机构2个，文化科研机构1个，行政主管部门40个，其他文化机构58个。

2022年末，纳入统计的全市公共文化机构从业人员11517人，同比下降1.27%，其中公有制艺术表演团体从业人员1583人，与上年持平；公有制艺术表演场馆从业人员77人，同比下降7.2%；公共图书馆从业人员1045人，同比下降0.1%；文化馆从业人员932人，与上年持平；文化站从业人员4056人，同比增长0.6%；艺术创作展览机构从业人员132人，同比增长0.8%；艺术教育机构从业人员525人，同比下降8.2%；文化科研机构从业人员37人，与上年持平；行政主管部门从业人员1706人，同比增长0.1%；其他文化机构从业人员1424人，同比下降7.7%。

（二）公共文化服务效能不断提升

2022年，创新拓展文旅公共服务网络，文图两馆总分馆加速建设，累计建设图书馆分馆1842个、文化馆分馆1272个，24小时自助图书馆（城市书房）105个。持续丰富公共文化服务供给，深度打造"乡村村晚"、乡村艺术节、"舞动山城"街舞大赛、广场舞、群众大家唱等品牌活动，举办群众文化活

动 2.1 万余场次，惠及群众 7100 余万人次（含线上）。全民阅读参与广泛，组织开展"阅读之星"市民诵读大赛、"红岩少年"阅读大赛，参赛人数超过 20 万人。川渝阅读"一卡通"项目顺利推进。

1. 公共图书馆服务能力进一步提高

全市公共图书馆服务升级，藏书量、流通人次和阅览室座席数增长明显，但受疫情影响，举办现场活动次数略有下降。现有总藏量 2727.01 万册，全年总流通人次 1552.09 万人次，书刊文献外借 465.48 万人次、1149.5 万册次。阅览室座席数 36878 个，本年新增藏量 301.57 万册，全市公共图书馆为读者组织各类讲座 1551 次，19.24 万人次参加；举办展览 1288 次，161.88 万人次参观；举办培训班 1418 个，9.49 万人次参加。实际使用房屋建筑面积 41.06 万平方米（见表 2）。

表 2　公共图书馆基本情况

类别	单位	2022 年	2021 年	同比（%）
总藏量	万册	2727.01	2340.69	16.5
总流通人次	万人次	1552.09	1455.21	6.66
组织各类讲座	次	1551	1535	1.04
举办展览	次	1288	1379	−6.6
举办培训班	次	1418	1438	−1.39
阅览室座席数	个	36878	33944	8.64
建筑面积	万平方米	41.06	40.05	2.52

2. 群众文化生活不断丰富

全市共有群众文化机构 1072 个，受疫情影响，各种线下文化活动次数略有下降，文化服务惠及人次 1223.72 万人次。共举办展览 5400 次，参观人次 247.14 万人；组织文艺活动 26595 次，参加者 844 万人次；举办各类训练班 21360 次，培训 123.18 万人；组织公益性讲座 520 次，9.38 万人参加（见表 3）。

表 3　文化馆（站）线下活动情况

类　别	单位	2022 年	2021 年	同比（%）
文艺活动	次	26595	27309	−2.68
展览	次	5400	6056	−10.83
训练班	次	21360	26185	−18.43
讲座	次	520	590	−11.86
惠及人次	万人次	1223.72	1648.79	−25.78

三、旅游业发展情况

2022 年，全市接待过夜游客 5456.46 万人次，同比增长 −38.2%；旅游及相关产业实现增加值

1063.26 亿元，同比增长 –1.2%，占全市 GDP 比重为 3.7%（见表 4）。

表 4　2022 年重庆市旅游接待及收入情况

指　标	单位	绝对值	比上年增长（%）
接待过夜游客人次数	万人次	5456.46	–38.2
旅游及相关产业增加值	亿元	1063.26	–1.2
旅游及相关产业增加值占 GDP 比重	%	3.7	–0.2

（一）区域旅游协同联动发展

2022 年，"一区两群"各区域协同发展情况见表 5。

表 5　"一区两群"旅游产业增加值情况

区域	旅游产业增加值（亿元）	增加值增速（%）	占 GDP 比重（%）
主城都市区	752.17	–3.0	3.4
渝东北三峡库区城镇群	197.61	4.1	3.8
渝东南武陵山区城镇群	86.25	5.9	5.3

（二）旅游市场主体更加健全

2022 年，全市旅游业总体业态体系更加丰富，旅游市场主体更加健全。

1. 旅行社

2022 年末，全市共有旅行社 818 家，比 2021 年底增加 65 家。其中：出境游旅行社 92 家，与上年持平；一般旅行社 726 家，同比增加 65 家。全年共审批设立一般旅行社 84 家（见图 5）。

图 5　2018—2022 年重庆市旅行社数量趋势

	2018年	2019年	2020年	2021年	2022年
一般旅行社	484	577	620	661	726
出境游旅行社	97	96	94	92	92
旅行社总数	581	673	714	753	818

2. 星级旅游饭店

2022 年末，全市拥有星级旅游饭店 139 家，其中：五星级 27 家，四星级 44 家，三星级 58 家，二星级 10 家（见图 6）。

图 6　2018—2022 年重庆市星级饭店数量趋势

	2018年	2019年	2020年	2021年	2022年
五星级饭店	28	27	27	28	27
四星级饭店	52	51	50	47	44
三星级饭店	89	79	72	63	58
二星级饭店	28	16	14	12	10
星级饭店总数	197	173	163	150	139

3. 旅游景区

2022 年末，全市拥有国家 A 级旅游景区 272 个，其中：5A 级景区 11 个，4A 级景区 140 个，3A 级景区 83 个，2A 级景区 37 个，1A 级景区 1 个（见图 7）。新评定 17 个 A 级景区，其中：5A 景区 1 个，4A 景区 10 个，3A 景区 4 个，2A 景区 2 个。

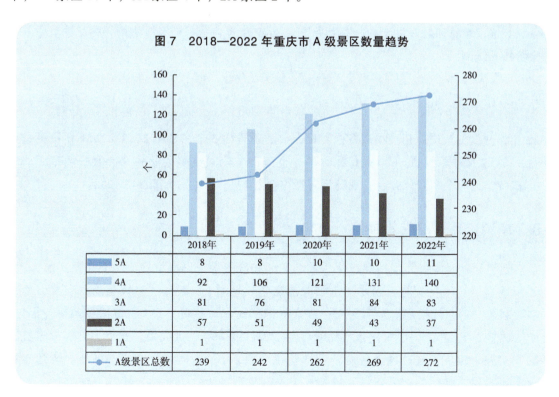

图 7　2018—2022 年重庆市 A 级景区数量趋势

	2018年	2019年	2020年	2021年	2022年
5A	8	8	10	10	11
4A	92	106	121	131	140
3A	81	76	81	84	83
2A	57	51	49	43	37
1A	1	1	1	1	1
A级景区总数	239	242	262	269	272

4.旅游度假区

2022年末，全市拥有市级以上旅游度假区31个，含国家级旅游度假区2个（武隆仙女山旅游度假区、丰都南天湖旅游度假区）。市级五星级温泉旅游企业3家。

5.旅游船

2022年末，全市拥有三峡游轮33艘，其中已评五星级游轮22艘，经营重庆"两江游"企业3家，共有"两江游"游船8艘。

6.文化和旅游消费示范、试点城市

截至2022年末，全市已创建国家文化和旅游消费示范城市1个、试点城市5个。已创建国家级夜间文化和旅游消费聚集区12个。

7.旅游从业人员

2022年末，全市旅游从业人员173.82万人，其中：直接从业人员28.97万人。全市持有正常状态的电子导游证的导游10906人，其中：特级1人，高级56人，中级332人，初级10517人。共有领队1284人，其中：高级16人，中级82人，初级1186人。

（三）乡村旅游助力乡村振兴

2022年末，全市拥有全国乡村旅游重点村41个、重点镇6个，市级乡村旅游重点村139个、重点镇8个；全国休闲农业和乡村旅游示范县（区）12个，全国休闲农业和乡村旅游示范点23个，市级休闲农业和乡村旅游示范乡镇168个、示范村（社区）471个、示范点666个。武隆区仙女山街道荆竹村、巫山县竹贤乡入选《2022世界旅游联盟—旅游助力乡村振兴案例》。璧山区将军村登上由中央电视台、文化和旅游部联合摄制的大型文旅探访节目《山水间的家》。加强对区县乡村旅游节会、线路建设指导，"苗乡养心古镇游"等5条线路、壮美三峡观光游等2条线路、现代田园乡村游等2条线路分别入选"乡村四时好风光——春生夏长·万物并秀、乡村是座博物馆、稻花香里说丰年"全国乡村旅游精品线路。

（四）文旅重点项目扎实推进

2022年，开设文旅产业招商项目专栏，推介招商项目200个，公布2022—2024年市级重点文旅产业项目98个，预计总投资3600余亿元。举办重庆市文化和旅游企业品牌价值榜发布活动。组织2022中国武陵文旅峰会招商推介会，现场意向签约项目16个，签约金额245亿元。

（五）旅游资源开发成效显著

一是规划引领助力空间布局持续优化。推动文化和旅游部、国家发展改革委、重庆市人民政府、四川省人民政府联合印发实施《巴蜀文化旅游走廊建设规划》，明确"双核驱动、三带引领、七区联动、多线联通"的空间格局。全面完成全市旅游资源普查，形成《重庆市旅游资源普查报告》《重庆市旅游资源普查报告便览》《重庆市特品级旅游资源图册》等一批成果，建立了重庆市旅游资源数据库。编制实施《重庆长江三峡地区旅游一体化发展规划》，高质量打造峡谷三峡、诗画三峡、生态三峡、美丽乡村三峡核心产品体系。实施八大提升工程助力"大三峡"旅游升级迭代，推进实施

"十四五"重大旅游项目 159 个，投资 2322.2 亿元。

二是文旅融合助力公共服务不断完善。建成非物质文化遗产展示馆 11 家、博物馆 22 家，实施国家级非遗项目 9 项、市级非遗项目 188 项。成立文化馆、图书馆行业联盟，全面完成文化馆、公共图书馆以及基层综合文化服务中心标准化建设，全面实现各区县博物馆、文化馆和公共图书馆至少配置 1 处的目标，渝东北公共服务设施服务面积达到 645 平方米 / 万人。

三是文旅帮扶助力乡村振兴再结硕果。派驻文化旅游委帮扶集团入驻巫山县竹贤乡，高标准完成竹贤乡"1+4"乡村振兴规划。指导推进产业发展等项目建设 46 个，累计完成投资 12218 万元。巫山县竹贤乡下庄村成功入选"建党百年红色旅游百条精品线路"，被评为"全国乡村旅游重点村""全国乡村治理示范村""重庆市传统村落名录""全国村晚示范点名单"，被重庆市委、市政府命名"重庆市爱国主义教育基地"；"下庄天路"故事入选文化和旅游部《100 个乡村中的党史故事》。

四是文物保护助力长江国家文化公园建设开局争先。建成全国首个文物保护装备基地、三峡文物科技保护基地、三峡数字博物馆、三峡文物标本库房等重点文物科技项目。成功获批《重庆三峡库区出土文物修复三年行动计划》，拟修复三峡文物 1.25 万件，提档升级重庆中国三峡博物馆、重庆三峡移民纪念馆、忠州博物馆等综合性博物馆 17 家。成功举办"世纪工程国家行动——三峡文物抢救保护工程成果展""神秘的巴国"等长江文物专题展览 31 个。

五是品牌创建加速推进。2022 年共评定 A 级旅游景区 17 家，其中 4A 级景区 10 家，3A 级景区 4 家；成功评定甲级旅游民宿 2 家，乙级旅游民宿 1 家。同时，向社会推出首批等级旅游民宿名录。全市创建认定国家级旅游休闲街区 5 个，市级旅游休闲街区 10 个。依托乡村生态旅游资源优势，大力实施生态旅游乡村振兴工程，加快推动全市乡村旅游由传统的"食宿、观光"为主向"休闲、度假"转变，大力发展特色旅游民宿、自驾露营、户外运动、研学科考等乡村休闲旅游项目。

四、文艺创作

川剧《江姐》获第十七届"文华大奖"，重庆青年合唱团荣获第十九届群星奖，杂技《摇摆青春》、龙舞《铜梁焰火龙》分别荣获金菊奖、山花奖等国家级专业类大奖。川剧《樵子口》、话剧《雾重庆》等作品入选全国地方戏精粹展演、全国话剧展演季展演、中国儿童戏剧节、全国优秀青年杂技人才展演。舞剧《绝对考验》成功入选国家艺术基金资助项目，火锅舞片段精彩亮相虎年央视春晚。

全市文化部门艺术表演团体 19 个，原创首演剧目 18 个，国内演出场次 0.19 万场，国内演出观众人次 117.49 万人，演出收入 2825.6 万元。受新冠疫情影响，演出场次和演出收入下降明显（见表 6）。

表 6　文化部门艺术表演团体情况

类别	单位	2022 年	2021 年	同比（%）
本团原创首演剧目	个	18	23	-21.74
国内演出场次	万场	0.19	0.22	-13.64
国内演出观众人次	万人	117.49	111.83	4.98
演出收入	万元	2825.6	4425.9	-36.16

五、文化市场

2022 年全市文化市场机构数 4523 个，较 2021 年减少 654 个，同比下降 12.6%；从业人员 41962 人，较 2021 年减少 7076 人，同比下降 14.4%（见表 7）。

表 7　全市文化市场统计数据对比

类别	2022 年		2021 年	
	机构数（个）	从业人员（人）	机构数（个）	从业人员（人）
总计	4523	41962	5177	49038
娱乐场所	1386	12586	1405	14160
互联网上网服务营业场所（网吧）	1614	7550	2004	8370
艺术表演团体	1126	15835	1266	17779
艺术表演场馆	49	1629	43	1680
经营性互联网文化单位	154	2371	278	4105
艺术品经营机构	73	669	102	803
演出经纪机构	79	2141	121	2322

（一）演出行业

艺术表演团体机构数 1126 个，较 2021 年下降 11.1%；演出经纪机构 79 家，较 2021 年下降 34.7%；全年营业性收入 3.27 亿元，较 2021 年下降 3.2%；艺术表演场馆 49 家，较 2021 年增长 14.0%。2022 年，全市共办理营业性演出审批事项 1560 件，较 2021 年有大幅增长；受疫情影响，大型营业性演出活动从大规模、线下演出向小规模、线上演出转变，较好地满足了广大市民的观演需求。

（二）娱乐行业

娱乐行业机构总数 1386 家，较 2021 年下降 1.4%，从业人员下降 11.1%，资产总计增长 4.16%，营业收入减少 12.4%。2022 年，重庆市持续开展文化市场清查清理整治工作，清除了大量"僵尸企业"。同时，受疫情影响，一些体量小、经营状况较差、抵御风险能力弱的经营场所逐渐退出市场。疫情背景下，各级政府出台了一系列纾困帮扶政策，助力企业发展，但市场经营现状仍不容乐观，从业人员和营业收入呈下滑趋势（见表 8）。

表 8　娱乐场所两年对比情况

指标	2022 年度	2021 年度	变化幅度（%）
机构数（个）	1386	1405	-1.4

续表

指标	2022 年度	2021 年度	变化幅度（%）
从业人数（人）	12586	14160	−11.1
资产总计（亿元）	21.29	20.44	4.2
营业收入（亿元）	12.65	14.44	−12.4

（三）互联网上网服务行业

随着互联网的发展和移动终端产品大量普及，以及由于网络文化产品特别是大型游戏产品的不足，上网服务场所进一步转型升级，行业各主要指标大幅下降（详见表 9）。

表 9　上网服务营业场所两年对比情况

指标	2022 年度	2021 年度	变化幅度（%）
机构数（个）	1614	2004	−19.5
从业人数（人）	7550	8370	−9.8
资产总计（亿元）	11.71	12.45	−5.9
营业收入（亿元）	6.56	7.76	−15.5

（四）网络文化经营单位行业

经营性互联网文化单位 154 家，较 2021 年下降 44.6%（详见表 10）。其主要原因有两点：一是市场及平台退出机制与办理操作措施不完善，部分倒闭、转产、停业等经营企业不申请办理，平台只标注无法清除数据，实际统计数据与平台数据对比相差较大；二是受疫情影响，部分企业人员流失严重，预留电话无法联系，未能完成年报工作。

表 10　经营性互联网文化单位两年对比情况

指标	2022 年度	2021 年度	变化幅度（%）
机构数（个）	154	278	−44.6
从业人数（人）	2371	4105	−42.2
资产总计（亿元）	715.42	40.83	1652.2
营业收入（亿元）	44.47	39.92	11.4

（五）艺术品经营行业

受疫情影响，艺术品经营行业机构数和从业人员都有所减少（详见表 11）。

表 11　艺术品经营机构两年对比情况

指标	2022 年度	2021 年度	变化幅度（%）
机构数（个）	73	102	−28.4
从业人数（人）	669	803	−16.7
资产总计（亿元）	1.85	1.63	13.5
营业收入（亿元）	0.73	0.68	7.4

六、文化遗产保护利用

（一）文物保护管理体系更加完善

重庆市人大常委会修正通过《重庆市大足石刻保护条例》，颁布施行《重庆市红色资源保护传承规定》，重庆市政府颁布《重庆红岩革命旧址保护区管理办法》，市委办公厅、市政府办公厅印发实施《关于进一步加强红色资源保护利用工作的通知》《重庆市关于在城乡规划建设中加强历史文化保护传承的实施意见》，出台推动文化创意产品开发等政策文件 8 件，具有地方特点的文物保护法规体系更加完善。印发实施革命文物、三峡文物、石窟寺保护利用等专项规划，市政府新公布 11 处革命文物市级文物保护单位，市级以上文物保护单位总量达 444 处，公布全市 417 处不可移动革命文物名录。

（二）重点文物保护工程见行见效

成功争取长江重庆段纳入长江国家文化公园重点建设区建设，编制建设实施方案和保护建设规划，启动长江三峡（重庆段）国家考古遗址公园等 10 大重点项目建设，实施长征国家文化公园（重庆段）项目 46 个。累计实施文物保护项目 260 个，高质量完成大田湾体育场等重点文物保护利用项目 127 个，"红色三岩"提升项目获评"全国革命文物保护利用十佳案例"，重庆开埠遗址公园超额完成建设任务。完成革命文物保护利用项目 113 处，举办"中国革命纪念馆高质量发展峰会·2022年"，挂牌成立重庆市革命文物保护中心，革命文物保护利用改革经验纳入市级重大改革项目"我最喜欢的 10 项改革"宣传推广，国家文物局改革专报专刊推广重庆先进经验。实施重点石窟寺保护项目 19 项，大足石刻宝顶山摩崖造像圆觉洞综合性保护工程纳入国家重点项目，大足石刻数字展示中心、大足石刻文物医院建成开放，8K 大足石刻球幕电影《大足石刻》震撼首演。"考古中国——巴蜀文明进程研究"项目取得新突破，钓鱼城范家堰南宋衙署遗址、渝中区老鼓楼衙署遗址入选"新时代百项考古新发现"。钓鱼城遗址列入国家《"十四五"文物保护与科技创新规划》重点申遗培育项目，完成白鹤梁题刻与埃及尼罗尺石刻联合申遗可行性论证研究。

（三）文物活化利用成效明显

依托博物馆讲好文物故事，出台《关于推进博物馆改革发展的实施方案》，新备案博物馆 8 家，全市博物馆备案数量达 130 家，区县公共博物馆覆盖率达 95%，推出精品展览 274 个，开展线上线下社教活动 2117 场次，开发文创产品 1409 种，云上参观量 2463.8 万人次，线下参观量 1166.4 万人次，《虎妞说碳——低碳艺术研学体验展》等 3 个展览入选"弘扬中华优秀传统文化、培育社会主义核心价值观"主题展览推介项目。依托文物考古展示巴渝文脉独特魅力，重庆市文物考古研究院建成开放全国首个考古虚拟展示体验馆、考古标本陈列馆、重庆故事馆和考古书院"三馆一院"研学基地，在全国首创文物修复、动植物考古透明工作坊。重庆抗战金融机构旧址群——美丰银行旧址打造为成渝金融法院，巫溪红三军政治部标语、秀山红三军倒马坎战斗遗址等革命旧址成为红色美丽村庄的精神标识。大足石刻研究院推出的《大美大足》《殊胜大足》在央视《考古公开课》《人类的记忆》栏目播出，全球播放大足石刻系列微视频 2000 万次，海外媒体覆盖人群达 3 亿人次。25 家博物馆荣获第九届"博博会""弘博奖——最佳展示奖"及其他奖项。

（四）非物质文化遗产保护得到加强

扎实做好非物质文化遗产系统性保护，重庆市委、市政府首次将非遗工作纳入 2022 年区县经济社会发展业绩考核指标。认定公布第六批市级非遗代表性传承人，新增市级代表性传承人 240 名。加快建设武陵山区（渝东南）土家族苗族文化生态保护实验区，打造黔江濯水古镇等 6 个文化生态保护示范点。联合中央广播电视总台录制播出《艺览吾"遗"——非遗文化寻访特别节目》重庆专辑，全网累计曝光量近 1.5 亿人次。组织 70 个非遗美食项目参与中国非遗美食大集视频展播，播出重庆非遗美食短视频 56 期。19 个项目成功入选首批"全国非遗与旅游融合发展优选项目"名录。

（重庆市文化和发展委员会）

重庆：文化和旅游融合发展取得新成效

2022 年，重庆市紧紧围绕建设文化强市和世界知名旅游目的地目标，主动作为、攻坚克难，全市文化和旅游融合发展取得新成效。中国旅游研究院发布的"非凡十年·魅力二十城"榜单，重庆游客满意度综合排名居全国第一。搜狐旅游发布的 2022 年全国旅游城市品牌影响力重庆排名全国第一。

一是文艺创作有成果。获"文华大奖""群星奖""金菊奖""牡丹奖""山花奖""金声奖"等国家级专业类大奖。舞剧《绝对考验》成功入选国家艺术基金资助项目，火锅舞片段精彩亮相虎年央视春晚。授牌22 家演艺新空间，推出全国首个高德"演艺地图"，首批上线 100 个重庆演艺文化场所。

二是文物工作有突破。颁布施行《重庆市红色资源保护传承规定》，革命文物保护利用改革经验纳入市级重大改革项目"我最喜欢的 10 项改革"宣传推广，"红色三岩"提升项目获评"全国革命文物保护利用十佳案例"。成功争取长江重庆段纳入长江国家文化公园重点建设区建设，加快建设长江三峡国家考古遗址公园等重点项目，实施长征国家文化公园（重庆段）项目 46 个。建成开放全国首个考古虚拟展示体验馆、考古标本陈列馆、重庆故事馆和考古书院"三馆一院"研学基地，在全国首创文物修复、动植物考古透明工作坊。"考古中国——巴蜀文明进程研究"项目取得新突破，钓鱼城范家堰南宋衙署遗址、渝中区老鼓楼衙署遗址入选"新时代百项考古新发现"。出台《关于推进博物馆改革发展的实施方案》，全市博物馆备案数量达 130 家，区县公共博物馆覆盖率达 95%。

三是公共服务有提升。建成非物质文化遗产展示馆 11 家、博物馆 22 家，实施国家级非遗项目 9 项、市级非遗项目 188 项。成立文化馆、图书馆行业联盟，全面完成文化馆、公共图书馆以及基层综合文化服务中心标准化建设，全面实现各区县博物馆、文化馆和公共图书馆至少配置 1 处的目标，渝东北公共服务设施服务面积达到 645 平方米 / 万人。

四是产业发展有质量。2022 年，文化及相关产业实现增加值 1122.08 亿元，旅游及相关产业实现增加值 1063.26 亿元；2018—2022 年，文化及相关产业增加值年均增长 6.7%，旅游及相关产业增加值年均增长 3.2%。公布 2022—2024 年市级重点文旅产业项目名单，共 98 个项目，预计总投资 3600 余亿元。组织2022 中国武陵文旅峰会招商推介会，现场意向签约项目 16 个，签约金额 245 亿元。

五是文旅帮扶有硕果。派驻文化旅游委帮扶集团入驻巫山县竹贤乡，高标准完成竹贤乡"1+4"乡村振兴规划。指导推进产业发展等项目建设 46 个，累计完成投资 12218 万元。巫山县竹贤乡下庄村成功入选"建党百年红色旅游百条精品线路"，"下庄天路"故事入选文化和旅游部《100 个乡村中的党史故事》。

六是品牌创建有成效。2022 年共评定 A 级旅游景区 17 家，其中 4A 级景区 10 家，3A 级景区 4 家；成功评定甲级旅游民宿 2 家，乙级旅游民宿 1 家。同时，向社会推出首批等级旅游民宿名录。全市创建认定国家级旅游休闲街区 5 个，市级旅游休闲街区 10 个。加快推动全市乡村旅游由传统的"食宿、观光"为主向"休闲、度假"转变，大力发展特色旅游民宿、自驾露营、户外运动、研学科考等乡村休闲旅游项目。

四川省 2022 年文化和旅游发展情况分析

四川省总人口 8374 万，辖 21 个市州，有 183 个县（市、区），3101 个街道办和乡镇，25969 个行政村，是全国第二大藏区、最大的彝族聚居区和唯一的羌族聚居区。2022 年，四川全省文旅系统坚定以习近平新时代中国特色社会主义思想为指导，认真学习贯彻党的二十大和习近平总书记来川视察重要指示精神，全面落实省第十二次党代会和省委十二届二次全会决策部署，把"总牵引""总抓手""总思路"贯穿落实到各项工作中，研究制定《关于贯彻落实习近平总书记来川视察重要指示精神加强优秀传统文化传承弘扬工作方案》7 个方面 43 项任务和《关于贯彻落实省第十二次党代会精神加快建设世界重要旅游目的地工作方案》9 个方面 38 项任务，全力以赴拼经济搞建设，推动全省文化事业、文化产业和旅游业高质量发展不断取得新成效。

一、基础保障能力有所调整

（一）机构和人员情况

2022 年末，由文化和旅游部门主管、由文化和旅游部门审批和归口管理的全省各类文化（文物）和旅游单位总计 24060 个，比上年末增加 2461 个，增长 11.39%；从业人员 150611 人，比上年末减少 11320 人，下降 6.99%。机构数和从业人员变动的原因主要是受新冠疫情持续影响，全省文化和旅游市场经营单位机构数和从业人员因市场变动有所调整。其中各级文化（文物）旅游部门所属单位机构数 5574 个，比上年末增加 51 个，增长 0.92%；从业人员 38774 人，比上年末增加 1505 人，增长 4.04%，机构和人员变动的主要原因是免费开放博物馆机构和人员大幅增长（详见图 1）。

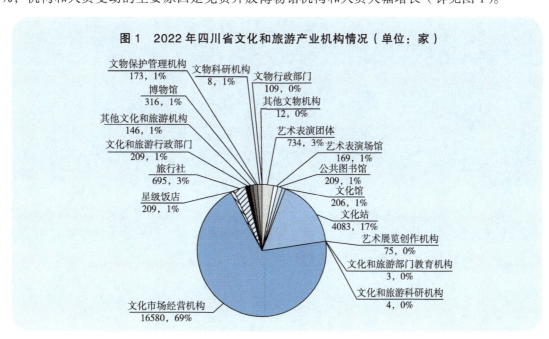

图 1　2022 年四川省文化和旅游产业机构情况（单位：家）

2022 年末，全省公共图书馆、文化馆（站）、美术馆和博物馆公共文化服务机构从业人员 21514 人，比上年增长 4.41%，其中专业技术人员 7549 人，比上年增长 3.6%，占从业人员总数 35.09%。具有高级职称人员 867 人，比上年增长 21.94%；具有中级职称人员 2360 人，比上年增长 4.7%。公共服务设施从业人员结构进一步优化（见表 1）。

表 1　2021—2022 年公共文化设施从业人员情况

	机构数（个）	从业人员数（人）					专业技术人才占从业人员总数比重（%）	高级职称占专业技术人才的比重（%）
			专业技术人才					
				正高级职称	副高级职称	中级职称		
2021 年	4827	20606	7287	113	598	2254	35.36	9.76
2022 年	4876	21514	7549	143	724	2360	35.09	11.48
增长率(%)	1.02%	4.41%	3.60%	26.55%	21.07%	4.70%	−0.77	17.67

（二）文化（文物）和旅游事业费情况

文化（文物）和旅游事业费小幅减少。2022 年末，全省文化和旅游部门所属机构总收入 181.7 亿元，比上年增加 43.81 亿元，增长 31.77%。其中财政拨款预算收入 56.29 亿元，占总收入的 30.98%，所占比重较上年有所减少。文化（文物）和旅游事业费（不含基建拨款）56.27 亿元，比上年减少 0.025 亿元，下降 0.05%；人均文化（文物）和旅游事业费 67.19 元，比上年减少 0.05 元，下降 0.07%（见图 2）。

图 2　2012—2022 年人均文化事业费及增长速度

2022 年末，文物部门总收入 26.50 亿元，比上年减少 1.88 亿元（见表 2），下降 0.07%，其中财政拨款 24.58 亿元，占总收入的 92.77%，所占比重较上年有所减少。文物事业经费（不含基建拨款）23.14 亿元，比上年减少 2.93 亿元，下降 11.32%。

表 2　2012—2022 年四川省文化（文物）和旅游投入情况

年份	文化部门			文物部门	
	总收入（亿元）	文化事业费（亿元）	人均文化事业费（元）	总收入（亿元）	文物事业经费（元）
2012	44.03	27.49	34.04	14.05	9.11
2013	53.33	30.46	37.58	15.59	11.89
2014	55.95	34.91	42.89	15.67	12.19
2015	69.29	39.58	48.24	17.58	12.68
2016	67.4	40.37	48.86	20.02	13.39
2017	74.69	41.32	49.77	20.41	14.02
2018	88.42	43.02	51.58	20.4	15.42
2019	119.56	47.22	56.38	22.22	17.15
2020	143.32	52.04	62.19	25.64	21.99
2021	137.89	56.29	67.23	28.38	26.07
2022	181.7	56.27	67.19	26.50	23.14

二、重大决策部署推动落实

（一）巴蜀文化旅游走廊建设顺利推进

制定印发《四川省贯彻落实〈巴蜀文化旅游走廊建设规划〉实施方案》，推动成渝地区双城经济圈建设，召开专项工作联席会 4 次，签订合作协议 64 份，成立合作联盟 12 个，完成重点文旅任务 119 项，举办展览展示活动 53 个，展演精品剧目 20 余部，发布精品线路 70 余条，互派干部挂职 3 批次近 20 人次，在文化遗产保护传承、艺术创作演出、公共文化服务、文旅产品供给、景区惠民活动等方面取得明显成效。

（二）浙川东西部文旅协作卓有成效

推动完成剧目展演、文化遗产展示、干部培训、课题研究等 30 余项文旅合作项目。加强浙江客源市场营销，在杭州举办四川省自驾产品推介会，联合浙江在成都举办 2022 浙川文旅协作周活动。

三、艺术创作和生产繁荣发展

（一）艺术创作成果丰硕

2022 年末，全省文化部门艺术表演团体原创首演剧目 26 个。全省入选国家级展演及重要活动、获国家级奖项共 102 项，其中川剧《草鞋县令》获第十七届文华大奖，四川扬琴《蜀道》揽获第十九届全国群星奖，歌剧《同心结》入围第十三届中国艺术节祝贺演出，交响乐《江山》入选中国交响音乐作品创作扶持计划，37件美术书法摄影作品入选第十三届中国艺术节全国优秀美术书法摄影作品展。

（二）艺术表演市场逐步恢复

2022年末，全省有艺术表演团体734个，比上年增加71个，增长10.71%；从业人员11885人，比上年减少1512人，下降11.29%。其中：各级文化和旅游部门所属艺术表演团体49个，占总数的6.68%；从业人员3101人，占总数的26.09%。

全省艺术表演团体演出3.57万场，下降20.67%，国内观众1503.66万人次，增长16.48%，演出收入2.74亿元，下降7.74%。其中，艺术表演团体组织政府采购的公益演出0.18万场，增长12.5%，演出观众107.4万人，增长17.88%。全省文化和旅游部门所属艺术表演团体演出0.35万场，下降2.78%，演出观众295.98万人，增长27.34%（见表3），第二届"剧美天府"优秀剧目展演季50台剧目上演100场，线上线下观众超1000万人次，四川大剧院创新推出"1元云端看《醒·狮》"，吸引340万人次在线观看；深入开展高雅艺术进校园，组织省直文艺单位赴成都、内江、眉山等地高校和中小学开展演出22场。

表3　2012—2022年四川省文化和旅游部门艺术表演团体基本情况

年份	机构数（个）		从业人员数（万人）		演出场次（万场）		国内演出观众人次（万人）		演出收入（亿元）	
		文旅部门		文旅部门		文旅部门		文旅部门		文旅部门
2012	469	71	1.2	0.4	6.67	0.69	3963	676	5.07	0.28
2013	510	52	1.1	0.3	7.65	0.56	2541	467	4.62	0.36
2014	492	51	1.2	0.3	6.42	0.56	1887	434	4.72	0.34
2015	543	52	1.2	0.3	10.26	0.61	2012	481	2.98	0.52
2016	621	50	1.2	0.3	8.42	0.6	2304	443	6.11	0.67
2017	697	52	1.3	0.3	7.77	0.69	2541	477	5.81	0.72
2018	829	52	1.4	0.3	10.93	0.6	2340	433	4.56	0.95
2019	732	49	1.4	0.3	6.14	0.6	2642	406	4.46	1.07
2020	725	46	1.2	0.3	3.65	0.36	1431	230	3.64	0.73
2021	663	48	1.3	0.3	4.50	0.36	1291	232	2.97	1.16
2022	734	49	1.2	0.3	3.57	0.35	1504	296	2.74	0.72

2022年末，全省有艺术表演场馆169个，比上年增加10个，增长6.29%，座席数10.52万个，增长19.03%，其中各级文化（文物）和旅游部门所属艺术表演场所35个，与上年持平。艺术表演场馆全年演（映）出1.58万场，比上年下降59.28%，观众133.1万人，比上年下降64.29%，其中各级文化（文物）和旅游部门所属艺术表演场所全年演（映）出0.08万场，比上年下降11.11%，观众34.31万人，比上年下降33.96%，

（三）展览活动精彩纷呈

2022 年末，全省有美术馆 62 个（含书画院挂牌），比上年增加 4 个，增长 6.9%；藏品数 23924 件，比上年增加 1037 件，增长 4.53%。全年美术馆举办展览 411 次，比上年下降 5.73%；参观人次 308.16 万人，比上年增长 85.78%；举办讲座 121 次，比上年下降 12.32%；举办教育活动 292 次，比上年增长 38.39%，美术馆社会服务功能日趋完善和丰富（详见表 4）。举办"高山仰止·回望东坡"苏轼主题展，82.5 万人云上探展；1 个美术展览入选全国美术馆馆藏精品展出季活动目录。

表 4　2012—2022 年四川美术馆开展活动情况

年份	举办展览情况		公共教育活动		
	展览总量（个）	参观人次（万人次）	讲座（次）	教育活动（次）	出版物（种）
2012	222	160	41	24	2
2013	218	182	68	39	8
2014	286	171	114	65	35
2015	306	202	146	108	31
2016	311	347	141	177	26
2017	363	347	153	290	33
2018	390	315	171	177	20
2019	431	304	193	273	29
2020	397	209	126	190	20
2021	436	166	138	211	25
2022	411	308.16	121	292	18

（四）振兴川剧工程深入推进

2022 年末，全省地方戏曲院团 222 个，比上年增长 89.74%，原创首演剧目 8 个，演出场次 0.54 万场，国内演出观众人次 102.27 万人，演出收入 1079.7 万元。制定振兴川剧五年实施方案，设立首批 10 个戏曲名家工作室，组织戏剧导演、编剧培训班等高端培训，1 人入选全国戏曲表演领军人才。举办当代川剧名家唱名戏精品剧目展演、中国有川剧、四川省第六届青年川剧演员比赛，联合重庆市成功举办第五届川剧节，3 个川剧作品入选首届黄河流域戏曲演出季。

（五）艺术创作生产扶持成效显著

2022 年末，全省艺术表演团体财政拨款预算收入 7.33 亿元，比上年增长 15.11%，其中，文化（文物）和旅游部门所属艺术表演团体财政拨款预算收入 6.62 亿元，比上年增长 20.43%。省级财政投入扶持及奖励资金 3682.7 万元，全省遴选推荐包括 3 部集中扶持剧目、5 部一般扶持剧目共 15 个作品，其中，四川艺术基金 2000 万元，申报和资助实现全省全覆盖，全年资助一般项目 83 个、重点项目 2 个，资助金额 250 万元。

四、公共文化和旅游服务体系更加健全

（一）公共服务保障能力不断加强

深入推进城乡公共文化服务体系一体化建设，出台省级地方标准《四川省乡镇综合文化站评估定级规范》，在 2 个地区开展评估定级试点；组织《四川省图书馆条例》修订调研，为推动新时代公共文化服务高质量发展提供制度保障。开展第三批现代公共文化服务体系示范县创建，组织第三批县级图书馆文化馆总分馆制试点。2022 年末，全省有公共图书馆分馆 3059 个，文化馆分馆 1069 个；在全省范围内开展图书馆文化馆评估定级"补短板"行动，建立结对帮扶机制，推动公共文化服务均衡发展。

2022 年末，全省公共图书馆机构数 209 个，比上年增加 2 个，增长 0.97%；从业人员 2578 人，比上年增长 5.22%。全省公共图书馆实际使用房屋面积 94.3 万平方米，比上年增加 11.65 万平方米；总藏量 5065.93 万册，比上年增加 453.38 万册，增长 9.83%；阅览室面积 36.34 万平方米，比上年增长 22.23%（见图 3）；阅览室座席数 8.6 万个，比上年增加 1.73 万个，增长 25.18%。志愿者队伍 381 支，比上年增长 9.8%，志愿者人数 2.68 万人，比上年增长 57.52%。

图 3　2012—2022 年全省公共图书馆人均资源情况

2022 年末，全省文化馆（站）4289 个，比上年减少 6 个；从业人员 11462 人，比上年增加 462 人，增长 3.67%；实际使用房屋面积 237.45 万平方米，比上年增加 5.97 万平方米，增长 2.58%。社区综合文化服务中心 7994 个，比上年减少 81 个；面积 350.54 万平方米，比上年增加 9.31 万平方米，增长 2.73%；村综合文化服务中心 24755 个，比上年减少 400 个，面积 663.91 万平方米，比上年增加 13.31 万平方米，增长 2.05%。群众文化机构志愿者队伍 21339 支，比上年增加 963 个，志愿者人数 45.76 万人，比上年增加 7.66 万人。

（二）公共服务效能不断提升

2022 年末，全省公共图书馆总流通人次达 2369.02 万人，比上年增加 223.43 万人，增长 10.41%；其中书刊文献外借人次 994.26 万人，比上年增长 20.33%，书刊文献外借册次 1802.71 万册，比上年增长 11.4%（见图 4）。为读者举办各种活动 6064 次（个），比上年增长 6.4%，参加人次 291.19 万人，比上年增长 11.04%。积极开展延伸服务，流动服务书刊借阅人次 68.84 万人，比上年增长 28.38%，流动服务书刊借阅册次达 118.19 万册，比上年增长 33.22%；图书馆网站访问量 3715.34 人（次），比上年增加 1169.5 万人，线上服务人次 3458.55 万人，比上年增加 1332.92 万人。

图 4　2012—2022 年全省公共图书馆总流通人次及书刊外借册次

2022 年末，全省群众文化机构组织开展各类文化活动 81509 场次，比上年减少 9897 场次，下降 10.83%；文化服务惠及 1739.27 万人，比上年减少 487.95 万人，下降 21.91%。文化馆组织品牌节庆活动 289 次，比上年下降 14.5%。举办线上群众文化活动 7484 次，比上年增长 6.34%，线上服务 3314.09 万人，比上年下降 39.65%；利用流动文化车（舞台车）演出 1133 场，比上年下降 21.16%。受新冠疫情持续影响和部分地区自然灾害的影响，群众文化机构各类文化服务活动和惠及人次有所减少（见图 5）。

2022 年末，全省 209 个公共图书馆、206 个文化馆、4083 个综合文化站全面向社会公众免费开放，面向基层的文化活动形式、内容日益丰富，开展全国"村晚"四川示范展示活动、"赏年画过大年"全国新年画作品联展，举办"百舟竞渡迎端午"、第六届广场舞总结展演活动、四川省第七届群众广场舞集中展演暨首届街舞展示活动、四川省"大家唱"群众歌咏活动等系列群众文化活动。评选 100 个全省文旅公共服务高质量发展"四个一批"项目（优秀品牌、优秀案例、优秀团队、优秀空间），命名四川省突出贡献乡村文化和旅游能人 111 人。引导社会力量参与公共文化服务，继续实施政府向社会力量购买公共文化服务示范项目，财政资金购买公共服务示范项目 93 个，使基层群众共享多样化的公共文化服务，社会效益更加显著。举办成渝双城文化和旅游公共服务产品采购大会暨成都市第四届公共文化服务超市活动、川渝乐翻天戏曲交流展演活动、成渝双城经济圈公共文化交流及志愿服务活动等群众文化活动。

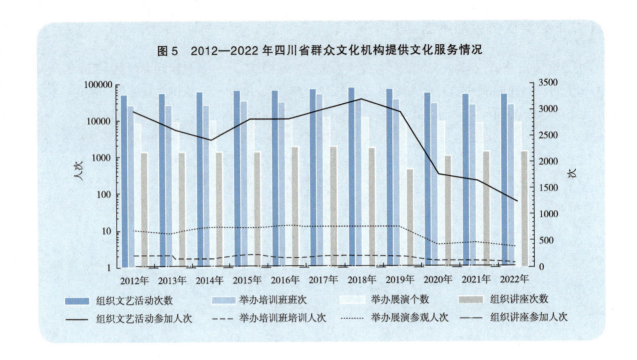

图 5　2012—2022 年四川省群众文化机构提供文化服务情况

（三）古籍保护成效显著

2022 年末，全省公共图书馆有古籍 143.78 万册，其中善本 10.11 万册。省级公共文化服务体系建设专项资金安排古籍保护利用资金 3471 万元，启动全省汉文古籍全面普查，开展古籍普查培训 6 期，培训 268 人；开展全省汉文濒危珍贵古籍修复；组织开展第二批四川省珍贵古籍名录、首批四川省古籍保护站评选，完成 7 家全国古籍重点保护单位复核，古籍保护经费保障和工作推进机制基本形成。

五、文旅产业转型升级提质增效

（一）文旅市场主体有所增长

2022 年，四川省出台支持文旅企业纾困措施 11 条，对 163 家文旅企业纾困补助 3755 万元，为 1227 家旅行社办理暂退（缓交）质保金 3.58 亿元。联合金融机构发布文旅企业融资白名单，支持 1173 家文旅企业成功融资 191.2 亿元。2022 年末，四川省归口管理的实行企业会计制度的文化和旅游产业机构数 18461 个，比上年增加 2409 个，增长 **15.01%**。

有三部委认定的动漫企业 3 个，国家级文化产业示范园区 1 个，省级文化产业示范园区 11 个；国家级文化产业示范基地 15 个，省级文化产业示范基地 59 个（其中，省级音乐产业示范基地 3 个，对外文化贸易示范基地 1 个）；省级文化产业试验园区 5 个；国家级文化和科技融合示范基地 2 个；国家文化和旅游消费示范城市 1 个，国家文化和旅游消费试点城市 5 个；国家级动漫游戏产业振兴基地 1 个。

（二）文化及相关产业超预期增长

2022年，文化及相关产业产业结构不断优化。分行业类别看，文化九大行业4升5降，实现增长的有内容创作生产、创意设计服务、文化投资运营、文化装备生产；新闻信息服务、文化传播渠道等5个行业下降。分产业类型看，文化制造业营业收入下降7.0%，文化批发和零售业下降6.7%，文化服务业大幅增长12.9%，文化服务业首次超过文化制造业，成为占比最大的产业类型。分领域看，文化核心领域营业收入2558.1亿元，比上年增长8.9%；文化相关领域营业收入2239.1亿元，下降6.0%，文化核心领域"压舱石"作用进一步凸显，主导地位进一步增强。

文化及相关产业规模稳步扩大，在全省推进"转企升规"和支持文化企业发展多项扶持措施的推动下，全省文化产业规模稳步增长，规模以上文化及相关产业企业2424个，比上年增加196个，同比增长8.8%。规上文化企业资产总规模7902.6亿元，同比增长12.2%，增速比上年提高1.3个百分点，资产规模呈现加速扩张态势，发展基础不断夯实。

文化及相关产业新业态持续发力。文化新业态特征较为明显的16个行业小类实现营业收入1200.9亿元，比上年增长5.4%，增速高于四川省规模以上文化企业整体增速4个百分点，高于全国文化新业态增速0.1个百分点。文化新业态营业收入占规模以上文化企业营业收入的25%，占比高于上年3.2个百分点；利润总额430.5亿元，占规模以上文化企业的77%；应交增值税60.6亿元，占规模以上文化企业的53.2%。文化新业态利润率高，税收贡献大，"助推器"作用强，是拉动文化产业发展的主要力量。

（三）旅游产业发展平稳

2022年，四川接待国内游客6.36亿人次。受疫情影响，过夜游占比依然较低，但过夜游消费远高于一日游。接待过夜游游客2.25亿人次，占接待总人次的35.31%，接待一日游游客4.12亿人次，占接待总人次的64.69%。接待国内游客实现旅游收入7059.94亿元，其中，接待过夜游游客收入4418.07亿元，占接待总收入的62.58%，接待一日游游客收入2641.86亿元，占接待总收入的37.42%（见图6）。

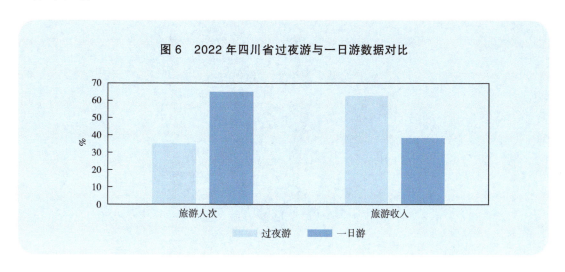

图6　2022年四川省过夜游与一日游数据对比

从过夜数据来看，全省接待过夜游客人均花费为 1965.89 元，接待过夜游客停留天数为 2.53 天，接待国内游客平均游览城市为 1.46 个。

从全省经济区域来看，成都平原经济区接待国内游客 44613.71 万人次，占全省的 56.53%，实现旅游收入 3973.56 亿元，占全省的 56.28%。其中，除成都外的环成都经济圈接待国内游客 28234.95 万人次，占全省的 35.78%，实现旅游收入 2162.19 亿元，占全省的 30.63%。

川南经济区接待国内游客 19404.39 万人次，占全省的 24.59%，实现旅游收入 1592.55 亿元，占全省的 22.56%。

川东北经济区接待国内游客 10621.02 万人次，占全省的 13.46%，实现旅游收入 1109.59 亿元，占全省的 15.72%。

攀西经济区接待国内游客 1955.18 万人次，占全省的 2.48%，实现旅游收入 153.8 亿元，占全省的 2.18%。

川西北生态区接待国内游客 2324.75 万人次，占全省的 2.95%，实现旅游收入 230.44 亿元，占全省的 3.26%（见图 7 和图 8）。

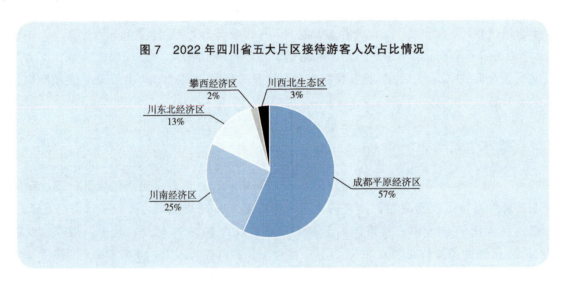

图 7　2022 年四川省五大片区接待游客人次占比情况

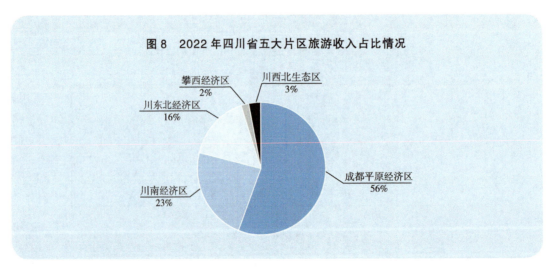

图 8　2022 年四川省五大片区旅游收入占比情况

全省旅游发展依然不均衡，成都平原经济区无论从接待游客人次还是旅游收入来看，占比都在一半以上。

（四）文旅消费扩容提质

2022年，全省新增国家级夜间文化和旅游消费集聚区7个。举办2022四川省文化和旅游消费季活动，推动各市（州）发放文旅消费券2.4亿元，推出八大主题1299项线上线下活动，联合四川银行推出"安逸熊猫·文旅一卡通"。开展"冬游四川消费季"活动，推出8项优惠政策，开展4项促销活动和8场重点节会，推动冬季旅游热起来、旺起来。

（五）文旅融合发展深入推进

安排3亿元支持30个文旅融合示范项目。持续打造"音你而来"原创音乐孵化平台，新增音乐产业相关企业532家。创新发布原生态音乐专辑《向阳之地·亚丁》，歌曲播放总量累计近10亿。

（六）重点项目建设稳步推进

持续用好"六大机制"，推动482个省级文旅重点项目完成投资1352亿元，投资完成率122%。举办第八届中国（四川）国际旅游投资大会，集中签约重大文旅项目150个、签约总金额1852亿元，分别增长70.5%、38.6%。全省234个文旅项目成功发行债券226.65亿元，项目数量和发债规模同比增长84.25%和46.24%。

六、文旅市场服务质量和管理水平提升

（一）文旅市场机构逐步回升

2022年末，娱乐场、艺术品经营单位、演出市场机构等传统文化市场主体数量呈回升趋势，亏损幅度收窄。全省文化市场经营单位17398个，比上年增加2563个，增长17.28%；从业人员73434人，比上年末减少8033人，下降9.86%；营业收入177.12亿元，比上年下降42.12%，营业利润15.78亿元，比上年下降72.59%。其中娱乐场所6371个，增长74.93%，从业人员31974，增长0.6%，营业收入30.22亿元，下降0.42%；互联网上网服务营业场所（网吧）9204个，下降0.56%，从业人员16127人，下降15.27%，营业收入12.48亿元，下降20.81%；经营性互联网文化单位643个，下降30.64%，从业人员11688人，下降25.54%，营业收入96.99亿元，下降56.46%；艺术品经营单位170个，下降4.94%，从业人员729人，增长9.95%，营业收入1.15亿元，下降50.43%；演出经纪机构192个，增长74.54%，从业人员2280人，增长49.9%，营业收入30.25亿元，增长10.6%（见图9）。

旅游企业受疫情影响较重，2022年末，纳入文化和旅游部统计系统旅行社695个，占登记注册旅行社总数（1519个）的45.75%，从业人员7736人，同比下降18.35%，旅游业务营业收入34.66亿元，同比下降13.95%。星级酒店339个，比上年减少8个，从业人员29453人，同比下降9.58%，营业收入46.07亿元，同比下降17.08%。

2022 年末，全省共有 A 级景区 867 个，比上年末增加 74 个。其中，5A 级景区 16 个，增加 1 个；4A 级景区 321 个，增加 18 个；3A 级景区 444 个，增加 64 个。A 级景区共计接待游客 3.93 亿人次，同比下降 15.48%，门票收入 23.80 亿元，同比下降 41.07%。

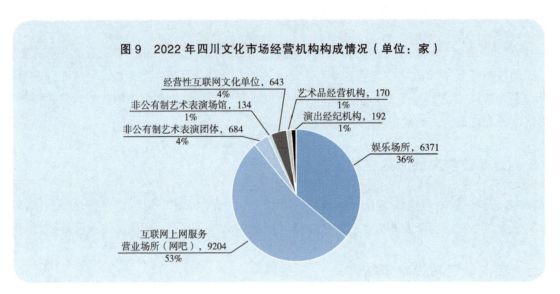

图 9　2022 年四川文化市场经营机构构成情况（单位：家）

（二）景区管理服务质量提升

持续开展"对内注重提品质、对外注重美誉度"景区管理服务质量提升行动，出台省级地方标准《四川省旅游景区精细化管理服务质量提升规范》，开展精细化管理提升试点。安仁古镇新晋国家 5A 级旅游景区、蜀南竹海成功创建国家级旅游度假区，新增国家级旅游休闲街区 3 个、全国乡村旅游重点村镇 10 个。

（三）文旅发展营商环境优化

加强文旅立法工作，《四川省旅游条例》（修订）草案通过省人大常委会第一次审议。"放管服"改革纵深推进，"一网通办"政务服务能力增强。出台《关于进一步推动文化文物单位文化创意产品开发的实施方案》，举办第二届四川省文创大会，叫响"四川造"文创品牌。制定《文化和旅游厅文化和旅游市场信用管理实施方案》，依法依规对 8 起符合条件的案件列入全国文化和旅游市场严重失信主体名单，实施信用惩戒。建立常态化督导巡查机制，督促全省文旅场所落实疫情防控和安全生产相关要求，健全文旅市场综合监管治理机制，持续开展打击"不合理低价游"等行动，全省出动执法检查 49.7 万人次、办理案件 1567 件，确保文旅市场平稳有序。

七、文化遗产保护利用和传承发展加强

（一）加强文物保护和利用

一是文物业公共服务能力进一步提升。2022 年末，全省有文物机构 618 个，比上年增加 50 个，

增长 8.8%，其中文物保护管理机构 173 个，占文物业机构总数的 28.0%，博物馆（纪念馆）316 个，比上年增加 49 个，增长 18.4%，占文物业机构总数的 51.1%；从业人员 10226 人，比上年增加 474 人，增长 4.9%，其中专业技术人员 2648 个，比上年增加 149 人，占总人数的 25.9%（见图 10）。全省文物业机构和从业人员逐年增加，机构和人才保障能力增强。

图 10　2012—2022 年全省文物机构及从业人员情况

2022 年末，全省文物藏品 495.24 万件，比上年增加 5.9 万件，增长 1.2%，其中博物馆文物藏品 470.89 万件，比上年增加 5.16 万件，增长 1.1%，占文物藏品总数的 95.1%。文物藏品中一级品 4227 件，二级品 7904 件，三级品 106834 件。全省有文物点 65231 处，其中国家重点文物保护单位 262 处，省级文物保护单位 1215 处。全省有世界文化遗产 1 处，世界文化和自然遗产 1 处，国家历史文化名城 8 座，中国传统村落 396 个，国家考古遗址公园 3 处。全省文物业实际使用房屋面积 230.72 万平方米，比上年增加 44.39 万平方米，增长 23.8%，文物展览用房 123.97 万平方米，比上年增加 40.38 万平方米，增长 48.3%（见表 5）。四川博物院新馆（总馆）选址工作初步完成，四川大学博物馆新馆、川陕革命根据地博物馆新馆、罗家坝遗址博物馆完成主体工程并启动陈列布展，三星堆博物馆新馆主体工程顺利封顶，三苏祠博物馆加快提档升级。

表 5　2022 年四川省文物藏品、文物点和实际使用房屋面积情况

年份	藏品数				文物点			使用房屋面积	
	合计 （万件/套）	一级品 （件/套）	二级品 （件/套）	三级品 （件/套）	合计 （处）	国保单位 （处）	省保单位 （处）	合计 （万平方米）	展览用房 （万平方米）
2022	495.24	4227	7904	106834	65231	262	1215	230.72	123.97

二是考古研究与保护系统开展。2022 年末，全省考古发掘面积 2.85 万平方米，出土器物 48702 件/套（见表 6），其中：三星堆遗址考古发掘出土青铜器、玉器、金器、象牙等各类文物；皮洛遗址考古发掘出土一批石器；城坝遗址津关区考古发掘新出土一批竹木简牍和早期冶铜相关遗物；罗家坝遗址清理战国中晚期至西汉早期墓葬 31 座，出土一批动物型印章、楚式长剑等重要遗物；明末江口古战场遗址出水"荣世子宝"金印等珍贵文物。配合基本建设工程完成考古调查、勘探项目 1540 项，

涉及建设用地面积约 4565 万平方米，及时实施抢救性考古发掘项目 31 项，有力保障了引大济岷、天府大道北延线、川气东送等重大基本建设项目顺利实施。三星堆遗址祭祀区、稻城皮洛遗址双双入选"2021 年中国考古新发现""2021 年度全国十大考古新发现"。

表 6　2022 年四川省文物保护维修和考古发掘情况

年份	文物保护规划和方案设计（个）	文物保护维修情况			进行考古发掘情况	
		国保单位保护维修项目数（个）	省保单位保护维修项目数（个）	市、县保单位保护维修项目数（个）	考古发掘面积（万平方米）	出土器物（件/套）
2022	108	59	55	50	2.85	48702

三是文物保护利用水平全面提升。2022 年末，全省古遗址 3221 处，石窟寺及石刻 2999 处，古建筑 15966 处；不可移动文物使用 36381 处，其中全国重点文物保护单位使用 196 处，文物系统对公众开放不可移动文物 4602 处。强化政策举措，出台落实中央文物领域的政策性文件 2 个；编制文物保护规划和方案设计 108 个；维修文物保护单位保护国家级 59 个、省级 55 个和市县级 50 个。有序推进大遗址保护利用，编制出台《三星堆文化遗址保护利用总体方案》，推进三星堆国家文物保护利用示范区建设；考核评估邛窑国家考古遗址公园，宝墩遗址、城坝遗址、罗家坝遗址、安丙遗址申报国家考古遗址公园立项。加强石窟寺保护利用，成立川渝石窟保护研究中心、保护研究联合实验室和科技创新基地，推进川渝石窟寺国家遗址公园建设；成立四川乐山大佛文物保护公益基金会、安岳石窟研究院、广元石窟研究所等石窟研究保护机构，实施安岳石窟、荣县大佛、夹江千佛岩等重点石窟寺保护利用项目；探索乡村振兴衔接机制，开展乡村石窟文化公园（景点、微景观）试点建设。推进黄河和长江国家文化公园文物保护利用工程建设，实施茸安蒙古伸臂桥、石渠麻达寺等一批文物保护利用重点项目。推进马尔康、泸定地震灾后文物抢救保护工作。推动文物保护科技创新，2022 年末，全省文物业组织开展省部级及以上课题 81 个，获得专利 26 个，完成专著或图录 85 册，完成论文 332 篇，形成古建维修、考古发掘报告 28 册，获国家奖 11 个，获省、部奖 44 个（见表 7）。

表 7　2022 年四川省文物机构完成科研成果情况

	省部级及以上科研课题数（个）	专利（个）	专著或图录（册）	论文数（篇）	古建维修、考古发掘报告（册）	获国家奖（个）	获省、部奖（个）
文管所	3	0	7	71	6	0	7
博物馆	57	24	74	228	7	6	37
科研机构	21	2	4	33	15	5	0
合计	81	26	85	332	28	11	44

四是革命文物保护利用加强。推动省政府印发《〈四川省红色资源保护传承条例〉实施办法》，出台《长征国家文化公园（四川段）建设保护规划》。实施三线核武器研制基地旧址、通江川陕省工农总医院旧址、长胜县苏维埃政治保卫局旧址等一批革命文物保护项目；持续推进长征国家文化公园四川段建设，实施古蔺红军四渡赤水战役遗址、黄猫垭战斗遗址群、红四方面军总指挥部旧址等文物保

护传承利用工程项目。公布四川省第二批革命文物名录。启动实施首批 20 家革命老区革命博物馆纪念馆提升行动。朱德同志故居纪念馆、赵一曼纪念馆等 4 家革命场馆入选全国首批"大思政课"实践教学基地。红原、松潘、甘孜 3 处草原入选全国首批"红色草原"名单，数量居全国第一。

五是文物安全持续强化。2020 年末，全省各级文物机构组织文物安全巡查 28697 次；审核进出境文物 74 件 / 套，审核文物拍卖标的 11238 个，其中禁止上拍文物标的 99 个。完成各级安全生产和消防工作考核，持续落实文物安全直接责任人公告公示制度，开展文物火灾隐患整治和消防能力提升三年行动，集中排查整治文物安全隐患 60 余项，完成省级以上文物保护单位文物安全防护工程 20 余个，审核文物安全防范技术方案 40 余个。建立文物博物馆单位治安防范工作机制，开展全省打击防范文物犯罪三年专项行动（2022—2025 年）。

六是文物公共服务发展成效显著。2022 年，全省文物机构安排基本陈列 802 个，比上年增长 6.51%；临时展览 588 个，比上年下降 6.52%；参观人次 4275.88 万人，比上年下降 34.6%，其中未成年人 938.72 万人，占参观总人数的 22%（见图 11）。全省博物馆（纪念馆）基本陈列 777 个，比上年增长 7.77；举办临时展览 578 个，比上年下降 4.46%；参观人次 3939.27 万人次，比上年下降 35.08%，其中未成年人参观人次 906.2 万人次。新增 66 家博物馆、纪念馆纳入第四批中央免开名单，四川博物院《山高水阔 长流天际——长江流域青铜文明特展》获"2021 年度全国博物馆十大陈列展览精品奖"。成立"川渝博物馆联盟"，联合举办《花开并蒂——巴蜀青铜文明特展》《第二届巴山蜀水——博物馆文创展》。继续深化博物馆文教融合，2022 年末，全省博物馆举办社会教育活动 24020 次，比上年增长 59.18%；参加活动人次 557.9 万人，比上年下降 43.36%，其中未成年人 207.98 万人，占参加总人数的 37.3%。全省博物馆举办线上展览 440 个，比上年下降 10.2%；网站访问量达 3648.82 万次；举办微信公众号、微博（个）1249 个，关注人数达 1646.93 万人次，文物机构服务水平不断提升，社会效益进一步增强。

图 11　2012—2022 年全省文物机构观众人次及未成年观众人次

2022 年，全省文物机构门票销售 7.85 亿元，比上年增长 79.6%，其中博物馆门票收入 7.25 亿元，占门票收入总数的 92.4%。全省博物馆开发文化创意产品种类 8374 个，文化创意产品销售收入 9091.7 万元，文化创意产品销售利润 2035.6 万元，文物事业助推经济社会发展能力不断提升。

（二）非物质文化遗产系统性保护加强

一是非物质文化遗产保护传承制度化规范化逐步完善。2022 年，四川省出台《关于进一步加强非物质文化遗产保护工作的实施意见》《四川省非遗工坊管理办法》；完成《四川省黄河流域非物质文化遗产保护传承弘扬专项规划》《国家级羌族文化生态保护区建设工作方案（2022—2025 年）》编制；组织四川省级文化生态保护区总体规划评审会，完成 6 个实验区总体规划评审。

二是非遗系统化保护基础逐步夯实。2022 年末，全省有国家级非物质文化遗产名录项目 153 个，与上年持平，国家级代表性传承人 84 人，比上年减少 4 人；省级非物质文化遗产名录项目 611 个，省级代表性传承人 835 人，与上年持平；市县级非物质文化遗产名录项目 7516 个，比上年增长 5.35%，市县级代表性传承人 8214 人，比上年增长 18.2%。四川南路边茶制作技艺、蒙山茶传统制作技艺入选联合国教科文组织人类非物质文化遗产代表作名录；第六批国家级非遗传承人推荐申报 61 人，非物质文化遗产名录体系得到优化。四川省有国家级文化生态保护区 1 个，省级文化生态保护实验区 6 个；国家级非物质生产性保护示范基地 7 个，省级非物质生产性保护示范基地 23 个，非遗保护传承基地 10 个；已完成 209 名省级非遗代表性传承人记录工作。

三是非物质文化遗产保护传承能力加强。2022 年末，全省有非物质文化遗产保护中心 40 个，从业人员 364 人；有非物质文化遗产馆 205 个，比上年增加 5 个，收藏实物数 71850 件 / 套，增长 14.84%，场馆面积 34.47 万平方米，增长 148.16%，参观人次 237.81 万人，下降 11.63%；有传承体验中心 397 个，收藏实物数 50137 件 / 套，场馆面积 80.34 万平方米，参观人次 157.66 万人；传习所（点）950 个，场馆面积 26.18 万平方米，培训学徒 5.3 万人（见表 8）。

表 8　2022 年四川省非物质文化遗产展示传习场所情况

年份	非物质文化遗产博物馆				传承体验中心				传习所（点）		
	数量	收藏实物数	场馆面积	参观人次	数量	收藏实物数	场馆面积	参观人次	数量	场馆面积	培训学徒
	个	件/套	万平方米	万人	个	件/套	万平方米	万人	个	万平方米	万人
2022	205	71850	34.47	237.81	397	50137	80.34	157.66	950	26.18	5.3

四是非物质文化遗产宣传展示力度加大。2022 年末，全省各类非物质文化遗产保护管理机构举办展览 1092 次，比上年下降 9.4%；接待观众 219.7 万人，比上年增长 48.6%；举办演出 2498 场，比上年增长 57.5%；举办民俗活动 611 次，比上年增长 24.7%；开展非遗工作人员培训班 378 班次，比上年下降 10.6%；开展传承人培训班次 913 班次，比上年增长 5.3%（见表 9）。2022 年，"文化进万家——视频直播家乡年"活动直播 63 场，累计观看量超 5.5 亿人次；"安逸四川 非遗过大年"非遗传承实践系列活动 600 余场，线下覆盖群众 3653.58 万人次，线上互动近 7.8 亿次，累计销售额超过 2.95 亿元。举办第三届四川非遗购物节、首届非遗直播购物节，实现销售金额超过 5.2 亿元。"文化

和自然遗产日"，全省举办 260 余场非遗宣传展示和社区实践活动。实施中国非遗传承人研修培训计划，举办巴塘弦子等国家级研培班 4 期，举办川菜制作技艺等省级研培班 4 期。

表 9　2021—2022 年全省非物质文化遗产宣传展示活动情况表

	举办展览		举办演出		举办民俗活动		开展非遗工作人员培训班		开展传承人培训班	
	数量	参观人次	数量	观众人次	数量	参与人次	数量	培训人次	数量	培训人次
	个	万人	个	万人	个	万人	班次	万人	班次	万人
2021 年	1205	147.86	1584	98.23	490	51.08	423	1.47	867	3.15
2022 年	1092	219.7	2498	3214.5	611	86.65	378	1.54	913	5
增长率（%）	−9.4	48.6	57.7	3172.4	24.7	69.6	−10.6	4.8	5.3	58.7

非遗创新实践能力不断提高。出台《四川省非遗助力乡村振兴试点工作方案》，聚焦乡村振兴战略，依托传统工艺项目推进非遗工坊建设；加快传统工艺工作站建设，批复 3 个省级传统工艺工作站，建成夹江造纸传统工艺工作站。推动传统工艺高质量发展，举办凉山非遗创新设计大赛、甘孜州第二届雪域手造·甘孜州文化传承与创新人才选拔大赛，在提升非遗传承人艺术水平的同时搭建转化利用平台。

八、宣传推广与品牌塑造力度加大

（一）四川文旅品牌国际传播力提升

2022 年末，四川省非商业性对外演出交流项目 27 个，参与交流人员 48 人次，比上年增长 244.1%；演出（展览、旅游推介）50 场，其中线下活动 28 场，占全部场次的 56%，线上活动 22 场占全部场次的 44%；线上线下演出（展览、旅游推介）参加人次 4024 万人。

打造熊猫 IP，开展中国（四川）大熊猫文化旅游周活动，"熊猫家园 天府四川"图片展、熊猫彩绘等活动 3 万人观看；央视熊猫频道境外新媒体庆生直播实时观看 109 万人次，全网观看 1403 万人次。提升三星堆全球知名度，举办"艺绘三星堆"国际主题绘画活动，征集到 22 个国家和地区、80 所院校和教育机构的 1978 件艺术作品，让文化遗产"活起来，火起来，热起来"。面向海外华人旅行社开展"安逸四川"旅游推介。

（二）对外营销宣传推广方式多样化

加强一带一路人文交流，组织"一带一路 爱上绸都"——丝路青年南充研学之旅、"澜湄世界遗产城市对话"、"巴蜀文旅国际大讲堂"线上讲座等系列活动，推广四川丝绸文化、世界自然文化遗产和天府旅游名县、天府旅游美食。用好部省合作机制，与惠灵顿、泰国等中国文化中心开展年度合作，通过文化讲座、文艺表演、视频宣传等方式，围绕熊猫、三星堆、火锅等热门主题开展线上线下推广活动。

创新推广促进合作，开展"外国友人游四川"视频作品和"大美中国 我在四川"摄影作品征集推广，推出《大美黄河·四川之韵》《诗词里的中国——在四川眉山寻找苏东坡》《熊猫家园、溯源宝兴》等短视频，通过境外媒体平台提升关注度；助推川港文旅产业合作，举办港资企业走进四川文旅活动，搭建文创合作平台，助推文旅经济发展；用好云平台，持续联动境外中国文化中心、旅游办事处，开展自贡彩灯全球慢直播、"云游学"走进三星堆、走进熊猫基地课程直播等，推动"云游四川"系列推广。

整合资源形成合力，建设"中华川菜·世界品味"全球形象体验店和"海外惠侨熊猫书屋"等海外宣传阵地；联合打造"川台文旅新干线"品牌，支持举办第四届"海峡两岸摄影家走四川"三地联展。

（四川省文化和旅游厅）

四川：连接现代生活 绽放迷人光彩

2022年6月2日—6月18日，四川省举办了第三届四川非遗购物节，此次购物节，四川省文化和旅游厅联合阿里巴巴、腾讯、京东、唯品会、抖音、百度、美团等电商平台，会同各级文旅部门，发动非遗企业、非遗工坊和非遗传承人，开展形式多样、内容丰富的线上展示展销活动，并在景区、特色街区同步开展线下展示展销活动。

本届非遗购物节搭建了四川非遗购物节集成平台，专门开设四川非遗集中网店，全省430余家线上非遗店铺参加活动，集中展示展销全省非遗店铺、产品和购物节活动情况。非遗购物节启动"直播带货大比拼"，21个市（州）甄选当地非遗优质产品轮番上阵，优惠不断；甄选12个项目产品，开启12小时不间断带货直播；推出"淘宝手艺人—四川非遗购物节"专场，汇聚了14位国家和省级非遗传承人，成都银花丝、成都漆器、荥经砂器、渠县刘氏竹编等众多富有四川特色的非遗产品，集中展现天府非遗魅力。

各市、州充分发挥自身特色和优势，大胆创新，开展购物节活动。南充市在市本级和9县（市、区）精选5A级景区、人气商圈、文旅消费集聚区，策划"1+9"直播模式，借助央视频、新华网、直播南充等30多个平台宣传推广，南充专场和顺庆区直播活动，线上观看总人数就超过了2200万人次，销售额超过了830万元。成都市依托"成都手作"品牌建设在宽窄巷子、安仁古镇、东门市井和天府新区南新村等景区、特色街区和城市建设新区开设非遗集市，集中展示了省内16个非遗项目的产品；同时开展以"成都手作"品牌推广为核心的非遗购物节网络直播带货活动。内江在市中区临江广场、东兴区大千广场、隆昌市南关古镇、资中县渔耕德苑和文庙、威远县万达广场等6个景区景点、重点街区开展6场线下展示展销及互动体验活动。宜宾市在非遗购物节期间发放文旅消费券，视频直播带货在线人数超过了200万。

据统计，第三届非遗购物节吸引1370余家非遗企业（店铺）参与活动，涉及非遗传承人1120余人，线上店铺、直播带货和宣传信息浏览量达1.66亿人次，参与购买消费1200余万人次，销售产品342万件（套），线上线下销售金额超过2.36亿元。非遗购物节不仅营造全社会共同参与非遗保护传承的浓厚氛围，推动非遗保护传承面向时代开展创新实践，更是激发了非遗在巩固脱贫攻坚成果有效衔接乡村振兴和促消费稳增长的积极作用，促进了文旅消费和经济复苏，推动实现"非遗创造美好生活、助力乡村振兴"的美好愿景。

贵州省 2022 年文化和旅游发展情况分析

2022 年，在文化和旅游部和省委、省政府的坚强领导下，贵州省文化和旅游系统坚持以习近平新时代中国特色社会主义思想为指导，抢抓新国发 2 号文件政策红利，坚持以高质量发展统揽全局，统筹疫情防控、安全生产和经济社会发展，围绕举旗帜、聚民心、育新人、兴文化、展形象，聚焦"两大提升""四大行动"，持续提升旅游产业内生动力，持续扩大多彩贵州民族特色文化影响力，加快建设多彩贵州民族特色文化强省和旅游强省，打造"双一流"目的地。

一、文化文物工作开展情况

贵州省文化工作奋力在繁荣多彩的贵州民族特色文化上有新作为，以满足人民文化需求和增强人民精神力量为着力点，推出一批反映新时代贵州伟大实践、阐发多彩贵州民族特色文化魅力和展现当代精神气韵的优秀作品；深入挖掘和创新民族文化、红色文化、历史文化、生态文化，加强文化遗产保护传承利用，讲好贵州故事，传播贵州声音，持续扩大多彩贵州民族特色文化影响力，在建设社会主义文化强国中贡献贵州力量。

（一）机构和人员

2022 年末，纳入统计范围的全省各类文化（文物）单位 6495 个，从业人员 6.6 万人（见图 1）。

图 1　2012—2022 年贵州省文化（文物）单位机构数及从业人员数

（二）艺术创作演出

音乐作品《守望·撒麻》荣获第十九届国家"群星奖"，黔剧《腊梅迎香》荣获"文华大奖"提名剧目，"丰子恺遵义执教 80 周年纪念展"获全国"优秀展览项目提名"。推动《无字丰碑》《阿妹戚托》《阳明悟道》等重点剧目创作。举办 2022 多彩贵州文化艺术节、首届多彩贵州溶洞音乐周等活动。举办"贵州美术馆 100 幅典藏版画精品展""黔韵山骨·唯精至道""湖北·贵州·现在时"美术交流展。举办"多彩贵州"系列文艺评奖美术大赛。推动侗戏、布依戏等 5 个剧种保护传承。

2022 年末，全省共有艺术表演团体 126 个，从业人员 4650 人，全省艺术表演团体共演出 2.1 万场次，其中，赴农村演出 0.33 万场次，赴农村演出场次占总演出场次的 15.7%。全省艺术表演团体 2022 年国内观众达 591.55 万人次，其中，农村观众 239.18 万人次；总收入 4.33 亿元，较上年减少 28.5%，其中，演出收入 0.87 亿元，较上年减少 71.0%。

2022 年全年，全省文旅部门所属艺术表演团体共组织政府采购公益演出 0.14 万场次，观众 89.26 万人次。利用流动舞台车演出 0.04 万场次，观众 43.59 万人次。

2022 年末，全省共有艺术表演场馆 25 个。其中，各级文旅部门所属艺术表演场馆 6 个。

（三）公共文化服务体系建设

完成 100 个易地扶贫搬迁综合性文化服务示范点、18 个"城市主题书房"、18 个基层综合文化站（中心）示范点建设。完成第七次县级以上公共图书馆评估定级工作。实施"春雨工程""阳光工程""圆梦工程"文化志愿服务项目。组织开展全民阅读、"我们的中国梦"文化进万家、"三下乡"等送文化下基层活动 300 余场。推进省文化馆异地扩建，推动北京路影剧院改扩建项目。完成 2021 年智慧图书馆体系建设和公共文化云建设项目。

1. 公共图书馆

2022 年末，全省共有公共图书馆 99 个，从业人员 1258 人，比上年末增加 20 人。其中：具有高级职称的人员 140 人，占比 11.1%；具有中级职称的人员 341 人，占比 27.1%。中高级职称人员占比均较为稳定。

2022 年末，全省公共图书馆实际使用房屋建筑面积 42.56 万平方米；总藏量 1955.73 万册，增长 7.2%，其中古籍 16.85 万册；电子文本、图片文献资源总量 54708.38TB；阅览室座席 3.8 万个，增长 19.9%；供读者使用的电子阅览终端 3520 台，减少 8.2%。

2022 年全年，全省公共图书馆实际持证读者数 119.22 万个，书刊文献外借册次 706.24 万册次，减少 6.2%；外借人次 422.3 万人次，减少 14.8%。全年共为读者举办各种讲座 1228 次，展览 999 次，培训班 1056 个；全省利用流动图书车开展流动图书服务，借阅达 53.92 万人次、74.19 万册次；全省公共图书馆文化创意产品共 254 种（个），文创产品销售收入 23 万元。

2. 群众文化机构

2022 年末，全省共有群众文化机构 1702 个，比上年末减少 19 个。其中，文化站 1603 个，较上年减少 19 个。年末全省群众文化机构从业人员 6851 人。其中：具有高级职称的人员 208 人，占比为 3.0%；具有中级职称的人员 534 人，占比为 7.8%。

2022 年末，全省群众文化机构实际使用房屋建筑面积 96.37 万平方米；计算机 1.17 万台。年末全省平均每万人群众文化设施建筑面积 249.9 平方米，比上年末减少 0.65 平方米（见图 2）。全省群众文化机构文化创意产品种类共 45 个。志愿服务队伍共 12737 个，志愿者 454582 人。

图2　2012年—2022贵州省平均每万人群众文化设施建筑面积

2022年全年，全省群众文化机构共组织开展各类文化活动3.96万次，比上年减少18%（见表1）。

表1　2022年贵州省群众文化机构开展活动情况

类别	总量		比上年增长（%）	
	活动次数（次）	服务人数（万人次）	活动次数	服务人次
各项活动总计	39572	2073.02	−18.14	−36.60
其中：展览	2854	280.31	−25.81	−40.31
文艺活动	21805	1669.69	−14.47	−35.00
公益性讲座	833	14.37	−54.56	−67.21
培训班	14080	108.54	−18.00	−42.07

2022年末，全省群众文化机构共有馆办文艺团体477个，演出2691场，观众385.28万人次。由文化馆（站）指导的群众业余文艺团体1.28万个，馆办老年大学42个。

（四）文化市场

2022年末，全省文化市场经营单位3504个，减少4.3%；从业人员3.25万人，减少16.2%。全年全省文化市场经营单位营业总收入28.06亿元，营业利润−1.11亿元。

分区域看，2022年末城市文化市场经营单位939个，占文化市场经营单位总量的26.8%；县城1224个，占34.9%；县以下地区1341个，占38.3%（见表2）。

表2　2022年按区域贵州省文化市场经营单位主要指标统计

类别		机构数（个）	从业人员数（人）	营业总收入（万元）	营业利润（万元）
总量	总计	3504	32514	280621.4	−11102.2
	城市	939	12970	118914.9	−1565.8
	县城	1224	17115	127121.3	3662.8
	县以下	1341	2429	34585.2	−13199.2

类别		机构数（个）	从业人员数（人）	营业总收入（万元）	营业利润（万元）
比重	总计	100	100	100	100
	城市	26.80%	39.89%	42.38%	14.10%
	县城	34.93%	52.64%	45.30%	−32.99%
	县以下	38.27%	7.47%	12.32%	118.89%

2022年末，全省共有娱乐场所1870个，从业人员21779人，全年营业总收入19.82亿元，全省共有互联网上网服务营业场所1444个，从业人员5233人，全年营业总收入4.29亿元，营业利润 −0.23亿元。

（五）文化遗产保护

以中共贵州省委办公厅、贵州省人民政府办公厅名义出台《关于进一步加强非物质文化遗产保护工作的实施意见》，推动黔东南民族文化生态保护验收工作。遴选11所院校和26家企业为贵州省非物质文化遗产传承人研培基地；推荐58名非遗传承人申报第六批国家级非遗代表性传承人；34名非物质文化遗产传统医药类中医医术确有专长人员考核合格并取得医师资格；认定非遗工坊300余家。开展"文化进万家"暨"美拍多彩贵州·悦享非遗年俗"活动，完成以贵州苗绣为元素设计的"非遗购物节"LOGO并获文旅部表扬。

召开全省文物工作会议，推动文物工作纳入巡视巡察范畴。海龙屯城址等4项成果入选"新时代百大考古新发现"，贵州省文保中心荣获全国石窟寺调查先进集体；完成《长征国家文化公园文物保护利用示范县认定管理办法（草案）》《长征主题革命文物保护展示示范基地创建管理办法（草案）》国家课题研究；推进丝绸之路南亚廊道和长江文化文物资源调查研究，启动赫章辅处等地考古发掘，开展屯堡考古调查研究、传统村落濒危文物调查、三线遗产调查；编辑《贵州三普资料集成》《贵州石刻文献集成》；有序有效开展贵州医科大学新校区考古发掘工作，为校区建设做好协调保障；举办贵州首届文物行业职业技能选拔赛；评选出全省十大精品展览；推进长征国家文化公园数字平台建设；开展"重走长征路"研培体验、红色讲解员进校园活动。

2022年末，全省共有文物机构240个。其中：文物保护管理机构64个，占比26.7%；博物馆133个，占比55.4%。全省文物机构从业人员3310人。其中：高级职称157人，占比4.7%；中级职称291人，占比8.8%（见图3）。

2022年末，全省文物机构拥有文物藏品31.76万件。其中，博物馆文物藏品26.81万件，占文物藏品总量的84.4%。文物藏品中，一级文物617件，占0.2%；二级文物2004件，占0.6%；三级文物7044件，占2.2%。

2022年全年，全省文物机构共安排基本陈列270个，举办临时展览218个；接待观众1162.20万人次，比上年减少47.7%。其中，未成年人227.37万人次，减少42.1%，占参观总人数的19.6%。博物馆接待观众1109.91万人次，比上年减少46.2%，占文物机构接待观众95.5%（见图4）。

图 3　2012—2022 年贵州省文物机构数及从业人员数

图 4　2012—2022 年贵州省文物机构接待观众人次及未成年人观众人次

（六）文化文物资金投入

2022 年，国家继续加大对贵州省文化事业投入力度，进一步加强非物质文化遗产和国家重点文物保护，提升完善公共文化服务体系，中央财政安排各类文化文物专项资金 9.61 亿元（见图 5）。

二、旅游工作情况

（一）多措并举，推进市场主体培育行动

2022 年，贵州省重点开展了拉动消费、分类培育、招商引资、金融支持等四方面工作。一是真金白银刺激消费。省级发放 1.6 亿元文旅消费券，并已全部核销，用券用户直接使用消费券所产生的订单金额累计 6.8 亿元，带动率 1:4.25；用券用户整体购买旅游相关商品产生订单金额累计 14.43 亿元，带动率 1:9.02。

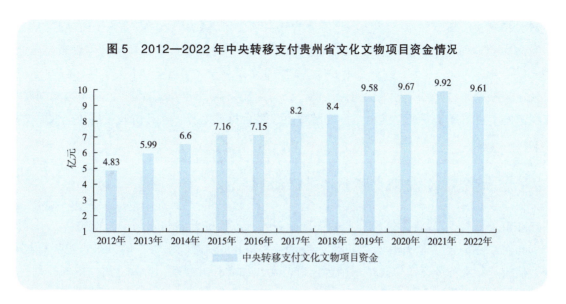

图5　2012—2022 年中央转移支付贵州省文化文物项目资金情况

在此期间，参与平台共产生贵州文旅消费订单 1745 万个，总价累计 135.71 亿元，溢出效应达到 1:85，拉动 7—9 月旅游收入 5.9 个百分点。一是各市州也同步发放了消费券。二是分类培育市场主体。推动 9 家涉旅企业进入上市挂牌后备库，加快了荔波金鑫、西江运营等公司上市培育步伐，部分民营旅游商品企业启动上市培育工作；新增规上涉旅企业 132 家；一企一策制定 10 家龙头企业、20 家规上企业培育方案，50 家小升规企业纳入培育库，遵义、六盘水、安顺、铜仁等加速国有旅游资产优化重组进程；积极稳妥推进 18 家 A 级以上国有旅游景区 "三权分置" 改革试点工作。三是加大力度招商引资。在疫情平稳期抢抓机遇，在省内举办 2022 年亚洲山地旅游推广大会等招商活动，厅领导带队赴云南省、湖北省、广东省等地开展了 9 次招商推介活动，推介文旅招商项目 1042 个，全省签约项目共 843 个。引进马蜂窝、中青旅等头部企业和重点项目。四是强化金融支持。文旅基金向 23 个文旅项目投资 45 亿元，涉及项目总投资 157.26 亿元。地方政府专项债券支持 18 个项目 9.49 亿元。发放 "乡村旅游 e 贷" 10.85 亿元，惠及乡村旅游经营户 1.53 万户。

（二）创新融合，推进业态升级行动

紧扣 "创新" "融合" 两大内生动力，推动业态由观光游、组团游向体验游、自驾游升级。一是强化创新驱动。建立创新平台，联合中青旅等国内头部企业组建文旅融合创新共建共享平台，开展创新产品研发、中试、应用和产业化，促进省内外优秀企业研发推广创新产品；推出创新业态，西江千户苗寨推出 "飞览天下·飞越贵州" VR 产品，青岩古镇、乡愁贵州、水城古镇等推出夜游演艺业态，天河潭推出高空滑索、探险、烟花光影水秀等拓展业态，梅花山度假区推出乌托邦露营基地、漫步云霄等体验业态，荔波小七孔和古镇推出景区特色小吃和夜游体验业态；提升购物业态，举办旅游商品大赛，推动黄果树等 7 个 5A 级景区，赤水河谷、野玉海 2 个国家级旅游度假区，习水土城古镇等 4 个 4A 级景区，乌江寨、贵州饭店共 15 个优质景区、度假区、酒店选用更多特色旅游商品升级购物店。二是强化文旅融合。文化遗产活化利用方面，14 个项目入选 2022 年 "全国非遗与旅游融合发展优选项目名录"，以 "世界发现贵州非遗之美" 为主题，发布了 10 条非遗主题旅游线路；开展省博物馆展陈提升，建成运营省地质博物馆，长征数字科技艺术馆加快建设；交旅融合方面，建成运

营坝陵河大桥观光、科普、高空蹦极项目和青岩服务区黔酒博物馆、酒店、休闲街项目等交旅融合项目；酒旅融合方面，推出茅台酒镇、兴义贵州醇等 10 个酒旅融合体验景区；体旅康旅融合方面，创建体旅融合示范基地 16 个，提升森林康养基地 10 个。推进大数据与 44 个项目、42 家企业融合，黄果树景区荣获全国"2022 智慧旅游创新项目"。构建文物数字化"云展览"，与中国知网联合打造全省博物馆网上展览展示平台。推动"一码游贵州"平台提升完善，累计访问量约 4 亿次，交易额约9500 万元。

（三）固本强基，推进服务质量提升行动

重点在市场监管、"硬件"设施和"软件"服务等三方面提升贵州省旅游服务质量。一是狠抓旅游安全和市场秩序。强化源头治理，采用"电子行程单＋车辆调配平台"的方式规范旅行社和团队游管理，使旅行社业务和行车轨迹纳入平台监管范畴；加大打击力度，持续开展"黔锋行动"，立案调查 48 起，吊销证照 21 个，停业整顿 27 个，查处无证导游 72 名，关停违规购物场所 32 家。二是大力完善"硬件"设施。高速公路服务区充电桩已进入 88 个县区，5G 信号已进入全部 5A 级景区；60% 的 3A 级以上景区通三级以上公路；新建改扩建游客服务中心 5 个、停车场 10 个、旅游厕所 100座。三是持续提升"软件"服务。贵州文化旅游职业学院共计 14 个专业招生 3000 余人；举办星级饭店、导游、民宿等从业人员职业技能大赛，选出优秀人才 90 名，带动全省从业人员 1000 余人参与服务技能培训提升；在荔波小七孔组织全省景区高管和一线人员 180 人开展现场培训和在岗锻炼，把荔波小七孔的管理和服务经验向全省 4A 级以上景区推广；制定温泉度假地标准，推动 7 个项目提质达标；同步编制黔菜、民宿等标准宣传推广。

（四）集中攻坚，推进盘活旅游领域存量项目行动

坚持市场化、法治化原则，逐个研判、分类施策，定期调度、实地督导，推动盘活工作取得积极成效。一是摸清项目底数。根据 2022 年 4 月文化和旅游部关于组织开展旅游领域存量项目摸排工作的通知要求，会同省宣传、发改、财政等有关部门和第三方专业机构，对照旅游领域存量项目认定范围和标准进行认真摸排，并按照要求报文化和旅游部。二是分批分类推进。在分类分析的基础上，制定盘活攻坚行动方案，完善盘活工作导则，提出了"七个一批"盘活路径（加快续建盘活一批、"瘦身"止损盘活一批、转变用途盘活一批、转让重组盘活一批、提升管理盘活一批、完善手续盘活一批、关停整改处置一批），以及盘活工作应把握的十项原则、十条工作方法，指导各地找准方法路径，把握原则标准，逐个项目制定盘活方案和计划，有序推进盘活。三是强化重点攻坚。通过全省上下共同努力，推动乌江寨、海龙屯下寨土司小镇、荔波王蒙小镇等项目加快盘活。凯里市香炉山景区项目、三都县三合街道苗龙广场等重点关注项目取得积极进展。

（贵州省文化和旅游厅）

贵州：文旅工作取得新进展、新成效

2022 年在疫情严峻挑战下，贵州省干好"练好内功、见诸行动、统筹推进"三件事，在文化和旅游部以及省委、省政府的坚强领导下，坚持以习近平新时代中国特色社会主义思想为指导，抢抓新国发 2 号文件政策红利，坚持以高质量发展统揽全局，统筹疫情防控、安全生产和经济社会发展，各项工作取得了来之不易的新进展、新成效、新突破。

在打基础守底线上建立新机制。一是优化建立旅游统计机制。加大与省统计局、文旅部财务司沟通，持续确保统计方法和程序与国家有关制度要求保持一致。在符合规定的前提下与时俱进，优化采样点数量和类别。二是建立旅游经济运行监测机制。进一步树立了文化和旅游部门是一个经济部门的认识。从旅游目的、游客来源、过夜游、出行交通、人均花费等方面以及重点点位进行分析，提出针对性措施。三是建立健全市场监管机制。省直 8 部门联合出台景区玻璃栈道等新业态监管措施，进一步明晰了新业态监管职责和措施。实施旅游市场秩序整治三年行动，有力遏制了旅游乱象向贵州蔓延的势头。四是建立金融支持机制。联合多部门出台《关于加强金融支持文化和旅游产业高质量发展的若干措施》，市场化成立省文化和旅游企业金融服务中心，举办旅游产业化融资对接专场活动。健全完善文旅产业投资基金管理措施，出台《关于强化省文化旅游产业投资基金管理促进文旅产业高质量发展的若干措施》，规范文旅基金管理，提高基层投资使用效率和效益。五是建立旅游领域存量项目盘活机制。组织省市县三级进一步摸清全省旅游领域存量项目底数，制定盘活攻坚方案、导则、标准，明确了"七个一批"盘活路径、十项原则和十条方法。建立了包保工作机制，实施日常调度、约谈、现场督导等工作机制，基本形成了盘活旅游领域存量项目的工作体系。六是建立文物保护五项工作机制。建立健全文物巡视巡察、包保责任、督察暗访、日常巡查、审计监督等五项文物保护工作机制，压实文物保护责任，全面实施文物平安工程，建设全省文物防灾减灾体系，提升文物保护工作水平。

在抓重点解难点上取得新成效。聚焦品牌打造、助企纾困、招强引优、低效盘活等重点难点集中攻坚，有效对冲了疫情冲击，取得了新成效。一是品牌打造取得新成效。织金洞获批国家 5A 级景区，新增五星级饭店 3 家、四星级饭店 8 家，4 家民宿入选全国甲乙级民宿，4 地入选国家级夜间文旅消费集聚区，朱砂古镇入选国家工业旅游示范基地，天眼景区入选国家旅游科技示范园区。二是助企纾困取得新成效。为 193 家文旅企业贷款贴息 1.2 亿元，贷款展期 111.9 亿元。对 675 家旅行社暂退质保金 1.73 亿元，奖补旅行社 198.8 万元。制定下发旅行社承接机关企事业单位公务活动操作细则，66 家星级饭店纳入政府采购清单，打通了"弹簧门""玻璃门"。三是招强引优取得新成效。中青旅文旅融合创新研究院、马蜂窝总部基地落地运营，华住集团计划未来三年在全省布局酒店 300 家，匠庐分别在遵义、安顺、铜仁等地成立 6 家公司。四是旅游领域存量项目盘活取得新成效。全力以赴推动乌江寨、海龙屯等一批重点项目盘活取得实质性进展。

在转作风强能力上形成新作为。2022 年，全省文旅系统在取得较好工作成效的同时也实现了作风能力的大提升，日益形成求真务实、真抓实干的工作状态。一是增强经济部门意识。量化底数、量化目标，将具体措施落实到具体点位，凭数据说话，算投入产出账，破除"收文、发文"和"评牌、授牌"的固有定势，更多调动企业积极性，更善于用市场机制、金融手段、改革办法推动工作。二是增强系统观念。既克服大而化之，又克服碎片化，围绕"两大提升""四大行动"制定形成了一系列子行动方案。通过子行动方案的制定，使旅游产业化工作谋划和实施更加系统，对重点领域工作的推进更有针对性和持续性。三是强化钉子精神。在"严、紧、细、实"上下功夫，每项工作从部署到落实，实行闭环管理，明确完成时限，有效转变了"慵、懒、散、浮、推、拖"作风，更好营造"说了就办、定了就干、干就干成"的工作习惯和氛围。一年来，在各位厅领导的率先垂范下，全厅全系统的作风有了大幅转变，能力有了大幅提升，工作更加有条不紊，措施更加有力有效，办法更加游刃有余。

云南省 2022 年文化和旅游发展情况分析

2022 年,云南省文化和旅游系统坚持以习近平新时代中国特色社会主义思想为指导,在省委、省政府的坚强领导下,高效统筹疫情防控和文旅业恢复发展,加快推动文化和旅游高质量发展。

一、机构数及经费投入情况

(一)文化和旅游机构数小幅增长

2022 年末,云南省纳入统计范围的各类文化文物和旅游机构 11271 个,较上年末增长 8.0%,其中,文化和旅游类机构 10830 个,较上年增加 3.7%,占机构总量的 96.1%,与上年持平。全省文化文物和旅游机构从业人员 9.22 万人,较上年末减少 9.1%,其中,文化旅游类机构从业人员 8.88 万人,占从业人员总量的 96.3%(详见表 1 与图 1)。

表 1　2022 年全省文化文物和旅游机构数及从业人员情况

机构类别	机构数(个)	从业人员(人)	机构类别	机构数(个)	从业人员(人)
一、文化和旅游合计	10830	88799	文化市场经营机构(不包括非公有制院团和场馆)	6749	35007
艺术表演团体	284	7663	旅行社	1327	9936
其中:公有制艺术表演团体	98	3707	星级饭店	334	19076
艺术表演场馆	45	1255	文化和旅游行政部门	148	4932
其中:公有制艺术表演场馆	11	87	其他文化和旅游机构	158	1365
公共图书馆	151	1773	其中:文化市场执法机构	110	667
文化馆	149	2405	二、文物合计	441	3433
文化站	1462	5215	博物馆	178	2230
其中:乡镇综合文化站	1297	4354	文物保护管理机构	137	951
艺术展览创作机构	14	82	文物科研机构	2	55
其中:美术馆	9	61	文物行政部门	119	145
文化和旅游科研机构	9	90	其他文物机构	5	52

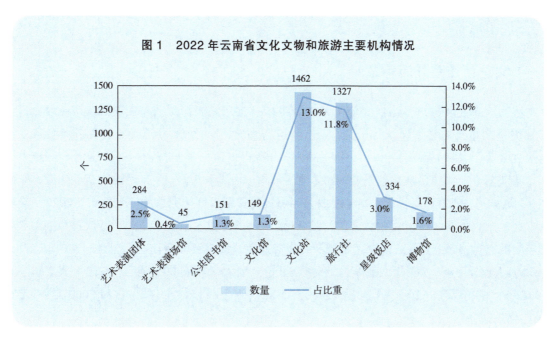

图1　2022年云南省文化文物和旅游主要机构情况

（二）文化和旅游事业投入进一步扩大

2022年，云南省文化和旅游事业费达51.20亿元，人均文化和旅游事业费109元，与2021年相比增幅超50%。其中，省本级文化和旅游事业费达6.37亿元，同比增长约1倍，占比超过10%，达12.4%，较上年提高2.6个百分点。文山州、昆明市、保山市、红河州、大理州、玉溪市等6个州（市）文化和旅游事业投入力度加大，地区文化和旅游事业费分居全省前6位，均超过2亿元；普洱市、曲靖市、昭通市、楚雄州等4个州（市）文化和旅游事业费维持在1.6亿元左右；怒江州、德宏州、迪庆州等3个州（市）文化和旅游事业费超过1亿元；西双版纳州、临沧市、丽江市等3个州（市）文化和旅游事业投入较少，文化和旅游事业费仅在1亿元以下（见图2）。

图2　2022年云南省各州（市）文化和旅游事业费情况

二、文化和旅游发展成效显著

（一）文艺创作翻开新篇章

一是院团改革稳步推进。印发实施《云南省级国有文艺院团深化改革实施方案》；设立云南艺术基金、省级重大重点题材创作扶持资金，支持文艺精品创作。开展第二批云南省艺术名家工作室评选，新设立 8 个，总数达到 23 个。二是艺术创作出新彩。话剧《桂梅老师》入围第十三届中国艺术节展演、荣获第十七届中国文化艺术政府最高奖"文华大奖"，时隔 18 年后再次获此殊荣。京剧《大山母亲》、滇剧《一湖春水》、音乐剧《绽放》等一批优秀剧目创作完成并登上舞台。2022 年全年，全省创作喜迎二十大、讴歌新时代题材文艺作品 40 余个。三是艺术活动丰富多彩。成功举办第十四届云南省青年演员比赛、云南省花灯滇剧艺术周、云南省新年戏曲晚会等活动。组织话剧《桂梅老师》巡演 63 场、观演人次 4 万多。"文化大篷车·千乡万里行"列入省政府 2022 年 10 件惠民实事，累计送戏下乡 9922 场、现场观演 761 万余人次，开展线上演出（展播）1151 场、线上观演 5000 万余人次。

1. 艺术表演情况

2022 年末，纳入统计范围的艺术表演团体共 284 个，其中公有制艺术表演团体 98 个。演出场次 5.83 万场，较上年增长 138.9%，受疫情防控政策调整，艺术表演团队演出加快恢复。国内演出观众人次数达 4106.39 万人次，是上年的 2.9 倍。演出收入 2.32 亿元，较上年下降 9.0%（见表 2）；组织政府采购公益演出 0.24 万场次，较上年增长 9.1%，演出观众 242.53 万人次，较上年增长 49.8%；利用流动舞台车演出 0.11 万场次，较上年增长 22.2%，利用流动舞台车演出观众 78.24 万人次，较上年下降 14.1%。

表 2　2016—2022 年云南省艺术表演团体基本情况

年份	机构数（个）	从业人员数（人）	演出场次（万场）	国内演出观众（万人次）	演出收入（亿元）
2016	221	8725	4.45	3883	5.85
2017	316	10093	5.60	2854.58	8.01
2018	268	8428	4.98	2569.95	5.88
2019	304	7728	7.57	3539.40	4.68
2020	270	8718	5.05	1598.14	2.03
2021	312	9170	2.44	1405.72	2.55
2022	284	7663	5.83	4106.39	2.32

2022 年末，纳入统计范围的全省艺术表演场馆共 45 个，其中公有制艺术表演场馆 11 个，非公有制艺术表演场馆 34 个。艺术表场馆共演（映）出场次 1.08 万场，较上年增长 31.7%。观众 207.64 万人次，演出收入 0.60 亿元，与上年相比下降幅度较大。

（二）公共文化服务体系建设迈上新台阶

一是公共文化服务补短板进程加快。配合云南省人大出台《云南省公共文化服务保障条例》，全省新建改建公共图书馆 56 个、文化馆 42 个、乡镇文化站 203 个、村（社区）综合性文化服务中心 1516 个。建成涵盖 14 项功能服务板块、汇集全省所有州县线上资源、联通 839 家线下公共文化机构场馆的云南公共文化云，"全省一张网、五级一朵云"的公共数字文化网络初步形成。智慧图书馆建设稳步推进。二是重点公共文化服务建设稳步推进。保山市、楚雄州国家公共文化服务体系示范区创新发展工作顺利通过文化和旅游部考核验收。制定《云南省加强古籍保护工作的实施意见》，示范建成全国第三个省级典籍博物馆"云南省典籍博物馆"，云南第一个县级典籍博物馆"陆良县典籍博物馆"。三是群众文化活动规范开展。精心打造 22 个节目参评第十九届"群星奖"，群众舞蹈《摆出一个春天》荣获"群星奖"，创十年来最好成绩。举办第五届云南省群众文化"彩云奖""百场村晚进万家""戏曲进乡村""彩云之南等你来"等群众文化活动 2 万余场次，线上线下参与群众 3300 万余人次。四是典型案例示范作用有效发挥。落实"典型引路法"，遴选推广 30 个公共文化服务高质量发展、20 个乡村文化振兴、20 个示范性旅游厕所典型案例，创建 20 个"最美公共文化空间"，营造比学赶超、创先争优浓厚氛围。

1.公共图书馆主要指标稳定增长。

截至 2022 年底，云南省共有公共图书馆 151 个，其中少儿图书馆 6 个，公共图书馆从业人员 1773 人，与上年末基本持平。全省公共图书馆实际使用房屋建筑面积 44.41 万平方米，较上年末增长 3.2%，图书总藏量 2546.6 万册，较上年末增长 5.3%；购书专项经费 3146.3 万元，较上年末相比增长 33.5%；全省人均拥有公共图书馆藏量 0.54 册，较上年末增长 3.8%；全年全省人均购书费 0.78 元，较上年末增长明显。全省公共图书馆总流通 1053.0 万人次，较上年末下降 3.0%。全年书刊文献外借 1002.0 万册次，较上年末增长 10.5%（见表 3）。全年共为读者举办各种活动 6745 次场，较上年末增长 0.5%，服务人次达 205.2 万人次。

表 3　2016—2022 年云南省公共图书馆主要指标情况

年份	机构个数	总藏书量（万册）	总流通人次（万次）	外借册次（万次）	购书专项经费（亿元）	人均拥有公共图书馆藏量（册）	人均购书经费（元）
2016	151	2091.3	1380.8	972.7	0.22	0.44	0.63
2017	151	2110.6	1261.3	958.5	0.25	0.44	0.53
2018	151	2154.1	1694.9	1142.4	0.22	0.45	0.56
2019	151	2338.3	1693.4	1055.9	0.15	0.48	0.48
2020	149	2344	1073.1	793.1	0.23	0.5	0.52
2021	151	2419.4	1085.1	906.8	0.24	0.52	0.5
2022	151	2546.6	1053.0	1002.0	0.31	0.54	0.78

2.群众文化事业平稳发展

2022 年全年，全省群众文化机构提供文化服务 49651 次，较去年增长 7.8%；文化服务惠及人次达 1596.0 万人次。全省群众文化机构共有馆办文艺团体 658 个，演出场次 4919 场，较上年增加 18.1%，观众人数 227.3 万人次，较去年基本持平。由文化馆（站）指导的群众业余文艺团体达 3.1 万个，群众业余文艺团体人数 33.41 万人，较上年末增长 10.9%，馆办老年大学 39 个。

全省共有文化馆 149 个，文化站 1462 个，全省群众文化机构实际使用房屋建筑面积 116.27 万平方米，较上年末增加 1.8%。2022 年末全省群众文化机构从业人员 7620 人，与上年末持平，其中具有高级职称的人员 708 人，占 9.3%，较上年末提高 0.1 个百分点，具有中级职称的人员 1020 人，占 13.4%。2022 年末，全省平均每万人拥有群众文化设施建筑面积 247.8 平方米，较上年增长 1.7%，人均群众文化业务活动专项经费 12.2 元，实现快速增长（见表 4）。

表 4　2016—2022 年云南群众文化机构主要指标情况

年份	机构个数（个）			提供文化服务次数	文化服务惠及人次（万人次）	每万人拥有群众文化设施建筑面积（平方米）	人均群众文化业务活动专项经费(元)
	总量	文化馆	文化站				
2016	1583	149	1434	5.37	2204.7	221	4.35
2017	1593	149	1444	5.43	2220.7	221.28	4.14
2018	1594	149	1445	5.45	2619.8	226.7	4.1
2019	1599	149	1450	5.82	2746.2	226.7	4.1
2020	1603	149	1454	4.26	1688.2	241.1	4.89
2021	1608	149	1459	4.61	2199.1	243.6	6.18
2022	1611	149	1462	4.97	1596.0	247.8	12.2

（三）文化遗产保护利用取得新进展

一是文物保护利用成效显著。出台《让文物活起来扩大中华文化国际影响力的实施意见》。启动实施威信扎西会议会址周边文物保护提升等 10 个重大项目建设。景迈山古茶林申遗工作完成国际专家组现场评估。晋宁河泊所遗址入选"考古中国" 4 个重大发现。胡志明旧居保护修缮工程和陈列展览项目基本完成。文物行政执法工作力度加大，文物安全持续向好。截至 2022 年末，全省共有文物保护管理机构 137 个，共有藏品数 9.96 万件（套），新增藏品 864 件（套）。二是非遗保护传承深入推进。进一步健全非遗保护名录体系，新增省级非遗代表性项目 207 项，全省共有非物质文化遗产保护机构 140 个，与上年持平，从业人员 856 人，同比增长 15.5%。成功举办 2022 年文化和自然遗产日、七彩云南·非遗购物节、文化进万家——视频直播家乡年等活动。全年共举办展览 625 场次，展览参观人次 114.71 万人次；举办演出 2203 场，同比增长 10.6%，观众人数 222.80 万人次，同比增长 53.3%；举办民俗活动 324 次，参与人次 77.75 万人次，同比增长 34.8%；持续强化非遗传承能力建设，开展传承人群培训班 545 次，培训人次 2.73 万人次，同比增长 1%。三是博物馆事业蓬勃发展。持续推进八类八区博物馆群落建设，新增备案博物馆（纪念馆）12 个，截至 2022 年末，全省纳入统计范围的博物馆数达到 178 个（见图 3）。开展可移动革命文物资源调查，全省 73 家单位藏有革命文物 20551 件（套），全省博物馆共有藏品数 166.73 件（套）。持续推进"云游文博"数字化平台提升改造，立项实施 5 个博物馆数字化保护项目。全年举办文博陈列展览 1242 个，年参观人数 1300 万余人次，澄江化石地世界自然遗产博物馆基本陈列上榜全国 2021 年度十大陈列展览精品。

图 3　2016—2022 年云南省博物馆数量及从业人员

（四）文旅市场主体活力进一步激发

应对疫情影响，2022 年初及时制定"文旅纾困帮扶 13 条""统筹疫情防控和旅游业恢复发展 20 条"等政策措施，全年为涉旅行业减税降费 44 亿元，100% 退还旅行社质量保证金 2.44 亿元，在全国首创"熔断险""隔离险"，并销售 71 万多份，受到国务院第九次大督查的好评。持续深化"放管服"改革，下放行政审批权限 12 项，清理取消全部 3 项证明事项。制定"优化营商环境激发文旅市场主体活力 27 条"，进一步激活文旅市场主体活力。2022 年末，纳入统计范围的旅行社 1327 家，比上年增长 38.8%。全省共有文化市场经营机构 6969 个，其中：娱乐场所 4163 个，占文化市场经营单位总数的 59.7%；互联网上网服务营业场所（网吧）2504 个，占文化市场经营单位总数的 35.9%；非公有制艺术表演团体和场馆 220 个，占文化市场经营单位总数的 3.2%；经营性互联网文化单位 23 个，占文化市场经营单位总数的 0.3%；艺术品经营机构 3 个，占文化市场经营单位总数的 0.04%；演艺经纪机构 56 个，占文化市场经营单位总数的 0.8%（见表 5）。

表 5　2022 年云南省文化市场经营机构基本情况

类型	机构数（个）		从业人员（人）		损益（万元）			
					营业收入		营业利润	
	2021 年	2022 年	2021 年	2022 年	2021 年	2022 年	2021 年	2022 年
娱乐场所	3839	4163	32975	29414	23.65	21.85	2.16	-0.17
互联网上网服务营业场所（网吧）	2775	2504	5720	4774	4.04	3.24	-0.49	-0.36
非公有制艺术表演团体	214	186	5314	3956	3.25	3.69	-0.42	-0.09
非公有制艺术表演场馆	38	34	2306	1168	2.53	0.88	0.22	-0.46
经营性互联网文化单位	26	23	375	212	1.63	0.69	-0.19	0.18

续表

类型	机构数（个）		从业人员（人）		损益（万元）			
					营业收入		营业利润	
	2021 年	2022 年	2021 年	2022 年	2021 年	2022 年	2021 年	2022 年
艺术品经营机构	5	3	10	5	0.004	0.001	0.003	0.001
演出经纪机构	45	56	379	602	0.83	1.16	0.33	0.12
合计	3839	4163	32975	29414	23.65	21.85	2.16	−0.17

（五）文旅宣传推介内外并举多点发力

一是宣传推广更加多元。编制 2022 云南文旅品牌升级战略规划，成功打造"大象旅行团"等一批新 IP。实施"早安云南"融媒体文旅专题项目，完成 296 期特色播报。借助抖音等新媒体，策划推出《云南春光好》《寻觅滇味》《15 秒看云南》等主题宣传。大力开展"云南人游云南"宣传营销，推出一批短线游、周边游、一日游产品。举办"35102"重点项目等专场招商推介会 6 场，积极利用"2022 年中国旅游日"、南博会、中国东盟博览会旅游展、云南国际人才交流会等平台推介营销。二是对外交流合作有新成果。加强海外营销推广，脸书粉丝数量达 214 万，在全国省级文旅部门排名前三。"七彩云南文化周边行""文化中国·七彩云南"等品牌影响力持续提升。继续推进跨境旅游合作区和边境旅游试验区建设，积极争取澜沧江－湄公河旅游城市合作联盟总部落户昆明，助力"一带一路"及面向南亚东南亚辐射中心建设。三是 2022 中国国际旅游交易会成功举办。71 个国家和地区的机构、31 个国家的驻华使节、4 个国际组织和 31 个省区市参会参展，线下参观人数 8.5 万人次，线上参观人数 6 万人次，签约项目 81 个，协议资金 1622.5 亿元，举办智慧旅游创新发展、中老铁路助力亚洲命运共同体建设、RCEP 框架下国际旅游交流与合作发展三大论坛，发布《中老铁路国际旅游发展云南倡议》《RCEP 框架下国际旅游交流与合作发展昆明倡议》，极大提振旅游行业信心，推进旅游市场复苏，促进国际旅游交流合作。

（六）旅游业高质量发展基础进一步夯实

一是品牌建设再创新绩。新增 29 家 4A 级旅游景区，推进创建一批省级全域旅游示范区、省级旅游度假区。3 镇 7 村入选第四批全国乡村旅游重点村镇名录，澜沧县老达保村等 3 个案例入选世界旅游联盟"旅游助力乡村振兴案例"。扎实开展景区绿美行动，完成 153 家绿美 A 级景区建设任务。督促指导世博园、民族村、虎跳峡等重点 A 级景区提升品质，推动老品牌焕发新活力。二是产品业态创新提速。围绕度假康养、文化体验、户外运动、研学旅行、乡村旅游等新业态，新策划推出"35102"项目近 600 个，推进"16 个 10"世界级精品旅游产品打造。制定《云南旅游新业态示范基地评选办法（试行）》及一批新业态标准，推进认定 16 个类别 60 个新业态示范基地。下关沱茶工业旅游区入选国家工业旅游示范基地。新增国家级夜间文旅消费集聚区 5 个、省级夜间文旅消费集聚区 24 个。建成并评选一批半山酒店（最美半山酒店）。出台发展乡村旅游助推乡村振兴三年行动计划（2022—2024 年），召开全省乡村旅游助推农民增收工作现场会，推出乡村旅游助农增收 10 个实践模式，推进创建 30 个"云南最美乡愁旅游地"。普洱"世界茶源·养生养心"之旅等 8 条线路列入"乡村四

时好风光"全国乡村旅游精品线路。三是智慧旅游建设有序推进。持续优化"一部手机游云南",推广应用入园在线预约、景区视频直播、洗手池和厕所定位等功能。全年累计服务游客 2 亿人次,平均月活跃用户 89 万人。"中老铁路游"小程序和"游泰东北"小程序同时荣获文化和旅游部 2022 年文化和旅游数字化创新实践优秀案例。

三、国内旅游发展情况

2022 年,云南省文旅系统坚持落实第九版防控方案、二十条优化措施以及"新十条"要求,更加精准有效做好疫情防控工作,切实抓好助企纾困相关政策落实和丰富文旅产品供给,全年共发放 2.1 亿元文旅消费券和加油券,带动消费 16.39 亿元。全省旅游市场加快复苏,全年接待国内游客同比增长 27.3%。

(一)客源结构

抽样调查结果显示,2022 年,云南省接待国内游客中省内游客占 65.9%,受疫情影响,滇省外游客占比重逐年下降至 34.1%。从省内客源看,省内游客客源地排名前五的省份是昆明市、临沧市、普洱市、曲靖市、昭通市,所占比重分别为 23.9%、8.9%、8.8%、7.7%、7.2%,与 2021 年比,分别下降 0.9 个百分点、提高 4.4 个百分点、提高 1.54 个百分点、下降 1.13 个百分点、下降 6.0 个百分点。从省外客源看,入滇省外游客多以西部地区为主,呈多样化趋势。抽样调查结果显示,省外游客来自东、中、西三大区域的比例约为 4.0:2.4:3.6,其中东部地区以广东、河北和北京为主;西部地区以四川、贵州和重庆等周边省份为主。中部地区的省外游客主要以山西、湖南和安徽等省份为主。2022 年,入滇省外游客客源地排名前五的省份分别是四川、北京、贵州、重庆、广东。

(二)游客特征

抽样调查结果显示,一是城镇籍游客是云南省游客主要群体。2022 年,在滇旅游的城镇籍游客占比达到 64.3%。从省内外游客看,省内城镇籍游客占比为 63.0%,高出非城镇籍游客 25.9 个百分点。省外城镇籍游客占比为 66.8%,高出非城镇籍游客 33.5 个百分点,省内外的城镇籍游客均是推动云南省游客的中坚力量。二是男性游客占比高于女性游客。抽样调查结果显示,2022 年,在滇旅游的游客中,男性游客占比达 52.0%,高出女性游客 4.0 个百分点。从省内外游客看,省内省外游客中性别比例相对均衡。三是中青年市场成为云南省国内旅游市场的中坚力量。抽样调查结果显示,2022 年,在滇国内游客中,17~45 岁年龄段的中青年游客占比超过六成,其中,23~45 岁年龄段人群占比达 45.2%。

(三)旅游目的

观光游仍是游客第一目的。抽样调查结果显示,2022 年,全省以观光旅游为目的的游客占比达 42.8%;其次是休闲度假和探亲访友,占比分别为 30.9% 和 8.4%。

（四）出游方式

抽样调查结果显示，个人、家庭或亲朋结伴自由行是游客最青睐的出游方式。2022年，云南省国内游客中通过个人、家庭或亲朋结伴自由行的占比达到73.7%，通过旅行社组团出行的游客仅占6.4%。分省内、省外游客看，省内游客中选择个人、家庭或亲朋结伴自由行的占比为70.6%，低于省外游客中选择个人、家庭或亲朋结伴自由行的比重约4.7个百分点，此外，省外游客通过旅行社组团出行的占比高于省内游客。

2023年，云南省文旅系统将以党的二十大精神为指引，认真贯彻落实中央经济工作会议精神，按照省第十一次党代会和省委十一届三次全会、省委经济工作会议、省"两会"的部署要求，紧紧围绕"3815"战略部署，补短板、强弱项、扬优势、保安全、促团结，推动文化和旅游强省建设迈上新台阶。

（云南省文化和旅游厅）

云南：激发文化和旅游市场主体活力

为进一步提升市场主体的内生动力，2022年，云南省文化和旅游厅印发《关于进一步优化营商环境激发文旅市场主体活力的指导意见》（以下简称《意见》）。从深化简政放权、优化营商环境等方面推出27条措施。

一是聚焦职能转变，切实优化营商环境。《意见》提出，全省各级要清晰晒权、让企业和群众明白办事；严禁设置审批壁垒，做到"应批尽批"；严格落实"放管服"改革要求，在法定审批时限基础上全面压缩审批时间60%以上，政务服务网上可办率98%以上，全程网办率80%以上；积极引导企业，顺应"旅游+""+旅游"发展趋势，创新产品和服务供给，培育新的增长点。

二是聚焦市场监管，规范创新监管模式。《意见》要求全省各级文化市场综合执法机构要坚持监管与服务并重，让执法既有尺度、又有温度，全面推行"首违可不罚""类案同罚""柔性执法""进一次门、查多项事"等执法模式，实施"容错纠错"机制，坚持宽严相济，促进市场公平竞争。对近年来出现的剧本杀、电竞酒店、密室逃脱、VR体验馆等备受年轻人推崇的新业态，要实行包容审慎监管。

三是聚焦转型升级，大力促进文化和旅游消费。《意见》提出要实施"云南服务"提升工程，助推"七彩云南、乐购好礼"计划实施，发挥行业协会作用，以标准化体系建设为抓手，以"30天无理由退货"为保障，鼓励各地开展"旅游购物放心购"试点；开发"金、木、土、石、布"特色产品系列，鼓励"老字号""老品牌"、特色旅游商品和农特名品进入"旅游购物放心购"试点，促进旅游商品开发多元化。

四是聚焦营销平台，加强品牌创建和服务质量提升。《意见》提出培育云南省旅行社团队游服务品牌、构建旅行社线上线下精准营销宣传体系、扶优扶强旅行社品牌产品、鼓励和支持旅游企业建立健全质量管理体系、推进平台应用广度和深度、建立完善诚信服务机制等措施。《意见》提出要"疏""堵"并举，努力探索"不合理低价游"治理方式；要"打""树"结合，在严打违规经营的同时，引导企业主动适应疫情防控常态化条件下的市场需求，让优质旅游企业脱颖而出，形成一批适应市场需求和引领消费升级的优质团队旅游产品；要激励旅游企业提供个性化、多样化、定制化服务，增强旅游服务体验，助推旅游企业转型升级。

西藏自治区 2022 年文化和旅游发展情况分析

一、工作开展情况

（一）主题教育扎实开展，促进旅游业优质复苏

按照区党委的统一部署，在第八巡回指导组的有力指导下，西藏自治区文化厅扎实开展学习贯彻习近平新时代中国特色社会主义思想主题教育工作。以 8 本必读书籍为学习重点，结合工作实际，将习近平总书记关于西藏工作和旅游工作的重要论述，自治区领导关于旅游工作的重要指示批示精神编制形成了区旅发厅主题教育资料整理汇编，通过厅党组带头学、各支部系统学、党小组全面学等方式，引导全厅党员干部认真读原著、学原文、悟原理。截至目前，党组班子组织学习 8 次，开展专题研讨 6 次，在"双网双微一端"发布主题教育相关新闻 130 余条，中央媒体报道西藏自治区文化厅工作动态 19 次，地方媒体报道 13 次，营造浓厚学习氛围，切实提升了广大党员干部增强"四个意识"，坚定"四个自信"，做到"两个维护"的自觉性和坚定性。坚持理论学习、调查研究和问题整改一体推进，结合旅游发展情况，精心研究制定调研方案，厅党组成员分赴全区各地市旅游行业一线开展主题调研工作，坚持实效，发现问题逐一研究提出解决措施，在此基础上召开调研成果交流会，坚持以学促干，边学习边整改，有效推动了主题教育走实走深。通过加强旅游基础设施建设、健全旅游行业标准、大力发展乡村旅游、积极开展"冬游西藏""本地游"促进活动、着力推进旅游名县建设等措施，刺激新热点，促进旅游业优质复苏。2019 年，自治区全年接待国内外游客 4012.15 万人次，此后受疫情影响有所反复，2020 年至 2022 年，接待国内外游客分别为 3505.01 万人次、4153.44 万人次、3002.76 万人次。从 2022 年 1—7 月数据看，接待国内外游客为 2268.11 万人次，接待国内外游客为 2802.60 万人次。全区累计接待国内外游客 3634.76 万人次，与 2022 年和 2019 年同比分别增长 29.69% 和 60.26%，完成年度计划的 93.20%。其中：接待入境游客 43943 人次，同比增长 444.5%，接待国内游客 3630.36 万人次，同比增长 29.57%（其中一日游游客 1859.63 万人次，同比增长 26.9%）；实现旅游总收入 439.03 亿元，与 2022 年和 2019 年相比分别增长 11% 和 28.28%，完成年度计划的 86.09%。其中：旅游外汇收入 3093 万美元，同比增长 686.9%，国内旅游收入 436.84 亿元，同比增长 10.52%。

（二）"三区一高地"创建工作稳步推进

聚焦"稳定、发展、生态、强边"四件大事，把推进"四个创建""四个走在前列"体现在旅游工作的各方面、全过程。调整充实"三区一高地"创建专项工作领导小组，制订工作计划，强化工作措施，研定任务清单，明确工作目标，工作调度 9 次，总体完成良好。生态文明工作有序推进，牢固

树立"绿水青山就是金山银山"的生态文明理念，认真学习贯彻《中华人民共和国青藏高原生态保护法》，推动旅游资源科学保护与开发，持续做好第二轮中央生态环保督察反馈问题整改工作，完成涉冰川旅游景区生态环境问题联合排查整治、2 处涉自然保护地违规建设旅游基础设施建设等 5 项整改任务。把铸牢中华民族共同体意识、促进各民族交往、交流、交融贯彻落实到旅游工作全过程，制定实施《旅游促进各民族交往交流交融计划专项实施方案》《区旅发厅民族团结进步模范区创建"进景区"实施方案》，推动民族团结进步模范区创建取得实效，山南市错那县勒布沟景区、阿里地区日土县班公湖景区成功入选自治区第一批民族团结进步模范景区；西藏博物馆、西藏自然科学博物馆、江孜宗山抗英遗址、林芝市波密县扎木中心县委红楼等 A 级景区成功入选自治区民族团结进步教育基地。固边兴边富民行动有序推进，加快边境旅游标准化建设，印发实施《G219 国之大道（西藏段）沿线旅游业发展规划》，加大对边境 4 市（地）旅游部门的指导力度，按照各类 A 级旅游景区、全域旅游示范区等的创建计划，稳步推动创建工作，规范西藏自治区边境乡村旅游特色业态评定程序，提升边境乡村旅游服务品质。2023 年 1—6 月，全区乡村旅游共接待游客 822.12 万人次，与 2022 年同比下降 10.43%，与疫情前的 2019 年同比增长 33.33%；其中，6 月份全区乡村旅游共接待游客 316.83 万人次，与 2022 年同比下降 30.83%，与 2019 年相比同比增长 0.36%。与 2022 年 1—6 月相比同比下降 10.43% 的主要原因是：6 月份全区乡村旅游接待游客人数下降 30.83%。

（三）"冬游西藏"活动促动西藏冬季旅游热度骤升

五轮"冬游西藏"活动期间累计实现旅游接待共计 1694.41 万人次，累计实现旅游收入 149.74 亿元。活动期间乡村旅游接待人次和收入等指标快速增长，一日游、假日游、近郊游等新业态旅游出行方式受到游客青睐。随着"冬游西藏"活动的推出，游客实现了赴藏旅游成本大幅降低、旅游体验更加完美的"梦想"。

"冬游西藏"活动开展以来，每年吸引大批来自全国各地的游客进藏旅游，中华民族大家庭中的各民族群众交流、各区域语言对话以及先进发展理念、生活理念的进入，发挥了较好的示范作用，对逐步引导农牧民群众改变传统观念、过好新时代下的美好生活、淡化宗教消极影响起到了积极作用。据统计，2023 年藏历新年节庆活动期间，全区累计实现旅游接待 59.47 万人次，占第五轮"冬游西藏"活动期间旅游接待总人次的 29.9%。大量游客参与藏历新年等节庆活动，进一步拉近不同民族、不同区域群众之间的距离，加深各族人民群众间的深厚感情。

（四）规划引领作用不断增强

在深入实施《西藏自治区"十四五"时期旅游综合发展规划》的同时，高标准、严要求编制《国道349 沿线（嘉黎、边坝、洛隆）旅游资源概查及发展规划》《西藏自治区阿里地区札达县旅游资源开发规划》《G219 国之大道（西藏段）沿线旅游业发展规划》等专项规划并推进实施。目前，《G219 国之大道（西藏段）沿线旅游业发展规划》已印发实施，《国道 349 沿线（嘉黎、边坝、洛隆）旅游资源概查及发展规划》（成果稿）已进入评审阶段，《西藏自治区阿里地区札达县旅游资源开发规划》编制工作正在有序推进之中；完成了《川藏铁路交通旅游融合发展研究〉五个课题研究）；配合《大香格里拉区域旅游规划》编制组完成整理规划所需基础资料。2022 年 6 月，启动全区旅游资源普查方案制定等工作。

（五）基础设施建设稳步推进

加强与文化和旅游部、自治区发改委、财政厅的沟通协调，做好"十四五"项目中期调整，已申报新增项目 79 个，总投资 233380 万元。及时调度拉萨市达孜区夏拉沟旅游基础设施建设等 15 个重点旅游项目，其中 10 个已开工、4 个未开工、1 个已完工。1—6 月完成投资 6919 万元。2023 年，自治区旅游发展专项资金 9538 万元，涉及 G219 生态旅游厕所及配套设施建设等 7 个项目，各项目正在有序推进。在与自治区乡村振兴局的沟通协调下，G349 沿线边坝丹达红色旅游文化建设项目等 7 个项目涉及资金 1.35 亿元，已完成投资 6906 万元。按照自治区主要领导在调研 G349 时的指示精神，拟定国道 G349 沿线旅游项目需求计划。

（六）公共服务水平有序提升

加大全区旅游厕所运维管理及生态岗位整治，开展岗位选聘、解聘、清退等工作，督促各市（地）旅发局（旅游局）对旅游景区公厕按要求进行排查整治，更好推动岗位绩效考核制度和动态平衡制度的贯彻实施，以"无味"促进游客如厕便利度，提升自治区旅游厕所管理水平。进一步提升旅游公共服务能力，持续推进西藏自治区旅游综合监管平台项目建设，推动区、市、县旅游主管部门数据互通共享，坚持以广大游客安全、便捷、快速出行为根本出发点，联合厅市场管理处、执法监督处各司其职，共同起草制定旅游车辆快速通道实施方案，促进旅游公共服务质量提升。不断加大人才培训力度，组织开展全区智慧旅游专业人才和舆论引导骨干培训班，2023 年全区星级饭店、乡村导游从业人员（向导）、旅行社政策宣传及营销人员培训班（一期、二期）开设"乡村旅游面对面"直播课堂，合计培训 460 名旅游从业人员，进一步提升了服务技能和水平。选派队伍参加文化和旅游部旅游行政执法岗位大练兵，获得"特别贡献奖"。组织开展 2023 年全区旅游星级饭店从业人员服务技能竞赛，并组队参加全国星级饭店服务技能大赛总决赛，获得历史最好成绩，获得大赛"精神文明奖"。组织对 1900 余名区内外导游开展岗前培训。持续推进"放管服"工作，开展旅行社审批权限的下放，指导拉萨、林芝两市先期试点。

（七）品牌建设稳步推进

持续打造 G318 精品旅游大道、G219 沿边大通道、G349 精品旅游线路品牌。西藏博物馆创建国家 5A 级旅游景区进入收尾阶段，启动了"一山两湖"5A 级旅游景区创建，完成 4A 级旅游景区、藏医药康体瘦身产品、绿色及康养示范基地等创建打造计划编制，正在编制"旅游名县"建设指导意见和评定细则，推动创建旅游名县。积极与藏医药大学对接，实地考察西藏藏医药大学附属医院，就藏医药康体瘦身专项特色产品进行商讨。形成了"西藏味道"美食大赛总体方案。完成"天湖之旅"冬季视频素材拍摄，发布"G349·红色之旅""最美天湖之旅""拉萨城市漫游""非遗文化之旅""曲水县精品旅游"等 5 条精品线路。

（八）招商引资全面铺开

学习贯彻纾困相关文件精神，进一步优化营商环境，建立了《2023 年西藏自治区旅游产业招商

引资库》，涉及 83 个项目，投资需求达 127.1 亿元。坚持"缺什么引什么，弱什么补什么"要求，加强旅游项目招商引资，积极吸引社会资金参与重点旅游资源开发。2023 年上半年，全区旅游招商引资共签约项目 19 个，预计投资金额达 58.35 亿元。加大扶持力度，辖区内银行金融机构累计向文旅企业投放贷款 6.04 亿元，印发《2023 年全区文旅体产业招商引资重点项目》宣传手册。

（九）宣传营销持续加强

成功举办墨脱地球全谱景观带推广活动。开展"5·19 中国旅游日·西藏分会场活动"，有效推动体育与休闲旅游相结合。持续加大对 G219 旅游产品、线路的推广，达成 G219 联盟怒江共识。扎实推动西藏 G219（西藏段）旅游推广联盟年会举办，加强旅游优势资源的推介展示，大力促进旅游市场回暖。大力发展"旅游+"与"+旅游"，推进旅游与健康养生等领域相加相融、协同发展，激活西藏银发旅游市场，举办西藏银发旅游分享会。以第五届西藏旅游文化国际博览会为契机，成功举办"畅游幸福新西藏·携手开创新征程"旅游营销推广活动，圆满完成藏博会旅游展示展览、精品旅游踩线等工作，开展"雪域吉祥·冬日游礼"旅游消费券发放活动，直接拉动消费 3379.97 万元，对增强旅游市场活力和推动旅游产业高质量发展起到重要助推作用。1—6 月，中国西藏旅游官方抖音发布抖音短视频共计 281 条，播放量达 4107.13 万人次，点赞量 662119 人次，评论量 65916 人次，转发量 133535 人次，收藏量 68007 次，总阅读量 42000870 人次。中国西藏旅游头条号曝光量达2000 多万，共发布 774 条内容，21 篇文章登上西藏热榜。"双网双微一端"总发布文章信息 6677 篇，总曝光量 2377.2 万人次，中国西藏旅游 App 总阅读量为 167.2 万人次。1—7 月，抖音平台"西藏"等关键词已累计收录 30 余个，从调查的关键词搜索量上看，1—7 月，抖音平台"西藏""拉萨""山南""林芝"等关键词搜索量层次递增，30 余个关键词搜索总量达到 2.92 亿次，其中 7 月份搜索量达到 4579.55 万次，环比上月增加 20.37%。数据表明，在全国旅游业快速恢复和发展的大背景下，自治区旅游业快速上升，西藏已进入热门目的地前列，越来越多的游客更愿意来到西藏亲近自然、感受文化、放松身心。

（十）市场秩序不断规范

为进一步规范旅游市场秩序，改善营商环境，按照君正书记关于旅游舆情的批示，起草报送《关于贯彻落实王君正书记及自治区领导在涉旅网络舆情批示的情况报告》，为游客维权提供有力保障，持续做好旅游投诉咨询 24 小时热线服务，1—7 月，全区共开展执法检查 1246 次，出动检查人员 4248 人次，处罚旅行社 5 家，罚金 12.2 万元，受理旅游投诉 2284 起，回复旅游咨询 8302 起，为游客挽回经济损失 190.6339 万元。推动建立西藏自治区旅游市场信用体系，强化全区旅游企业信用监管，集中开展全区旅游行业尾随兜售、强买强卖专项整治行动，不断营造规范的旅游消费环境。

（十一）推进"放管服"改革和"互联网+"政务服务

一是按计划稳步推进旅行社审批权限调整下放工作，开展拉萨、林芝两地先期试点工作。对接公安边检部门及时帮助旅行社办理边境游业务相关手续。二是组织开展 2023 年全区旅游星级饭店从业人员服务技能竞赛；精心组织实施第五届全国导游大赛区内选拔赛初赛；组织开展区外持证导游区内培训和 2023 年全区导游服务质量提升培训。三是加强政务信息平台技术支撑。为进一步提升旅发厅政务服务能力水平，对自治区建设的"互联网＋政务""互联网＋监管""互联网＋执法""互联网＋督查"等信息系统的接入开展支撑工作，目前完成厅"互联网＋督查"系统的接入和配合培训工作等。

（十二）提升旅游统计分析水平，创新模式开展旅游统计工作

自 2021 年起，为更好做好全区旅游统计工作，不断提升旅游统计分析水平，为上级决策提供更好的参考依据，委托第三方机构开展西藏自治区旅游统计抽样调查工作，旅游统计工作经费由西藏自治区财政本级预算予以保障。西藏自治区旅发厅配备统计人员一名，负责全区旅游统计的总体统筹协调；依托第三方旅游统计机构提供较为专业且全面的旅游统计基础服务保障，遵循旅游行政部门逐级上报、逐级审核、分级负责的原则，最后自治区旅发厅结合市场实际情况，比对参照民航、铁路、公安及携程等 OTA 平台的旅游大数据，专人对各市（地）上报的旅游统计数据进行最终评测，形成更为科学的数据。

通过委托第三方机构开展自治区旅游统计工作，在市场动态调查中的旅游经济运行分析、旅游抽样调查分析、大数据比对分析及相关专项旅游统计数据分析都带来了很大的提升，取得了预期的效果。对有效、科学地组织自治区旅游工作，快速掌握自治区旅游业的基本情况，摸清各市（地）旅游统计方法，保证全区旅游统计数据的准确性、及时性和全面性，提供了极大的支撑，并完成以下统计产品：《西藏旅游经济运行分析报告》《年度旅游抽样调查报告》《年度本地游抽样调查调研报告》《年度"冬游西藏"优惠政策期间抽样调查报告》《主流社交平台"西藏"等关键字搜索量分析报告》《年度全区旅游产业 GPD 占比及旅游经济数据分析报告》《年度全区旅游从业就业抽样调查数据分析报告》《一日游、法定节假日旅游抽样调查数据分析报告》《年度西藏旅游行业投融资分析报告》《年度全区酒店民宿旅游抽样调查数据分析报告》《年度全区 A 级景区旅游数据抽样调查分析报告》《年度全区乡村旅游数据分析报告》《西藏自治区旅游业发展情况表》《年度边境游数据抽样调查分析报告》《西藏游客满意度抽样调查报告》。

二、下一步工作打算

下一步，将深入贯彻落实党的二十大精神，持续抓好学习贯彻习近平新时代中国特色社会主义思想主题教育走深走实，强党建、强作风、强自身，以高度的历史使命感、紧迫的工作责任感，实施好区党委明确的旅游发展重点举措、项目、政策，以踏石留印、抓铁有痕的工作作风，一项一项抓落实，努力推动全年重点工作任务顺利完成。

（一）稳住旅游经济增长势态

认真落实自治区出台的企业帮扶政策，积极争取小微旅游企业扶持措施，进一步对接做好对口援藏省市游客援藏，促进旅游市场迅速活跃，稳住旅游投资，扩大旅游消费，保住市场主体，进一步扩大旅游消费、稳住旅游经济、守住群众就业，让旅游经济有序流动。铆足干劲，努力实现"全年旅游接待 3900 万人次、旅游收入 510 亿元"的目标任务。

（二）持续推进"三区一高地"工作

深入学习贯彻习近平新时代中国特色社会主义思想，将具体工作与主题教育结合起来，与大型调查研究结合起来，贯彻落实自治区党委、政府工作指示，以高度的历史使命感、紧迫的工作责任感，自觉把各项重点任务扛在肩上、抓在手上，以踏石留印、抓铁有痕的工作作风，一项一项抓落实，一个一个问题进行突破，努力推动旅游业开创新局、优质复苏、走在前列，实现高质量发展。

（三）持续推动旅游招商引资

以全区文化旅游产业发展大会为契机，全区旅游行业全力谋划做好对口援藏省市、骨干旅游企业的进藏投资、招商引资、游客援藏，切实落地落细西藏旅游的增量发展，并以此促进全国旅游与西藏自治区的交流交往，促使游客到居民的身份转变。

（四）持续开展宣传促销活动

积极对接央视、本地卫视投放旅游品牌广告。整合西藏旅游线上媒体，继续保持官方抖音、头条、微信、微博在全国省级旅游市场宣传中的第一方阵。以拉萨雪顿节、雅砻文化节等节庆为契机，加大西藏旅游的宣传广度和深度，强化与其他省（市）的旅游交流合作。

（五）加大品牌打造力度

继续提升 G318、G219、G349 以及边境一线和南亚游等精品线路，做优"天湖之旅""藏医药康体瘦身"等特色产品。继续提升"文创西藏"品牌影响力，深入推进西藏特色文化产业培育工程。充分挖掘西藏文化的内涵与品牌价值，打造一批以研发、设计、生产、销售为一体的文化龙头企业。深化文旅融合，推进西藏博物馆 5A 级旅游景区创建，推进非遗旅游景区（点）示范点、非遗特色旅游主题线路建设，加强非遗演艺作品进景区。

（六）坚持文旅融合，推进"旅游＋""＋旅游"

深入挖掘本地文化资源，打造提升凸显西藏特色民俗文化的旅游演艺和节庆旅游产品，支持旅游文创产品创新发展，推进建立完善与文化、教育、体育、科技、商务等部门的沟通协作机制。持续推进旅游与交通、住建、农业、水利、林业、藏医药等融合发展，做好"旅游＋""＋旅游"文章，逐步倡导形成全景吸引游客、全时留住游客、全业提升产业、全民共建共享大众旅游发展成果的全域全时旅游发展新格局。

（七）持续加强旅游市场监管

围绕游客关心关注的问题，探索建立游客满意度和信用旅游评定与创建机制，有序推动旅游服务提档升级，促进产业提质、产品创新和服务增效，抓好市场主体这个关键，积极营造良好的营商环境和开放、包容、创新、务实的市场氛围，促进投资的积极性，继续通过各种方式、各类渠道、各方平台抓好旅游招商引资，把适合西藏旅游发展的企业招进来，加快推动自治区旅游理念、技术、产品、服务、模式和业态的革新。

（八）筹备好全区文化旅游产业发展大会

按照自治区党委工作要求，认真筹备召开 2023 年全区文化旅游产业发展大会，力争出台《中共西藏自治区委员会 西藏自治区人民政府关于加快文化旅游产业高质量发展的意见》。

（九）进一步提升旅游统计分析工作质量

统一思想，全面加强对旅游统计工作重要性的认识；强化协调和沟通，切实做好旅游统计工作；强化责任担当，提高旅游统计数据质量；提升旅游服务品质，逐步把西藏建设成具有最佳生态的旅游地之一。

（西藏自治区文化厅　西藏自治区旅游发展厅）

西藏：深度发掘文旅资源 稳定发展人文生态

一是聚焦"稳定、发展、生态、强边"四件大事。持续做好第二轮中央生态环保督察反馈问题整改工作，完成涉冰川旅游景区生态环境问题联合排查整治、2 处涉自然保护地违规建设旅游基础设施建设等 5 项整改任务。制定实施《旅游促进各民族交往交流交融计划专项实施方案》《区旅发厅民族团结进步模范区创建"进景区"实施方案》，推动民族团结进步模范区创建取得实效，山南市错那县勒布沟景区、阿里地区日土县班公湖景区成功入选自治区第一批民族团结进步模范景区；西藏博物馆、西藏自然科学博物馆、江孜宗山抗英遗址、林芝市波密县扎木中心县委红楼等 A 级景区成功入选自治区民族团结进步教育基地。固边兴边富民行动有序推进，加快边境旅游标准化建设，印发实施《G219 国之大道（西藏段）沿线旅游业发展规划》，加大对边境 4 市（地）旅游部门的指导力度。

二是《国道 349 沿线（嘉黎、边坝、洛隆）旅游资源概查及发展规划》（成果稿）已进入评审阶段，《西藏自治区阿里地区札达县旅游资源开发规划》编制工作正在有序推进之中。完成《〈川藏铁路交通旅游融合发展研究〉五个课题研究》。配合《大香格里拉区域旅游规划》编制组，完成整理规划所需基础资料。

三是做好"十四五"项目中期调整，已申报新增项目 79 个，总投资 233380 万元。及时调度拉萨市达孜区夏拉沟旅游基础设施建设等 15 个重点旅游项目。2023 年，自治区旅游发展专项资金 9538 万元，涉及 G219 生态旅游厕所及配套设施建设项目等 7 个项目，各项目正在有序推进。G349 沿线边坝丹达红色旅游文化建设项目等 7 个项目涉及资金 1.35 亿元。拟定国道 G349 沿线旅游项目需求计划。

四是持续打造 G318 精品旅游大道、G219 沿边大通道、G349 精品旅游线路品牌。西藏博物馆创建国家 5A 级旅游景区进入收尾阶段，启动了"一山两湖"5A 级旅游景区创建，完成 4A 级旅游景区、藏医药康体瘦身产品、绿色及康养示范基地等创建打造计划编制，正在编制"旅游名县"建设指导意见和评定细则，推动旅游名县创建。形成"西藏味道"美食大赛总体方案。完成"天湖之旅"冬季视频素材拍摄，发布了"G349·红色之旅""最美天湖之旅""拉萨城市漫游""非遗文化之旅""曲水县精品旅游"等 5 条精品线路。

五是学习贯彻纾困相关文件精神，进一步优化营商环境，建立《2023 年西藏自治区旅游产业招商引资库》，涉及 83 个项目，投资需求达 127.1 亿元。2023 年上半年全区旅游招商引资共签约项目 19 个，预计投资金额达 58.35 亿元。加大扶持力度，辖区内银行金融机构累计向文旅企业投放贷款 6.04 亿元，印发《2023 年全区文旅体产业招商引资重点项目》宣传手册。

六是成功举办墨脱地球全谱景观带推广活动。扎实推动西藏 G219（西藏段）旅游推广联盟年会举办。举办西藏银发旅游分享会。以第五届西藏旅游文化国际博览会为契机，成功举办"畅游幸福新西藏·携手开创新征程"旅游营销推广活动。开展"雪域吉祥·冬日游礼"旅游消费券发放活动，直接拉动消费 3379.97 万元。

陕西省 2022 年文化和旅游发展情况分析

2022 年，陕西省文化和旅游系统坚持以习近平新时代中国特色社会主义思想为指导，紧紧围绕党的二十大胜利召开这个主线，贯彻落实党中央、国务院和省委、省政府决策部署，坚持稳中求进、守正创新，围绕推进文化自信自强、建设社会主义文化强国，以满足人民精神文化需求和增强人民精神力量为着力点，聚焦"三链""六体系"，统筹推进疫情防控和行业恢复发展，推动文化和旅游深度融合发展，激发新动能、形成新优势。坚持文化铸魂、文化赋能，以社会主义核心价值观为引领，推出一批优秀文艺作品，着力丰富文旅产品和服务供给，加快推进文旅消费复苏，持续强化市场监管，努力为人民群众提供更加丰富、更高质量的文化和旅游产品，文旅融合高质量发展迈出新的步伐。

一、机构和人员

2022 年末，纳入统计范围的全省各类文化和旅游单位 8220 个，比上年末减少 24 个。其中各级文化和旅游部门所属单位 1994 个，减少 24 个；从业人员 2.0814 万人，减少 0.0086 万人。

二、艺术创作演出

2022 年，聚焦高峰发力，开创文艺事业繁荣发展新高度。始终把出精品、攀高峰作为文艺繁荣兴盛的中心任务，推出秦腔《楷模村》《生命的绿洲》等一批新时代陕西现实题材作品。话剧《主角》获第十三届中国艺术节"文华大奖"，碗碗腔《骄杨之恋》等 3 部作品获中宣部"五个一工程"奖。始终把办好重大文艺活动作为唱响文化特色的重要载体，壬寅年清明公祭轩辕黄帝典礼文艺表演精彩圆满，《在延安文艺座谈会上的讲话》发表 80 周年纪念活动反响热烈。举办第四届陕北民歌大赛，评选出新一届"十大民歌手"。始终把文艺院团改革发展、艺术人才培养引进作为文化强省建设的基础工程，起草制定《陕西省深化国有文艺院团改革实施方案》《陕西省引进高层次文化艺术人才暂行办法》，建立文旅行业人才数据库和专家智库。

2022 年末，全省共有艺术表演团体 533 个，比上年末减少 44 个；从业人员 1.5246 万人，比上年末减少 0.2537 万人。其中各级文化和旅游部门所属的艺术表演团体 80 个，占 15%，从业人员 0.5289 万人，占 35%。

全年全省艺术表演团体共演出 3.93 万场，比上年下降 46%；国内观众 2534 万人次，下降 41%，其中农村观众 1060 万人次；演出收入 3.3 亿元，下降 36%（详见表 1）。

表 1　2018—2022 年陕西省艺术表演团体基本情况

年份	机构数（个）	从业人员数（人）	演出场次（万场）	国内演出观众人次（万人次）	演出收入（万元）
2018	531	18567	8.337	4937.7	50514.3
2019	509	20479	5.682	4809.2	39964.1
2020	591	18974	4.62	3174.2	42253.1
2021	577	17783	7.31	4297.7	50827.3
2022	533	15246	3.93	2534.0	32656.7

2022 年末，全省共有艺术表演场馆 102 个，与上年末持平；观众座席数 4.8122 万个，增加 5.5%。其中：文化和旅游部门所属艺术表演场馆 57 个，比上年末减少 4 个；全年共开展艺术演出 0.15 万场次，比上年下降 42%；艺术演出观众人次 57 万人次，增长 9.6%。

2022 年末，全省共有美术馆 8 个，比上年末增加 1 个，从业人员 103 人，增加 14 人。全年共举办展览 98 次，比上年增长 42%，参观人次 119.3 万人次，增长 69%。

三、公共服务

2022 年，陕西省文化和旅游厅印发《关于推动全省公共文化服务高质量发展的实施意见》，推动公共文化服务体系迈上新台阶。省图书馆高新馆区建成开放，省级图书馆总面积跃居西部第一、全国第二。省文化馆新馆顺利实现主体封顶。宝鸡、渭南圆满完成国家公共文化服务体系示范区复核并获得优秀等次，第一、二批省级公共文化服务高质量发展示范县（区）创建持续推进，鄠邑区打造的"关中忙罢艺术节"已成为乡村产业振兴、文化振兴的典范；安康《乡村文化理事会案例》入选全国文化和旅游领域改革创新十佳案例；5 案例入选全国公共文化服务高质量发展典型案例、"中国民间文化艺术之乡"建设典型案例。创新开展第十届陕西省阅读文化节、群众文化节，带动全省开展线上线下公共文化活动 6.5 万场次，惠及群众 8956.5 万人次。群众文艺创作再创佳绩，9 件作品入围中国艺术节群星奖决赛，表演唱《歌从黄河岸边边来》、陕北道情《一条棉被》获"群星奖"，获奖总数位居全国前列。发放陕西文旅惠民卡 7 万余张、惠民券 117 万张、节假日喜马拉雅免费会员卡 33 万张，每月推出"艺起来看陕剧"活动深受大众喜爱。

（一）公共图书馆

2022 年末，全省共有公共图书馆 117 个，与上年末持平；从业人员 2128 人，比上年末增加 27 人。其中：具有高级职称人员 125 人，占 5.9%；具有中级职称人员 638 人，占 30%。

2022 年末，全省公共图书馆实际使用房屋建筑面积 56.89 万平方米，比上年末增加 13.87 万平方米，增长 32%；全省公共图书馆总藏量 2502 万册，比上年增长 9%；阅览室座席数 4.5710 万个，增长 35%。

2022 年末，全省平均每万人公共图书馆建筑面积 143.81 平方米，比上年末增加 35.01 平方米；全省人均图书藏量 0.63 册，增加 0.05 册；全年全省人均购书费 0.88 元，比上年减少 0.07 元。

全省公共图书馆累计发放借书证 90 万个；总流通人次 1348 万人次，比上年末增长 20%；书刊文献外借 806 万册次，增长 7%；书刊文献外借人次 391 万，增长 3%；全年共为读者举办各种活动 5652 次，比上年末下降 1%；参加人次 156 万，比上年末下降 32%（见图 1）。

图 1　2018—2022 年图书馆总流通人次和书刊文献外借册次

（二）群众文化机构

2022 年末，全省共有群众文化机构 1467 个，比上年末减少 10 个。其中：文化馆 122 个，与上年末持平；文化站 1345 个，净减少 10 个（其中乡镇综合文化站 1145 个，减少 11 个；社区综合文化站 200 个，增加 1 个）；年末全省群众文化机构从业人员 6846 人，比上年末增加 8 人。其中：具有高级职称人员 232 人，占 3.3%；具有中级职称人员 811 人，占 11.8%。

2022 年末，全省群众文化机构实际使用房屋建筑面积 102.01 万平方米，比上年末减少 0.07%；业务用房面积 71.35 万平方米，减少 3%。年末全省平均每万人群众文化设施建筑面积 257.86 平方米，比上年末减少 0.1%。

全年全省群众文化机构共提供各类文化服务 5.111 万次，比上年末增长 5.2%；服务 1782 万人次，增长 18.2%。克服疫情影响，大力发展线上文化活动，全年全省群众文化机构组织开展线上群众文化活动 0.7153 万次（见表 2）。

表 2　2022 年陕西省群众文化机构开展活动情况

	总量		比上年增长	
	活动次数（次）	服务人数（万人次）	活动次数（%）	服务人次（%）
各项活动总计	51110	1782	5.2	18.2
其中：展览	4654	279	−9.1	9.8
文艺活动	29159	1389	9.2	22.5
公益性讲座	771	13	−25.9	−18.8
训练班	16526	101	5.2	3.0

2022年末，全省群众文化机构共有馆办文艺团体 308 个，演出 3716 场，观众 157 万人次。由文化馆（站）指导的群众业余文艺团体 1.2456 万个，馆办老年大学 27 个。

四、文化市场和综合执法

2022 年，稳住市场经济秩序，常态化开展"送政策、解难题、办实事"助企服务活动，开展旅行社质量保证金保险试点，为 474 家旅行社暂退保证金 7001.8447 万元。优化网上行政审批服务流程，精简审批材料，压缩办事时限。持续推进"互联网＋政务"，提高涉旅企业在"监管服务平台"开展业务的使用效率。增强文化和旅游行政部门和文旅企业应急指挥、处置、救援能力。因时因势优化调整陕西省文旅行业疫情防控政策，做好元旦、春节、五一、中秋、国庆等文化和旅游假日市场疫情防控和安全生产工作。

2022 年末，全省通过统计直报系统报送的各类文化市场经营单位共计 4457 家，从业人员 2.448 万人，营业收入 20.19 亿元，营业利润亏损 0.47 亿元。

2022 年末，全省共有旅行社 854 家。旅行社填报数据显示，全年全省旅行社营业收入 21.01 亿元，营业利润亏损 1.38 亿元。

2022 年末，全省共有星级饭店 290 家，其中 260 家的经营数据通过各级文化和旅游部门审核。填报数据显示，全年全省星级饭店营业收入 31.13 亿元，平均房价 277.96 元，平均出租率 37.38%。

2022 年，持续加强市场监管，及时调整优化文旅行业疫情防控措施，规范落实"限量、预约、错峰"要求，阻止了疫情通过文旅途径传播。推进安全生产专项整治三年行动巩固提升工作。建立文化市场综合执法运行机制，深化文旅行业"清浊"行动，开展体检式暗访评估，共计暗访经营单位 2010 家次，发现并督办涉嫌违法违规问题线索 6 类 1239 条。省文化和旅游厅被评为全省安全生产和消防考核优秀等次。

五、资源开发和利用

2022 年，不断提升资源开发利用水平，丰富优质旅游产品供给。黄河壶口瀑布成为全国首家跨省共建共创的国家 5A 级旅游景区。牛背梁旅游度假区被评为国家级旅游度假区。"延一井"工业遗产旅游基地、红星食品文化博览园 2 处入选国家工业旅游示范基地。榆阳区古塔镇赵家峁村等 6 村 3 镇入选全国乡村旅游重点村、镇（乡）名单。聚焦"三秦四季"，逐季度推出系列宣传活动，15 条线路入选文化和旅游部"乡村四时好风光"全国乡村旅游精品线路。遴选优秀旅游商品参加 2022 中国旅游商品大赛，获得 2 金 2 银 4 铜，金奖数位居全国第一。成功举办中国旅游日陕西主场活动，开行"坐着火车游陕西"文旅专列，开展"从秦岭到黄河边走边唱"文旅推广实践活动，全力打造陕西文旅宣传推广品牌。编制出台《陕西省"十四五"乡村旅游发展规划》《陕西省秦岭地区农家乐发展规划》《秦岭地区农家乐基本要求（地方标准）》，协同有关部门开展联合执法，进一步规范农家乐和景区的发展和运营管理。

2022 年末，全省共有 A 级景区 523 个，直接从业人员 4.49 万人，全年接待总人数 1.87 亿人次，实现旅游收入 94.11 亿元。

2022 年，国内旅游总人次 3.47 亿人次，同比下降 11.3%。国内旅游收入（旅游总消费）2624.77 亿元，同比下降 23.6%。

六、产业与科技

2022 年，省文化和旅游厅成立厅稳增长专班，扎实助企纾困解难。制定印发一季度文旅产业稳增长工作 9 条措施、协调出台 8 条助企纾困举措、15 条财税金融支持措施、7 条支持西安加快恢复发展措施，开展中小文化旅游企业服务月活动，提振行业发展信心。强化政银企合作，编制《全省文旅产业重点融资项目册和融资需求统计表》，建立文旅企业"白名单"，促成 27 家文旅企业与 10 家银行达成合作贷款意向 47.69 亿元。出台打造万亿级文旅产业实施意见、文旅重点产业链三年行动方案，印发推进高质量文旅项目建设行动方案，谋划实施了对全省文化和旅游高质量发展具有支撑、牵引作用的项目 445 个，总投资 2376.8 亿元。强化品牌营销扩大文旅消费，着力打造"三秦四季"陕西旅游宣传营销品牌，举办"中国旅游日"陕西分会场合作推介活动，开通"三秦四季·坐着火车游陕西"文化旅游列车。加强与新媒体合作，与抖音联合开展短视频宣传推介活动，与新浪微博联合推出"美好三秦·畅游陕西"宣传活动。组织全省文旅夏季消费季活动并举办了启动仪式，联合中国银联实施"百城百区"文旅消费助企惠民行动，与支付宝联合开展文旅绿色出行活动，积极布局夜间旅游，4 家单位成功创建第二批国家级夜间文化和旅游消费集聚区，认定 17 家省级夜间文化和旅游消费集聚区，有效拉动文旅消费，促进旅游市场回暖复苏。

2022 年，强化规划和制度引领，制定《陕西省文化和旅游厅关于贯彻落实〈陕西省"十四五"网络安全和信息化发展规划〉实施意见》、《陕西省文化和旅游厅关于贯彻落实〈文化和旅游部"十四五"文化和旅游科技创新规划〉实施意见》、《陕西省艺术科学规划项目管理办法》及《陕西省文化艺术类校外培训机构准入指南（暂行）》，夯实制度管理基础。推动文化和旅游信息化项目建设，建成陕西省图书馆、陕西省文化馆裸眼 3D 四折幕沉浸式体验项目，陕西省文化和旅游产业运行监测与应急指挥平台三期建设完成并投入使用。推荐 94 个一般项目和 4 个重大项目申报国家社科基金艺术学项目和国家社科基金艺术学重大项目，其中 4 个一般项目和 1 个重大项目被立项，与陕西省社会科学界联合会联合开展 2022 年度陕西省艺术科学规划项目申报工作，全省共立项 95 项。推荐 12 个智慧旅游应用场景实践案例，5 个 2022 年文化和旅游信息化发展典型案例和 1 个文化和旅游创新成果，其中《数字化助力西安城墙文物保护和文化遗产传承》入选文化和旅游创新实践十佳案例，《"长安十二时辰＋大唐不夜城"唐文化全景展示创新实践》获评文化和旅游创新成果。推荐的白鹿原影视城景区成功创建 2022 年国家旅游科技示范园区。向省市场监督管理局推荐文化和旅游地方标准制修订项目 18 项，立项 9 项。组织开展社会艺术水平考级督导检查 4 次，完成陕西省朗诵协会申请社会艺术水平考级机构评审。

七、文化遗产保护利用

2022 年，推动完善顶层设计，出台实施《陕西省关于进一步加强非物质文化遗产保护工作的实施意见》、《陕西省"十四五"非物质文化遗产保护规划》、《陕西省黄河流域非物质文化遗产保护传承弘扬专项规划（2022 年—2035 年）》及《陕西省省级文化生态保护区管理办法》等 5 项制度法规，制度建设稳步推进。咸阳茯茶制作技艺成功入选人类非遗代表作名录，省内人类非物质文化遗产代表作名录增至 4 项。开展第六批国家级非遗传承人推荐评审，完成第七批省级非遗项目评审，新增 92 项，省级非遗代表性项目增至 766 项。新设立 34 家第二批省级非遗工坊，省级非遗工坊总数增至 86 家。2022 年举办"文化和自然遗产日"，360 场活动带动近 2000 万销售额，有效激发消费潜力活力。集中组织对 52 家首批非遗工坊实施动态监管、考核评估，着眼助企纾困、助力乡村振兴，按照量化考评结果补助 50 家第一批省级非遗工坊。组织开展"苏陕协作非遗文创产品联展联销""陕西传统工艺大展暨黄河记忆非遗展"等活动，非遗助力乡村振兴、服务中心作用日益凸显。精心组织开展"视频直播家乡年"活动，2022 年再次受到文旅部通报表扬。成功举办第八届丝绸之路国际艺术节期间，"2022 丝绸之路非遗大师对话"、开闭幕非遗展示活动。扎实推进"丝绸之路非遗展示交流中心建设"。借力文旅惠民平台等载体，加强非遗与旅游、科技等融合，探索文旅融合新抓手，激发陕西文旅高质量发展新动能。

2022 年末，全省国家级非遗代表性项目 91 项，共有在世国家级非遗代表传承人 54 名。列入联合国教科文组织人类非物质文化遗产代表作名录（名册）项目 4 个。

全省共有非物质文化遗产保护机构 104 个，从业人员 711 人。全年全省非物质文化遗产保护机构共举办展览 703 次，比上年下降 1.8%，举办演出 1975 场，比上年增长 24.4%，举办民俗活动 553 次，下降 1.4%。

2022 年，认真学习贯彻习近平总书记关于文物工作重要论述和来陕考察重要讲话精神，深入落实党中央、国务院决策部署和省委省政府工作安排，全面贯彻新时代文物工作方针，牢固树立"保护文物、繁荣文化、传承文明"工作理念，按照"规划落实和一流目标创建"年度工作思路，以作风建设专项行动为动力，以 5 支队伍建设为支撑，以"七个一流"创建为目标，在保护传承利用中华文明优秀成果、推动文物事业高质量发展方面取得了显著成效。

一是文物保护利用体制机制更加健全。省委、省政府召开全省文物工作会议，研究部署新时代陕西文物工作，压紧压实各级党委政府主体责任、部门监管责任和文物单位直接责任。省政府与国家文物局签署合作共建"世界一流考古机构""汉长安城国家大遗址保护特区"协议。省人大颁布实施《陕西省革命文物保护利用条例》，省委办公厅、省政府办公厅出台陕西省《关于加强考古工作的实施意见》《基本建设中考古工作管理办法》，为全面落实"先考古、后出让"要求提供制度支撑，在陕西工作保护文物是"国之大者"的观念更加深入人心。

二是文物管护能力不断加强。强化顶层设计，编制完成黄帝陵、秦始皇陵保护规划，芦山峁、周原、秦咸阳城遗址 3 部保护规划和西安碑林等 6 处国保单位区划划定调整方案经省政府公布实施。文物保护纳入省"标准地"改革评价体系，"三区三线"划定中文物保护用地调整得到落实，"文化遗产保护利用"列入"两链"融合重点科技专项。编制完成《陕西省石窟寺保护指导意见》，印发试行《文物建筑预防性保护技术规程》。推进文物安全大防控体系建设，出台《不可移动文物巡查管理办法》《群众文物保护员管理办法》，上线运行全省文物安全监管平台，推动北斗系统、地波探测等高新技术用于文物安全防护，完成 2030 处文博单位消防安全联合检查。完善文物安全综合治理体系，组织文物法人违法案件专项整治，督办 20 件违法施工、安全隐患案件，开展首届全省优秀文物行政执法案卷评查活动，会同公安部门开展"鹰"系列打击文物犯罪专项行动，实现重大文物案件零发案。

三是考古研究取得重要突破。聚焦"中华文明探源工程""中原地区文明化进程"等重大考古课题，深入开展杨官寨、石峁、芦山峁遗址以及周秦汉唐都城与帝王陵园遗址等 21 项重大考古学研究，太平遗址被证实为夏时期大型中心性聚邑遗址，西汉霸陵入选 2021 年度"全国十大考古新发现"。建成开放全国首个考古学科专题博物馆，对外开放以来接待观众 15 万人次。服务全省重大项目建设，提出考古"片区制"工作思路，配合咸阳机场三期、西康高铁、京昆高速等开展 800 余项考古项目，抢救 4.8 万余件珍贵文物，促进文物保护与经济建设"双赢"发展。

四是革命文物保护利用传承体系日益完善。高质量完成革命文物保护利用工程（2018—2022 年）收官工作，扎实推进延安革命文物国家保护利用示范区创建。公布陕西省第二批革命文物名录，新增 39 家单位纳入免费开放名单。编制陕甘及川陕片区革命文物保护利用规划，印发《革命文物保护利用片区工作指南》《陕西革命旧址日常工作手册》。推进 89 个革命场馆保护维修和陈列提升，实施梁家河知青旧居、延安县委县政府旧址等一批保护维修项目，加快延安新闻纪念馆、中国抗日军政大学纪念馆等展陈提升工程，联合省气象局等建立延安革命旧址预防性保护合作机制。《陕西革命旧址云上展》《延安·延安》短视频入选全国革命文物保护利用十佳案例。

五是服务经济社会发展大局成效显著。推进重要文化标识项目建设，省政府、国家文物局召开共建汉长安城大遗址保护特区联席会议，推动汉长安城遗址保护与乡村振兴、城市建设、民生改善、基础设施同步发展。西安碑林博物馆改扩建工程已经奠基即将开工，秦始皇陵外城垣遗址保护展示工程加快实施。长城、黄河国家文化公园（陕西）加快建设，《长城国家文化公园（陕西）建设保护规划》公布实施，镇北台、盐场堡等国家长城重要点段保护修缮项目进展顺利；潼关古城、西岳庙等黄河流域 30 多项保护维修项目稳步推进，明秦藩王墓、秦庄襄王墓突出问题得到全面整改。

六是博物馆服务效能有效释放。公布实施《陕西省"十四五"博物馆事业发展规划》，联合省发改、教育厅等 13 部门印发《关于推进博物馆改革发展的实施方案》，新增博物馆 8 座，新挂牌社区博物馆 12 座，全省备案博物馆总数达 349 座，举办 500 余个线下展览和千余场文物惠民活动，延安革命纪念馆基本陈列"伟大历程——中共中央在延安十三年历史陈列"、秦始皇帝陵博物院"青铜之冠——秦陵彩绘铜车马"获全国博物馆十大陈列展览精品奖。

七是文物服务国家大局作用彰显。认真筹备亚洲文化遗产保护行动会议，国家级"中亚丝绸之路考古合作研究中心"于 12 月挂牌成立，缅甸蒲甘他冰瑜寺援外项目得到中缅两国领导人的充分肯定。配合中日邦交正常化 50 周年纪念活动和中希文化年，承办《秦汉文明的遗产》等文物进出境展览，"平行时空：在希腊遇见兵马俑"线上展览获评 2022 年度中华文物全媒体传播精品推介项目。"陕西对台交流基地"挂牌西安碑林博物馆、宝鸡青铜器博物院，《盛世壁藏——唐代壁画文化特展》在港澳台高校引发热烈反响。

2022 年末，陕西省共有各类文物机构 655 个，比上年末增加 11 个。其中：文物保护管理机构 186 个，占 28.4%；文物系统管理的国有博物馆 243 个，占 37.1%。年末全国文物机构从业人员 16805 人，比上年末增加 1692 人。其中：高级职称 639 人，占 3.8%；中级职称 1422 人，占 8.5%（见图 2）。

2022 年末，陕西省文物机构藏品 351.14 万件，其中，博物馆文物藏品 329.19 万件/套，占文物藏品总量的 93.75%。2022 年，全省各类文物机构共举办陈列展览 1244 个，比上年减少 126 个。其中：基本陈列 827 个，减少 101 个；临时展览 417 个，减少 25 个。接待观众 2398 万人次，比上年减少 38.98%，其中未成年人观众 375.27 万人次，减少 40.69%，占参观总人数的 15.65%。文物系统管理的国有博物馆接待观众 1503 万人次，比上年减少 40.81%（见图 3）。

图 2　2012—2022 年陕西省文物机构及从业人员情况

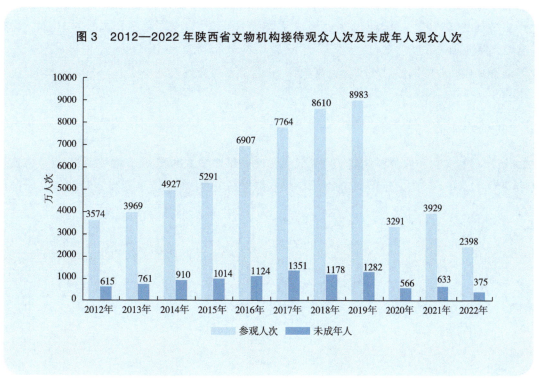

图 3　2012—2022 年陕西省文物机构接待观众人次及未成年人观众人次

八、文化和旅游对外及对港澳台交流

2022 年开展对外文化旅游交流项目 24 项共计 174 场次活动。成功举办第八届丝绸之路国际艺术节，美国、泰国、日本、阿根廷等 29 个国家参与，举办文化艺术活动 58 场次，展出优秀艺术作品近 500 件，惠及观众 399 万余人，网络总点击量突破 1680 万人次。与中国驻乌兹别克斯坦、驻乌克兰大使馆、驻澳门特别行政区政府文化局、驻捷克大使馆等相关机构分别举办了"春之路——庆祝中国和乌兹别克斯坦建交 30 周年"云端文艺演播，欢乐春节"秦——兵马俑的前世今生现代艺术展""华山之巅·云海音乐会""澳门新春贺岁活动"等 4 场线上活动。与巴黎中国文化中心开展年度部省合作，举办"秦岭与黄河的对话"、"丝绸之路起点·兵马俑的故乡"、"陕西非遗之美"摄影图片展、舞剧《青铜》展播、"食在陕西·云上美食盛宴"美食文化展，线下"古法新作——陕西文化艺术展"等 8 项活动。举办"东亚文化、经济之都——2022 陕西民俗文化节"、"纪念中日邦交正常化 50 周年·迎中秋中华美食节"、第 38 届中国陕西·日本京都书画联展暨第 7 届中国·日本学生书画联展，庆祝中日邦交正常化 50 周年。选送延安腰鼓节目《鼓舞盛世》参加庆祝中韩建交 30 周年韩国济州——中国交流城市交流周活动。组织参加中国国际旅游交易会、第七届中国——亚欧博览会、中国文化和旅游 IP 授权展、第十届澳门国际旅游（产业）博览会"一带一路"媒体合作论坛非遗展。同俄罗斯《商业圣彼得堡报》、哈萨克斯坦《新时代报》、法国《欧洲时报》、《大公报》、《澳门日报》等 38 家主流媒体合作，浏览量达 680 万次。在脸书、推特等 7 个平台开通英、日、韩 3 个语种 13 个账号，粉丝总量达 120 万，7 月，荣登全国同类账号综合国际传播力第一位，获省政府主要领导批示表扬，入选中央网信办"中国好故事"网络国际传播精品案例。制作宣传册 27 本、宣传片 15 部，获评文化和旅游部"2021 中国最美四季"活动"优秀组织单位"，全国范围评选出的 10 部"优秀短视频"作品中，陕西独占 3 席。

全年全省文化和旅游部门对外文化交流项目 10 起，参与交流人员 496 人。

九、资金投入

2022 年，全省文化和旅游事业费 28.68 亿元，比上年增加 1.99 亿元，增长 7.5%；全省人均文化和旅游事业费 72.51 元，比上年增加 5.02 元，增长 7.4%；文化和旅游事业费占财政总支出的比重为 0.42%。

（陕西省文化和旅游厅　陕西省文物局）

陕西：大力推动非遗创新发展

陕西省文化和旅游厅认真贯彻落实习近平总书记来陕考察重要讲话精神，紧紧围绕国家乡村振兴战略部署，持续推动非遗工坊建设，为全省近5万名群众搭建起就业增收的非遗平台，助力乡村振兴取得了实实在在的成效。

一、加大支持力度，推动非遗工坊建设

坚持多措并举，评审命名86家特色鲜明、示范带动作用明显的省级非遗工坊，走出以"政府引导为主、企业形式为主、非遗传承人品牌为主"3条特色路径，形成了配套齐全、产业聚集、协作推进的可持续发展局面。紫阳蒸盆子制作技艺工坊是典型的以"政府引导为主"的非遗工坊。依托紫阳蒸盆子制作技艺，由当地多个部门联合成立劳动就业培训中心，举办培训60期，让其成为当地农民脱贫致富的真本事。陕西鑫响驴业有限公司是典型的以"企业形式为主"的非遗工坊。该公司通过"企业＋贫困户＋残疾人＋合作社""企业统一养驴子、群众入股数票子"等模式，带动当地户均增收3000至5000元。羌族刺绣工坊是典型的以"非遗传承人品牌为主"的非遗工坊。宁强县羌族刺绣传承人王小琴积极发挥"陕西省脱贫攻坚先进致富带头人"作用，以"公司＋学校＋合作社＋基地＋绣娘"的模式带动1000余名农村妇女实现灵活就业、居家就业。

二、注重产业关联，积极构建非遗发展新格局

持续深化非遗工坊与文旅产业的融合发展，充分发挥非遗工坊的文化创意、商品生产、市场交易、旅游带动等功能，推动非遗焕发新活力。中坝作坊小镇通过将72户移民搬迁闲置房以租赁或者资产入股的方式改造成72个传统手工作坊，打造出独具陕南农耕特色的作坊小镇，辐射带动周边8个村600余户群众发展订单农业，6000余人依托小镇实现就业创业，人均年收入达到2万元以上，入选世界旅游联盟旅游减贫百大案例。"安康火龙"非遗工坊依托当地火龙文化，衍生出"水龙""蒸龙"，队员们白天在公司务工，晚上表演火龙，其他乡亲们还能够参与餐饮和服务，把村庄打造成了文旅综合体。延伸拓展非遗工坊发展链条，龙安茶非遗工坊在当地林业、水利等部门的倾力帮扶下，通过政策支持、建设服务、协同招商，实现茶叶机械化、规模化生产，实现家家有茶园，户户都制茶，为当地农民增收开创了致富路。

三、不断开拓市场，着力打造陕西知名非遗品牌

积极推动非遗"走出去、引进来"，组织非遗工坊参与国内外各类展会和品牌营销活动。不断完善非遗工坊品牌培育、评价、宣传机制，重点发展有市场潜力的产品和企业，实行分类指导、梯次培育，不断做大做强陕西非遗品牌。临渭草编手工艺以前主要是农户在家分散制作，产品多为自用。在当地政府及文旅部门的支持下，临渭草编项目传承人陈春苗带头创研，如今的临渭草编创意精美、用途广泛，形成了麦秆、玉米皮两大系列，工艺品、文创用品、居家装饰品三大品类上百个产品，草编"巧娘"品牌获得了良好的市场口碑和效益。

甘肃省 2022 年文化和旅游发展情况分析

　　2022 年，甘肃省文旅厅系统坚持以习近平新时代中国特色社会主义思想为指导，全面贯彻落实习近平总书记对甘肃重要讲话指示精神和党的十九届历次全会、党的二十大精神，以及省第十四次党代会精神，按照省委、省政府工作部署和要求，紧紧围绕举旗帜、聚民心、育新人、兴文化、展形象的重要使命，把握"三新一高"导向，统筹推进疫情防控与文旅发展，着力推动文化事业、文化产业和旅游业高质量发展。全省文物保护传承持续加强，文艺精品推陈出新，公共文化服务效能提升，旅游市场恢复有力。

一、文化和旅游机构和人员基本情况

　　2022 年末，纳入统计范围的全省各类文化文物和旅游单位 7038 个，比上年末增加 282 个；从业人员 62841 人，比上年末减少 7432 人。其中，各级文化文物和旅游部门所属单位 2199 个，增加 10 个；从业人员 23493 人，增加 104 人。文化和旅游机构总体稳定，因疫情影响，文化和旅游从业人员有所减少（见图 1）。

图 1　2012—2022 年甘肃省文化和旅游单位机构数及从业人员数

二、艺术创作演出推陈出新

　　2022 年，文艺创作展演推陈出新。起草上报了《关于深化国有文艺院团改革的实施意见》，创排

组歌《"两弹一星" - 江山民心》等，复排民族器乐剧《玄奘西行》。开展"春绿陇原·云端盛宴"展播剧目和文艺演出 140 部、播放量达 6788 万人次。陇剧《大禹治水》入选文旅部"2022 年首届黄河流域戏曲演出季"，23 部文艺作品获甘肃省第十届敦煌文艺奖，25 幅优秀美术作品入选"第七届全国画院美术作品展览"。

2022 年末，全省共有艺术表演团体 370 个，和上年相比没有变化；从业人员 11380 人，减少 5109 人。其中各级文化和旅游部门所属的艺术表演团体 62 个，占 16.8%，从业人员 3466 人，占 30.5%。

全年全省艺术表演团体共演出 2.04 万场，比上年减少 71.5%；国内观众 1393.63 万人次，减少 61.2%；演出收入 5.39 亿元，减少 44.9%（见表 1）。

全年全省文化和旅游部门所属艺术表演团体共组织政府采购公益演出 0.39 万场，比上年下降 4.8%；观众 301.94 万人次，增长 34.7%。

表 1　2012—2022 年甘肃省艺术表演团体基本情况

年份	机构数（个）	从业人员数（人）	演出场次（万场）	国内演出观众人次（万人次）	总收入（万元）	
						演出收入
2012	103	4788	1.97	1908.9	26860.2	5954.4
2013	124	5647	1.93	2190.1	38252.8	5727.8
2014	190	6211	2.23	2149.9	37430.6	7784.1
2015	191	6739	2.31	2034.2	41832.2	9258.2
2016	227	7227	3.14	2772.9	46945.1	11714.2
2017	286	8583	2.93	3378.1	53240.6	19635.8
2018	351	9434	4.08	3258.80	59158.1	23132.2
2019	343	9190	3.51	2648.20	67110.7	25027.8
2020	347	11231	2.65	1681.20	61481.0	23522.7
2021	392	16489	7.15	3587.25	97893.9	28372.2
2022	370	11380	2.04	1393.63	53921.2	16816.2

2022 年末，全省共有艺术表演场馆 44 个，观众座席数 21355 个；全年共演映 0.67 万场，比上年减少 23.0%；观众 66.06 万人次，减少 36.1%。文化和旅游部门所属艺术表演场馆 17 个，观众座席数 11199 个；全年共演映 0.19 万场次，比上年减少 38.7%；观众人次 15.26 万人次，比上年减少 55.5%。

三、公共文化服务体系逐步健全

完成《四库全书》文献数字化工作，实施 2022 年国家智慧图书馆、公共文化云数字文化等项目，建成"陇上飞阅"数字文化服务平台。"一部手机游甘肃"综合服务平台功能不断完善。策划组织"奥运过大年·春绿玉门关"系列文化活动6290多场次。年内有12个"十三五"期间建设的公共文化场馆投入使用，建成非遗传习所28家。采购流动舞台车1台。文旅惠民效能不断提升，公共文化服务体系进一步健全。

（一）公共图书馆

2022年末，全省共有公共图书馆104个，与上年末相比没有增加；从业人员1489人，减少41人。其中：具有高级职称人员128人，占8.6%；具有中级职称人员462人，占30.0%。

2022年末，全省公共图书馆实际使用房屋建筑面积40.2万平方米，比上年末增长4.8%；全省图书总藏量2023.48万册，增长3.6%；阅览室座席数38795个，增长8.3%；计算机5296台，减少50台；其中供读者使用的电子阅览终端3336台，减少24台。

2022年末，全省平均每万人公共图书馆建筑面积161.32平方米，比上年末增加7.31平方米；全省人均图书藏量0.81册，增加0.03册；全年全省人均购书费1.02元，减少0.1元（见图2）。

图2 2012—2022年甘肃省公共图书馆人均资源情况

全年全省公共图书馆发放借书证61.22万个，比上年增加8.4%；总流通637.82万人次，比上年减少20.4%；书刊文献外借451.55万册次，减少21.8%（见图3）；外借人次212.83万人次，减少20.6%。全年共为读者举办各种活动3241次，比上年增长10.4%；参加人次86.77万人次，减少21.1%。

（二）群众文化机构

2022年末，全省共有群众文化机构1458个，比上年末增加5个。其中各级群众艺术馆106个，乡镇综合文化站1228个，街道文化站124个。年末全省群众文化机构从业人员5806人，比上年末减少187人。其中：具有高级职称的人员192人，占3.3%；具有中级职称人员517人，占8.9%。

2022年末，全省群众文化机构实际使用房屋建筑面积85万平方米，比上年末增加4.2%；业务用

图 3　2012—2022 年甘肃省公共图书馆总流通人次及书刊外借册次情况

总流通人次（万人次）　书刊外借册次（万册次）

房面积 60.74 万平方米，增加 7.2%。年末全省平均每万人群众文化设施建筑面积 341.09 平方米，增长 4.1%（见图 4）。

图 4　2012—2022 年甘肃省平均每万人群众文化设施建筑面积情况

全年全省群众文化机构共组织开展各类文化活动 2.77 万场次，比上年减少 16.1%；服务 776.48 万人次，减少 58.7%（见表 2）。

2022 年末，全省群众文化机构共有馆办文艺团体 254 个，演出 2274 场，观众 62.26 万人次。由文化馆（站）指导的群众业余文艺团体 10123 个，馆办老年大学 15 个。

表 2 2022 年甘肃省群众文化机构开展活动情况

	总量		比上年增长（%）	
	活动次数（万场次）	服务人数（万人次）	活动次数	服务人次
各项活动总计	2.77	776.48	−16.1	−32.7
其中：文艺活动	1.59	519.91	−11.2	−34.8
训练班	0.79	57.66	−24.0	−20.4
展览	0.34	184.12	−15.0	−30.9
公益性讲座	0.06	14.74	0	−12.1

2022 年末，全省共建成乡村舞台 15780 个，86 个县（市、区）建成文化馆总分馆制，14 个文化馆组建理事会。全省共有流动舞台车 69 辆，利用流动舞台车演出 661 场，观众 39.66 万人。

（三）美术馆

2022 年末，全省共有美术馆 58 个，比上年末增加 2 个；从业人员 387 人，增加 23 人。全年共举办展览 436 次，比上年下降 8.0%；参观人次 85.29 万人次，下降 26.4%。

四、市场管理和综合执法更加规范

2022 年继续创新监管举措，梳理印发 8 类重点场所 118 项监管清单，提升文旅市场监管工作质效。以"雷霆行动 2022"为统揽，以"正道 2022""新风 2022"集中行动为平台，依法规范文化市场秩序。全年全省共出动执法人员 82746 人次，检查各类经营场所 30132 家次。加强新兴业态监管，全面开展剧本娱乐经营场所备案、审查工作。出台《关于进一步加强老年游客安全工作的意见》，开展打击整治养老诈骗专项行动，摸排线索 6 条。与省气象局联合印发《关于加强灾害性天气旅游安全应急联动机制建设的通知》，发布气象提示 25 期。建立信用分级分类监管机制，对严重违法企业列入"黑名单"管理，督促文旅经营单位完成统计直报工作，推送率达 100%。为全省 1000 余名执法队员配备统一着装、为基层执法队伍采购 40 万元的执法设备、组织 600 余名执法骨干参加文旅部线上执法业务培训。

2022 年末，全省共有文化市场经营单位 3621 家，从业人员 20187 人，营业收入 11.74 亿元，营业亏损 3.27 亿元。其中，娱乐场所 1735 个，从业人员 8184 人，营业收入 5.49 亿元，营业亏损 0.42 亿元。互联网上网服务营业场所 1199 个，从业人员 1908 人，营业收入 1.20 亿元，营业亏损 0.41 亿元。演出市场单位 332 个，从业人员 8570 人，营业收入 2.41 亿元，营业亏损 2.24 亿元。艺术品经营机构 244 个，从业人员 604 人，营业收入 0.36 亿元，营业利润 0.11 亿元。经营性互联网文化单位 39 家，从业人员 324 人，营业收入 1.18 亿元，营业利润 144.4 万元（见图 5）。

根据 833 家旅行社统计数据显示，全年旅行社营业收入 4.17 亿元，国内旅游营业利润亏损 0.36 亿元，从业人员 3425 人。

根据 284 家星级饭店统计数据显示，全年星级饭店营业收入 17.54 亿元，平均房价 201.92 元/（间·夜），平均出租率 34.0%。

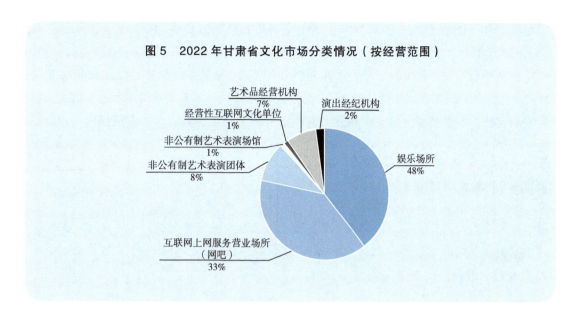

图 5　2022年甘肃省文化市场分类情况（按经营范围）

五、产业发展基础稳步夯实

（一）文旅重点项目顺利实施

牵头组建康养产业省市县一体工作体系，印发《全省文化旅游康养产业链发展实施方案》，召开推进工作会议。全省储备文旅产业发展项目457个，完成投资100.75亿元。世行项目、大敦煌文化旅游经济圈等一批项目有序推进，世界银行贷款项目已开工建设5个，签订合同22个，签约金额2.35亿元。莫高里·工匠文化村等一批项目建成运营，甘肃简牍博物馆、省博物馆扩建项目有序推进。麦积山景区游客服务中心等12个项目获文旅部和国家开发银行融资支持，酒泉"1969"文化艺术创意园飞行影院设备贴息贷款2984万元。

2022年末，全省共有文化产业示范基地8个，从业人员649人，其中技术研发岗位人员54人。辖区内单位企业数量883个。

（二）文化产业园区建设规划完善

编制《甘肃省文化产业园区发展规划》，重点规划建设8个国家级文化产业基地，打造提升23个省级文化产业示范基地。加快推进兰州创意文化产业园创建国家级文化产业示范园区。指导敦煌文化产业园围绕文化旅游、文化创意等业态壮大规模，提质增效。

六、资源开发和利用水平不断提升

（一）整合营销宣传成效显著

整合资源选择优质平台强化宣传。采取市州认购、省厅补助方式在北上广等9个重点客源地持续扩大"交响丝路·如意甘肃"品牌宣传,联动全网平台释放宣传叠加效应。《交响丝路·如意甘肃——发现你的千百度》文旅宣传片,被遴选在京参加"奋进新时代"主题成就展。持续境外市场宣传,与马来西亚开展部省合作项目,举办"欢乐春节"等线上展播交流活动,在五大洲30多个国家集中展示甘肃文旅宣传。组团参加2022中国–东盟博览会旅游展、第五届中国国际进口博览会等。打造融合产品驱动宣传,着眼破解文旅交通瓶颈,与浙江长龙航空合作,实现省内当日串飞;与平凉市政府、兰铁局联合开通运营"环西部火车游·崆峒号"品牌列车,培育交旅融合品牌,助力市场恢复。

(二)乡村旅游持续做强

持续做亮"陇上相遇"乡村旅游品牌,9个村入选全国乡村旅游重点村(镇),实施民宿项目23个、乡村旅游提质升级和促进消费项目42项。创建省级乡村旅游示范县6个、文旅振兴乡村样板村60个,培育乡村旅游合作社89家。

(三)产品供给丰富多元

陇南官鹅沟景区成功创建为国家5A级旅游景区,张掖市甘泉文化街区、庆阳市药王洞养生小镇、酒泉市汉唐街区等3个文旅消费街区创建为国家级夜间文化和旅游消费集聚区。玉门红色旅游景区创建国家工业旅游示范基地,天水青鹃山体育旅游休闲公园等6家单位成功创建为"甘肃省体育旅游示范基地"。新评定全国4A级旅游景区14家、省级全域旅游示范区6家、省级旅游休闲街区6家、省级旅游度假区3家。

2022年末,全省共有A级旅游景区442个,比上年末增加71个。其中:5A级旅游景区7个,比上年增加1个;4A级旅游景区133个,增加12个;3A级旅游景区232个,增加58个;2A级旅游景区69个,无增加。

2022年,全省共接待游客1.35亿人次,实现旅游综合收入665亿元,分别较2021年下降51.1%和63.9%(见图6)。

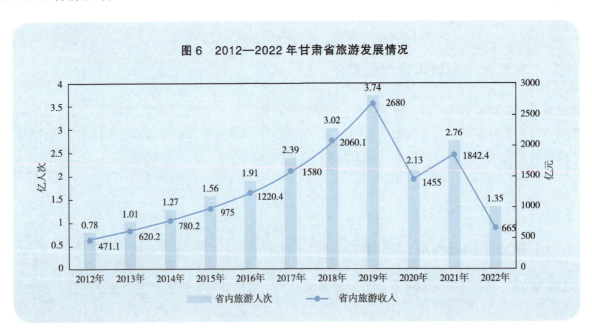

图6　2012—2022年甘肃省旅游发展情况

七、文化遗产保护传承利用成果显著

（一）文物保护利用得当有力

2022 年，甘肃省深入贯彻落实习近平总书记在敦煌研究院座谈重要讲话精神，聚力打造"典范""高地"，配合国家文物局在兰州成功举办文化和自然遗产日全国主场城市活动，国家文物局和甘肃省人民政府签署共建敦煌研究院协议。河西走廊国家文化遗产线路以及长城、长征、黄河国家文化公园（甘肃段）建设有序推进，争取 1.6 亿元资金支持南梁、会宁长征国家文化公园甘肃段建设。加强文化遗产挖掘研究利用，复制再现 4 组战国戎人车马，在兰州展出。举办"敦煌文化环球连线"等交流活动 12 场次，开展国家级和省部级重大课题研究 40 多项，实施石窟和壁画保护修复及数字化保护工程 14 项。

（二）机构人员和服务能力稳中有升

2022 年末，全省共有各类文物机构 393 个，比上年末增加 3 个，其中，博物馆 230 个，占 58.6%；文物保护管理机构 55 个，占 14.0%。年末全省文物机构从业人员 7145 人，其中：高级职称 382 人，占 5.3%；中级职称 808 人，占 11.3%（见图 7）。

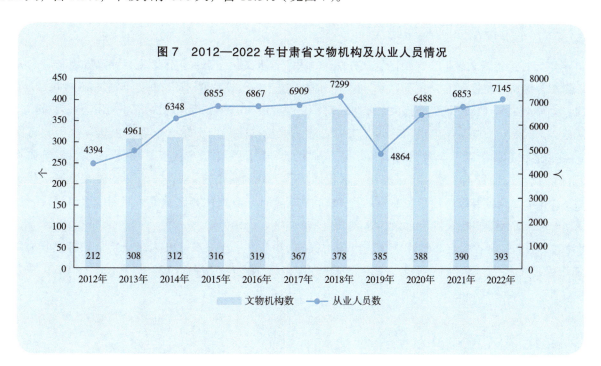

图 7 2012—2022 年甘肃省文物机构及从业人员情况

2022 年末，甘肃省文物机构藏品 813337 件 / 套，其中，博物馆文物藏品 600938 件 / 套，占文物藏品总量的 73.9%。

全年全省各类文物机构共举办陈列展览 1167 个，比上年减少 82 个。其中：基本陈列 571 个，减少 23 个；临时展览 596 个，减少 59 个。接待观众 2066.23 万人次，比上年增长 25.7%，其中未成年人观众 460.52 万人次，减少 25.0%，占参观总人数的 22.3%。博物馆接待观众 1992.97 万人次，比上年减少 23.3%，占文物机构接待观众总数的 96.5%（见图 8）。

图 8　2012—2022 年甘肃省文物机构接待观众人次及未成年人观众人次

（三）非遗传承弘扬精彩纷呈

制定《甘肃省级文化生态保护区管理办法》，认定省级文化生态保护区 8 家，评定省级非遗工坊 28 家。组织开展"非遗过大年 文化进万家""文化和自然遗产日"等系列活动，举办非遗展演 94 项、200 余场次。参与文旅部"2022 视频直播家乡年"活动，开展直播 30 余场，获得文旅部非遗司通报表扬。

2022 年末，甘肃省有花儿、环县道情皮影戏、天祝格萨（斯）尔 3 个项目入选联合国教科文组织人类非遗代表作名录，全省共有国务院公布国家级非物质文化遗产代表性项目 83 项，省级非物质文化遗产代表性项目 493 项，市级非物质文化遗产代表性项目 2186 项，县级非物质文化遗产代表性项目 5396 项，全省各级非遗项目总数达到 8161 个；全省共有文化和旅游部认定国家级非遗代表性传承人 68 名，省级非遗代表性传承人 549 名。

2022 年末，全省共有非物质文化遗产保护机构 90 个，从业人员 670 人。全年全省各类非物质文化遗产保护机构举办演出 1079 场，比上年减少 14.8%；举办民俗活动 327 次，上升 16.0%；举办展览 433 场，下降 2.9%。

八、文化旅游对外及对港澳台交流云端开花

2022 年，甘肃省针对疫情防控常态化的形势，主动应对国际交往受限和人员往来受阻的影响，积极探索推动国内国际双循环的对外交流模式和线上线下相结合的对外宣推形式，利用全省文旅资源优势，全力推进全省对外文化交流合作与旅游宣传推广活动有序开展。通过线上线下相结合的形式，精心策划制作了 2022 "欢乐春节"、2021 "东亚文化之都"中国敦煌活动年闭幕式等活动，向五大洲 30 多个国家集中展示了甘肃民俗、非遗、历史等文化内容；与马来西亚吉隆坡中国文化中心开展年度"部省合作"，以"丝路·连接·对话"为主题，通过举办敦煌数字文物展、敦煌文化和中医药文化

知识讲座等内容丰富的文化体验及旅游资源展示活动，进一步增进了马来西亚民众对甘肃文化和旅游的了解和认知；积极参与"2022 中国 – 东盟博览会旅游展"、中外学术交流等活动，进一步深化与东盟各国的交流合作，持续推动陆上丝绸之路、海上丝绸之路文化旅游合作实现新突破。受疫情影响，2022 年，全年对外、对港澳台演出团体 1 个团次，参与交流人员 2 人。

九、资金投入保障有力

2022 年，甘肃省在认真落实中央"过紧日子"要求的基础上，全力保障文化旅游业发展。持续强化资金预算执行和绩效管理，突出重点，集中财力支持甘肃文旅发展，公共文化服务体系及旅游基础设施建设日臻完善。

2022 年，甘肃省文化和旅游厅全年落实部门预算 4.93 亿元，其中落实中央补助地方转移支付资金 2.04 亿元。全省文化和旅游事业费 20.23 亿元；全省人均文化和旅游事业费 81.18 元。文化旅游部门预算与上年相比变化不大，文化和旅游事业费比上年增加 7.61 元，增长 10.3%，为文旅产业提质增效高质量发展做出了积极的贡献（见图 9）。

图 9　2012—2022 年甘肃省人均文化和旅游事业费及增速情况

2023 年，甘肃省文化旅游行业将以习近平新时代中国特色社会主义思想为指导，全面贯彻党的二十大精神，以满足人民群众文化旅游需求为着力点，进一步完善公共文化服务体系，丰富文化旅游产品供给，招大引强、培育壮大文化旅游产业，继续加强对外交流和文旅品牌宣传，努力推动甘肃文化事业、文化产业和旅游业再上新台阶。

（甘肃省文化和旅游厅）

甘肃：打好"组合拳" 助推文旅融合高质量发展

2022 年，甘肃深入贯彻落实习近平总书记对甘肃重要讲话指示精神和党的十九届历次全会、党的二十大精神，按照省委、省政府工作部署和要求，紧紧围绕举旗帜、聚民心、育新人、兴文化、展形象的重要使命，把握"三新一高"导向，采用多举措、全方位联动推动文化旅游发展取得新成效。

一是文化遗产保护持续加强。河西走廊国家文化遗产线路以及长城、长征、黄河国家文化公园（甘肃段）建设有序推进，争取 1.6 亿元资金支持南梁、会宁长征国家文化公园甘肃段建设。加强文化遗产挖掘研究利用，复制再现 4 组战国戎人车马。举办"敦煌文化环球连线"等交流活动 12 场次，开展国家级和省部级重大课题研究 40 多项，实施石窟和壁画保护修复及数字化保护工程 14 项，认定 8 家省级文化生态保护区。

二是文艺创作展演推陈出新。开展"春绿陇原·云端盛宴"展播活动，演出剧目 140 部，播放量达 6788 万人次。创排组歌《"两弹一星"—江山民心》，复排民族器乐剧《玄奘西行》等优秀艺术作品。陇剧《大禹治水》入选文旅部"2022 年首届黄河流域戏曲演出季"，23 部文艺作品获甘肃省第十届敦煌文艺奖，甘肃 25 幅优秀美术作品入选"第七届全国画院美术作品展览"。

三是文旅惠民服务效能提升。完成《四库全书》文献数字化工作，实施 2022 年国家智慧图书馆、公共文化云数字文化等项目，建成"陇上飞阅"数字文化服务平台。"一部手机游甘肃"综合服务平台功能不断完善。策划组织"奥运过大年·春绿玉门关"系列文化活动 6290 多场次。年内有 12 个"十三五"期间建设的公共文化场馆投入使用，建成非遗传习所 28 家。

四是乡村旅游品牌持续做大。持续做亮"陇上乡遇"乡村旅游品牌，9 个村入选全国乡村旅游重点村（镇），实施民宿项目 23 个、乡村旅游提质升级和促进消费项目 42 项。创建省级乡村旅游示范县 6 个、文旅振兴乡村样板村 60 个，培育乡村旅游合作社 89 家。

五是文旅产品供给多元丰富。陇南官鹅沟景区成功创建为国家 5A 级旅游景区，张掖市甘泉文化街区等 3 个文旅消费街区创建为国家级夜间文化和旅游消费集聚区。玉门红色旅游景区等 2 家单位创建国家工业旅游示范基地，天水青鹊山体育旅游休闲公园等 6 家单位成功创建为"甘肃省体育旅游示范基地"。新评定全国 4A 级旅游景区 14 家、省级全域旅游示范区 6 个、省级旅游休闲街区 6 家、省级旅游度假区 3 家。推出《敦煌传奇》《伏羲传奇》等文化动漫产品。

青海省 2022 年文化和旅游发展情况分析

2022 年，青海省文化和旅游系统学习贯彻习近平新时代中国特色社会主义思想，认真学习领会习近平总书记关于文化和旅游工作的重要论述、关于青海工作重要指示批示精神，把握规律、强抓机遇，担当作为、顽强拼搏，扎实推进打造国际生态旅游目的地工作，推动文化和旅游工作取得新成效。

一、机构和人员

2022 年，纳入全国文化文物和旅游统计直报系统的各类文化和旅游机构（不含 A 级景区）共 2058 个，从业人员 18971 人，专业技术人才 2415 人。其中，文化部门 697 个，从业人员 5409 人，专业技术人才 2019 人；文物机构 107 个，从业人员 673 人，专业技术人才 224 人（见表 1）。

表 1　2022 年青海省文化和旅游机构、从业人员情况

	2022 年机构和人员数量情况			其中：文化部门机构和人员数量		
	机构数（个）	从业人员数（人）	专业技术人才（人）	机构数（个）	从业人员数（人）	专业技术人才（人）
总计	2058	18971	2415	697	5409	2019
一、文化和旅游合计	1951	18298	2191	590	4736	1795
艺术表演团体	105	2638	861	14	830	565
其中：公有制艺术表演团体	25	947	583	14	830	565
艺术表演场馆	50	444	99	11	28	3
其中：公有制艺术表演场馆	15	58	3	11	28	3
公共图书馆	50	492	291	50	492	291
文化馆	54	772	431	54	772	431
文化站	390	892	213	390	892	213
其中：乡镇综合文化站	361	732	212	361	732	212
文化和旅游部门教育机构	1	152	86	1	152	86
文化和旅游科研机构	1	15	12	1	15	12

	2022 年机构和人员数量情况			其中：文化部门机构和人员数量		
	机构数（个）	从业人员数（人）	专业技术人才（人）	机构数（个）	从业人员数（人）	专业技术人才（人）
文化市场经营机构（不包括非公有制院团和场馆）	550	3980	0	0	0	0
旅行社	468	2559	0	0	0	0
星级饭店	210	4779	0	0	0	0
A 级旅游景区	—	—	—	—	—	—
文化和旅游行政部门	55	1266	0	55	1266	0
其他文化和旅游机构	17	309	198	14	289	194
其中：文化市场执法机构	1	0	0	1	0	0
二、文物合计	107	673	224	107	673	224
博物馆	24	411	164	24	411	164
文物保护管理机构	28	71	22	28	71	22
文物科研机构	1	49	38	1	49	38
文物行政部门	54	142	0	54	142	0

二、艺术创作演出

创作民族歌剧《青春铸剑 221》等优秀剧（节）目 83 个。生态舞剧《大河之源》、现代京剧《生如夏花》荣获青海省第十二届精神文明建设"五个一工程"奖。平弦花儿剧《绣河湟》选段登上央视戏曲春晚。全省各类专业文艺院团演出演播 1131 场，线上线下观众达 505 万人次。

2022 年，全省共有艺术表演团体 105 个，其中：公有制艺术表演团体 14 个，原创首演剧目有 21 部，各类文艺院团演出 0.3 万场，国内演出观众 145.5 万人次；非公有制艺术表演团体 91 个，从业人员有 1808 人，国内演出 1600 场次，营业收入 1084 万元。全省共有艺术表演场馆 50 个，实际使用房屋建筑面积达 4.14 万平方米，设置座席数 9450 个，全年演（映）出 4400 场次，观众 79.92 万人次（见表 2）。

表 2　2020—2022 年青海艺术表演团体基本情况

年份	机构数（个）	从业人员数（人）	演出场次（场）	国内演出观众人次（万人次）	总收入（万元）	其中：演出收入
2020	122	3385	4800	173.63	15047.9	2790.1
2021	116	5092	15200	1109.51	34894.9	11852
2022	105	2638	3000	145.5	14477.4	2255.1

三、公共服务

深入实施"文化惠民"工程，组织开展"戏曲进乡村"、文艺轻骑兵演出等文化活动 6500 余场次，服务群众 1100 余万人次。修订出台《公共图书馆、文化站、乡镇综合文化站服务规范》，为西宁、海东 400 个村配发演出设备器材。互助县丹麻镇、门源县西滩乡、西宁市湟源县入选"中国民间文化艺术之乡"建设典型案例。新建改建旅游厕所 67 座，茶卡壹号•盐湖景区、茶卡盐湖景区入选全国旅游厕所建设与管理优秀案例名单。

（一）公共图书馆

全省现有公共图书馆 50 个，实际使用公用房屋建筑面积 13.19 万平方米，总藏量 621.92 万册，总流通人次 99.14 万人次，实际持证读者数 21.1 万个，阅览室座席数 8612 个。全年为读者举办各类讲座 411 次，举办展览 219 个，举办培训班 106 个，阅览室席数 8612 个。其中少儿图书馆 1 座，总藏量 194.36 万册，组织各类讲座 179 次，举办展览 109 个，举办培训班 3 个，实际使用公用房屋建筑面积 2.4 万平方米，阅览室座席数 1152 个，总流通人次 16.24 万人次。

（二）文化馆和文化站

2022 年末，全省共有群众文化机构 444 个，其中文化馆 54 个，文化站 390 个。实际使用房屋建筑 26.89 万平方米，业务用房 18.09 万平方米，流动舞台车数量 40 辆，利用舞台车演出 549 场，演出观众 23.02 万人次。全省群众文化机构从业人员 1604 人，专业技术人才 644 人，高级职称人员 7 人，占 7%，中级职称 159 人，占 24.7%。全省 390 个文化站，实际使用房屋建筑面积 12.48 万平方米，共计从业人员 1664 人，提供文化服务 8091 次，惠及 328.39 万人次（见表 3）。乡镇综合文化站 361个，提供文化服务 3497 次，其中文艺活动次数 2360 次，举办训练班 699 个，举办展览 432 个，接受戏曲进乡村活动服务 2505 次，服务惠及 16.15 万人次。

表 3　2020—2022 年青海省群众文化机构开展活动情况

指标	2020 年		2021 年		2022 年	
	活动次数（次）	服务人数（万人次）	活动次数（次）	服务人数（万人次）	活动次数（次）	服务人数（万人次）
各项活动总计	11215	301.09	9411	386.01	8091	328.39
其中：展览	872	190.33	762	41.22	652	35.34
文艺活动	6913	395.51	6750	335.31	6007	283.87
公益性讲座	158	3.93	104	1.06	91	1
训练班	3272	11.31	1795	8.38	1341	8.11

（三）博物馆（纪念馆）

2022 年，全省备案博物馆 24 个，免费开放博物馆 23 个，都属于国有博物馆，其中国家一级博物馆 2 个，二级博物馆 1 个、三级博物馆 1 个，未定级馆 20 个。共有藏品数 74567 件，文物藏品 65301 件，一级品 511 件，二级品 1075 件，三级品 2700 件，新增藏品 45 件，2022 年修复文物 208 件，二级品 4 件、三级品 4 件。年度基本陈列 64 个，临时展览 16 个，参观人次 45.54 万人次，举办社会教育活动 312 次，参加活动 5 万人次。实际使用房屋建筑面积 12.76 万平方米，实际拥有产权面积 8.63 万平方米。

四、文化市场管理

2022 年全省文化市场经营单位 665 家，从业人员 6057 人，营业收入 2.5 亿元，营业利润亏损 1 亿元，分区域看，城市文化市场经营单位 216 家，占文化市场经营单位总数的 32.5%，县城 333 家，占 50%，县以下 116 家，占 17.5%。全省共有娱乐场所 253 家，从业人员 2186 人，全年营业总收入 1.2 亿元，营业利润亏损 5167.6 万元；互联网上网服务营业场所 233 家，从业人员 1068 人，营业收入 4851.6 万元，营业利润亏损 3930.7 万元。经营性互联网文化单位 5 家，艺术品经营机构 36 家，演出经纪机构 23 家。

五、文物保护

2022 年末共有文物单位 107 个，从业人员 673 人，专业技术人员 224 人，拥有文物馆藏 96783 件，其中一级品 711 件，二级品 1516 件，三级品 3434 件，年度参观人次达 22.33 万人次，本年收入合计 4.49 亿元，其中财政补助收入 3.85 亿元，实际使用房屋面积 22.33 万平方米，其中展览用房 6.94 万平方米，文物库房 0.98 万平方米，实际拥有产权面积 19.43 万平方米。年度开展基本陈列展 67 个，临时展览 18 个。印发《青海省"十四五"文物事业发展规划》《青海省推进博物馆改革发展的实施意见》。热水墓群、第一个核武器研制基地旧址、宗日遗址等文物保护利用工作扎实开展。中华优秀传统文化传承发展工程深入实施，长城、长征、黄河、长江国家文化公园建设稳步推进。热水墓群国家考古遗址公园获批立项。"青海考古成果展"入选"弘扬中华优秀传统文化、培育社会主义核心价值观"主题展览。

六、非物质文化遗产保护

调整完善非遗保护工作协调机制。制定《非遗工坊认定和管理办法》《非物质文化遗产代表性传承人传承活动评估细则》。设立河湟文化（海东）生态保护实验区，认定第六批省级非遗代表性项目 97 项、"青绣"就业工坊 9 家、"青绣"培育工坊 10 家，3 家"青绣"工坊入选国家"非遗工坊典型案例"。开展"文化和自然遗产日""非遗进校园、进景区、进乡村"等活动 1148 场次，参与人数达 113 万人次。

七、旅游产业发展

（一）总体情况

2022 年，高质量编制黄河、长城、长江青海流域国家文化公园建设专项规划，出台《青海省旅游景区高质量发展实施方案》，着力打造以西宁为中心，格尔木、玉树为支点的东部、南部、西部、北部生态旅游精品环线，一批最美湖泊、最美花海成为热门打卡地，绘就了"诗"和"远方"新画卷。全年接待游客 2157.84 万人次，同比下降 45.7%，实现旅游总收入 145.33 亿元，同比下降 58.5%（见表 4）。

表 4　2020—2022 年青海省旅游接待和收入情况

项目	2020 年	同比增长（%）	2021 年	同比增长（%）	2022 年	同比增长（%）
一、接待游客总人次（万人次）	3311.82	−34.8	3973.42	20	2157.84	−45.7
其中：入境游客	0.54	−92.6	0.9	—	1735	—
二、旅游总收入（亿元）	289.92	−48.4	349.9	20.7	145.33	−58.5

（二）生态旅游协调发展

探索建立生态旅游特许经营机制，打造黄河上游生态文化旅游带，构建生态旅游风景道，完善青藏、青甘、青川、青新旅游大环线。西宁市列入国家旅游城市布局和旅游枢纽城市建设，龙羊峡工业旅游基地被评为国家工业旅游示范基地，茶卡盐湖景区获评中国最美星空目的地案例。认定 22 家省级自驾车旅游营地。编印《乡村旅游指南手册》，新增全国乡村旅游重点乡镇 4 个、重点村 6 个，评定省级乡村旅游重点村 33 个、星级乡村旅游接待点 22 个、乡村旅游特色示范点 20 个，6 条线路入选全国乡村旅游精品线路。

（三）旅游要素不断丰富

2022 年，全省星级酒店 275 家，比 2021 年增加 15 家，其中五星级酒店 3 家、四星级酒店 56 家。A 级景区 160 家，其中 5A 级 4 家、4A 级 39 家、3A 级 99 家、2A 级 18 家（见表 5）。

表 5　2022 年青海省星级酒店 A 级景区分地区统计

地区	五星	四星	三星	二星	一星	汇总	房间数（间）	床位数（张）	A 级景区
西宁	3	17	10	20		50	6370	11315	40
海东		3	28	7		38	2594	4752	39
海南		8	55	2		65	4249	8083	11
玉树		2	4			6	360	661	10
果洛		2	2			4	414	619	16
黄南		3	3			6	540	912	17

续表

地区	五星	四星	三星	二星	一星	汇总	房间数（间）	床位数（张）	A级景区
海北		4	27	1		32	2208	4290	11
海西		17	38	19		74	6985	12937	15
青海湖						0			1
汇总	3	56	167	49	0	275	23720	43569	160

（四）市场监管有力有效

着力建设统一开放、竞争有序的市场体系，开展导游行业及旅游市场整治、导游词编印等专项行动，全力推进文旅行业"防风险、保安全、护稳定"安全生产大督查大整治，扎实开展环青海湖私设"景点"整治，妥善处置茶卡盐湖景区舆情，不断提高文化和旅游市场综合治理能力。全省累计出动执法人员3.34万人次，检查经营单位1.2万家（次），责令整改443家（次）。

（五）宣传推广出新出彩

通过推介视频联展、青海唐卡艺术线上展播、"中约一家亲"青海美食品鉴等系列活动，深化与约旦安曼中国文化中心部省合作。举办"相约冬奥 青海文化周"线上系列活动，"云端"推介青海文化旅游资源。"情系三江源 大美青海情——两岸文化和旅游联谊行"活动成效明显。文创产品研发与品牌策划境外线上培训班首次成功举办。"大美青海 生态旅游"广告登陆央视频道，话题播放量突破23亿人次。

（青海省文化和旅游厅）

青海：在曲折中推动文化和旅游产业提质增效

2022年是青海文旅发展历程中极不平凡的一年，也是最能体现文旅行业韧性的一年。面对疫情频发、行业全面承压的严峻复杂形势，青海文化和旅游系统把握规律、强抓机遇，担当作为、顽强拼搏，推动文化和旅游工作取得新成效。

一是艺术创作生产再攀高峰。创作民族歌剧《青春铸剑221》等优秀剧（节）目83个。生态舞剧《大河之源》、现代京剧《生如夏花》荣获青海省第十二届精神文明建设"五个一工程"奖。平弦花儿剧《绣河湟》选段登上央视戏曲春晚。全省各类专业文艺院团演出演播1131场，线上线下观众达505万人次。

二是公共服务效能显著提升。深入实施"文化惠民"工程，组织开展"戏曲进乡村"、文艺轻骑兵演出等文化活动6500余场次，服务群众1100余万人次。修订出台《公共图书馆、文化站、乡镇综合文化站服务规范》，为西宁、海东400个村配发演出设备器材。互助县丹麻镇、门源县西滩乡、西宁市湟源县入选"中国民间文化艺术之乡"建设典型案例。新建改建旅游厕所67座，茶卡壹号·盐湖景区、茶卡盐湖景区入选全国旅游厕所建设与管理优秀案例名单。

三是非遗保护传承系统推进。调整完善非遗保护工作协调机制。制定《非遗工坊认定和管理办法》《非物质文化遗产代表性传承人传承活动评估细则》。设立河湟文化（海东）生态保护实验区，认定第六批省级非遗代表性项目97项、"青绣"就业工坊9家、"青绣"培育工坊10家，3家"青绣"工坊入选国家"非遗工坊典型案例"。开展"文化和自然遗产日""非遗进校园、进景区、进乡村"等活动1148场次，参与人数达113万人次。

四是文物保护利用全面加强。印发《青海省"十四五"文物事业发展规划》《青海省推进博物馆改革发展的实施意见》。热水墓群、第一个核武器研制基地旧址、宗日遗址等文物保护利用工作扎实开展。中华优秀传统文化传承发展工程深入实施，长城、长征、黄河、长江国家文化公园建设稳步推进。热水墓群国家考古遗址公园获批立项。"青海考古成果展"入选"弘扬中华优秀传统文化、培育社会主义核心价值观"主题展览。

五是产业发展提质增效。加快推进文化旅游供给侧结构性改革，优化调整产业布局，推动多产业互相交融、互相支撑，发展云演艺、数字艺术、沉浸式体验等新业态，引导文化旅游小微企业纳入中国银联"红火计划"支持范围。力盟商业巷步行街入选国家级夜间文化和旅游消费集聚区。评定省级文化产业和旅游产业融合发展示范区（点）17家、文化和旅游产业双创基地18家。新增中国工艺美术大师2名。

六是生态旅游协调发展。探索建立生态旅游特许经营机制，打造黄河上游生态文化旅游带，构建生态旅游风景道，完善青藏、青甘、青川、青新旅游大环线。西宁市列入国家旅游城市布局和旅游枢纽城市建设，龙羊峡工业旅游基地被评为国家工业旅游示范基地，茶卡盐湖景区获评中国最美星空目的地案例。认定22家省级自驾车旅游营地。编印《乡村旅游指南手册》，新增全国乡村旅游重点乡镇4个、重点村6个，评定省级乡村旅游重点村33个、星级乡村旅游接待点22个、乡村旅游特色示范点20个，6条线路入选全国乡村旅游精品线路。

宁夏回族自治区 2022 年文化和旅游发展情况分析

2022 年，自治区文化和旅游厅坚持以习近平新时代中国特色社会主义思想为指导，全面贯彻落实党中央、国务院和自治区党委、政府决策部署，抢抓文化旅游列入自治区"六新六特六优"产业有利契机，统筹常态化疫情防控，锚定高质量发展目标，突出融合发展主线，持续推动全区文化和旅游工作迈上新台阶。

一、机构和人员数

截至 2022 年末，全区纳入全国文化文物和旅游统计直报系统的文化文物和旅游机构（不含 A 级旅游景区）共 1384 个，从业人员 12716 人；与 2021 年相比分别减少 431 个和 1591 人（详见表 1）。

表 1　2022 年宁夏文化文物和旅游机构数及从业人员情况

	2022 年机构和人员数量情况			其中：文化部门机构和人员数量		
	机构数（个）	从业人员数（人）	专业技术人才（人）	机构数（个）	从业人员数（人）	专业技术人才（人）
总　计	1384	12716	2446	435	5007	2122
一、文化和旅游合计	1269	11383	2006	358	4098	1787
艺术表演团体	30	1551	668	11	877	455
艺术表演场馆	4	47	12	3	15	6
公共图书馆	27	580	385	27	580	385
文化馆	27	545	430	27	545	430
文化站	245	725	240	245	725	240
艺术展览创作机构	1	8	8	1	8	8
文化和旅游部门教育机构	2	249	177	2	249	177
文化和旅游科研机构	2	27	23	2	27	23
文化市场经营机构（不包括非公有制院团和场馆）	659	2441	0	0	0	0
旅行社	169	963	0	0	0	0
星级饭店	63	3175	0	0	0	0
二、文物合计	115	1333	440	77	909	335
博物馆	64	939	282	26	515	177

续表

	2022 年机构和人员数量情况			其中：文化部门机构和人员数量		
	机构数 （个）	从业人员数 （人）	专业技术 人才（人）	机构数 （个）	从业人员数 （人）	专业技术 人才（人）
文物保护管理机构	20	252	96	20	252	96
文物科研机构	3	71	62	3	71	62
文物行政部门	28	71	0	28	71	0

二、艺术演出创作

坚持以人民为中心创作导向，把提高创作质量作为文艺作品生命线，推动文化建设成果惠及于民、服务于民，丰富群众精神世界，增强群众精神力量。

（一）艺术精品创作

紧紧围绕迎接党的二十大、自治区第十三次党代会、黄河文化和全面建成小康社会等主题，组织广大文艺工作者积极创作讴歌党、讴歌祖国、讴歌人民、讴歌英雄的文艺作品。新编京剧《庄妃》主演刘京荣获第十七届"文华表演奖"提名，音乐剧《花儿与号手》摘得第十七届"文华大奖"、第十六届精神文明建设"五个一工程"优秀作品奖，在宁夏艺术发展史上再添新彩。首部数字秦腔戏曲电影《花儿声声》入选第四届、第五届中国戏曲电影展"优秀戏曲电影"名单，宁夏艺术创作从"高原"向"高峰"高歌猛进。组织各类主体申报国家艺术基金资助项目 183 项，对《家是黄河宁夏川》等 21 部各类舞台艺术作品给予经费扶持。

（二）文化惠民活动

丰富"文化大篷车"品牌的时代内涵和服务形式，整合提升"文艺轻骑兵""送戏下乡"等文化惠民平台，围绕学习宣传贯彻党的二十大精神和自治区第十三次党代会精神，实施"六进"活动，开展"送戏下乡"惠民演出 1965 场次，举办群众文化活动 1800 场，将党的创新理论送入田间地头，切实丰富了基层群众的精神文化生活，引导群众听党话、感党恩、跟党走。

截至 2022 年末，全区共有艺术表演团体 30 个，从业人员 1551 人，其中副高级及以上职称人员 113 人，中级职称人员 132 人。全区艺术表演团体演出 4100 场次，国内演出观众 133.94 万人次，演出收入 2654.20 万元。全区政府采购的公益演出活动 1300 场次，观众 41.49 万人次。

三、公共文化服务

推进公共文化服务法制化进程，完成《宁夏回族自治区公共文化服务保障条例》立法工作，填补了宁夏公共文化地方立法空白。推进新型公共文化空间建设，围绕城市 15 分钟生活圈、农村 30 分钟服务圈，建成"城市书房"20 个、"城市阅读岛"12 个，打造群众身边的文化阵地。加快补齐乡村文化设施短板，新建 5 个标准化乡镇综合文化站，扶持城乡文化示范点 100 个。推进公共数字文化建设，实施智慧图书馆体系和公共文化云建设项目。高质量承办文化和旅游部第十九届群星奖广场舞决赛活动，舞蹈《你好，小号手》、广场舞《扬鞭再创新辉煌》等 4 部作品入围第十九届群星奖决赛，广场舞《塞上儿女心向党》荣获第十九届中国文化艺术政府奖"群星奖"。

（一）公共图书馆

2022 年末，全区共有公共图书馆 27 个，数量与上年持平；共有从业人员 580 人，其中具有副高级及以上职称人员 75 人，占 12.93%。全区公共图书馆实际使用房屋建筑面积 16.08 万平方米，较上年增长 8.43%。图书总藏量 859.56 万册（图书 663.07 万册），较上年增长 0.40%；全区人均拥有公共图书馆藏量 1.18 册，数量与上年持平；全年人均购书费 1.36 元，增长 0.23 元[①]。全区公共图书馆总流通量 423.91 万人次，较上年增长 15.17%；全区书刊文献外借 232.73 万册次，较上年增长 4.62%（见表 2）。全年共为读者举办各种活动 0.09 万次，参加人数达 38.69 万人次。图书馆网站访问量 270.13 万人次。

表 2　2020—2022 年宁夏公共图书馆主要指标情况

指标名称	2020 年	2021 年	2022 年
机构个数（个）	27	27	27
总藏书量（万册）	802.71	856.17	859.56
其中：图书（万册）	555.37	614.75	663.07
少儿文献（万册）	95.91	105.51	115.38
线上服务人次（万人次）	410.24	1024.63	1306.23
实际持证读者数（万个）	33.32	35.77	38.54
总流通人次（万人次）	338.73	368.06	423.91
书刊文献外借册次（万册次）	240.04	222.46	232.73
人均拥有公共图书馆藏量（册）	1.11	1.18	1.18
人均购书经费（元）	1.33	1.81	2.06

（二）群众文化机构

2022 年末，全区共有群众文化机构 272 个，数量与上年持平。其中各级文化馆 27 个，乡镇综合文化站 201 个，街道文化站 44 个。全区群众文化机构从业人员 1270 人，各级文化机构具有副高级及

---

① 受疫情影响，2022 年文化和旅游部财务司在北京市、上海市和广东省的深圳市、珠海市 4 个口岸城市恢复入境游客花费情况抽样调查，抽样调查主要在饭店（宾馆）等（非隔离场所）住宿单位进行，本统计公报中将使用文化和旅游部 2022 年入境游客抽样调查的平均数值进行测算。

以上职称人员 109 人，占 8.58%。全区群众文化机构实际使用房屋建筑面积 34.03 万平方米，较去年增长 0.80%；业务用房面积 18.58 万平方米，较去年增长 5.03%。全年全区平均每万人群众文化设施建筑面积 467.45 平方米，增长 0.38%。全年全区群众文化机构提供文化服务 1.42 万场次，较去年下降 7.19%；文化服务惠及群众 442.63 万人次，较去年下降 21.08%（见表 3）。

表 3 2020—2022 年宁夏群众文化机构主要指标情况

指标名称	2020 年	2021 年	2022 年
机构个数（个）	272	272	272
其中：文化馆	27	27	27
文化站	245	245	245
提供文化服务次数（万场次）	1.48	1.53	1.42
其中：文化馆	0.66	0.66	0.70
文化站	0.82	0.87	0.72
文化服务惠及人次（万人次）	429.48	560.88	442.63
其中：文化馆	265.66	416.71	333.49
文化站	163.82	144.17	109.14
每万人拥有群众文化设施建筑面积（平方米）	443.59	465.66	467.45
人均群众文化业务活动专项经费（元）	5.32	9.45	19.77

四、文化遗产保护传承

出台《宁夏黄河流域文物保护专项规划》《宁夏文化生态区保护建设管理暂行办法》《宁夏回族自治区关于推进博物馆改革发展的实施意见》等政策文件。参与"中华文明探源工程"、"考古中国"重大考古项目，持续开展水洞沟遗址、苏峪口西夏瓷窑址等考古发掘工作，苏峪口西夏瓷窑址获评中国社会科学院考古学论坛"2022 中国考古新发现"。加大文物保护力度，实施文物保护项目 33 个。统筹推进国家文化公园建设，出台《长城国家文化公园（宁夏段）建设保护规划》《长征国家文化公园（宁夏段）建设保护规划》，实施文物保护利用项目 8 个。《历史红流——陕甘宁边区盐池县革命文物特展》入选"2022 年度弘扬传统文化培育社会主义核心价值观"主题展览精品项目，《千年固原·丝路华章》荣获新时代博物馆百大陈列展览精品。加快构建非遗保护利用体系，实现非遗人才培养、展示交流、产业发展有机融合。

（一）文物机构及服务

2022 年末，全区共有各类文物机构 115 个。其中：博物馆 64 个，占 55.65%；文物保护机构 20 个，占 17.39%。全区文物机构从业人员 1333 人（见表 4），其中副高级及以上职称人员 96 人，占 7.20%；全区各类文物机构有文物藏品 408131 件／套，其中博物馆有文物藏品 379068 件／套，占文物藏品总量的 92.88%。全年全区各类文物机构共举办陈列展览 238 个，较去年减少 23 个。其中：

基本陈列 156 个，减少 7 个；临时展览 82 个，减少 16 个。各类文物机构接待观众 411.55 万人次，较去年下降 28.15%，其中未成年人观众 77.07 万人次，占参观总人数的 18.73%（见表 5），较去年下降 34.44%。博物馆接待观众 351.42 万人次，占文物机构接待观众总数的 85.39%，较去年下降 28.85%。

表 4　2021—2022 年宁夏文物业基本情况

指标名称	机构数			从业人员数		
	总数（个）	2021年同期(个)	同比（%）	总数（人）	2021年同期（人）	同比（%）
总计	115	117	−1.71	1333	1294	3.01
博物馆	64	64	0.00	939	885	6.10
文物保护管理机构	20	20	0.00	252	292	−13.70
文物科研机构	3	3	0.00	71	58	22.41
文物行政部门	28	28	0.00	71	59	20.34

表 5　2020—2022 年宁夏文物机构藏品及参观情况

指标名称	2020 年	2021 年	2022 年
文物藏品（件/套）	370692	402394	408131
参观人次（万人次）	404.41	572.81	411.55
其中：未成年人参观人次（万人次）	70.51	117.56	77.07

（二）非遗保护及服务

2022 年末，全区共有国务院公布的国家级非物质文化遗产代表项目 28 项，自治区级非物质文化遗产代表项目 224 项，市级非物质文化遗产代表项目 363 项；全区有国家级非物质文化遗产代表性传承人 28 名，自治区级非物质文化遗产代表性传承人 344 名。全区共有非物质文化遗产保护机构 22 个，从业人员 95 人。全年全区举办各类非物质文化遗产保护机构举办演出（展演）752 场次，较去年增长 25.96%；举办民俗活动 181 场次，较去年增长 103.37%。

五、旅游市场和行业发展

2022 年，积极统筹疫情防控和文化旅游发展，织密织牢常态化疫情"防控网"，强抓紧抓市场恢复"黄金期"，持续推动旅游市场恢复和发展。全年共接待国内外游客 3883.03 万人次，实现旅游收入 305.71 亿元，分别较去年同期增长 7.16% 和 6.65%。

（一）入境旅游情况

2022 年，全区住宿经营单位接待过夜入境旅游者 5532 人次，较去年同比下降 52.50%，与 2019 年同比下降 95.60%。其中，接待外国人 3403 人次，与上年相比下降 49.93%，与 2019 年相

比下降 88.30%。入境过夜游客平均停留时间为 17.1 天，比 2019 年增加 10.1 天；入境游客人均天花费 135.92 美元 / 人天，与 2019 年相比下降 41.20%。实现外汇收入 2014.91 万美元（折合人民币 14251.46 万元①）。

（二）国内旅游情况

去除疫情防控等因素的影响，全区接待国内游客 3882.48 万人次，较上年同期增长 7.18%，恢复至 2019 年的 97.10%；实现旅游收入 304.28 亿元，较上年同期增长 6.25%，恢复至 2019 年的 90.68%，人均花费为 783.73 元。从五一、十一等重点节假日期间旅游市场恢复情况看，旅游人次和旅游收入与去年同期相比呈现向好恢复态势。

（三）旅游主要业态情况

截至 2022 年底，全区共有 A 级以上旅游景区 134 家，其中 5A 级旅游景区 4 家、4A 级旅游景区 31 家、3A 级旅游景区 54 家、2A 级旅游景区 42 家、1A 级旅游景区 3 家。有国家级旅游休闲街区 2 家。全国乡村旅游重点村（镇）46 个，其中全国乡村旅游重点乡（镇）6 个、重点村 40 个；宁夏特色旅游村（镇）6 个；五星级乡村旅游示范点 34 家；国家级工业旅游示范基地 2 个；自治区级旅游度假区 9 个。

（四）国内入宁游客情况

据大数据平台监测，全区接待国内游客中，男性游客占 56%，女性游客占 44%；14~24 岁游客占 19.83%，25~44 岁游客占 55.38%，45~64 岁游客占 16.83%，14 岁以下及 65 岁以上游客占 7.96%。游客出行方式更加多元，自驾游占比超过一半。其中，自驾出行的占 58%，乘长途汽车出行的占 17%，乘火车（高铁）出行的占 16%，乘飞机出行的占 9%。区外游客占比排名前十的省（区）分别为：甘肃省（占 15.17%）、陕西省（占 12.51%）、河南省（占 8.92%）、内蒙古自治区（占 7.64%）、山东省（占 6.29%）、河北省（占 6.05%）、四川省（占 5.39%）、江苏省（占 4.45%）、山西省（占 3.60%）、安徽省（占 3.50%）。

六、文旅产业融合发展

2022 年末，全区共有文化及相关产业法人单位 3614 家，全区文化产业实现增加值 121.84 亿元，占全区 GDP 比重 2.69%；规模以上文化及相关企业 74 家，全区营业收入过亿元文化企业 17 家（截至 2021 年）。有国家文化和旅游消费试点城市 2 个，国家级夜间文化和旅游消费集聚区 4 个，国家级文化产业示范基地 5 家，文化和旅游部等三部委认定动漫企业 6 家，自治区级文化产业示范单位 53 家。

---

① 参考汇率为文化和旅游部反馈数据中明确的汇率：1 美元 =7.0730 元人民币。

（一）强化项目带动

以打造贺兰山东麓世界级葡萄酒旅游目的地为重点，制定《关于打造贺兰山东麓世界级葡萄酒旅游目的地的实施意见（征求意见稿）》，谋划储备各类项目 139 个，对接争取项目 38 个，预算总投资 29.4 亿元。贺兰山东麓葡萄酒文化旅游廊道等 2 个项目列入全区重大基础设施项目清单，推动文化旅游与葡萄酒产业赋能增效、深度融合，带动沿线市县区要素聚集、错位布局，提升区域发展整体水平。成功举办旅游产业投融资大会、宁夏文化和旅游产业长三角招商引资合作机制推进会等活动，扩大了宁夏文化旅游产业的"朋友圈"。

（二）深化融合发展

举办第二届中国（宁夏）国际葡萄酒文化旅游节，以"厚培文化兴盛沃土，动漫赋能文旅生态"为主题，成功举办 AFN"一带一路"（宁夏）动漫节。突出数字赋能优势，出台《深化"互联网＋旅游"推动旅游业高质量发展实施意见》，发布"神奇宁夏·星星故乡"文旅品牌标识。开展辖区中小微文旅企业融资需求摸底工作，建立健全重点旅游企业项目融资需求库，梳理中小微旅游企业融资需求库 65 类，积极与金融机构对接，加大金融对中小微文旅企业支持力度。

七、旅游资源开发利用

制定《关于打造贺兰山东麓世界级葡萄酒旅游目的地的实施意见（征求意见稿）》，推动"宁夏二十一景"被写入自治区政府工作报告，成为宁夏文旅发展新名片。推进长征、黄河国家文化公园建设，《黄河国家文化公园（宁夏段）建设保护规划（审议稿）》报有关部门审核。参与编制《宁夏贺兰山东麓片区文化旅游发展战略规划》《宁夏黄河黑山峡片区文化旅游发展战略规划》，推进库区内旅游基础设施建设与整体工程同步设计、同步推进。与自治区发改委等 10 部门联合印发《深化"互联网＋旅游"推动旅游业高质量发展实施意见》，印发《关于推进乡村旅游高质量发展的实施意见》。

（一）持续提升旅游资源品质

开展旅游资源普查摸"家底"，一期辐射全区 5 个地级市、22 个县（区），共普查登记文旅资源 31872 个，现有基本类型 116 个，形成了近 34GB 的基础数据库。新认定贺兰县、原州区、隆德县 3 个县（区）为第二批"宁夏全域旅游示范区"。新评定 4A 级景区 2 家、自治区级旅游度假区 3 家、旅游休闲街区 7 个。利通区光耀旅游休闲街区被评为"国家级旅游休闲街区"，大武口生态工业旅游休闲集聚区、百瑞源枸杞工业旅游示范基地被评为"国家级工业旅游示范基地"；沙坡头景区、青铜峡黄河大峡谷景区入选国内水路旅游客运精品航线试点。

（二）自驾及乡村旅游资源开发

持续推动自驾配套设施建设，实施宁夏自驾游综合服务提升项目，支持星空营地、自驾车房车营地等配套设施建设。乡村旅游取得重大进展。实施乡村旅游助力乡村振兴"六大"提档升级工程，19

条线路入选国家级"乡村四时好风光"精品线路。9个村（镇）入选全国乡村旅游重点村（镇），10人被文旅部确定为2022年全国乡村文化和旅游带头人，推荐西吉县龙王坝村和大武口区龙泉村参加联合国世界旅游组织"最佳旅游乡村"遴选。"星途自驾·乐游宁夏"2022宁夏音乐主题自驾游活动获评文化和旅游部2022年国内旅游宣传推广优秀案例。

（三）促进产业赋能增效

围绕"吃住行游购娱"，打造全流程贯通延伸消费服务体系，围绕赏花和观星需求，依托气象机构发布专业预告信息。积极推动文旅＋葡萄酒、枸杞等融合发展，累计培育葡萄酒酒庄类、枸杞类旅游景区16家，对枸杞庄园进行景区化改造提升，评定百瑞源枸杞博物馆等4家枸杞类旅游景区，支持县区举办枸杞饮食文化节，通过实施"旅游＋枸杞"融合发展，企业综合收入稳步提升。"宁夏星星故乡"文旅新IP等3个案例入选2021年度中国旅游产业影响力案例。

八、宣传推广和对外交流

充分发挥文化旅游在讲好宁夏故事、展示宁夏形象等方面的重要作用，将宁夏西海固"苦瘠甲天下"的脱贫致富奇迹、"干沙滩"到"金沙滩"的沧桑巨变、贺兰山东麓葡萄酒"当惊世界殊"的奋斗历程等作为核心元素，与自治区相关部门加强合作，共用一个品牌、共推一个IP、共树一个形象，通过线上线下平台，充分展示宁夏的自然风光、特色风物、厚重文化和新时期宁夏人民奋发进取的崭新风貌，宁夏品牌影响力越来越大。

（一）文旅品牌打造

深入开展"宁夏文旅大篷车"十城营销、"当惊世界殊"宁夏红酒旅游海外推广等系列活动，聚力提升宁夏文旅品牌知名度。联合各市县区开展"两晒一促"大型文旅推介活动，创新推广"一市一品牌""一县一节庆"特色品牌活动，充分调动各地参与旅游、推动旅游、发展旅游的积极性，奏响旅游协作发展"大合唱"。联手宁夏广播电视台开通宁夏文旅频道，打造宁夏文旅宣传推广新阵地。成功举办"2022丝绸之路旅游推广季暨丝绸之路旅游城市发展国际论坛"等系列活动，面向海内外展示星星故乡、红酒休闲等宁夏特色资源。指导全区102家A级旅游景区积极参与宁夏"崇军行动——畅游神奇宁夏"活动，在全国率先推出1名军人可带2名家属免景区首道门票优惠举措。

（二）市场宣传推广

依托上海、北京等10个等重点客源城市的多媒体终端，全面宣传展示宁夏，覆盖人群9.75亿人次。联合文旅部中外交流中心、央视CGTN在北京冬奥会前夕推出《冰雪中国》宁夏破冰之旅专题节目，直播和短视频海外平台观看阅读量突破1亿次。成功举办"宁夏与韩国旅游企业交流合作座谈会"，筹备开展"韩国文旅企业宁夏行"系列活动。创新实施"云秀宁夏"海外推广项目，全面展示宁夏乡村振兴、生态环保等发展成果及特色文旅资源，累计曝光量1000余万次。宁夏Facebook传播力指数全国排名第二，点赞互动量全国排名第三，视频平台传播力指数位居全国第七。

九、市场管理和综合执法

截至 2022 年底，全区共有旅行社 169 家。其中，出境组团社 25 家，国内社 144 家。全区共有旅行社 205 家。其中，出境组团社 25 家，国内社 180 家。全区共有旅游星级饭店 82 家。其中，四星级 34 家，三星级 36 家，二星级 12 家。全区共有文化市场经营单位 679 个，从业人员 3147 人，营业收入 2.22 亿元。其中，娱乐场所 450 个，从业人员 1830 人，营业收入 1.73 亿元；互联网上网服务营业场所 208 个，营业人员 611 人，营业收入 3836.50 万元。

（一）培育服务市场主体

制定《自治区文化和旅游标准化工作管理办法》等制度办法，完成《宁夏"六优"产业高质量发展标准体系第 1 部分：文化旅游》地方标准修订。落实质保金暂退政策，全年为 95 家（次）旅行社暂退质保金 718 万元。开展全区旅行社规范经营和服务质量提升专项行动，强化旅行社动态监管及其分支机构日常监管，落实旅行社对分支机构"四统一"管理制度。以训代培，提升人员业务技能，举办全区星级饭店从业人员服务技能竞赛，全区 19 家饭店 56 名选手进入总决赛，4 位选手代表宁夏参加全国星级饭店从业人员服务技能竞赛。聚焦特色产业发展，培养"一专多能"复合型优秀导游人才队伍，组织 128 名导游进行品酒师和红酒文化培训。

（二）强化行业监督管理

创新建立旅游投诉快办机制，健全自治区、市及县（区）三级文化和旅游管理部门投诉处理责任制度，形成"扁平化"快速处理体系。重点项目办理时限压缩至 1 个工作日，全年办理政务服务事项 3000 余件，满意度 100%。推进文化市场综合执法改革，探索乡镇一支队伍管执法。《"点亮"大漠星空·释放消费活力·打造"星星的故乡"文旅 IP》入选全国文化和旅游领域改革创新优秀案例。完成 2021 年全区旅游行业游客满意度调查工作，游客平均满意度在 95% 以上。对 17 个重点旅游景区服务质量暗访检查，推动问题整改。建立旅游行业"首席质量官"和"标杆服务员"制度，进一步压实企业质量主体责任。

（三）加强文化市场管控

严格落实文化市场疫情防控措施，督导经营单位落实好企业主体责任。通过"体检式"暗访、交叉互检、跨部门联合检查等方式，认真组织校园周边、"扫黄打非"、未经许可经营旅行社业务、"不合理低价游"、打击整治养老诈骗、暑期整治等专项整治行动，督导各级执法队伍加大文化市场综合执法力度，文化市场秩序总体平稳有序。2022 年，全区共出动执法人员 20 万人次，检查经营单位 6.5 万余家次，办结案件 303 件，实施行政处罚 50.2 万元。

十、经费投入

2022 年，全区文化事业费 13.05 亿元，比上年增加 3.69 亿元，增长 39.42%；全区人均文化事业

费 179.22 元，比上年增加 50.12 元，增长 38.85%（见表 6）。

表 6　2020—2022 年宁夏文化事业费情况

指标名称	2020 年	2021 年	2022 年
文化事业费（亿元）	9.43	9.36	13.05
人均文化事业费（元）	130.93	129.10	179.22
人均文化事业费增速（%）	10.67	–1.40	38.82

（宁夏回族自治区文化和旅游厅）

宁夏：精准营销宣传展示新宁夏

宁夏文化和旅游厅始终秉持"营销宁夏"的理念，充分发挥文化旅游可视、可亲、可感、可触的特点，用文旅"小窗口"展示宁夏新变化，用宁夏"小窗口"展示中国大变化。

一是展示宁夏形象。充分发挥文化旅游在讲好宁夏故事、展示宁夏形象等方面的重要作用，将宁夏西海固"苦瘠甲天下"的脱贫致富奇迹、"干沙滩"到"金沙滩"的沧桑巨变、贺兰山东麓葡萄酒"当惊世界殊"的奋斗历程等作为核心元素，与自治区相关部门加强合作，共用一个品牌、共推一个 IP、共树一个形象，通过线上线下平台，充分展示宁夏的自然风光、特色风物、厚重文化和新时期宁夏人民奋发进取的崭新风貌，宁夏品牌影响力越来越大。与中央广播电视总台合作，创制大型系列专题片《让世界听到黄河的声音》，用文旅"小窗口"讲好黄河故事、讲好宁夏故事。

二是强化品牌带动。深入开展"宁夏文旅大篷车"十城营销、"当惊世界殊"宁夏红酒旅游海外推广等系列活动，聚力提升宁夏文旅品牌知名度。联合各市县区开展"两晒一促"大型文旅推介活动，拍摄各类视频 52 部。创新推广"一市一品牌""一县一节庆"特色品牌活动，充分调动各地参与旅游、推动旅游、发展旅游的积极性，奏响旅游协作发展"大合唱"。联手宁夏广播电视台开通宁夏文旅频道，打造宁夏文旅宣传推广新阵地，开设《天天文旅荟》《非遗档案》等 5 档栏目，累计播出 544 期。成功举办"2022 丝绸之路旅游推广季暨丝绸之路旅游城市发展国际论坛"等系列活动，面向海内外展示星星故乡、红酒休闲等宁夏特色资源。指导全区 102 家 A 级旅游景区积极参与宁夏"崇军行动——畅游神奇宁夏"活动。

三是加强宣传推广。依托上海、北京等 10 个等重点客源城市多媒体终端，全面宣传展示宁夏，覆盖人群 9.75 亿人次。联合文化和旅游部中外交流中心、央视 CGTN 在北京冬奥会前夕推出《冰雪中国》宁夏破冰之旅专题节目，直播和短视频海外平台观看阅读量突破 1 亿次。在抖音和今日头条发起挑战赛和超级话题产出短视频 5 万余部，传播量达 12 亿次，不断提升宁夏文旅全网声量。成功举办"宁夏与韩国旅游企业交流合作座谈会"，筹备开展"韩国文旅企业宁夏行"系列活动。创新实施"云秀宁夏"海外推广项目，全面展示宁夏乡村振兴、生态环保等发展成果及特色文旅资源，累计曝光量 1000 余万次。宁夏 Facebook 传播力指数全国排名第二，点赞互动量全国排名第三，视频平台传播力指数位居全国第七。

新疆维吾尔自治区 2022 年文化和旅游发展情况分析

2022 年，自治区文化和旅游厅坚持以习近平新时代中国特色社会主义思想为指导，聚焦迎接和学习宣传贯彻党的二十大精神，深入贯彻落实习近平总书记视察新疆重要讲话重要指示精神，完整准确贯彻新时代党的治疆方略，贯彻落实自治区第十次党代会和十届三次、四次、五次、六次全会精神，深刻领悟"两个确立"的决定性意义，增强"四个意识"、坚定"四个自信"、做到"两个维护"，深入实施"文化润疆"工程和"旅游兴疆"战略，牢牢把握党对意识形态工作的领导权，有形有感有效铸牢中华民族共同体意识，推进新时代文化和旅游工作取得新进展。

一、新疆行政区划、人口增减变化

2022 年全区常住人口 2587 万人，新疆现有 14 个地（州、市），共有 108 个县（市、区），包括 66 个县、29 个县级市、13 个市辖区，其中有 6 个自治县、34 个边境县（市）；有 1146 个乡镇（街道、区公所），包括 468 个乡、467 个镇、210 个街道、1 个区公所，其中有民族乡 42 个；有村（社区）11685 个，包括 8861 个行政村、2937 个社区。

二、新疆文化文物事业、旅游产业基本情况

截至 2022 年底，全疆建成各级公共图书馆 110 个、文化馆 117 个、文化站 1130 个，村级综合性文化服务中心 8745 个，社区文化服务中心 2519 个，各类艺术表演团体 96 个、艺术展览创作机构 61 个（美术馆 60 个）。全疆文物机构 185 个，其中文物保护管理机构 76 个、博物馆 85 个、文物行政部门 18 个、文物科研机构 2 个、其他文物机构 4 个。兵、地归属及计量单位调整，新疆登记公布不可移动文物 9542 处，全国重点文物保护单位 133 处、自治区级文物保护单位 620 处、县市级文物保护单位 4627 处。全区有旅行社 577 家，星级酒店 317 家。

（一）现代公共文化服务体系日趋完善

2020—2022 年，新疆各级图书馆、文化馆等公共文化服务机构数总量稳中有增，公共图书馆由 107 个增加至 110 个，基本实现区地县三级全覆盖。2020 年，由于自治区直辖县级行政区划县市划转至兵团，文化馆由 116 个增加至 117 个。文化站、艺术展览创作机构在群众对文化活动需求增长因素的推动下，呈现机构数量逐年增加的发展态势，文化站由 2020 年末的 1121 个逐步健全发展为 2022 年末的 1130 个（见表 1）。艺术展览创作机构（含美术馆）由 2020 年的 58 个增加至 2022 年的 61 个，实现全区 108 个地、县（不含市辖区）行政区划的 56.5% 覆盖，馆藏、展陈、服务、保障能力均

有大幅提升，新疆美术馆业呈现蓬勃发展态势。

表 1　2020—2022 年新疆公共文化机构数量情况

名称	2020 年	2021 年	2022 年
图书馆	107	110	110
文化馆	116	117	117
文化站	1121	1130	1130
艺术展览创作机构	58	60	61

（二）文旅经费收支逐年攀升保障有力

2022 年，文化润疆工程、旅游兴疆战略贯彻实施，全区文化、文物、旅游资金保障稳中有增。文旅部门经费增幅明显，本年收入较 2021 年增加 19.9415 亿元，增幅 31%；本年支出较上年增加 20.9755 亿元，增幅 32%；文物部门本年收入较上年增加 8.4558 亿元，增幅 106%；本年支出较上年增加 8.2681 亿元，增幅 99%（见表 2）。

表 2　2022 年新疆文化旅游、文物部门经费收支情况

收 / 支 资金构成	2022 年（万元）	2021 年（万元）	同比增减额（万元）	同比增减幅度（%）
一、文旅部门	—	—	—	—
本年收入合计	840102	640687	199415	31
财政补贴收入	246699	270753	−24054	−9
其中：基建拨款	213	10	203	2030
上级补助收入	892	606	286	47
事业收入	949	1209	−260	−22
经营收入	397	724	−327	−45
其他收入	591165	367395	223770	61
二、文物部门	—	—	—	—
本年收入合计	163905	79347	84558	106
财政补贴收入	157667	69676	87991	126
其中：基建拨款	10258	23780	−13522	−57
上级补助收入	1508	1341	167	12
事业收入	458	985	−527	−54
经营收入	7	31	−24	−77
其他收入	4265	7314	−3049	−42

续表

收/支 资金构成	2022年（万元）	2021年（万元）	同比增减额（万元）	同比增减幅度（%）
一、文旅部门	—	—	—	—
本年支出合计	857645	647890	209755	32
基本支出	217490	191990	25500	13
项目支出	546396	419309	127087	30
工资福利支出	161374	143073	18301	13
二、文物部门	—	—	—	—
本年支出合计	166297	83616	82681	99
基本支出	20043	17525	2518	14
项目支出	144765	56816	87949	155
工资福利支出	16350	14208	2142	15

（三）公共文化服务效能不断提升

一是加强公共文化服务体系建设。贯彻落实《关于推动公共文化服务高质量发展的意见》《"十四五"公共文化服务体系建设规划》，印发《关于扎实推进全区公共文化服务活动内容建设的通知》。二是促进公共图书馆服务提质增效。自治区图书馆打造数字学习教育平台，推出"真理之光照亮复兴之路——党的二十大精神学习宣传文献展"，点击量达4万人次。三是拓展群众性文化活动深度。深入开展"我的中国梦——文化进万家"、"我们的节日"、"广场舞、大家唱"、"石榴籽"小分队下基层等文化惠民活动，开展各类惠民演出351场，惠及群众3.975万人次。四是推动公共文化服务项目建设。持续推进196个"文化大院"示范点建设。落实麦盖提县等7个县级图书馆、文化馆建设项目本年度中央预算内投资5950万元。拨付210万元，用于喀什地区、克拉玛依市、昌吉州图书馆（文化馆）数字化体验平台建设。自治区图书馆挂牌成立昆仑尼山书院，多元化展示中华文化元素及内涵。

1.公共图书馆业发展情况

2022年，全区各级公共图书馆总收入2.26亿元，其中财政拨款预算收入2.22亿元，财政补助收入占总收入的98%。财政拨款预算收入中，免费开放资金0.34亿元，占比为15%（免费开放经费中中央资金占比80%），按免费开放资金100%用于项目支出统计，占全年项目支出0.6亿元的57%。新疆每万人拥有公共图书馆建筑面积152平方米，比上年增加了6平方米；人均拥有公共图书馆藏量0.64册，比上年增加了0.2册。

2022年公共图书馆总流通447.21万人次。随着公共文化服务方式的转变和模式的创新，全年新增数字化、网络版图书借阅，不断深化线上阅读推广服务力度，全年线上服务1018万人次。2018—2022年，全区公共图书馆业务开展情况详见图1。

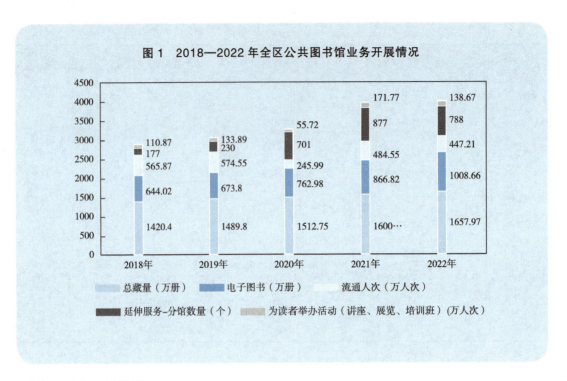

图1 2018—2022年全区公共图书馆业务开展情况

2. 群众文化业发展情况

财政补贴是保障群众文化业发展的核心力量。2022年，各级文化馆（站）总收入6.46亿元，较上年增加1.3亿元，其中财政补贴收入5.82亿元，占总收入的90%。平均每万人拥有群众文化设施建筑面积447.12平方米，比上年增加14.51平方米；文化馆（站）服务1336.41万人次，较2021年（1090.15万人次）增加246.26万人次；文化馆（站）组织线上群众文化活动1080次，线上服务841.43万人次。2018—2022年，群众文化业基础业务开展情况详见图2。

图2 2018—2022年全区群众文化业基础业务开展情况

3.艺术创作开展情况

一是加强艺术创作统筹规划，组织召开全区文艺工作座谈会，研究起草专题报告、破解难题、推动发展。紧紧围绕重大国家战略、重要时间节点和主题，创作推出大型音诗画《掀起你的盖头来——新疆是个好地方》、话剧《勋章》、独幕剧《幸福来敲门》、情景歌舞《火热的和田食堂》、杂技情景剧《花开梦之村》、民族器乐剧《界碑》、庆祝党的二十大主题交响音乐会等40余部优秀文艺作品。二是加大文艺产品供给。扎实推动2022年《勋章》《守界人》《我在新疆等你》《新疆组曲》等重点剧目创作演出。推进舞剧《张骞》复排和公演，并推荐参加第十三届中国艺术节，完成驻场和网络公演20余场次。召开"推进文化自信自强 推动文艺高质量发展"媒体通气会，推出30余台节目，开展丰富多彩的文艺演出活动。三是推动重大文艺活动实施。持续做好《掀起你的盖头来——新疆是个好地方》文艺演出打磨提升。联合举办《高雅艺术进校园》巡展活动。四是推进国有文艺院团改革。自治区党委改革办牵头成立国有文艺院团改革专班，以新疆艺术剧院民族乐团为试点探索改革，完善内设机构，优化职责分工，设立激励机制，推进制度创新。五是提升美术展览水平。新疆画院成功举办"雄关漫道——迎接党的二十大胜利召开主题美术作品展"，共展出110幅绘画作品。新疆美术馆推出"疆风海韵——中华艺术宫（上海美术馆）馆藏金祥龙作品展""百年印记——新疆版画"等内容丰富、形式多样的展览。

2022年末，全疆各类艺术表演团体109个（含非公有制企业13家），比上年减少1个；从业人员4530人，减少349人。其中，各级文化和旅游部门所属艺术表演团体96个，占88%，从业人员4289人，占95%。受疫情影响，年度演出场次1.37万场；国内观众人次380.93万人次；演出收入564.3万元。2019—2022年全区艺术表演团体（事业）演出情况详见图3。

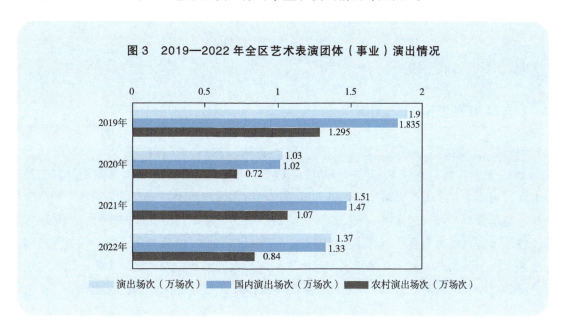

图3 2019—2022年全区艺术表演团体（事业）演出情况

（四）文物事业稳中有进

1.全区文物资源现状

截至2022年，全区有不可移动文物9542处，其中世界文化遗产地6处、全国重点文物保护单位

133 处；自治区级文物保护单位 620 处，对外开放 135 处，成为各级爱国主义教育基地和旅游景点；博物馆 85 家，藏品 22 万余件（套），包括国家一级文物 801 件、二级文物 1653 件、三级文物 6106 件。2022 年，国家文化文物和旅游统计制度修订、统计直报系统仍然按照管辖区域分别统计，不包含兵团数据；统计名录库更新、管理中，机构统一社会信用代码是唯一有效依据，无代码不统计。

2. 全区文物机构现状

2022 年末，全区文物机构 185 个，从业人员 2222 人，其中专业技术人员 547 名，安全保卫人员 638 名。地县级独立编制文物局 3 个，合署办公（挂牌）14 个。地县两级 83 家博物馆编制人员数 463 个，在编人员数 413 名。

3. 文物保护资金投入情况

2022 年度获得国家文物保护资金支持的项目有 44 个，累计投入 1.45 亿元；可移动文物保护项目 10 项，资金 2084 万元；考古项目 20 项，其中主动性发掘 18 项，抢救性发掘 2 项，投入 2468 万元。自治区文物保护专项资金 1090 万元，专门用于文物保护。文物工作得到更多重视，强化顶层设计、深化考古研究、加大保护力度、活化展示利用，有效释放文物"证史、资政、育人"作用，提升聚焦服务党和国家政治大局能力。

4. 博物馆、纪念馆宣教作用持续发挥

2022 年，全区 85 家博物馆、纪念馆累计举办各类陈列展览 287 个，接待观众 411 万余人次，其中青少年 123 万人次、境外观众 0.73 万人次。传统线下模式受到挑战，各级博物馆、纪念馆孕育推出了全新线上办展，文博单位全年举办线上展览 87 个，文博单位网站年访问量 24 万余次，各地举办微信公众号、微博共 27 个，关注人数 38 万人。文化创意产品种类共计 350 个，产品销售收入 1759 万余元，实现利润约 552 万余元。

三、加快推动文旅深度融合

（一）全区旅游经济总体情况

2022 年全年，全区接待游客 1.22 亿人次，同比下降 35.82%；实现旅游收入 907.57 亿元，同比下降 35.89%。旅游市场呈现以下亮点：一是借势春节与冬奥会，冬季冰雪游热度飙升。二是春游市场供给丰富，短程赏花路线受青睐。三是疆人游疆拉动内需，激活疆内旅游市场消费。四是多项政策释放利好，初夏旅游市场快速回暖。五是旅发大会凝心聚力，吹响旅游发展冲锋号。六是引客入疆成效显著，疆外客源市场需求强劲。七是抢抓节日假期契机，助推夏季旅游新高潮。八是打造精品自驾线路，带热沿线景区景点人气。九是拓展文旅消费空间，夜间消费集聚区逐渐形成。十是疫情防控政策调优，旅游市场快速启动复苏。十一是文旅活动丰富多彩，助力唱响新疆旅游品牌。

（二）推进文旅深度融合发展

一是召开文旅融合座谈会，组建工作专班，加强顶层设计和统筹谋划。二是推动旅游演艺，支持各地文艺院团进景区，在"艺术新疆"数字云平台举办全民艺术推广等系列活动。三是深挖文化遗产资源，培育文物遗址景区。推出乌孙古道等 10 条丝路古道旅游精品线路。四是丰富文旅产品供给。

评定德汇"五一"星光夜市等25家单位为自治区级夜间文化和旅游消费集聚区。评定申报特克斯县梦里长歌、阿克苏市三生百间里民宿为国家甲级民宿、两家民宿为国家乙级民宿、62家民宿为国家丙级民宿。起草《关于进一步推动文化文物单位文化创意产品开发的实施方案》，1280余款产品纳入"新疆礼物"。举办"创青春"中国青年文化旅游创意设计大赛（文化润疆专项），指导柯坪县、昭苏县、布尔津县以"柯小驼""昭昭和苏苏""津灵家族"为IP，推出数百种特色文创产品。五是推动"旅游+"融合发展。联合自治区商务厅开展新疆"百县千味万香"美食优选推荐活动暨地州旅游美食巡展活动。新疆艺术剧院入选自治区中小学研学旅行实践教育基地，开展文化艺术研学实践活动。与农业农村厅等部门联合印发《关于文旅行业支持农产品销售的工作方案》，促进农文旅融合发展。与自治区商务厅、乌鲁木齐市政府联合举办直播电商节系列活动，以平台经济促进文旅消费。

（三）文化旅游助力乡村振兴

一是组织5次专题学习研究乡村振兴工作，推动落实《文化和旅游厅乡村振兴战略实施方案》，抓好定点帮扶村、助力示范村乡村振兴重点项目落实，指导厅系统、文旅行业协会、社会组织等发挥自身优势，助力乡村文化振兴。二是制订定点帮扶工作计划，召开包联阿瓦提县、富蕴县等49个村助力示范村联席会议，为富蕴县吐尔洪乡等3个村文旅项目提供30万元资金支持。三是推动乡村旅游提质升级，评定45个村镇为第三批自治区乡村旅游重点村镇，推荐伊宁市巴彦岱镇苏勒玛塔村等10个村镇为全国乡村旅游重点村镇。

（四）加大文旅宣传推介力度

一是高质量组织举办文旅主题活动。举办"中国旅游日"系列宣传活动，10家媒体现场直播，全网观看量达3.6亿余人次。推出发放消费券、免费打折等优惠措施284项。举办独库公路通车仪式及系列活动，相关报道全网浏览量达4.8亿人次。S101天山地理画廊旅游精品线路推介发布信息超5890条，全网观看量达1560.4万人次。二是精准开展旅游宣传推介。中央电视台重要频道重要时段播放"新疆是个好地方"宣传片。组织14个地州市、35家企业组团参加2022中国国际旅游交易会，签约金额达88.49亿元。推出"网红局长带您漫游新疆""百县万部微视频"大赛、"达人西游"、冬季到新疆来滑雪全媒体直播等网络新媒体活动。三是全方位多层次开展对外交流。举办日本、比利时新疆文化和旅游周，全网浏览量近5亿次。2022"北方冰雪旅游海外推广季"活动推出40个主题406个数字产品。策划"冰雪之美 尽在新疆"2022冬季旅游宣传推广季系列活动。四是不断提升新媒体矩阵影响力。建好用好"新疆是个好地方"融媒体中心，产出"10万+"稿件共计329篇，优质稿件多次被外交部发言人赵立坚、人民日报、文化和旅游部新媒体账号转载。"新疆是个好地方"新媒体各平台登上"2022全国省级文旅新媒体传播力指数排行榜28次，其中6月、8月微信传播力位居全国文旅榜首。根据携程发布的2022端午假期出游趋势预测大数据分析，新疆位于热度排行榜首位。

（新疆维吾尔自治区文化和旅游厅）

新疆：弘扬中华优秀传统文化 营造非遗传承保护氛围

弘扬中华优秀传统文化 营造非遗传承保护氛围——2022"新疆是个好地方"对口援疆19省市非物质文化遗产展。

7月31日—8月5日，由文化和旅游部、自治区人民政府主办的2022"新疆是个好地方"对口援疆19省市非物质文化遗产展圆满落下帷幕。为做好2022年非遗展宣传报道工作，自治区文化和旅游厅紧跟多彩非遗、乐舞非遗、指尖非遗等系列活动，突出"展前预热、展中点爆、展后挖掘"的思路，高端谋划，高标组织，高效实施，弘扬了中华优秀传统文化，营造了浓厚的非遗传承和保护氛围。

一是超前谋划实施，凸显部署高度。紧紧围绕重要意义、作用发挥、展示内容、经典故事等方面进行重点宣传，做到展前、展中、展后各有侧重。及时召开媒体通气会，高效组织33家疆内媒体预告非遗展筹备情况、内容及特点，联动开展预热宣传，形成浓厚的舆论氛围。联合各级媒体，精心设置非遗宣传话题，注重新媒体运用，共同宣传造势，引发网友广泛关注，使非遗展览提前"热"起来。在出租车顶灯、公交车站海报、警务站LED屏、高铁站大屏等宣传媒介上，巡回播放宣传标语和宣传片，营造浓厚的社会宣传氛围。

二是突出重点环节，体现宣传深度。牢牢把握舆论导向，通过线上线下联动、展示展演结合，为广大人民群众奉上可看、可听、可品、可感的非遗盛宴。设计制作《遇见非遗》宣传片，收集整理非遗短视频、图片、传承故事，深入挖掘非遗助力乡村振兴、非遗与旅游融合发展等方面的典型实践。通过现场直播、专题访谈等不同方式，全方位、多层次、立体化开展宣传推广，展现非遗融入现代生活、满足人民群众对美好生活的向往。协助石榴云、新疆网等媒体开展访谈35人，让更多群众参与、了解非遗保护传承。聚焦玛纳斯、桑皮纸制作、毛皮滑雪板制作等新疆特色非遗资源与文旅故事，策划开展人民群众喜闻乐见、便于参与的非遗宣传展示体验活动。联合网红文旅局长拍摄非遗短视频、非遗传承人说非遗短视频45条，总传播量达3056万人次。

三是发挥矩阵作用，呈现宣传密度。加强与各级各类媒体协作，发挥传统媒体＋新媒体矩阵优势，丰富传播形式，引爆非遗展览宣传。联合新华社、人民网等发布文字、视频稿件《2022"新疆是个好地方"对口援疆19省市非遗展在疆开幕》《组图｜来看看非遗展上的非遗好物》等，受到各族群众广泛点赞转发。协助中央广播电视总台在央视新闻新媒体客户端、央视频、GCTN开展同步直播开幕式，联合中新社、石榴云、新疆广播电视台等12家媒体，开展"非遗探馆""沉浸式"互动体验式直播，73个平台拉流同步直播，引发网友集聚关注。协助中国文化报、新疆日报等发布消息、活动盛况、侧记、综合稿件，并配发评论员文章等，从不同角度讲述非遗故事。联合抖音、微博平台搭建"多彩非遗齐聚新疆"话题，开展抖音"潮趣非遗抖起来"话题短视频大赛，征集短视频370条。非遗展期间，先后有486家媒体单位累计宣传报道信息8651条，全网观看量达2.75亿人次，评论7400余万次。

四是注重海外宣传，彰显传播温度。邀请海外华文媒体、涉侨中央媒体17家参观非遗展，近距离感受非遗魅力。联合CGTN、人民网、中新社等主流媒体做好海外传播，新华社发布展览开幕消息，人民日报英文版、世界新闻网、美国国际日报网50多家驻外机构转载使用；CGTN全平台发布"对口援疆19省市非物质文化遗产展"，累计获得全球阅读量116万，独立用户访问量105万，互动3520次，视频观看量17.1万。联合国际频道CCTV-4《文化十分》栏目推出专题报道，阅读转发点击量超2000万；巴西《南美侨报》、美国《侨报》、法国《欧洲时报》等113家媒体刊发了展览消息。通过中外文化交流中心68个海外平台发布非遗展开幕式，在海外社交媒体平台传播系列非遗展内容，得到了海外网友关注。

Statistical Analysis Report
on Cultural and Tourism Development

文化和旅游发展统计分析报告

附　录

2022 年全国文化和旅游发展主要统计数据

表 1　按年份全国主要文化和旅游机构数　　　　　　　　　　　　　　　单位：个

年份	公共图书馆	文化馆	博物馆	旅行社	星级饭店	A 级景区
1949	55	896	21			
1952	83	2430	35			
1957	400	2748	72			
1962	541	2575	230			
1965	562	2660	214			
1970	323	2332	182			
1975	629	2670	242			
1978	1218	2840	349			
1980	1732	3130	365			
1985	2344	3295	711			
1986	2406	3330	777			
1987	2440	3321	827	1245		
1988	2485	3333	903	1573		
1989	2512	3321	967	1617		
1990	2527	3321	1013	1561		
1991	2535	3265	1075	1603	853	
1992	2558	3272	1106	2592	1029	
1993	2572	3256	1130	3238	1186	
1994	2589	3261	1161	4382	1556	
1995	2615	3259	1194	3826	1913	
1996	2620	3284	1219	4252	2349	
1997	2628	3286	1282	4986	2724	
1998	2662	3287	1339	6222	3248	
1999	2669	3294	1363	7326	3856	
2000	2675	3297	1392	8993	6029	

续表

年份	公共图书馆	文化馆	博物馆	旅行社	星级饭店	A级景区
2001	2696	3241	1461	10532	7358	
2002	2697	3243	1511	11552	8880	
2003	2709	3228	1515	13361	9751	
2004	2720	3221	1548	14927	10888	
2005	2762	3226	1581	16245	11828	
2006	2778	3214	1617	17957	12751	
2007	2799	3217	1722	18943	13583	
2008	2820	3218	1893	20110	14099	
2009	2850	3223	2252	20399	14237	
2010	2884	3264	2435	22691	11779	4521
2011	2952	3285	2650	23690	11676	5573
2012	3076	3301	3069	24944	11367	6042
2013	3112	3315	3473	26054	11687	7104
2014	3117	3313	3658	26650	11180	8026
2015	3139	3315	3852	27621	10550	8954
2016	3153	3322	4109	27939	9861	9845
2017	3166	3328	4721	29717	9566	10496
2018	3176	3326	4918	37309	8962	11924
2019	3196	3326	5132	38943	10130	12402
2020	3212	3321	5452	31074	8430	13332
2021	3215	3316	5772	31001	7676	14196
2022	3303	3503	6091	32603	7337	14917

表 2　按年份全国文化和旅游事业费基本情况

年份	文化和旅游事业费 （亿元）	国家财政总支出 （亿元）	文化和旅游事业费 占国家财政比重（％）
1978	4.44	1122.09	0.40
1979	5.84	1281.79	0.46
1980	5.61	1228.83	0.46
"六五" 时期	36.03	7483.18	0.48
1985	9.32	2004.25	0.47
"七五" 时期	62.45	12865.67	0.49
1986	10.74	2204.91	0.49
1987	10.77	2262.18	0.48
1988	12.18	2491.21	0.49
1989	13.57	2823.78	0.48
1990	15.19	3083.59	0.49
"八五" 时期	121.33	24387.46	0.50
1991	17.28	3386.62	0.51
1992	19.46	3742.20	0.52
1993	22.37	4642.30	0.48
1994	28.83	5792.62	0.50
1995	33.39	6823.72	0.49
"九五" 时期	254.51	57043.46	0.45
1996	38.77	7937.55	0.49
1997	46.19	9233.56	0.50
1998	50.78	10798.18	0.47
1999	55.61	13187.67	0.42
2000	63.16	15886.50	0.40
"十五" 时期	496.13	128022.85	0.39
2001	70.99	18902.58	0.38
2002	83.66	22053.15	0.38
2003	94.03	24649.95	0.38
2004	113.63	28486.89	0.40
2005	133.82	33930.28	0.39
"十一五" 时期	1220.40	318970.83	0.38
2006	158.03	40422.73	0.39

续表

年份	文化和旅游事业费 （亿元）	国家财政总支出 （亿元）	文化和旅游事业费 占国家财政比重（％）
2007	198.96	49781.35	0.40
2008	248.04	62592.66	0.40
2009	292.31	76299.93	0.38
2010	323.06	89874.16	0.36
"十二五" 时期	2669.62	703076.19	0.38
2011	392.62	109247.79	0.36
2012	480.10	125952.97	0.38
2013	530.49	140212.10	0.38
2014	583.44	151785.56	0.38
2015	682.97	175877.77	0.39
"十三五" 时期	4708.10	1096206.86	0.43
2016	770.69	187755.21	0.41
2017	855.80	203085.49	0.42
2018	928.33	220904.13	0.42
2019	1065.75	238858.37	0.45
2020	1088.26	245679.03	0.44
"十四五" 时期			
2021	1132.88	245673.00	0.46
2022	1201.76	260609.17	0.46

注：文化事业费：1953—1980 年系国家财政决算数（"一五"至"四五"时期含文物、出版经费，"五五"时期不含文物、出版经费）；1981 年以后系文化事业统计年报数（不含文物、出版及科学研究费；不含基本建设的财政拨款和行政运行经费），以下各表同。

表 3　历年全国公共图书馆主要指标

年份	机构数（个）	从业人员（人）	总藏量（万册、件）	总流通人次（万人次）	书刊、文献外借册次（万册次）	本年新购藏量（万册）	实际使用房屋建筑面积（万平方米）	阅览室座席数（万个）
1979	1651		18353	7787	9625		86.6	
1980	1732		19904	9045	11830		92.0	
1985	2344	29350	25573	11614	18942	1343	172.0	23.1
1986	2406	31849	26133	11722	16205	1359	210.2	33.7
1990	2527	40247	29064	12435	20242	895	326.0	32.1
1991	2535	42037	30614	20496	13325	771	349.1	34.0
1992	2558	43051	31175	18495	12625	740	363.6	34.4
1993	2572	44656	31410	16973	11685	631	368.0	34.3
1994	2589	44367	32332	14451	11852	556	409.1	34.8
1995	2615	45323	32850	14142	11814	551	415.5	35.2
1996	2620	46457	33686	14793	13544	577	441.4	35.6
1997	2628	47882	37549	16114	15685	680	471.5	37.4
1998	2662	48313	38514	17058	15422	700	492.5	39.9
1999	2669	48792	39539	18040	16290	678	506.0	41.6
2000	2675	51342	40953	18854	16913	692	598.2	41.6
2001	2696	48579	42130	20757	17559	819	561.8	43.7
2002	2697	48447	42683	21950	20021	946	582.8	43.9
2003	2709	49646	43776	21440	18775	1049	588.6	46.1
2004	2720	49069	46152	22095	18536	1228	625.1	47.2
2005	2762	50423	48056	23332	20269	1535	677.0	48.0
2006	2778	51311	50024	25218	21039	1686	718.9	50.0
2007	2799	51650	52053	26103	21319	1871	741.4	52.7
2008	2820	52021	55064	28141	23129	2071	780.0	55.4
2009	2850	52688	58521	32167	25857	2939	850.3	60.2
2010	2884	53564	61726	32823	26392	2956	900.4	63.1
2011	2952	54475	63896	37423	28452	3985	994.9	68.1
2012	3076	54997	68827	43437	33191	5826	1058.4	73.5
2013	3112	56320	74896	49232	40868	4865	1158.5	81.0
2014	3117	56071	79092	53036	46734	4742	1231.6	85.6
2015	3139	56422	83844	58892	50896	5151	1301.5	91.1
2016	3154	57219	90163	66037	54725	6275	1424.3	98.6
2017	3166	57567	96953	74450	55091	7034	1515.3	106.4
2018	3176	57617	103659	81827	58010	6895	1596.0	111.7
2019	3196	57796	111181	90135	61373	6986	1699.7	119.1
2020	3212	57980	117930	54146	42087	6732	1785.8	126.5
2021	3215	59301	126178	74614	58730	7407	1914.2	134.4
2022	3303	60740	135959	78970	60719	7733	2098.0	155.2

表 4　按年份各地区文化和旅游事业费　　　　　　　　　　　　单位：万元

地区	2000 年	2005 年	2010 年	2015 年	2020 年	2021 年	2022 年
全　国	631591	1338193	3230646	6829708	10882645	11328810	12017593
北　京	24008	64587	161693	275832	463029	439536	449161
天　津	9796	31592	56348	153744	133272	135123	123008
河　北	18984	39626	70307	185348	353883	360111	393821
山　西	12347	29832	78000	182007	274503	286593	361406
内蒙古	14515	30543	112982	228905	295807	316283	350834
辽　宁	26790	47578	113430	165405	179199	188375	180595
吉　林	15711	26566	90327	156425	207929	201602	183700
黑龙江	16598	33742	74631	152601	210064	222599	264301
上　海	42608	79201	186266	365523	483672	590110	616394
江　苏	38527	77658	163123	403417	860604	871549	864905
浙　江	35334	110397	242002	488225	850347	1048686	1122294
安　徽	15849	30541	76813	146252	225055	228851	254742
福　建	22174	42949	101855	187522	335728	305356	389587
江　西	10696	23398	73401	127094	230014	267697	299401
山　东	30944	61687	138876	299770	503101	530152	548270
河　南	20948	37708	95143	206034	332758	358209	351521
湖　北	19367	43585	114389	235648	432862	469331	423287
湖　南	16564	34771	86133	193798	347866	371421	381726
广　东	58321	128095	269940	539257	1107240	1154761	1131114
广　西	14608	28089	80097	172230	322285	247902	230329
海　南	3468	6007	27356	57512	82829	67432	111709
重　庆	9151	17505	77350	169727	230720	245862	237409
四　川	20500	44523	143902	395788	520403	562922	562668
贵　州	9131	18731	53676	119936	246931	197105	201969
云　南	23945	42036	86881	191211	353527	331149	512023
西　藏	4264	8003	21050	57816	112986	111209	119805
陕　西	13976	23462	89457	205168	265389	266859	286849
甘　肃	9130	20882	55563	113802	184417	183183	202316
青　海	3696	7349	41114	65393	114591	99418	86220
宁　夏	3625	9646	24483	58611	94306	93600	130471
新　疆	10518	24877	71273	160088	275083	270743	348672

表 5　按年份各地区文化和旅游事业费占财政支出比重

单位：%

地区	2000 年		2005 年		2010 年		2015 年		2020 年		2021 年		2022 年	
	比重	位次	比重	位次	比重	位次	比重	位次	比重	位次	比重	位次	比重	位次
全　国	0.40		0.39		0.36		0.39		0.44		0.46		0.46	
北　京	0.54	14	0.61	4	0.60	2	0.48	8	0.65	2	0.61	5	0.6	8
天　津	0.53	15	0.71	3	0.41	14	0.48	9	0.42	23	0.43	23	0.45	21
河　北	0.46	28	0.40	24	0.25	31	0.33	27	0.39	26	0.41	25	0.42	25
山　西	0.55	11	0.44	14	0.40	15	0.53	4	0.54	10	0.57	10	0.62	6
内蒙古	0.59	8	0.44	15	0.50	7	0.54	3	0.56	9	0.60	6	0.60	9
辽　宁	0.52	17	0.39	25	0.35	22	0.37	24	0.30	30	0.32	30	0.29	31
吉　林	0.90	1	0.42	18	0.51	6	0.49	7	0.50	15	0.55	12	0.45	19
黑龙江	0.45	30	0.42	19	0.33	25	0.38	21	0.39	26	0.44	22	0.48	15
上　海	0.68	5	0.48	9	0.56	4	0.59	2	0.60	7	0.70	2	0.66	5
江　苏	0.61	6	0.46	12	0.33	26	0.42	15	0.63	5	0.60	7	0.58	10
浙　江	0.82	2	0.87	1	0.75	1	0.73	1	0.84	1	0.95	1	0.93	1
安　徽	0.49	23	0.42	20	0.30	29	0.28	31	0.30	30	0.30	31	0.30	30
福　建	0.69	4	0.72	2	0.60	3	0.47	10	0.64	3	0.59	9	0.68	4
江　西	0.48	26	0.41	22	0.38	18	0.29	30	0.35	28	0.39	26	0.41	26
山　东	0.51	18	0.42	21	0.34	23	0.36	25	0.45	19	0.45	19	0.45	20
河　南	0.47	27	0.33	31	0.28	30	0.30	28	0.32	29	0.34	28	0.33	29
湖　北	0.53	15	0.55	6	0.46	10	0.38	22	0.51	12	0.59	8	0.49	13
湖　南	0.49	23	0.39	26	0.32	28	0.34	26	0.41	25	0.44	20	0.42	24
广　东	0.55	11	0.55	7	0.50	8	0.42	16	0.63	5	0.63	4	0.61	7
广　西	0.57	10	0.45	13	0.40	16	0.42	17	0.52	11	0.43	24	0.39	27
海　南	0.51	18	0.39	27	0.47	9	0.46	12	0.42	23	0.34	29	0.53	11
重　庆	0.49	23	0.35	29	0.45	11	0.45	13	0.47	17	0.51	15	0.49	14
四　川	0.45	30	0.41	23	0.34	24	0.53	5	0.46	18	0.50	16	0.47	17
贵　州	0.46	28	0.35	30	0.33	27	0.30	29	0.43	22	0.35	27	0.35	28
云　南	0.58	9	0.54	8	0.38	19	0.41	20	0.51	12	0.50	17	0.76	3
西　藏	0.71	3	0.43	16	0.38	20	0.42	18	0.51	13	0.55	11	0.46	18
陕　西	0.51	18	0.36	28	0.40	17	0.47	11	0.45	19	0.44	21	0.42	23
甘　肃	0.50	22	0.48	10	0.38	21	0.38	23	0.44	21	0.46	18	0.47	16
青　海	0.55	11	0.43	17	0.55	5	0.43	14	0.59	8	0.53	13	0.44	22
宁　夏	0.60	7	0.60	5	0.44	12	0.51	6	0.64	3	0.66	3	0.82	2
新　疆	0.51	18	0.47	11	0.42	13	0.42	19	0.50	15	0.51	14	0.53	12

表6 按年份各地区人均文化和旅游事业费及位次
单位：元

地区	2000年		2005年		2010年		2015年		2020年		2021年		2022年	
	人均	位次	人均	位次	人均	位次	人均	位次	人均	位次	人均	位次	人均	位次
全　国	4.99		10.23		24.11		49.68		77.08		80.31		85.13	
北　京	17.37	2	41.99	2	82.44	1	127.08	3	211.50	2	200.79	3	205.66	3
天　津	9.79	4	30.29	3	43.55	7	99.39	5	96.11	10	98.41	10	90.25	14
河　北	2.81	25	5.78	25	9.78	31	24.96	29	47.43	28	48.35	28	53.08	26
山　西	3.74	19	8.89	16	21.84	17	49.67	16	78.62	15	82.35	13	103.82	11
内蒙古	6.11	11	12.80	9	45.73	5	91.16	6	123.00	7	131.78	6	146.12	6
辽　宁	6.32	10	11.27	12	25.93	14	37.74	23	42.07	29	44.54	29	43.03	29
吉　林	5.76	12	9.78	14	32.89	9	56.81	11	86.37	12	84.89	12	78.24	18
黑龙江	4.50	16	8.83	17	19.48	21	40.03	22	65.95	21	71.23	18	85.29	16
上　海	25.45	1	44.54	1	80.92	2	151.34	2	194.47	3	237.09	2	249.05	2
江　苏	5.18	15	10.39	13	20.74	19	50.58	14	101.55	9	102.47	9	101.57	12
浙　江	7.55	5	22.54	5	44.46	6	88.14	7	131.70	5	160.35	5	170.64	5
安　徽	2.65	26	4.99	30	12.91	29	23.81	30	36.88	30	37.44	30	41.58	30
福　建	6.39	9	12.15	11	27.61	12	48.85	17	80.82	14	72.93	17	93.02	13
江　西	2.58	28	5.43	27	16.47	25	27.84	28	50.90	26	59.26	23	66.12	23
山　东	3.41	21	6.67	21	14.50	27	30.44	26	49.55	27	52.13	25	53.95	25
河　南	2.26	31	4.02	31	10.12	30	21.73	31	33.49	31	36.25	31	35.61	31
湖　北	3.21	23	7.63	19	19.98	20	40.27	21	74.95	16	80.50	14	72.43	21
湖　南	2.57	29	5.50	26	13.11	28	28.57	27	52.35	25	56.09	24	57.80	24
广　东	6.75	7	13.93	7	25.88	15	49.71	15	87.87	11	91.04	11	89.37	15
广　西	3.25	22	6.03	24	17.40	24	35.91	24	64.29	22	49.22	27	45.64	28
海　南	4.41	17	7.25	20	31.55	11	63.14	10	82.16	13	66.11	22	108.77	10
重　庆	2.96	24	6.09	23	26.81	13	56.27	12	71.98	19	76.54	15	73.89	19
四　川	2.46	30	5.42	28	17.89	23	48.24	18	62.19	24	67.24	21	67.19	22
贵　州	2.59	27	5.02	29	15.45	26	33.98	25	64.03	23	51.17	26	52.38	27
云　南	5.58	13	9.45	15	18.90	22	40.32	20	74.89	17	70.61	19	109.10	9
西　藏	16.27	3	28.89	4	70.12	4	178.46	1	309.71	1	303.85	1	329.13	1
陕　西	3.88	18	6.31	22	23.97	16	54.09	13	67.14	20	67.49	20	72.51	20
甘　肃	3.56	20	8.05	18	21.73	18	43.78	19	73.71	18	73.57	16	81.19	17
青　海	7.14	6	13.53	8	73.07	3	111.13	4	193.44	4	167.37	4	144.91	7
宁　夏	6.45	8	16.18	6	38.85	8	87.76	8	130.93	6	129.10	7	179.22	4
新　疆	5.46	14	12.38	10	32.67	10	67.84	9	106.41	8	104.57	8	134.78	8

表 7 2022 年各地区公共图书馆主要指标

地区	机构数（个）	从业人员（人）	总藏量（万册）	本年新购藏量（万册）	实际持证读者书（万个）	总流通人次（万人次）	书刊文献外借册次（万册次）	实际使用公用房屋建筑面积（万平方米）	阅览室座席数（个）
全 国	3303	60740	135959.2	7732.6	12229	78969.8	60718.5	2098.0	1551536
北 京	20	1306	3491.8	185.6	245	677.7	578.6	34.4	18020
天 津	20	1041	2390.6	87.9	147	661.0	570.5	45.8	22107
河 北	180	2250	4641.4	411.1	244	2936.8	2410.9	94.4	77922
山 西	127	1798	2519.1	184.9	206	1348.1	924.2	60.0	45478
内蒙古	117	1826	2314.0	108.1	108	894.8	531.9	51.3	39644
辽 宁	129	2136	4821.7	148.7	226	1522.3	1848.8	63.5	47143
吉 林	67	1494	2545.4	144.7	124	490.1	425.9	33.5	23974
黑龙江	104	1521	2507.3	76.3	77	375.0	314.3	36.4	28860
上 海	20	2112	8239.8	96.9	616	585.5	856.0	56.9	28401
江 苏	122	3937	11506.9	491.1	2961	10797.5	8507.4	162.9	82941
浙 江	103	3993	11545.4	876.7	853	11631.9	8098.7	163.0	108115
安 徽	133	1736	4202.6	373.2	356	5196.9	2501.0	71.4	63069
福 建	95	1748	5622.5	303.7	265	2374.3	3562.3	71.4	51568
江 西	114	1461	3403.5	196.4	218	2903.5	1768.5	64.2	59992
山 东	153	3182	8180.4	428.7	682	4816.1	3296.5	141.7	91046
河 南	175	3101	4576.8	429.7	299	3232.8	2302.9	95.9	80824
湖 北	118	2177	4992.6	267.2	306	2252.5	1859.1	83.5	60005
湖 南	148	2256	5471.6	298.1	348	5194.3	3781.8	83.3	60196
广 东	150	5444	14253.5	1016.1	1804	9239.1	8822.2	191.2	155195
广 西	116	1821	3168.4	89.8	261	1975.2	952.4	51.2	40994
海 南	24	367	736.0	39.2	40	407.3	196.7	10.6	7860
重 庆	43	1045	2727.0	301.6	305	1552.1	1149.5	41.1	36878
四 川	209	2578	5065.9	378.7	393	2369.0	1802.7	94.3	86008
贵 州	99	1258	1955.7	141.4	119	1219.3	706.2	42.6	37974
云 南	151	1773	2546.6	91.3	96	1053.0	1002.0	44.4	39326
西 藏	82	202	264.3	27.9	2	38.9	8.7	7.5	3651
陕 西	117	2128	2502.2	214.2	90	1347.5	805.7	56.9	45710
甘 肃	104	1489	2023.5	67.9	61	637.8	451.6	40.2	38795
青 海	50	492	621.9	22.0	21	99.1	33.9	13.2	8612
宁 夏	27	580	859.6	46.8	39	423.9	232.7	16.1	16417
新 疆	185	1151	1934.4	90.0	82	539.8	383.7	47.8	39472

表 8　按年份各地区人均拥有公共图书馆藏量　　　　　　　单位：册/件

地区	1995 年	2000 年	2005 年	2010 年	2015 年	2020 年	2021 年	2022 年
全　国	0.27	0.32	0.37	0.46	0.61	0.84	0.89	0.96
北　京	0.54	0.55	0.73	0.87	1.12	1.43	1.52	1.60
天　津	0.72	0.79	0.83	0.97	1.10	1.57	1.66	1.75
河　北	0.13	0.16	0.19	0.22	0.30	0.46	0.53	0.63
山　西	0.25	0.26	0.29	0.34	0.42	0.62	0.66	0.72
内蒙古	0.27	0.29	0.31	0.38	0.60	0.85	0.89	0.96
辽　宁	0.44	0.46	0.55	0.68	0.85	1.06	1.10	1.15
吉　林	0.36	0.38	0.44	0.50	0.64	0.94	1.01	1.08
黑龙江	0.30	0.32	0.34	0.43	0.48	0.74	0.78	0.81
上　海	1.12	3.29	3.40	2.96	3.13	3.25	3.30	3.33
江　苏	0.34	0.36	0.43	0.56	0.86	1.24	1.31	1.35
浙　江	0.35	0.37	0.47	0.69	1.13	1.53	1.62	1.76
安　徽	0.13	0.13	0.14	0.21	0.32	0.58	0.62	0.69
福　建	0.28	0.28	0.36	0.46	0.73	1.11	1.25	1.34
江　西	0.26	0.27	0.30	0.34	0.47	0.63	0.69	0.75
山　东	0.20	0.22	0.30	0.38	0.48	0.69	0.74	0.80
河　南	0.12	0.13	0.15	0.20	0.26	0.41	0.42	0.46
湖　北	0.25	0.28	0.34	0.41	0.51	0.76	0.80	0.85
湖　南	0.21	0.24	0.26	0.30	0.38	0.59	0.73	0.83
广　东	0.24	0.27	0.34	0.44	0.65	0.93	1.00	1.13
广　西	0.27	0.29	0.32	0.41	0.54	0.60	0.60	0.63
海　南	0.19	0.20	0.22	0.33	0.47	0.66	0.68	0.72
重　庆		0.26	0.27	0.36	0.43	0.62	0.73	0.85
四　川	0.21	0.21	0.24	0.32	0.41	0.52	0.55	0.60
贵　州	0.18	0.19	0.20	0.23	0.35	0.43	0.47	0.51
云　南	0.28	0.29	0.31	0.34	0.41	0.50	0.52	0.54
西　藏	0.21	0.23	0.15	0.18	0.50	0.68	0.72	0.73
陕　西	0.21	0.23	0.24	0.30	0.40	0.55	0.58	0.63
甘　肃	0.27	0.29	0.33	0.41	0.52	0.73	0.78	0.81
青　海	0.58	0.55	0.60	0.64	0.70	0.98	1.01	1.05
宁　夏	0.66	0.68	0.63	0.73	1.06	1.11	1.18	1.18
新　疆	0.29	0.30	0.41	0.51	0.55	0.59	0.62	0.75

表 9　按年份各地区公共图书馆人均购书费　　　　　　　　　　　　　单位：元

地区	1995 年	2000 年	2005 年	2010 年	2015 年	2020 年	2021 年	2022 年
全　国	0.14	0.29	0.46	0.83	1.43	1.60	1.57	1.67
北　京	0.20	0.66	2.22	2.29	3.87	3.40	3.47	3.13
天　津	0.34	0.56	1.46	2.53	3.15	5.04	5.46	3.84
河　北	0.05	0.06	0.10	0.21	0.55	0.61	0.71	0.63
山　西	0.04	0.09	0.12	0.42	0.67	1.65	1.27	1.27
内蒙古	0.04	0.07	0.07	0.38	1.28	1.53	1.24	1.38
辽　宁	0.19	0.22	0.48	1.18	1.55	1.12	1.11	1.05
吉　林	0.10	0.17	0.29	0.48	1.41	1.38	1.22	1.71
黑龙江	0.06	0.11	0.11	0.41	0.64	0.70	0.79	0.94
上　海	1.56	6.70	5.82	6.49	7.92	6.20	5.97	4.52
江　苏	0.10	0.24	0.50	1.05	1.93	1.78	1.94	1.78
浙　江	0.13	0.34	0.82	2.00	3.21	3.91	4.06	4.26
安　徽	0.04	0.05	0.10	0.24	0.75	1.26	1.06	1.38
福　建	0.10	0.21	0.45	0.76	1.62	2.24	1.87	2.02
江　西	0.02	0.07	0.15	0.29	0.58	1.04	1.42	1.38
山　东	0.06	0.11	0.20	0.42	0.78	1.01	0.95	0.93
河　南	0.03	0.05	0.07	0.15	0.44	0.70	0.62	0.66
湖　北	0.05	0.12	0.23	0.32	1.50	1.29	1.30	1.49
湖　南	0.03	0.06	0.14	0.25	0.58	0.79	0.86	3.55
广　东	0.17	0.33	0.80	1.20	2.18	2.48	2.56	2.63
广　西	0.06	0.12	0.15	0.41	1.05	0.94	0.72	0.63
海　南	0.08	0.05	0.11	1.01	0.54	1.54	1.00	1.84
重　庆		0.11	0.20	0.56	1.07	1.24	1.20	1.23
四　川	0.04	0.06	0.13	0.27	0.60	0.74	0.99	0.85
贵　州	0.03	0.05	0.08	0.20	0.41	0.60	0.91	0.86
云　南	0.11	0.13	0.16	0.37	0.57	0.52	0.57	0.78
西　藏	0.06	0.06	0.16	0.40	3.63	1.38	1.57	1.45
陕　西	0.03	0.03	0.19	0.41	0.86	1.89	0.95	0.88
甘　肃	0.07	0.11	0.23	0.46	0.92	1.30	1.12	1.02
青　海	0.07	0.10	0.13	0.27	1.33	2.21	1.85	2.04
宁　夏	0.08	0.12	0.23	0.80	2.03	1.33	1.81	2.06
新　疆	0.06	0.07	0.17	0.42	0.63	0.39	0.64	0.59

表10 按年份各地区公共图书馆总流通人次

单位：万人次

地区	1995 年	2000 年	2005 年	2010 年	2015 年	2020 年	2021 年	2022 年
总　计	14142	18854	23332	32823	58892	54146	74614	78970
北　京	272	320	715	775	1264	413	724	678
天　津	265	461	483	606	789	759	861	661
河　北	473	736	635	736	1428	857	2157	2937
山　西	227	261	256	374	830	989	1477	1348
内蒙古	282	270	380	312	649	744	837	895
辽　宁	829	1184	1133	1457	2068	1562	1738	1522
吉　林	385	409	505	503	732	415	510	490
黑龙江	631	608	505	622	968	396	509	375
上　海	687	1225	1249	1853	3931	668	1294	586
江　苏	883	1227	1735	3006	6001	9047	10961	10797
浙　江	555	1140	1398	3454	7942	8461	10999	11632
安　徽	372	561	461	760	1739	2392	4099	5197
福　建	466	647	734	1193	2396	1660	2295	2374
江　西	413	485	534	639	1258	1396	2651	2903
山　东	509	795	1422	1717	2729	3574	4251	4816
河　南	650	713	828	1026	2233	2526	3091	3233
湖　北	559	714	1145	1516	1955	1293	1996	2253
湖　南	618	808	787	1028	1617	3118	4107	5194
广　东	1447	2235	3543	4540	7855	5494	8654	9239
广　西	809	927	896	1343	2065	1163	1790	1975
海　南	94	121	115	172	445	309	437	407
重　庆		266	595	621	1235	1190	1465	1552
四　川	776	554	766	1168	2010	1744	2146	2369
贵　州	462	228	187	369	594	705	1390	1219
云　南	559	654	735	907	1223	1073	1085	1053
西　藏		2	2	3	20	26	34	39
陕　西	242	275	365	519	982	825	1126	1348
甘　肃	225	185	317	468	678	588	801	638
青　海	39	58	68	89	112	106	111	99
宁　夏	140	142	167	163	282	339	368	424
新　疆	140	263	212	350	474	246	485	540

表 11 按年份各地区每万人公共图书馆建筑面积

单位：平方米

地区	1995 年	2000 年	2005 年	2010 年	2015 年	2020 年	2021 年	2022 年
全　国	34.3	47.3	51.8	67.2	94.7	126.5	135.5	148.6
北　京	56.7	75.3	99.5	86.6	113.6	136.6	156.8	157.3
天　津	81.6	99.9	162.0	103.1	167.4	313.8	317.7	335.8
河　北	26.9	33.5	38.5	34.6	59.2	81.4	97.1	127.3
山　西	27.6	34.3	45.0	67.8	114.3	162.6	167.2	172.4
内蒙古	46.0	53.0	65.8	90.4	135.5	182.5	209.8	213.6
辽　宁	53.8	61.6	81.3	100.8	126.7	144.5	147.0	151.2
吉　林	35.5	39.6	50.1	53.3	98.9	128.4	138.6	142.7
黑龙江	33.6	36.6	48.2	65.0	76.6	110.2	116.3	117.6
上　海	85.8	132.6	137.2	160.9	173.2	183.2	177.9	229.9
江　苏	30.3	35.5	57.9	83.1	129.3	190.1	191.0	191.3
浙　江	34.8	57.7	83.7	106.7	171.7	204.0	238.9	247.8
安　徽	14.6	15.9	23.9	37.0	65.0	99.2	104.0	116.5
福　建	42.2	47.5	65.9	117.1	99.1	148.3	159.5	170.4
江　西	38.6	39.9	47.6	61.1	80.1	120.1	129.8	141.8
山　东	22.6	26.9	42.3	49.7	83.8	113.0	119.5	139.4
河　南	21.6	25.9	27.2	34.5	57.9	79.5	84.2	97.1
湖　北	35.1	39.3	49.9	57.3	91.9	126.1	128.2	142.9
湖　南	33.6	38.7	39.7	54.9	61.1	92.0	106.6	126.1
广　东	43.2	132.1	57.8	80.6	115.9	134.5	138.7	151.0
广　西	38.1	46.8	45.1	55.8	72.0	98.6	98.7	101.4
海　南	36.0	41.9	53.1	98.2	88.5	95.6	98.2	103.0
重　庆		37.5	47.2	70.8	97.6	119.4	124.7	127.8
四　川	22.6	27.3	34.2	42.1	68.5	83.4	98.7	112.6
贵　州	23.9	39.7	35.7	44.5	63.7	77.9	100.6	110.4
云　南	44.6	48.5	78.4	65.5	75.1	85.9	91.7	94.6
西　藏	52.1	61.1	104.7	89.6	156.2	169.1	196.4	206.9
陕　西	32.8	33.8	52.7	53.5	64.4	104.5	108.8	143.8
甘　肃	34.5	43.7	41.6	63.2	84.3	149.0	154.0	161.3
青　海	60.5	73.4	68.1	78.9	105.9	188.9	217.7	221.7
宁　夏	78.2	78.3	68.8	133.9	158.8	194.2	204.6	220.9
新　疆	43.1	44.7	54.7	82.0	100.6	139.0	145.8	184.8

表 12　按年份全国群众文化机构基本情况

年份	机构数（个）	从业人员（人）	举办展览个数（个）	组织文艺活动次数（次）	举办训练班次（次）	收入合计（万元）	财政拨款（万元）	支出合计（万元）	实际使用房屋建筑面积（万平方米）
1979	3965		13001	114307		10114	10114	10114	
1980	7723		23553	202828	20359	11270	11270	11376	
1985	8746	59599	30998	118888	31842	20835	20835	17686	308.5
1986	8906	67501	32803	106726	30576	29573	25505	23751	354.8
1990	9087	67817	34292	99068	37017	49763	36985	37475	457.8
1991	10507	70319	35498	116618	39568	45874	31066	43559	484.5
1992	9564	66938	32095	96481	40707	53735	35577	49798	496.1
1993	10155	68097	29636	86680	34279	62098	37840	57877	538.6
1994	11276	70489	30224	92167	39296	79167	48906	73174	560.3
1995	13487	75263	31070	110509	46023	89411	56826	83628	614.1
1996	45253	127742	76397	247357	130592	139090	74434	137775	1110.0
1997	43738	129194	87795	278782	119873	160117	92275	158861	1176.0
1998	45834	129842	86960	267351	125872	178165	96416	173207	1195.3
1999	45837	128216	94270	280373	138195	111089	108656	177528	1195.2
2000	45321	128420	91670	276574	143370	186896	118430	188437	1229.9
2001	43397	120156	89392	284316	156089	210181	141754	210860	1213.8
2002	42516	119072	92917	301792	137350	241050	165163	235593	1203.6
2003	41816	123458	93514	327306	154502	271704	190424	265751	1431.3
2004	41402	121441	116639	401818	165823	313104	227641	310850	1408.4
2005	41588	122500	111300	391439	190194	365887	279033	358641	1507.0
2006	40088	123465	141150	497779	218696	428962	322773	412430	1622.8
2007	40601	128096	90900	546477	242055	548301	432311	575722	1667.4
2008	41156	131142	100877	473613	299791	660111	528838	653613	1931.0
2009	41959	137484	110251	555052	304955	807244	681147	794190	2193.6
2010	43382	141002	117353	576799	358719	944397	803918	931951	2526.7
2011	43675	147732	107785	620586	339883	1285601	1122872	1267505	2982.6
2012	43876	156228	114774	688482	387201	1453601	1300692	1467803	3171.7
2013	44260	164355	138225	740611	390758	1667594	1478439	1635395	3389.4
2014	44423	170299	131728	845421	469300	1901726	1623756	1828632	3686.4
2015	44291	173499	139792	959901	536328	2077606	1856374	2014894	3848.3
2016	44497	182030	150128	1065287	590516	2272289	2086646	2183721	3991.0
2017	44521	180911	154106	1114261	675852	2533892	2384631	2562411	4106.8
2018	44464	185636	158742	1231269	768995	2955019	2806290	3057577	4283.1
2019	44073	190068	163968	1359460	889247	2998761	2816884	3094571	4518.2
2020	43687	185076	137945	1088949	668940	2828093	2716535	2871598	4677.9
2021	43531	190007	167497	1391490	920740	3067449	2958998	3186376	4974.1
2022	43619	194832	176532	1597455	867002	3301865	3104363	3334989	5223.0

　　注：1996 年以前数据未包括其他部门所属乡镇综合文化站，1996—1998 年包括其他部门所属乡镇文化站，1999 年以后，其他部门所属乡镇文化站划归文化部门管理。以下各表同。

表 13　2022 年各地区群众文化产业主要指标

| 地区 | 机构数（个） | 从业人员（人） | 组织文艺活动次数（次） | | | | 文化活动观众人次（万人次） | 实际使用房屋建筑面积（万平方米） |
			为老年人组织专场	为未成年人组织专场	为残障人士组织专场	为农民工组织专场		
总　　计	43619	194832	1597455	37543	22966	4797	14563	68380.1	5223.0
北　京	357	4273	30971	166	80	15	29	473.2	99.3
天　津	274	1732	17984	244	53	6	7	409.5	63.7
河　北	2467	8284	72957	2502	1267	351	595	3601.8	186.1
山　西	1431	4335	30563	569	364	120	245	1100.1	97.3
内蒙古	1201	5003	21954	955	463	67	236	1040.8	108.4
辽　宁	1477	4244	13289	529	215	41	115	425.8	113.9
吉　林	990	4190	9104	267	135	25	42	320.0	64.7
黑龙江	1398	5256	14207	857	365	77	193	345.2	94.9
上　海	237	4804	29596	118	92	4	33	650.3	148.7
江　苏	1366	7498	145767	1805	1631	179	578	7557.5	591.5
浙　江	1463	9951	314596	7051	3097	730	2638	13818.9	588.1
安　徽	1635	6246	49716	1175	927	113	384	2732.6	154.1
福　建	1207	4010	16329	366	798	58	354	581.3	136.8
江　西	1854	6521	50724	1129	690	174	417	3140.6	131.5
山　东	1981	9122	166539	7310	2474	622	1460	4603.1	305.7
河　南	2705	13104	96037	1899	1275	332	781	3474.7	182.3
湖　北	1427	5495	40320	1208	584	171	419	2470.0	166.0
湖　南	2316	10946	99347	1924	1038	213	493	7798.3	255.5
广　东	1761	15352	72639	933	2295	272	414	2969.1	477.6
广　西	1300	5602	27681	617	552	34	253	1223.8	87.1
海　南	242	767	3157	105	85	15	86	355.4	15.6
重　庆	1072	4988	26595	222	199	79	135	844.0	104.4
四　川	4289	11462	47990	904	571	164	481	1267.1	237.5
贵　州	1702	6851	21805	495	547	90	333	1669.7	96.4
云　南	1611	7620	27838	1087	708	148	473	1238.8	116.3
西　藏	779	5501	23053	112	126	34	476	469.2	42.0
陕　西	1467	6846	29159	828	565	190	405	1388.9	102.0
甘　肃	1458	5806	15876	441	289	82	282	519.9	85.0
青　海	444	1664	6007	196	74	28	236	283.9	26.9
宁　夏	272	1270	10000	335	249	36	322	341.8	34.0
新　疆	1436	6089	65655	1194	1158	327	1648	1265.0	309.66

表14　按年份各地区群众文化机构组织文艺活动次数　　　　　　　　　　单位：次

地区	1995 年	2000 年	2005 年	2010 年	2015 年	2020 年	2021 年	2022 年
总　计	110509	276574	391439	576799	959901	1088949	1391490	1597455
北　京	1186	5382	11378	24237	27175	27418	31331	30971
天　津	3883	3069	3234	5067	9391	13718	16055	17984
河　北	3668	17997	23880	27408	41732	40653	76745	72957
山　西	1462	4527	9107	13905	22560	39817	33244	30563
内蒙古	4282	11294	9977	11127	17072	16284	20702	21954
辽　宁	7539	10365	27868	26261	31635	15570	16132	13289
吉　林	3138	3745	4939	7482	14977	10142	9824	9104
黑龙江	3463	8149	7720	17351	21569	13785	15499	14207
上　海	1021	7629	35027	35600	64393	40235	54652	29596
江　苏	13698	17058	20548	32586	55298	83206	100570	145767
浙　江	19063	20121	23580	36619	67323	122326	147958	314596
安　徽	2416	5181	5661	11937	36210	44633	45064	49716
福　建	3545	7689	7464	9691	15940	16144	16447	16329
江　西	1142	5816	6853	11781	20079	28047	63729	50724
山　东	2722	16033	21673	41194	73897	117743	145666	166539
河　南	1792	9203	13405	35713	48646	63711	92901	96037
湖　北	7190	11588	11031	18100	22979	27991	35247	40320
湖　南	1218	9352	15898	25945	29555	31846	87566	99347
广　东	5377	22969	23132	32352	50270	54739	70161	72639
广　西	1429	8349	10592	19775	28663	31729	32108	27681
海　南	167	1454	1422	2351	2438	3111	3177	3157
重　庆		10491	7958	15840	25658	27026	27309	26595
四　川	2628	17536	23760	30194	66118	56093	53305	47990
贵　州	2581	4202	5759	8544	18490	19394	25493	21805
云　南	11257	12437	17983	21665	30717	24937	25505	27838
西　藏	455	346	439	1458	5575	20561	22347	23053
陕　西	1205	8612	8282	13306	21539	24667	26693	29159
甘　肃	694	5101	11095	9792	14721	17593	17919	15876
青　海	433	1043	1429	2600	5067	6913	6750	6007
宁　夏	454	4247	2490	6351	12126	10172	11009	10000
新　疆	1401	5589	17855	20567	58088	38745	60382	65655

表 15　按年份各地区群众文化机构培训人次　　　　　　　　　　　　　　单位：万人次

地区	1995 年	2000 年	2005 年	2010 年	2015 年	2020 年	2021 年	2022 年
总　计	6.6	493.9	666.5	1805.6	3868.0	3931.3	6119.0	6775.9
北　京	0.2	15.4	48.5	130.7	170.1	129.2	235.5	139.1
天　津	0.3	7.6	5.1	25.7	46.6	67.9	81.7	76.9
河　北	0.4	51.7	49.6	70.1	103.7	104.9	360.8	379.8
山　西	0.2	6.8	11.0	38.7	79.9	69.9	79.2	62.7
内蒙古	0.1	19.2	14.8	21.8	46.6	51.3	53.6	65.4
辽　宁	0.5	14.7	43.7	97.1	144.3	78.9	91.5	63.7
吉　林	0.3	7.2	6.8	24.9	63.7	39.5	89.5	59.2
黑龙江	0.2	15.3	8.2	32.5	55.9	61.9	53.2	39.6
上　海	0.1	6.8	63.1	116.4	341.7	184.4	261.8	84.8
江　苏	0.4	29.9	25.3	132.0	176.8	412.2	837.0	1170.5
浙　江	0.6	30.5	46.4	103.4	294.0	502.5	740.1	1094.6
安　徽	0.1	7.0	12.0	49.9	140.2	164.5	177.8	215.2
福　建	0.2	11.3	15.9	39.8	78.0	57.5	64.4	61.5
江　西	0.2	8.9	6.8	25.9	77.6	84.5	213.8	155.9
山　东	0.3	16.1	43.3	142.3	261.1	353.7	383.2	444.3
河　南	0.3	24.9	32.4	83.1	171.4	167.8	225.4	236.8
湖　北	0.2	9.4	12.7	54.3	97.6	115.6	230.9	246.3
湖　南	0.2	9.3	16.2	48.1	122.8	160.0	576.0	997.7
广　东	0.5	55.8	52.6	126.1	451.9	361.1	439.6	376.1
广　西	0.3	15.0	17.3	37.6	77.9	74.8	64.5	88.2
海　南		1.8	2.1	11.8	19.7	14.2	18.8	22.1
重　庆		5.1	7.9	50.6	131.0	144.7	159.5	123.2
四　川	0.6	28.4	50.0	111.1	224.3	126.7	119.3	85.0
贵　州		5.0	3.2	22.6	59.7	56.5	187.4	108.5
云　南	0.1	17.8	22.6	63.8	135.2	102.1	101.0	109.1
西　藏			2.2	12.3	11.5	15.8	9.8	
陕　西	0.1	23.6	12.7	53.0	99.4	96.8	103.8	101.0
甘　肃	0.1	11.1	12.3	35.6	61.5	75.0	72.5	57.7
青　海		10.8	0.7	4.2	10.6	11.3	8.4	8.1
宁　夏		14.0	7.5	20.6	19.1	17.4	31.2	27.8
新　疆	0.1	13.5	15.4	29.8	93.3	33.0	42.1	65.8

表 16　按年份各地区每万人拥有群众文化设施建筑面积

单位：平方米

地区	1995 年	2000 年	2005 年	2010 年	2015 年	2020 年	2021 年	2022 年
全　国	50.7	97.2	115.3	188.6	280.0	331.3	352.1	375.2
北　京	44.2	80.3	224.3	217.8	329.2	447.8	448.6	454.5
天　津	61.6	138.9	130.4	174.1	205.0	357.6	439.5	467.4
河　北	23.6	62.6	67.7	105.4	163.7	192.2	211.4	250.9
山　西	45.4	53.4	58.1	210.6	267.3	284.2	279.2	279.6
内蒙古	98.0	144.4	132.4	182.6	300.8	404.1	433.7	451.6
辽　宁	84.1	79.0	102.6	201.2	283.6	267.9	269.9	271.5
吉　林	38.2	42.2	38.3	81.5	185.3	275.7	288.1	275.6
黑龙江	26.2	38.5	43.2	140.2	214.0	299.7	302.8	306.3
上　海	71.9	216.2	379.1	485.0	567.7	596.8	598.0	600.7
江　苏	97.8	168.6	181.3	302.8	475.2	726.8	833.9	694.7
浙　江	135.2	190.7	276.0	432.5	677.4	795.4	853.4	894.2
安　徽	17.1	23.6	44.4	93.2	166.0	217.6	230.4	251.5
福　建	61.3	98.8	117.4	240.9	325.7	309.8	324.7	326.7
江　西	38.0	79.5	98.4	131.2	235.3	267.4	283.4	290.4
山　东	22.1	41.7	71.8	218.3	255.8	285.3	290.3	300.8
河　南	21.9	39.0	52.2	94.7	142.4	169.2	178.2	184.7
湖　北	80.5	149.5	140.6	180.6	206.2	272.7	275.5	284.1
湖　南	29.8	63.7	80.6	125.2	223.4	263.3	348.9	386.9
广　东	52.1	222.4	258.2	258.5	359.0	355.0	360.5	377.3
广　西	33.5	76.4	100.9	122.9	157.7	159.8	169.2	172.6
海　南	13.8	86.4	71.3	121.3	117.8	142.4	148.8	152.0
重　庆		99.4	96.5	201.4	305.9	308.5	315.3	324.8
四　川	32.1	107.9	83.9	166.3	262.6	273.4	276.5	283.6
贵　州	26.1	28.7	40.5	81.2	217.8	240.9	250.5	249.9
云　南	126.7	126.2	137.1	163.2	222.6	241.1	243.6	247.8
西　藏	145.4	164.1	238.3	437.9	1164.2	1149.4	1151.9	1154.4
陕　西	52.4	79.1	110.5	150.2	231.8	255.2	258.2	257.9
甘　肃	62.8	103.0	148.8	175.7	279.1	327.6	327.8	341.1
青　海	118.1	96.5	90.2	153.4	261.3	375.4	387.2	451.9
宁　夏	156.5	170.8	179.5	188.9	391.7	443.6	465.7	467.4
新　疆	60.7	116.4	149.3	288.4	434.9	421.9	432.0	1197.0

表 17　按年份全国文化和旅游部门执行事业会计制度的艺术表演团体基本情况

年份	机构数（个）	演出场次（万场次）		观众人次（万人）	平均每团演出场次（场）	总收入（万元）			总支出（万元）	经费自给率（%）
			农村演出				财政拨款	演出收入		
1949	1000	30			300					
1952	2084	66		2312	317					
1957		137		79245	474					
1958	3181	205		120290	644					
1964	3302	171	82	84293	518	19030	5290		19817	69.3
1978	3143	65	22	79395	206	32086	19644	11079	30049	41.4
1980	2183	54	20	61519	245	34687	22503	10685	29524	41.3
1985	3295	74	49	72322	226	48568	30942	13091	47292	37.3
1990	2788	49	32	51012	176	71535	43759	18041	67514	41.1
1991	2760	45	29	46411	162	71756	42638	17798	76065	38.3
1992	2744	43	28	46338	155	80959	46617	19559	87797	39.1
1993	2698	41	26	42530	151	92770	51093	21756	100106	41.6
1994	2691	40	26	40935	149	127628	75583	27276	134508	38.7
1995	2676	41	26	43166	154	151388	86620	34382	160654	40.3
1996	2656	42	27	47934	158	184240	109781	39870	183534	40.6
1997	2651	42	26	46361	157	206794	125300	40716	202789	40.2
1998	2640	42	26	53486	161	218546	139913	41730	223877	35.1
1999	2622	42	26	46904	161	242645	155609	48967	242797	35.8
2000	2619	41	26	46168	157	263664	172864	51650	268886	33.8
2001	2590	42	24	47385	163	311852	210018	57448	312601	32.6
2002	2577	42	24	45980	161	365331	246661	64884	363312	32.7
2003	2601	38	22	39163	147	400867	269640	71781	397890	33.0
2004	2512	41	24	37907	165	459183	313068	86125	459369	31.8
2005	2472	40	23	35752	159	500262	342807	92603	488472	32.2
2006	2456	41	24	40766	167	565018	387812	103431	558540	31.7
2007	2455	42	25	45404	170	691050	487842	120396	670009	30.3
2008	2465	41	25	41272	167	803030	573623	133077	777735	29.5
2009	2481	42	25	43127	169	889046	631197	142227	860603	30.0
2010	2421	42	24	44290	175	946742	654258	155743	917143	31.9
2011	2249	40	24	38209	176	1058959	777590	162684	1029564	27.3
2012	1804	32	20	29796	179	1076060	824265	132713	1043740	24.1
2013	1588	29	18	26067	182	998200	773381	123340	969206	23.2
2014	1581	29	18	24294	183	1074246	843859	116572	1059017	21.8
2015	1548	28	19	24261	178	1209567	969712	127431	1183497	20.3
2016	1520	27	18	24004	181	1285603	1016972	132320	1220720	22.0
2017	1530	28	19	25619	183	1363606	1087389	138645	1387283	19.9
2018	1527	29	20	23306	190	1495504	1185661	154131	1475031	21.0
2019	1499	29	28	22353	190	1778141	1340036	164430	1586550	27.6
2020	1418	19	13	13061	131	1378612	1169495	95404	1369728	15.3
2021	1363	20	13	13058	145	1440709	1187522	120486	1451203	17.6
2022	1348	17	11	12124	128	1484490	1273781	91895	1463871	14.2

表 18 按年份全国文化和旅游部门执行事业会计制度的艺术表演场馆基本情况

年份	机构数（个）	演出场次（万场次）		观众人次（万人）	收入合计（万元）			总支出（万元）
			艺术场次			财政拨款	艺术演出收入	
1985	1377	99	12		11630	1506	1776	9519
1986	1928	203	15	88670	19547	2233	2488	16786
1990	1995	302	9	89157	43491	2865	3375	37402
1991	2009	367	9	77613	47406	5505	3760	44260
1992	1987	288	7	53188	51123	4037	4487	48185
1993	1972	245	6	43278	60204	4688	4635	56846
1994	1947	221	5	27552	68000	5359	5268	66234
1995	1918	205	5	24252	79507	5723	6481	77136
1996	1892	256	5	59057	86147	5034	7611	87204
1997	1898	231	5	16572	88540	6559	8387	89732
1998	1882	206	5	15368	84956	6800	8869	88735
1999	1864	168	6	11581	75675	7588	10187	80731
2000	1863	136	6	12982	81081	8643	10735	82040
2001	1840	115	7	20544	83431	13112	11601	89815
2002	1819	74	7	11421	83643	12033	13186	89374
2003	1900	56	7	8087	103274	15703	21425	104384
2004	1552	44	7	11286	99402	15467	21477	101157
2005	1427	41	7	6328	94363	16792	29958	89301
2006	1390	38	6	6528	117975	19603	37552	117871
2007	1330	39	6	5906	115036	24067	38414	117321
2008	1355	40	5	5596	123572	28116	28649	111036
2009	1248	27	6	5045	113851	32074	23954	112603
2010	1176	31	6	6003	132109	45333	25935	130900
2011	1119	30	4	3945	159185	65871	22004	154849
2012	1004	27	5	3525	136324	60356	11652	171124
2013	931	26	3	3236	147259	71838	12812	146031
2014	917	27	3	2922	167387	81671	10333	169466
2015	928	30	4	3522	196280	102043	18302	195679
2016	925	32	5	3299	167208	76847	19418	163172
2017	909	48	5	3319	208839	104787	24259	194983
2018	888	35	4	3370	211422	101084	20885	197802
2019	858	32	4	2980	237089	135988	19752	273503
2020	749	10	2	1110	144984	97936	5453	164615
2021	705	16	3	1427	139971	90296	8069	145399
2022	670	10	3	1129	312572	95900	5281	303320

表 19　2022 年各地区艺术表演团体主要指标

地区	机构数（个）	从业人员（人）	演出场次（万场次）	国内演出场次	国内演出观众人次（万人次）	总收入（千元）	演出收入	实际使用房屋建筑面积（万平方米）
总　计	19739	415207	166.1	165.6	74020.6	31784273	8095228	1251.1
北　京	456	13189	1.7	1.6	2709.5	1517261	525307	29.1
天　津	111	4199	0.5	0.5	150.2	447357	95421	20.9
河　北	921	14686	4.2	4.2	2156.6	737278	178178	35.0
山　西	766	21928	4.9	4.8	3437.3	912368	317178	45.8
内蒙古	229	9100	1.8	1.8	896.1	1137863	44755	39.7
辽　宁	150	5931	0.5	0.5	213.1	520327	96160	27.1
吉　林	114	3343	0.4	0.4	189.1	368762	52186	13.4
黑龙江	103	5128	0.5	0.5	410.3	583928	11934	26.6
上　海	282	11026	2.3	2.3	1038.0	2182630	476945	26.7
江　苏	634	15443	7.4	7.4	2200.0	2097514	426152	65.0
浙　江	1247	38468	19.3	19.3	4449.1	2357614	930422	89.9
安　徽	3806	40665	33.7	33.7	5228.5	1363880	727293	87.0
福　建	671	14619	7.9	7.9	2128.5	1621774	490340	54.8
江　西	356	8498	2.8	2.8	1440.3	522442	168750	24.5
山　东	1971	29497	14.6	14.6	5342.9	1408096	288160	72.6
河　南	2323	47554	16.9	16.9	8372.9	1311299	506316	97.1
湖　北	602	11678	4.8	4.8	16466.6	1329914	232262	45.9
湖　南	655	16215	5.4	5.4	2418.1	1120518	295738	81.5
广　东	545	13276	2.9	2.9	1376.4	1575854	354722	54.5
广　西	74	3054	0.7	0.7	280.2	359816	100226	10.5
海　南	137	4099	1.1	1.1	374.1	373358	127317	12.7
重　庆	1190	17442	11.3	11.3	1448.6	735003	327096	35.9
四　川	734	11885	3.6	3.6	1503.7	1114872	273867	36.1
贵　州	126	4650	2.1	2.1	591.6	371487	86839	31.0
云　南	284	7663	5.8	5.8	4106.4	942524	231515	34.2
西　藏	86	2626	0.6	0.6	345.6	471952	4416	12.8
陕　西	533	15246	3.9	3.9	2534.0	947704	326567	41.0
甘　肃	370	11380	2.0	2.0	1393.6	539212	168162	34.9
青　海	105	2638	0.3	0.3	145.5	144774	22551	4.7
宁　夏	30	1551	0.4	0.4	133.9	134855	26542	7.8
新　疆	119	5106	1.5	1.4	421.0	968962	6801	31.3

表 20 按年份各地区艺术表演团体机构数 单位：个

地区	1995 年	2000 年	2005 年	2010 年	2015 年	2020 年	2021 年	2022 年
总　计	2682	2619	2805	6864	10787	17581	18370	19739
北　京	22	20	20	18	395	393	495	456
天　津	19	16	16	36	86	113	112	111
河　北	138	138	126	284	596	770	874	921
山　西	162	159	156	342	456	827	814	766
内蒙古	118	116	109	123	175	204	221	229
辽　宁	89	77	66	239	263	186	184	150
吉　林	68	65	61	68	49	104	114	114
黑龙江	92	89	84	89	51	82	97	103
上　海	31	29	85	89	180	315	298	282
江　苏	136	133	129	408	369	620	704	634
浙　江	83	79	273	471	1024	1236	1357	1247
安　徽	92	92	92	1255	1617	2334	2870	3806
福　建	91	96	91	449	397	558	545	671
江　西	81	79	79	99	236	380	395	356
山　东	118	118	117	119	623	1566	1572	1971
河　南	216	205	199	371	824	2391	2249	2323
湖　北	105	100	99	204	282	441	415	602
湖　南	89	90	91	201	273	631	675	655
广　东	134	138	139	397	391	475	447	545
广　西	117	118	118	141	92	78	72	74
海　南	23	21	22	67	66	102	127	137
重　庆		38	29	381	730	1265	1286	1190
四　川	140	98	84	348	543	725	663	734
贵　州	30	28	26	52	95	200	133	126
云　南	134	129	135	142	276	270	312	284
西　藏	25	26	27	37	87	87	89	86
陕　西	117	118	113	127	177	591	577	533
甘　肃	78	76	76	82	191	347	392	370
青　海	14	14	12	32	54	122	116	105
宁　夏	15	15	23	45	40	30	43	30
新　疆	87	88	91	132	132	122	110	119

表 21　2022 年各地区公有制艺术表演场馆主要指标

地区	机构数（个）	从业人员（人）	座席数（个）	演（映）出场次合计（万场次）	艺术演出场次	观众人次合计（万人次）	艺术演出观众人次	总收入（千元）	艺术演出收入	实际使用房屋建筑面积（万平方米）
总　计	1158	24520	916285	31.4	6.3	4549.5	1778.8	7402045	1063197	952.1
北　京	13	181	13690	0.5	0.1	74.9	50.0	39770	481	5.9
天　津	12	182	10316	0.1	0.0	12.5	8.5	24325	391	7.1
河　北	64	997	36507	2.9	0.1	67.9	32.8	170807	12536	40.8
山　西	73	966	53263	4.5	0.4	142.0	55.8	166476	19117	43.9
内蒙古	11	75	6643	0.7	0.0	27.7	3.3	15620	15	11.7
辽　宁	30	332	16126	0.1	0.1	29.4	26.1	76915	6536	19.6
吉　林	22	321	10887	1.1	0.0	22.2	6.7	50916	2508	9.3
黑龙江	24	279	13123	0.0	0.0	6.7	6.6	37523	1805	13.0
上　海	31	1359	54322	0.5	0.4	157.2	146.7	602068	177545	65.1
江　苏	127	6582	146072	8.6	2.1	654.3	311.0	1825757	235341	236.8
浙　江	68	1363	95476	2.7	0.4	278.7	145.5	516883	140349	93.4
安　徽	36	775	28108	0.2	0.1	92.3	56.4	93267	17148	22.3
福　建	32	375	19947	1.1	0.1	40.0	21.8	65099	3123	20.7
江　西	39	559	22761	1.7	0.1	89.2	50.5	149517	43865	22.9
山　东	77	1459	52489	1.8	0.3	188.2	141.0	245241	44141	64.0
河　南	124	1939	70614	0.4	0.2	155.6	92.4	124020	1742	36.2
湖　北	46	922	36108	1.1	1.0	1666.3	108.6	158785	61854	26.5
湖　南	63	1588	48102	0.6	0.3	345.3	213.6	291065	34087	56.7
广　东	49	1634	58935	0.9	0.2	151.0	127.2	519315	134577	62.3
广　西	11	47	6383	0.0	0.0	3.4	3.2	3817	208	4.0
海　南	7	336	5276	0.0	0.0	10.3	7.1	26727	11942	4.7
重　庆	18	77	9473	0.1	0.1	23.9	17.2	8471	864	9.2
四　川	35	510	23360	0.1	0.1	34.3	26.2	91863	14813	20.6
贵　州	6	48	90	0.1	0.0	1.2	0.0	19809	0	0.8
云　南	11	87	6583	0.0	0.0	14.4	14.4	22991	8582	5.2
西　藏	14	9	2961	0.0	0.0	1.3	0.4	590	0	2.4
陕　西	60	694	33750	1.3	0.2	97.7	56.8	1924361	45904	22.6
甘　肃	17	414	11199	0.2	0.0	15.3	11.6	34509	1079	7.8
青　海	15	58	6857	0.1	0.0	72.8	10.4	1725	255	3.5
宁　夏	3	15	1480	0.0	0.0	0.0	0.0	5910	0	0.0
新　疆	13	183	9821	0.1	0.0	46.4	3.6	43118	0	5.8

表 22　按年份旅游业主要发展指标

年份	国内旅游人次 （亿人次）	国内旅游收入 （亿元）	入境旅游人次 （万人次）	入境旅游收入 （亿美元）	出境旅游人次 （万人次）	旅游总收入 （万亿元）
2010	21.03	12580	13376	458.14	5739	1.57
2011	26.41	19305	13542	484.64	7025	2.25
2012	29.57	22706	13241	500.28	8318	2.59
2013	32.62	26276	12908	516.64	9819	2.95
2014	36.11	30312	12850	1053.80	10728	3.73
2015	39.90	34195	13382	1136.50	11689	4.13
2016	44.35	39390	13844	1200.00	12203	4.69
2017	50.01	45661	13948	1234.17	13051	5.40
2018	55.39	51278	14120	1234.17	14972	5.97
2019	60.06	57251	14531	1313.00	15463	6.63
2020	28.79	22286	—	—	—	—
2021	32.46	29191	—	—	—	—
2022	25.30	20444	—	—	—	—

表 23　2022 年各地区文物业主要指标

地区	机构数 （个）	从业人员 （人）	藏品数 （件 / 套）	参观人次（万人次）		资产总计 （千元）	实际使用房 屋建筑面积 （万平方米）
					未成年人 参观人次		
总　计	11340	190288	56304279	63973.2	16003.7	577651747	5195.2
北　京	198	7479	3001337	1102.5	224.4	21958028	130.7
天　津	121	1781	1118707	337.9	102.6	4552463	45.8
河　北	537	9187	615894	1769.1	458.1	4229003	122.3
山　西	411	9618	1900887	1223.2	254.4	12165597	120.4
内蒙古	259	4131	1399201	582.2	147.3	6858308	119.5
辽　宁	142	3759	1543800	778.1	160.0	9856306	81.7
吉　林	167	2500	873794	348.4	87.5	1332833	50.8
黑龙江	373	2988	929449	988.5	185.2	4271604	63.5
上　海	176	5153	6265512	788.4	168.3	18424180	100.3
江　苏	518	9077	2491512	5526.2	1318.9	71503656	315.2
浙　江	624	13008	1808443	4516.8	1128.5	17457382	269.7
安　徽	314	3969	971845	1524.3	366.8	3395203	116.0
福　建	206	3262	763671	1604.8	443.3	2433930	91.6
江　西	277	4835	726436	3421.5	1099.0	4054128	130.6
山　东	838	14316	5068598	4902.0	1416.8	16020581	368.4
河　南	722	12080	2421621	4795.7	1209.6	9663816	233.9
湖　北	349	6397	2692717	2876.2	792.6	11224071	316.6
湖　南	347	6267	989099	7502.8	2293.6	10127041	157.9
广　东	505	8603	3127747	3039.1	740.2	10951556	217.6
广　西	311	4002	506917	1410.6	390.3	3399287	79.2
海　南	79	1136	200627	255.0	50.3	2357429	25.2
重　庆	217	3713	814535	1695.3	396.1	3729809	83.1
四　川	618	10226	4952437	4275.9	938.7	62144557	230.7
贵　州	240	3310	317615	1162.2	227.4	6997446	64.8
云　南	441	3433	1776505	1008.6	233.3	4051149	95.6
西　藏	748	3622	426071	421.8	9.5	45464243	1068.5
陕　西	655	16805	3511364	2397.6	375.3	72904005	198.9
甘　肃	393	7145	813337	2066.2	460.5	7083342	116.3
青　海	107	673	96783	47.2	10.3	1219777	22.3
宁　夏	115	1333	408131	411.6	77.1	21859959	35.8
新　疆	319	2806	316710	611.8	159.8	99117259	64.4

表 24　全国行政区划（2022 年底）

单位：个

省级区划名称	地级区划数	#地级市	县级区划数	#市辖区	#县级市	#县	#自治县	乡级区划数	#镇	#乡	#街道
全国	333	293	2843	977	394	1301	117	38602	21389	8227	8984
北京市	0	0	16	16	0	0	0	343	143	35	165
天津市	0	0	16	16	0	0	0	252	125	3	124
河北省	11	11	167	49	21	91	6	2254	1325	618	310
山西省	11	11	117	26	11	80	0	1278	631	430	217
内蒙古自治区	12	9	103	23	11	17	0	1025	509	270	246
辽宁省	14	14	100	59	16	17	8	1354	640	201	513
吉林省	9	8	60	21	20	16	3	961	426	181	354
黑龙江省	13	12	121	54	21	45	1	1315	574	334	407
上海市	0	0	16	16	0	0	0	215	106	2	107
江苏省	13	13	95	55	21	19	0	1237	701	17	519
浙江省	11	11	90	37	20	32	1	1364	618	258	488
安徽省	16	16	104	45	9	50	0	1522	1011	224	287
福建省	9	9	84	31	11	42	0	1108	653	252	203
江西省	11	11	100	27	12	61	0	1578	832	560	186
山东省	16	16	136	58	26	52	0	1825	1072	57	696
河南省	17	17	157	54	21	82	0	2458	1180	586	692
湖北省	13	12	103	39	26	35	2	1257	761	161	335
湖南省	14	13	122	36	19	60	7	1944	1134	388	422
广东省	21	21	122	65	20	34	3	1612	1112	11	489
广西壮族自治区	14	14	111	41	10	48	12	1253	806	312	135
海南省	4	4	25	10	5	4	6	218	175	21	22
重庆市	0	0	38	26	0	8	4	1031	625	161	245
四川省	21	18	183	55	19	105	4	3101	2016	626	459
贵州省	9	6	88	16	10	50	11	1509	831	314	364
云南省	16	8	129	17	18	65	29	1424	666	537	221
西藏自治区	7	6	74	8	0	66	0	699	142	534	23
陕西省	10	10	107	31	7	69	0	1316	973	17	326
甘肃省	14	12	86	17	5	57	7	1356	892	337	127
青海省	8	2	44	7	5	25	7	404	140	222	42
宁夏回族自治区	5	5	22	9	2	11	0	243	103	90	50
新疆维吾尔自治区	14	4	107	13	28	60	6	1146	467	468	210
香港特别行政区											
澳门特别行政区											
台湾省											

注：乡级区划总数包含河北省、新疆维吾尔自治区的各一个区公所。

表 25　国民经济和社会发展总量

指标	总量指标			
	1978 年	2000 年	2021 年	2022 年
人口（万人）				
总人口（年末）	96259	126743	141260	141175
城镇人口	17245	45906	91425	92071
乡村人口	79014	80837	49835	49104
就业（万人）				
就业人员	40152	72085	74652	73351
第一产业	28318	36043	17072	17663
第二产业	6945	16219	21712	21105
第三产业	4890	19823	35868	34583
城镇登记失业人员	530	595	1040	1203
国民经济核算				
国民总收入（亿元）	3678.7	99066.1	1141230.8	1197250.4
国内生产总值（亿元）	3678.7	100280.1	1149237.0	1210207.2
第一产业	1018.5	14717.4	83216.5	88345.1
第二产业	1755.1	45663.7	451544.1	483164.5
第三产业	905.1	39899.1	614476.4	638697.6
人均国民总收入（元）	385	7846	80803	84781
人均国内生产总值　（元）	385	7942	81370	85698
人民生活（元）				
全国居民人均可支配收入	171	3721	35128	36883
城镇居民人均可支配收入	343	6256	47412	49283
农村居民人均可支配收入	134	2282	18931	20133
财政（亿元）				
一般公共预算收入	1132.3	13395.2	202554.6	203649.3
一般公共预算支出	1122.1	15886.5	245673.0	260552.1
能源（万吨标准煤）				
一次能源生产总量	62770	138570	427115	466000
能源消费总量	57144	146964	525896	541000
固定资产投资				
全社会固定资产投资（亿元）		32917.7	517133.3	542365.7

指标	总量指标			
	1978 年	2000 年	2021 年	2022 年
＃房地产开发		4984.1	142247.7	128074.6
对外经济贸易				
货物进出口总额（亿元）	355.0	39273.3	387414.6	418011.6
出口额	167.7	20634.4	214255.2	237411.5
进口额	187.4	18638.8	173159.4	180600.1
外商直接投资（亿美元）		407.2	1809.6	1891.3
农业				
农林牧渔业总产值（亿元）	1397.0	24915.8	147013.4	156065.9
主要农产品产量（万吨）				
谷　物		40522.4	63275.7	63324.3
棉　花	216.7	441.7	573.1	598.0
油　料	521.8	2954.8	3613.2	3654.2
肉　类	943.0	6013.9	8990.0	9328.4
水产品	465.4	3706.2	6690.3	6865.9
工　业				
主要工业产量				
原　煤（亿吨）	6.2	13.8	41.3	45.6
天然气（亿立方米）	137.3	272.0	2075.8	2201.1
水　泥（万吨）	6524.0	59700.0	237724.5	212927.2
粗　钢（万吨）	3178.0	12850.0	103524.3	101795.9
钢　材（万吨）	2208.0	13146.0	133666.8	134033.5
金属切削机床（万台）	18.3	17.7	60.2	57.3
汽　车（万辆）	14.9	207.0	2625.7	2713.6
发电机组（万千瓦）	483.8	1249.0	15976.4	18371.1
发电量（亿千瓦·时）	2565.5	13556.0	85342.5	88487.1
规模以上工业企业				
主要指标（亿元）				
资产总计		126211	1466716	1601926
营业收入		84152	1314557	1333214
利润总额		4393	92933	84162

续表

指标	总量指标			
	1978 年	2000 年	2021 年	2022 年
建筑业				
建筑业总产值（亿元）		12498	289277	307935
房地产业				
房地产企业房屋施工面积（万平方米）		65897	975387	904092
房地产企业房屋竣工面积（万平方米）		25105	101412	85857
房地产企业商品房销售面积（万平方米）		18637	171415	129766
＃住宅		16570	149602	109564
房地产企业商品房销售额（亿元）		3935	176946	129656
＃住宅		3229	158428	113670
批发、零售和旅游业				
社会消费品零售总额（亿元）	1558.6	38447.1	440823.2	439732.5
入境旅客（万人次）	180.9	8344.4		
＃外国人（万人次）	23.0	1016.0		
国内旅客（百万人次）		744.0	3246.1	2530.0
国内旅游总花费（亿元）		3175.5	29190.7	20444.0
交通运输业				
客运量（万人）	253993.0	1478572.5	830256.6	558737.6
铁 路	81491.0	105072.5	261170.6	167296.3
公 路	149229.0	1347392.0	508693.3	354642.8
水 路	23042.0	19386.0	16337.1	11627.5
民 航	231.0	6721.7	44055.7	25171.0
货运量（万吨）	319431.4	1358681.7	5298499.1	5152571.1
铁 路	110119.0	178581.0	477371.6	498423.7
公 路	151602.0	1038813.0	3913888.5	3711927.9
水 路	47357.0	122391.0	823972.8	855351.5
民 航	6.4	196.7	731.8	607.6
管 道	10347.0	18700.0	82534.4	86260.4
沿海规模以上港口货物吞吐量（万吨）		125603.0	997259.0	1013101.5
民用汽车拥有量（万辆）	135.8	1608.9	29418.6	31184.4
＃私人汽车		625.3	26152.0	27792.1

续表

指标	总量指标			
	1978 年	2000 年	2021 年	2022 年
邮政、电信和信息软件业				
邮政业务总量 (亿元)	14.9	232.8	13698.3	14316.7
电信业务总量 (亿元)	19.2	4559.9	17197.5	17501.1
移动电话年末用户 (万户)		8453.3	164282.5	168344.3
固定电话年末用户 (万户)	192.5	14482.9	18070.1	17941.4
互联网宽带接入用户 (万户)			53578.7	58964.8
软件业务收入 (亿元)			95502.0	107790.1
金融业				
社会融资规模存量 (万亿元)			314.1	344.2
货币和准货币 (M2)(万亿元)		13.5	238.3	266.4
货币 (M1)(万亿元)		5.3	64.7	67.2
流通中现金 (M0)(万亿元)		1.5	9.1	10.5
金融机构人民币各项存款余额 (万亿元)	0.1	12.4	232.3	258.5
金融机构人民币各项贷款余额 (万亿元)	0.2	9.9	192.7	214.0
境内股票发行金额 (亿元)		1515.8	15421.5	14342.5
保险公司保费金额 (亿元)		1598.0	44900.2	46957.2
保险公司赔款及给付金额 (亿元)		526.0	15608.6	15485.1
科学技术				
R&D 经费支出 (亿元)		895.7	27956.3	30782.9
发明专利授权数 (件)		12683	695946	798347
技术市场成交额 (亿元)		650.8	37294.3	47791.0
教育				
专任教师数 (万人)				
#普通、职业高等学校	20.6	46.3	186.6	196.3
普通高中	74.1	75.7	202.8	213.3
初中阶段	244.1	328.7	397.1	402.5
小学阶段	522.6	586.0	660.1	662.9
在校生数 (万人)				
#普通、职业本专科	85.6	556.1	3496.1	3659.4
普通高中	1553.1	1201.3	2605.0	2713.9

续表

指标	总量指标			
	1978 年	2000 年	2021 年	2022 年
初中阶段	4995.2	6256.3	5018.4	5120.6
小学阶段	14624.0	13013.3	10779.9	10732.1
教育经费支出（亿元）		3849.1	57873.7	
卫生				
医院（个）	9293	16318	36570	36976
执业（助理）医师（万人）	97.8	207.6	428.8	443.5
医院床位数（万张）	110.0	216.7	741.4	766.3
卫生总费用（亿元）	110.2	4586.6	76845.0	85327.5
文化体育				
图书出版总印数（亿册、亿张）	37.7	62.7	118.6	114.0
电视节目制作时间（万小时）		58.5	306.0	285.2
故事影片产量（部）	46	91	565	380
社会保险				
社会保险基金收入（亿元）		2644.9	96936.8	102504.8
社会保险基金支出（亿元）		2385.6	86734.9	90719.1
参加基本养老保险人数（万人）		13617.4	102871.4	105307.3
参加失业保险人数（万人）		10408.4	22957.9	23806.6
参加基本医疗保险人数（万人）		3786.9	136296.7	134592.5

注：1. 2022 年能源数据为初步核算数（以下相关表同）。

2. 本表速度指标中，国民总收入、国内生产总值及三次产业增加值、城乡居民收入、财政收支、货币供应量、金融机构人民币各项存贷款余额、保险公司保费金额、保险公司赔款及给付金额等指标均按可比价格计算；固定资产投资类指标平均增长速度按累计法计算；其他指标按绝对数计算。

表 26 分地区年末人口数   单位：万人

地区	2013 年	2014 年	2015 年	2016 年	2017 年	2018 年	2019 年	2020 年	2021 年	2022 年
全 国	136726	137646	138326	139232	140011	140541	141008	141212	141260	141175
北 京	2125	2171	2188	2195	2194	2192	2190	2189	2189	2184
天 津	1410	1429	1439	1443	1410	1383	1385	1387	1373	1363
河 北	7288	7323	7345	7375	7409	7426	7447	7464	7448	7420
山 西	3535	3528	3519	3514	3510	3502	3497	3490	3480	3481
内蒙古	2455	2449	2440	2436	2433	2422	2415	2403	2400	2401
辽 宁	4365	4358	4338	4327	4312	4291	4277	4255	4229	4197
吉 林	2668	2642	2613	2567	2526	2484	2448	2399	2375	2348
黑龙江	3666	3608	3529	3463	3399	3327	3255	3171	3125	3099
上 海	2448	2467	2458	2467	2466	2475	2481	2488	2489	2475
江 苏	8192	8281	8315	8381	8423	8446	8469	8477	8505	8515
浙 江	5784	5890	5985	6072	6170	6273	6375	6468	6540	6577
安 徽	5988	5997	6011	6033	6057	6076	6092	6105	6113	6127
福 建	3885	3945	3984	4016	4065	4104	4137	4161	4187	4188
江 西	4476	4480	4485	4496	4511	4513	4516	4519	4517	4528
山 东	9746	9808	9866	9973	10033	10077	10106	10165	10170	10163
河 南	9573	9645	9701	9778	9829	9864	9901	9941	9883	9872
湖 北	5798	5816	5850	5885	5904	5917	5927	5745	5830	5844
湖 南	6600	6611	6615	6625	6633	6635	6640	6645	6622	6604
广 东	11270	11489	11678	11908	12141	12348	12489	12624	12684	12657
广 西	4731	4770	4811	4857	4907	4947	4982	5019	5037	5047
海 南	920	936	945	957	972	982	995	1012	1020	1027
重 庆	3011	3043	3070	3110	3144	3163	3188	3209	3212	3213
四 川	8109	8139	8196	8251	8289	8321	8351	8371	8372	8374
贵 州	3632	3677	3708	3758	3803	3822	3848	3858	3852	3856
云 南	4641	4653	4663	4677	4693	4703	4714	4722	4690	4693
西 藏	317	325	330	340	349	354	361	366	366	364
陕 西	3804	3827	3846	3874	3904	3931	3944	3955	3954	3956
甘 肃	2537	2531	2523	2520	2522	2515	2509	2501	2490	2492
青 海	571	576	577	582	586	587	590	593	594	595
宁 夏	666	678	684	695	705	710	717	721	725	728
新 疆	2285	2325	2385	2428	2480	2520	2559	2590	2589	2587

表 27　国内生产总值

年份	国民总收入（亿元）	国内生产总值（亿元）	第一产业（亿元）	第二产业（亿元）	第三产业（亿元）	工业（亿元）	建筑业（亿元）	批发和零售业（亿元）	交通运输、仓储和邮政业（亿元）	住宿和餐饮业（亿元）	人均国民总收入（元）	人均国内生产总值（元）
1980	4586.1	4587.6	1359.5	2204.7	1023.4	2014.8	196.3	193.8	213.4	47.4	467	468
1981	4933.7	4935.8	1545.7	2269.0	1121.1	2067.7	208.0	231.2	220.8	54.1	496	497
1982	5380.5	5373.4	1761.7	2397.6	1214.0	2183.0	221.6	171.5	246.9	62.3	533	533
1983	6043.8	6020.9	1960.9	2663.0	1397.1	2399.0	271.7	198.7	275.0	72.5	591	588
1984	7314.2	7278.5	2295.6	3124.7	1858.2	2815.8	317.9	363.6	338.6	96.8	705	702
1985	9123.6	9098.9	2541.7	3886.4	2670.8	3478.2	419.3	802.5	421.8	138.3	868	866
1986	10375.4	10376.2	2764.1	4515.1	3097.0	4000.7	527.3	852.7	499.0	163.2	973	973
1987	12166.6	12174.6	3204.5	5273.8	3696.3	4621.1	667.5	1059.7	568.5	187.1	1122	1123
1988	15174.4	15180.4	3831.2	6607.2	4742.0	5814.0	811.8	1483.6	685.9	241.4	1377	1378
1989	17188.4	17179.7	4228.2	7300.7	5650.8	6525.5	796.1	1536.4	812.9	277.4	1537	1536
1990	18923.3	18872.9	5017.2	7744.1	6111.6	6904.5	861.7	1269.2	1167.2	301.9	1667	1663
1991	22050.3	22005.6	5288.8	9129.6	7587.2	8137.9	1017.7	1834.8	1420.5	442.5	1916	1912
1992	27208.2	27194.5	5800.3	11725.0	9669.2	10340.2	1417.9	2405.4	1689.2	584.6	2336	2334
1993	35599.2	35673.2	6887.6	16472.7	12313.0	14248.4	2269.9	2817.0	2174.3	712.1	3021	3027
1994	48548.2	48637.5	9471.8	22452.5	16713.1	19546.3	2968.8	3774.0	2788.2	1008.5	4073	4081
1995	60356.6	61339.9	12020.5	28676.7	20642.7	25023.2	3733.7	4779.4	3244.7	1200.1	5009	5091
1996	70779.6	71813.6	13878.3	33827.3	24108.0	29528.9	4393.0	5600.5	3782.6	1336.8	5813	5898
1997	78802.9	79715.0	14265.2	37545.0	27904.8	33022.6	4628.3	6328.4	4149.1	1561.3	6406	6481
1998	83817.6	85195.5	14618.7	39017.5	31559.3	34133.9	4993.0	6914.3	4661.5	1786.9	6749	6860
1999	89366.5	90564.4	14549.0	41079.9	34935.5	36014.4	5180.9	7492.2	5175.9	1941.2	7134	7229
2000	99066.1	100280.1	14717.4	45663.7	39899.1	40258.5	5534.0	8159.8	6161.9	2146.3	7846	7942
2001	109276.2	110863.1	15502.5	49659.4	45701.2	43854.3	5945.5	9120.8	6871.3	2400.1	8592	8717
2002	120480.4	121717.4	16190.2	54104.1	51423.1	47774.9	6482.1	9996.8	7494.3	2724.8	9410	9506
2003	136576.3	137422.0	16970.2	62695.8	57756.0	55362.2	7510.8	11171.2	7914.8	3126.1	10600	10666
2004	161415.4	161840.2	20904.3	74285.0	66650.9	65774.9	8720.5	12455.8	9306.5	3664.0	12454	12487
2005	185998.9	187318.9	21806.7	88082.2	77430.0	77958.3	10400.5	13968.5	10668.8	4195.7	14267	14368
2006	219028.5	219438.5	23317.0	104359.2	91762.2	92235.8	12450.1	16533.4	12186.3	4792.6	16707	16738
2007	270704.0	270092.3	27674.1	126630.5	115787.7	111690.8	15348.0	20941.1	14605.1	5548.1	20541	20494
2008	321229.5	319244.6	32464.1	149952.9	136827.5	131724.0	18807.6	26186.2	16367.6	6616.1	24250	24100
2009	347934.9	348517.7	33583.8	160168.8	154765.1	138092.6	22681.5	29004.6	16522.4	6957.0	26136	26180
2010	410354.1	412119.3	38430.8	191626.5	182061.9	165123.1	27259.3	35907.9	18783.6	7712.0	30676	30808
2011	483392.8	487940.2	44781.5	227035.1	216123.6	195139.1	32926.5	43734.5	21842.0	8565.4	35939	36277
2012	537329.0	538580.0	49084.6	244639.1	244856.2	208901.4	36896.1	49835.5	23763.2	9536.9	39679	39771
2013	588141.2	592963.2	53028.1	261951.6	277983.5	222333.2	40896.8	56288.9	26042.7	10228.3	43143	43497
2014	644380.2	643563.1	55626.3	277282.8	310654.0	233197.4	45401.7	63170.4	28534.4	11228.7	46971	46912
2015	685571.2	688858.2	57774.6	281338.9	349744.7	234968.9	47761.3	67719.6	30519.5	12306.1	49684	49922
2016	742694.1	746395.1	60139.2	295427.8	390828.1	245406.4	51498.9	73724.5	33028.7	13607.8	53516	53783
2017	830945.7	832035.9	62099.5	331580.5	438355.9	275119.3	57905.6	81156.6	37121.9	15056.0	59514	59592
2018	915243.5	919281.1	64745.2	364835.2	489700.8	301089.3	65493.0	88903.7	40337.2	16520.6	65246	65534
2019	983751.2	986515.2	70473.6	380670.6	535371.0	311858.7	70648.1	95650.9	42466.3	17903.1	69881	70078
2020	10054551.3	1013567.0	78030.9	383562.4	551973.7	312902.9	72444.7	96086.1	40582.9	15285.4	71253	71828
2021	1141230.8	1149237.0	83216.5	451544.1	614476.4	374545.6	78741.2	110147.0	48423.9	18026.9	80803	81370
2022	11972504	12102007.2	88345.1	483164.5	638697.6	401644.3	83383.1	114517.7	49673.7	17855.3	84781	85698

注：1980 年以后国民总收入（原称国民生产总值）与国内生产总值的差额为来自国外的初次分配收入净额。

表 28　居民人均可支配收入

单位：元

指标	2016 年	2017 年	2018 年	2019 年	2020 年	2021 年	2022 年
全国居民人均收入							
可支配收入	23821.0	25973.8	28228.0	30732.8	32188.8	35128.1	36883.3
1.工资性收入	13455.2	14620.3	15829.0	17186.2	17917.4	19629.4	20590.3
2.经营净收入	4217.7	4501.8	4852.4	5247.3	5306.8	5892.7	6174.5
3.财产净收入	1889.0	2107.4	2378.5	2619.1	2791.5	3075.5	3226.5
4.转移净收入	4259.1	4744.3	5168.1	5680.3	6173.2	6530.5	6891.9
城镇居民人均收入							
可支配收入	33616.2	36396.2	39250.8	42358.8	43833.8	47411.9	49282.9
1.工资性收入	20665.0	22200.9	23792.2	25564.8	26380.7	28480.8	29577.9
2.经营净收入	3770.1	4064.7	4442.6	4840.4	4710.8	5381.9	5584.5
3.财产净收入	3271.3	3606.9	4027.7	4390.6	4626.5	5052.0	5238.2
4.转移净收入	5909.8	6523.6	6988.3	7563.0	8115.8	8497.3	8882.4
农村居民人均收入							
可支配收入	12363.4	13432.4	14617.0	16020.7	17131.5	18930.9	20132.8
1.工资性收入	5021.8	5498.4	5996.1	6583.5	6973.9	7958.1	8449.2
2.经营净收入	4741.3	5027.8	5358.4	5762.2	6077.4	6566.2	6971.5
3.财产净收入	272.1	303.0	342.1	377.3	418.8	469.4	509.0
4.转移净收入	2328.2	2603.2	2920.5	3297.8	3661.3	3937.2	4203.1

表 29　居民人均消费支出

单位：元

指标	2016 年	2017 年	2018 年	2019 年	2020 年	2021 年	2022 年
全国居民人均支出							
1. 食品烟酒	5151.0	5373.6	5631.1	6084.2	6397.3	7178.1	7481.0
2. 衣着	1202.7	1237.6	1288.9	1338.1	1238.4	1418.7	1364.6
3. 居住	3746.4	4106.9	4646.6	5054.8	5215.3	5641.1	5882.0
4. 生活用品及服务	1043.7	1120.7	1222.7	1280.9	1259.5	1423.2	1431.8
5. 交通通信	2337.8	2498.9	2675.4	2861.6	2761.8	3155.6	3194.8
6. 教育文化娱乐	1915.3	2086.2	2225.7	2513.1	2032.2	2598.9	2468.7
7. 医疗保健	1307.5	1451.2	1685.2	1902.3	1843.1	2115.1	2119.9
8. 其他用品及服务	406.3	447.0	477.5	524.0	462.2	569.4	595.4
城镇居民人均支出							
1. 食品烟酒	6762.4	7001.0	7239.0	7732.6	7880.5	8678.1	8958.3
2. 衣着	1739.0	1757.9	1808.2	1831.9	1644.8	1842.8	1735.2
3. 居住	5113.7	5564.0	6255.0	6780.2	6957.7	7405.3	7643.5
4. 生活用品及服务	1426.8	1525.0	1629.4	1689.3	1640.0	1819.6	1800.5
5. 交通通信	3173.9	3321.5	3473.5	3671.3	3474.3	3932.0	3908.8
6. 教育文化娱乐	2637.6	2846.6	2974.1	3328.0	2591.7	3322.0	3050.2
7. 医疗保健	1630.8	1777.4	2045.7	2282.7	2172.2	2521.3	2480.7
8. 其他用品及服务	594.7	651.5	687.4	747.2	646.2	786.1	813.7
农村居民人均支出							
1. 食品烟酒	3266.1	3415.4	3645.6	3998.2	4479.4	5200.2	5485.4
2. 衣着	575.4	611.6	647.7	713.3	712.8	859.5	864.0
3. 居住	2147.1	2353.5	2660.6	2871.3	2962.4	3314.7	3502.5
4. 生活用品及服务	595.7	634.0	720.5	763.9	767.5	900.5	933.8
5. 交通通信	1359.9	1509.1	1690.0	1836.8	1840.6	2131.8	2230.3
6. 教育文化娱乐	1070.3	1171.3	1301.6	1481.8	1308.7	1645.5	1683.1
7. 医疗保健	929.2	1058.7	1240.1	1420.8	1417.5	1579.6	1632.5
8. 其他用品及服务	186.0	200.9	218.3	241.5	224.4	283.8	300.5